Peter Stemmer
Normativität

Peter Stemmer

Normativität

Eine ontologische Untersuchung

Walter de Gruyter · Berlin · New York

∞ Gedruckt auf säurefreiem Papier,
das die US-ANSI-Norm über Haltbarkeit erfüllt.

ISBN 978-3-11-020035-5

Bibliografische Information der Deutschen Nationalbibliothek

Die Deutsche Nationalbibliothek verzeichnet diese Publikation in der Deutschen
Nationalbibliografie; detaillierte bibliografische Daten sind im Internet über
http://dnb.d-nb.de abrufbar.

Printed in Germany

Umschlaggestaltung: Morian & Bayer-Eynck, Coesfeld
unter Verwendung eines Fotos von © Richard Bakers/Corbis
Satz: DTP Johanna Boy, Brennberg
Druck und Binden: AZ Druck und Datentechnik GmbH, Kempten (Allgäu)

Vorbemerkung

Ich möchte besonders Jacob Rosenthal danken. Er hat größere Teile des Manuskripts sehr sorgfältig gelesen und mit seinen Kommentaren wesentlich zur Verbesserung beigetragen. Danken möchte ich auch Norbert Hoerster, Anton Leist, Neil Roughley, Peter Schaber, Holmer Steinfath und Gottfried Seebaß für Kritik und Diskussion. Waltraud Weigel hat das Manuskript betreut und erneut vom Anfang bis zum Ende fabelhaft geholfen. Besonders freut mich, dass meine alte Holsterhausener Freundin Hildegard Morian dem Buch sein schönes Gewand gegeben hat.

Konstanz, im September 2007 P. S.

Inhaltsverzeichnis

Vorbemerkung V

§ 1   Einleitung: Die Ontologie des Normativen........... 1

§ 2   Typen des Müssens. Ein erster Blick............... 15

§ 3   Das Müssen der notwendigen Bedingung........... 25

§ 4   Müssen, Wollen, Normativität.................... 35

§ 5   Normativität und Rationalität 51

§ 6   Normativität und Gründe........................ 87

§ 7   Künstliche Gründe und Sanktionen................ 135

§ 8   Sanktionen und Normen 155

§ 9   Konventionen und Standards..................... 199

§ 10 Normen, normative Status, Macht................. 237

§ 11 Pflichten und Rechte 257

§ 12 Das moralische Müssen......................... 281

§ 13 Versprechen, Sprechakte, Normativität............. 331

Abschluss 353

Literatur.. 355

Sachregister 363

Personenregister 369

§ 1 Einleitung: Die Ontologie des Normativen

1. Eine der wichtigsten und auch schwersten Aufgaben der Philosophie ist es, eine bestimmte Unterscheidungslinie zu ziehen. Diese Linie teilt die Wirklichkeit in das Wirkliche, das vom Denken, Wollen und Fühlen des Menschen unabhängig ist, und das Wirkliche, das vom Menschen und seinem Zugriff auf die Welt abhängig ist. Für das Verständnis der Wirklichkeit und der Art und Weise, wie die Menschen sich auf sie beziehen, ist es zentral, diese Unterscheidung zu machen und zu erkennen, wo die Trennlinie verläuft. Es gibt eindeutige Fälle, die, wo immer sie genau verläuft, deutlich diesseits oder jenseits von ihr liegen. Dass der Mond die Erde umkreist, dass die Menschen Säugetiere sind, dass sie ein Gehirn, ein Herz und in der Regel zwei Nieren haben, dass das Blut des Menschen wie das anderer Tiere Sauerstoff transportiert, dass es Eisen enthält, dass Eisen in feuchter Luft Rost ansetzt, dass Gold eine größere Wärmeleitfähigkeit als Wasser hat, all das sind offenkundig Tatsachen, die vom Menschen, der sie betrachtet oder sich sonstwie auf sie bezieht, völlig unabhängig sind. Ein Herz zu haben, ist eine intrinsische Beschaffenheit des Menschen, damit meine ich eine Eigenschaft, die unabhängig vom Denken, Wollen und Fühlen eines Betrachters ist. Und genauso ist die gegenüber der des Wassers größere Wärmeleitfähigkeit eine intrinsische Beschaffenheit des Goldes. Wenn man sich alles Wollen, Wertschätzen, Fühlen, Betrachten, das die Menschen an die Welt herantragen, wegdenkt, bleibt dieses Stück Wirklichkeit, was es ist: Gold leitet Wärme in bestimmter Weise, Wasser in anderer Weise, und die Leitfähigkeit des Goldes ist größer.

Dass mein Bruder Vorsitzender des Konstanzer Tennisclubs ist, dass dieses aus Metall bestehende Ding ein Flaschenöffner ist, dass Herr Maier der Eigentümer des gegenüberliegenden Grundstücks ist, dass Herr Ludwig mit Frau Benetti verheiratet ist, dass Gold wertvoller ist als Kupfer, dass das Strecken des Beines von Lizarazu in der 69. Minute des Spiels gegen Real Madrid ein Foul war, all das sind hingegen Tatsachen, die vom Menschen und seinem Zugriff auf die Welt abhängig sind. Etwas kann nur ein Flaschenöffner sein, wenn es dazu da ist, dass man mit ihm Flaschen öffnet. Es ist zu diesem Zweck da, und der Zweck kommt aus dem Wollen von Menschen. Dass Lizarazus Beinbewegung ein Foul war, ist eine regelabhängige Tatsache. Nur durch die Festlegung und Existenz einer Regel wird es möglich, dass die besagte Bewegung ein Foul war. Vorsitzender zu sein, ist keine intrinsische Beschaffenheit meines Bruders, anders als die Eigenschaft, ein Mann zu sein, oder fähig zu sein, etwas wahrzunehmen. Vorsitzender zu sein, setzt genau wie verheiratet und Eigentümer zu sein eine Institution voraus. Diese Institutionen müssen, damit es sie gibt, erfunden, realisiert, akzeptiert werden. Und die Tatsachen, die ihre Existenz voraussetzen, sind deshalb vom Zugriff der Menschen auf die Welt abhängig.

Man kann den einen Teil des Wirklichen subjekt- oder betrachterunabhängig und deshalb objektiv nennen, den anderen subjekt- oder betrachterabhängig und deshalb subjektiv. Man darf freilich nicht übersehen, dass die subjektiven Tatsachen in einem anderen Sinne objektiv sind. Es ist natürlich eine objektive Tatsache, dass mein Bruder Vorsitzender des Tennisclubs ist, und es ist natürlich eine objektive Tatsache, dass dieses Ding ein Flaschenöffner ist. Das sind Fakten, Teile der Wirklichkeit. Es ist ja die Wirklichkeit, innerhalb deren die Unterscheidungslinie verläuft. Wenn man in diesem Sinne von Objektivität spricht, dann sagt man, dass es sich um etwas Wirkliches handelt und nicht um etwas Geträumtes, Phantasiertes, nur Gedachtes. Es ist nicht nur etwas im Kopf, sondern etwas, was es wirklich gibt. Und es ist auch nicht eine Ansichtssache. Dass Frau Benetti und Herr Ludwig verheiratet sind, ist keine Ansichtssache, keine subjektive Einschätzung, sondern eine objektive Tatsache. In diesem Sinne sind also beide Arten des Wirklichen objektiv. Sie unterscheiden sich aber durch ihre Seinsweise. Die des einen Teils des Wirklichen ist, wie ich sagen werde, ontologisch objektiv, die des anderen Teils ontologisch subjektiv.[1]

---

[1]   Ich folge damit dem Sprachgebrauch von J. R. Searle; vgl. *The Construction of Social Reality* (London 1995) 8; dt. 18.

Eine Unterklasse der ontologisch subjektiven Wirklichkeit ist die normative Wirklichkeit. Das Kernphänomen ist hier, dass Menschen etwas tun *müssen*. Dass man bei „rot" an der Ampel stehen bleiben muss, dass wir, weil wir nach S. Antonio wollen, die Autobahn bei der nächsten Ausfahrt verlassen müssen, dass Herr Maier nach der Lungenoperation die-und-die Medikamente nehmen muss, dass man seine Versprechen halten muss, dass der Anästhesist seine Patienten über die mit der Narkose verbundenen Risiken aufklären muss, dass ich die Prüfungsleistungen meiner Studenten gerecht beurteilen muss, all das sind normative Tatsachen. Es existiert in all diesen Fällen ein spezielles Müssen – ich werde es normatives Müssen nennen – mit bestimmten Adressaten und einem bestimmten Inhalt. Die Existenzweise eines normativen Müssens ist, wie wir sehen werden, immer ontologisch subjektiv, aber dass es existiert, ist jeweils eine objektive Tatsache. Es ist einfach so, dass man bei „rot" anhalten muss. Dieses Müssen existiert, es ist ein Stück Wirklichkeit, und wer es leugnen wollte, würde nicht zur Kenntnis nehmen, was ist. Und dass wir, um nach S. Antonio zu kommen, die nächste Ausfahrt nehmen müssen, ist einfach so. Dieses Müssen existiert, und wer es leugnen wollte, würde durch die Wirklichkeit ins Unrecht gesetzt.

Das Thema dieses Buches ist die normative Wirklichkeit und ihre Ontologie. Wie kommt das normative Müssen in die Welt, was sind seine Existenzbedingungen? Wodurch unterscheidet es sich von anderen Arten des Müssens, was sind seine spezifischen Charakteristika? Welche Typen des normativen Müssens gibt es? Wie entsteht der Handlungsdruck, der mit ihm verbunden ist? Was hat es mit Gründen und Normen zu tun? Dies sind die Fragen, um die es in den folgenden Untersuchungen gehen wird. Mit ihnen wird ein Teil der Wirklichkeit thematisiert, der sehr weitgehend bestimmt, wie wir handeln. Wenn wir überlegen, wie wir handeln sollen, erkennen wir, dass wir das-und-das tun müssen, um unsere Ziele zu erreichen. Wir erkennen, dass die Moral von uns verlangt, uns in bestimmter Weise zu verhalten. Oder dass wir aufgrund rechtlicher Normen oder aufgrund einer Anweisung oder eines Befehls so oder so handeln müssen. Unser Handeln folgt in weiten Teilen nicht einfach einem Wollen, einer Neigung, einer Lust. Es ist vielmehr Gegenstand, wie es scheint, verschiedener Typen des normativen Müssens. Und es ist eine basale, unser Verhältnis zur Welt und somit unser Selbstverständnis betreffende Frage, was das für ein Müssen ist, was es konstituiert und wieso es diesen Einfluss auf unser Handeln hat. Wie entstehen aus ihm komplexere normative Phänomene wie z. B. dass man etwas tun oder nicht tun darf, dass etwas erlaubt, verboten, geboten ist, dass man zu etwas verpflichtet ist oder auf etwas Anspruch hat? Und was sind die Existenzbedingungen von normativen Status, die einen zu bestimmten Handlungen berechtigen, ermächtigen, verpflichten? Und wie kommt es zum Phänomen institutioneller Macht, die man nicht aufgrund physischer Überlegenheit, sondern infolge einer normativen Position über andere Menschen hat?

2. Wie nahe uns die normative Wirklichkeit ist und wie sehr sie unseren Alltag bestimmt, zeigt folgende einfache Situation in einer Universitätsbibliothek: Ich sitze in der Bibliothek an einem Tisch und lese ein Buch. Das Buch ist Eigentum der Bibliothek, es gehört mir nicht. Das bedeutet, dass ich es nicht einfach mitnehmen kann. Ich kann es im Lesesaal der Bibliothek benutzen. Ich kann es auch ausleihen, aber nur, wenn ich dazu berechtigt bin, also einen bestimmten Status habe. Wenn ich das Buch benutze, darf ich keine Anstreichungen machen, ich darf keine Seiten umknicken etc. Es ist in der Bibliothek verboten, zu essen und zu rauchen; erlaubt ist es hingegen, etwas zu trinken. Ich kann die Bücher, die ich lesen will, selbst aus dem Regal nehmen, allerdings höchstens sieben Stück. Für jedes herausgenommene Buch muss ich ein kleines Formular einstellen, auf dem mein Name, der Autor und der Titel des Buches und vor allem die Nummer des Platzes, an dem das Buch zu finden ist, notiert sind. Ins Regal zurückstellen darf ich die Bücher nicht. Das dürfen nur Bibliotheksangestellte. Sie haben also Befugnisse, die die Benutzer nicht haben, ebenso bestimmte Pflichten. Sie müssen z. B. darauf achten, dass niemand Bücher stiehlt, dass niemand zu laut spricht, dass niemand ein Fenster öffnet. Der Status der Angestellten wird sichtbar gemacht durch ein Ansteckschild, das das offizielle Emblem der Bibliothek und den Namen des Angestellten zeigt. Die Benutzerordnung der Bibliothek, die einige der genannten Regelungen und noch eine Reihe anderer enthält, wurde vom Bibliotheksrat erlassen, einem Gremium, das dazu befugt ist, eine solche

Ordnung festzulegen. Die Mitglieder dieses Gremiums werden vom Rektor der Universität ernannt, der seinerseits dazu befugt ist, solche Ernennungen vorzunehmen.

Dieses Beispiel zeigt bereits sehr deutlich, in welch dichtem Netz von normativen Gegebenheiten, auch solchen relativ komplexer Struktur, man sich befindet, wenn man in einer Bibliothek sitzt und ein Buch liest. Man könnte das beklemmende Gefühl haben, sich vor lauter normativer Wirklichkeit gar nicht mehr bewegen zu können und von ihr geradezu erdrückt zu werden. Zumal die Bibliothek ja noch mit einer Vielzahl weiterer normativer Realitäten angefüllt ist, die mit ihr nichts zu tun haben: Natürlich darf man einen anderen Benutzer nicht beleidigen, nicht bestehlen, nicht verletzen; natürlich muss man im Notfall Hilfe leisten etc., etc. Außerdem kommen zu den normativen Fakten, die ich in der Bibliothek vorfinde, noch die hinzu, die ich gewissermaßen mitbringe und in sie hineintrage: Weil ich um 19.00 Uhr mit meinen Arbeiten fertig sein will, muss ich darauf verzichten, die neuen Zeitschriften durchzuschauen. Damit ich möglichst ungestört arbeiten kann, muss ich einen Platz in maximaler Entfernung vom Kopierer suchen. Weil meine Exzerpte auch in einigen Wochen oder Monaten noch brauchbar sein sollen, muss ich sie jetzt entsprechend übersichtlich anlegen und vor allem leserlich schreiben. – Es kommt, wie sich zeigt, einiges zusammen. Die Bibliothek ist vollgepackt mit normativer Realität.

Hervorheben möchte ich noch einmal, dass alle normativen Tatsachen, die ich jetzt aufgezählt habe, zwar ontologisch subjektive, aber doch (im anderen, erläuterten Sinne) objektive Tatsachen sind. Dass man in der Bibliothek nicht rauchen darf, ist ein unleugbares Stück Wirklichkeit, ob es einem gefällt oder nicht. Dass die Benutzer die Bücher nicht selbst zurückstellen dürfen, ist genauso eine Gegebenheit, die man nicht leugnen kann. Und dass ich, weil ich um 19.00 Uhr fertig sein will, auf die Durchsicht der neuen Zeitschriften verzichten muss, auch das ist ein objektives Faktum, das mir nicht gefallen mag, das mich stören mag, das ich aber doch nicht leugnen kann. Es ist einfach nicht möglich, die Zeitschriften durchzusehen und dennoch um 19.00 Uhr mit den anstehenden Arbeiten fertig zu sein. Und deshalb muss ich auf die Durchsicht der Zeitschriften verzichten. Dieses Müssen gehört zu der Realität, innerhalb deren ich mich bewege und innerhalb deren ich meine Handlungsziele verfolge.

3. Die Ontologie des Normativen ist in verschiedenen Hinsichten rätselhaft. So ist die normative Realität allem Anschein nach unsichtbar. John Searle hat (nicht speziell auf die normative Wirklichkeit gemünzt, aber sie einbeziehend) von einer „invisible ontology" gesprochen.[2] Man sieht die Ampel und die farbigen Lichter, aber man sieht nicht, dass man bei „rot" anhalten muss. Man sieht die Bücher und die anderen Gegenstände in der Bibliothek, die Regale, Stühle, Tische, Lampen, Teppiche, man nimmt wahr, welche Formen die Bücher haben, wie dick sie sind, von welcher Art ihre Oberflächen sind, aber man nimmt nicht wahr, dass es verboten ist, sie selbst ins Regal zurückzustellen. Alle Gegenstände in der Bibliothek könnten bleiben, wie sie sind, und doch könnte es erlaubt sein, die Bücher zurückzustellen. Auch das Müssen, das mich nötigt, leserliche Notizen zu machen, sehe ich nicht. Dennoch existiert es und hat Einfluss auf mein Handeln. Auch sieht man jemandem nicht an, dass er Bibliotheksangestellter ist und einen normativen Status hat, der ihm bestimmte Befugnisse und Pflichten gibt. Weil man den Status nicht sehen kann, wird er durch das Ansteckschild künstlich angezeigt. Dieses Schildchen kann man sehen, aber den Status nicht. Dennoch ist, dass der Betreffende diesen Status hat, eine objektive Tatsache. Genauso wie es eine objektive Tatsache ist, dass er über dem rechten Auge eine Narbe hat.

In diesem Zusammenhang ist es interessant, dass ein Naturwissenschaftler, ein Physiker oder Chemiker, der in die Bibliothek käme und die dortigen Gegebenheiten mit den Methoden seiner Wissenschaft untersuchte, nicht auf die vielen normativen Tatsachen stoßen würde, die es in der Bibliothek gibt. Die Naturwissenschaften beschäftigen sich nicht mit der normativen Wirklichkeit. Daraus zu schließen, dass es sie nicht gibt, wäre unsinnig. Es gibt sie ganz offensichtlich. Aber aus welchem Stoff ist diese Wirklichkeit, was sind die Bausteine, aus denen sie besteht? Die normativen Phänomene scheinen etwas

---

[2]   Searle, *The Construction of Social Reality*, 3; dt. 13.

Luftiges und Flüchtiges zu sein, etwas, was einem durch die Finger gleitet, „airy nothing", wie es im *Sommernachtstraum* heißt. Andererseits aber sind sie eine harte Realität, die wir nicht leugnen können und die uns dazu bringt, Dinge zu tun, die wir gerne unterließen, und Dinge zu unterlassen, die wir gerne täten. Wie passt das zusammen? Von welcher Seinsweise also ist das Normative?

Die Ontologie des Normativen ist noch durch etwas anderes rätselhaft. Das normative Müssen ist durch ein merkwürdiges Paradox gekennzeichnet, das ich „Paradox des normativen Müssens" nenne.[3] Es besteht in Folgendem: Die Handlung *x* tun zu müssen, bedeutet, dass es notwendig ist, sie zu tun, dass es also unmöglich ist, sie nicht zu tun. Wenn man *x* tun muss, dann ist es unausweichlich, *x* zu tun. Nun weiß aber jeder, dass man, wenn man bei „rot" anhalten muss, durchaus durchfahren kann. Man muss anhalten, das heißt, man kann nicht anders als anzuhalten, und doch kann man ganz offensichtlich anders. Man kann durchfahren, man hat diese Option. Und obwohl ich die Arbeiten meiner Studenten gerecht beurteilen muss, steht es natürlich in meiner Macht, sie auch nach persönlichen Vorlieben zu beurteilen. Und obwohl man seine Versprechen halten muss, ist es, wie jeder weiß, durchaus möglich, sie nicht zu halten. Wir haben also ein Müssen und damit ein Nicht-anders-Können, und doch ist es eine unbestreitbare Tatsache, dass wir anders können. Das ist das Paradox des normativen Müssens. Man fragt sich angesichts dessen, ob dieses Müssen überhaupt ein echtes Müssen ist. Oder ob es nur metaphorisch oder per Analogie so genannt wird. Denn wenn es ein echtes Müssen ist, wie ist es dann möglich, dass man doch anders handeln kann? Wie wir sehen werden, ist es für das normative Müssen gerade definitiv, dass man anders handeln kann. Wo immer wir vor einem Müssen dieser Art stehen, haben wir die Möglichkeit, anders zu handeln. Das normative Müssen ist nicht determinierend, es nimmt nicht die Möglichkeit, auch anders zu handeln. Deshalb sind alle Formen inneren oder äußeren Zwangs keine Fälle normativen Müssens. Wenn ich aufgrund einer Drogenabhängigkeit gar nicht anders kann,

---

[3] Vgl. Vf., *Handeln zugunsten anderer* (Berlin/New York 2000) 56 f.; hier habe ich vom „Paradox des praktischen Müssens" gesprochen.

als Drogen zu nehmen, ist das Müssen nicht normativ. Und wenn ich plötzlich lachen muss, weil alle anderen lachen, ist das Müssen auch nicht normativ. Normativität bedeutet, dass man etwas tun muss und doch anders als „gemusst" handeln kann. Dennoch ist das normative Müssen ein echtes Müssen, ein echtes Nicht-anders-Können. Das ist mysteriös. Wie passt das zusammen? Von welcher merkwürdigen Art ist diese normative Wirklichkeit?

4. Ich werde die Frage nach der Ontologie des Normativen von einer naturalistischen Voraussetzung aus untersuchen. Damit meine ich, von der Annahme aus, dass es eine Welt gibt und nicht zwei oder mehrere und dass die eine Welt im letzten aus physikalischen Teilchen und ihren Interaktionen besteht. Die Teilchen bilden Komplexe, Atome und Moleküle, und diese bilden weitere größere Komplexe. Einige dieser dann hoch komplizierten Einheiten sind Lebewesen. Und einige der Lebewesen sind so komplex, dass sie Bewusstsein und Intentionalität besitzen. Das heißt, sie sind z. B. in der Lage, Schmerzen zu empfinden, und sie beziehen sich mental auf die Welt, sie nehmen ihre Umwelt wahr und wollen, dass bestimmte Dinge passieren. Und einige dieser Lebewesen verfügen über Sprache und sind deshalb zu besonderen mentalen Leistungen fähig. Die Menschen gehören zu den Lebewesen, die Bewusstsein und Intentionalität besitzen, und sie zeichnen sich innerhalb dieser Gruppe noch einmal durch die Fähigkeit zur Sprache und zu einzigartigen mentalen Leistungen aus. Sie können komplizierte Werkzeuge herstellen und gebrauchen, Dinge durch Symbole repräsentieren, Institutionen erfinden und vieles mehr. Aus der naturalistischen Prämisse folgt also die Überzeugung, dass die mentalen Fähigkeiten von Lebewesen, auch der am höchsten entwickelten Lebewesen Teil der Natur sind, sie sind biologische und damit letzten Endes selbst physikalische Phänomene, die sich durch eine extreme Komplexion physikalischer Elemente erklären. Das Mentale ist, so kann man sagen, selbst ein Teil des Physikalischen.

Wie kann es nun, wenn die Welt nach allem, was wir wissen und Grund haben anzunehmen, vollständig aus physikalischen Teilchen und den aus ihnen gebildeten komplexen Einheiten besteht, normative Phänomene geben? Wie passt Normativität in dieses Universum? Aus welchen Bausteinen besteht sie, und was sind die Konstituentien ihrer Existenz? Es scheint nur eine Antwort möglich zu sein. Nur die Phänomene dieser so beschaffenen Welt, nur die physikalischen und biologischen Phänomene können die Bausteine der normativen Wirklichkeit sein. Denn etwas anderes gibt es nicht. Es gibt nur diese eine Welt, eine zweite Welt neben oder über ihr gibt es nicht. Es gibt nicht eine eigene Welt des Normativen, eine Welt *sui generis*, von der physikalischen Welt getrennt und wer weiß aus welchem Stoff bestehend. Diese Vorstellung eines separaten Reichs des Normativen können wir vergessen. Dieses Reich existiert so wenig wie ein entsprechendes Reich des Mentalen. Die normative Wirklichkeit kann folglich – nicht anders als die mentale – nur ein Teil der einen, im letzten physikalischen Welt sein, nicht aber ihr Gegenüber. Dies gilt es zu begreifen, und dies im einzelnen zu entfalten, ist die vordringliche Aufgabe einer Theorie der Normativität.

Zu den Phänomenen, die Normativität konstituieren, gehören mentale Einstellungen der Menschen. Die normative Wirklichkeit ist, so habe ich gesagt, ein Teil der subjektabhängigen, ontologisch subjektiven Wirklichkeit. In der ontologisch objektiven Wirklichkeit, unabhängig vom Menschen und seinem Zugriff auf die Welt, gibt es keine normativen Phänomene, kein normatives Müssen, kein Ge- und Verbotensein, keine Pflichten und Rechte. All dies sind subjektive Phänomene. Sie haben einen Bezug auf das Wollen, Denken und Fühlen der Menschen. Das mentale Leben der Menschen ist indes selbst ein intrinsisches Merkmal einer bestimmten Art von Lebewesen. Dass die Menschen Wünsche haben, denken und fühlen, ist selbst eine ontologisch objektive, von jedem Betrachter völlig unabhängige Tatsache.

Wenn normative Phänomene notwendigerweise eine mentale Komponente enthalten, ist es eine interessante Frage, in welcher Weise bestimmte geistige Fähigkeiten mit der Existenz bestimmter normativer Phänomene korrespondieren. Wir können vielleicht davon ausgehen, dass auch Affen und andere höher entwickelte nicht-sprachliche Lebewesen normative Phänomene kennen, wenngleich nur basale Formen. Komplexere Formen normativer Realität, Pflichten und Rechte etwa, kennen Tiere, auch die uns nächsten, sicher nicht. Dies dürfte, so die naheliegende Hypothese, seinen Grund darin haben, dass ihre geistigen Fähigkeiten hinter denen der Menschen zurückbleiben. Komplexere Formen normativer Wirklichkeit setzen komplexere geistige Fähigkeiten voraus, über die z. B. Affen im Unterschied zu den Menschen nicht verfügen. Deshalb gäbe es, gäbe es zwar Affen, aber keine Menschen, nur elementare Formen des Normativen. Eine umfassende Theorie der Normativität sollte erklären können, welche geistigen Potenzen welche spezifischen Formen normativer Wirklichkeit möglich machen.

Die zentrale These, dass die normative Wirklichkeit selbst ein Teil der einen physikalischen Welt (zu der, wie wir sahen, auch die mentalen Phänomene gehören) sein müsse, sonst bleibe sie unverständlich, ruft leicht folgenden Einwand hervor: Dieses Programm sei, so zwingend es auch erscheine, aus einem ganz einfachen Grunde zum Scheitern verurteilt. Denn physikalische Phänomene seien, gleichgültig, wie komplex sie sind, als solche nicht normativ. Deshalb könne das Normative nicht Teil der physikalischen Welt sein. Und deshalb könne es auch keinen Übergang vom Physikalischen zum Normativen geben. Es gebe, wie allgemein anerkannt werde, keinen Sprung vom Sein zum Sollen und auch keinen Sprung vom Sein zum Müssen. Das Normative müsse folglich eine eigene Seinssphäre bilden, die durch eine unüberwindliche Kluft vom Physikalischen getrennt sei. Diese dualistische Vorstellung, ich habe sie schon erwähnt, hat eine Jahrhunderte lange Tradition, und wir haben uns daran gewöhnt, in ihren Bahnen zu denken.

Wir finden die strukturell genau gleiche Argumentation in der Diskussion des Mentalen. Das Physikalische sei, so wird hier gesagt, als solches nicht mental. Und deshalb könne es hier auch keinen Übergang geben. Das Mentale bilde eine eigene ontologische Sphäre, einen eigenen Raum des Seins. Und es sei durch eine tiefe Kluft vom Physikalischen getrennt. Dieser cartesianische Dualismus hat ebenfalls über Jahrhunderte die Überzeugungen bestimmt, man könnte sagen: verhext. Und er treibt die Philosophen in zwei aussichtslose Alternativen hinein. Entweder müssen sie akzeptieren, dass das Mentale eine eigene Seinssphäre ausmacht, womit sie einen ontologischen Dualismus akzeptieren. Oder sie müssen, wenn ihnen dieser Dualismus nicht akzeptabel erscheint, das Mentale leugnen und sagen, es gebe nur Physikalisches, Mentales gebe es nicht, das sei nur eine Fiktion. Die ganze Rede von mentalen Phänomenen sei deshalb Unsinn, von dem man sich befreien müsse. Tatsächlich ist die Leugnung des Mentalen abwegig, und der Dualismus zweier ontologischer Sphären ist, wie ich meine, genauso abwegig. Wer die Begriffe „physikalisch" und „mental" exklusiv versteht, so, dass der eine den anderen ausschließt, läuft also in zwei aussichtslose Alternativen.

Auf dieselben Alternativen läuft es im Falle des Normativen hinaus. Entweder gibt es das Normative, dann bildet es eine vom Physikalischen getrennte Seinssphäre, oder es gibt nur das Physikalische und dann ist alles Normative nur eine Fiktion, von der man sich möglichst bald befreien sollte. Auch hier sind beide Alternativen abwegig. Man kann weder den Dualismus akzeptieren noch leugnen, dass es normative Phänomene gibt. Der Ausweg aus dieser Sackgasse besteht darin, das exklusive Verständnis des Physikalischen und Normativen und die ganze Tradition, die dieses Verständnis weitervermittelt hat, über Bord zu werfen. Man muss lernen, dass das Normative selbst Teil der einen physikalischen Welt ist.

5. Es mag überraschen, die Frage nach der Normativität in der jetzt zumindest angedeuteten Weise ontologisch anzugehen. Warum diese Herangehensweise? Die ontologische Fragestellung ist, so meine ich, unumgänglich, weil wir die unleugbare Existenz normativer Phänomene mit dem, was wir über die Beschaffenheit der Welt wissen, zusammenbringen müssen. Es ist ein Faktum, dass es eine normative Wirklichkeit gibt. Und es ist, soweit wir gegenwärtig wissen, ein Faktum, dass die Welt nur aus einem Stoff, nämlich aus Materieteilchen besteht. Wie geht das zusammen? Man kann hier, wie bereits gesagt, weder in einem ontologischen Dualismus die Lösung finden noch in einer Leugnung der normativen Wirklichkeit. Beides ist zum Scheitern verurteilt. Deshalb kann die normative Wirklichkeit nur aus Bausteinen bestehen, die es in der natürlichen Welt wirklich gibt. Ein Weltzustand, in dem es das normative Phänomen X gibt, sagen wir: ein normatives Müssen mit bestimmten Adressaten und bestimmtem Inhalt, muss sich von einem anderen Weltzustand, der dem ersten in allem gleich ist, nur dass es das Müssen nicht gibt, in etwas konkret unterscheiden. Und wir müssen sagen können, worin der Unterschied besteht, ohne – explizit oder implizit – auf

eine eigene Seinssphäre des Normativen oder ähnliche ontologische Erfindungen zurückzugreifen.

Es kommt hinzu, dass die ontologische Fragestellung einen unschätzbaren Vorteil hat: sie zwingt zur Konkretion. Die Rede von „Normativität" und „normativ" ist in der zeitgenössischen philosophischen Diskussion, so kann man ohne Übertreibung sagen, außerordentlich unklar, vage und uferlos. Eine bescheidene Konvergenz liegt immerhin darin, dass Normativität häufig mit der Vorstellung des Drucks assoziiert wird. Etwas, was Normativität hat, entwickelt einen Handlungsdruck. Das normative Müssen drückt seine Adressaten dahin, bestimmte Handlungen zu tun oder zu unterlassen. Auch von Gründen und Normen wird gesagt, dass sie „normativen Druck" generieren und die Menschen dahin drücken, sich in bestimmter Weise zu verhalten. Meines Erachtens trifft die Metapher des Drucks sehr gut die Vorstellung, die wir mit der Eigenschaft der Normativität verbinden. Aber es ist nur eine Metapher, bei der man nicht stehen bleiben kann. Was also ist der Handlungsdruck? Wodurch entsteht er? Was konstituiert die Situation, die man mit dieser Metapher beschreibt? Was erzeugt die Situation eines normativen Müssens, und beim Fehlen welcher konkreten Phänomene stellt sich dieses Müssen nicht ein? Bei der Rede vom normativen Druck, vom normativen Müssen, von Gründen und Normen ist es entscheidend, zu fragen, was jeweils die Existenzbedingungen sind. Was sind die Existenzbedingungen eines normativen Müssens, was die eines Grundes, was die einer Norm? Solange man diese Fragen nicht konkret beantworten kann, weiß man eigentlich nicht, wovon man spricht. Will man Klarheit und Konkretion gewinnen, ist es, wie ich meine, notwendig, die normative Wirklichkeit aus der ontologischen Perspektive zu untersuchen.

6. Noch eine Bemerkung. Mancher wird sich gewundert haben, als ich sagte, wenn es um die normative Wirklichkeit gehe, sei das Kernphänomen, dass Menschen etwas tun *müssen*. Es gehe im Kern um das normative Müssen. Ist nicht vielmehr das Sollen und nicht das Müssen das zentrale Phänomen? Tatsächlich hat man das Thema der Normativität lange Zeit unter dem Titel des Sollens und im Blick auf das Sollen behandelt – und tut es bis heute. Doch dies ist ein schwerwiegender Fehler, der eine Klärung von vornherein fast

unmöglich macht. Wer die normative Wirklichkeit im Ausgang vom Sollen zu verstehen versucht, hat sich den Zugang zum Phänomen von Beginn an verstellt. Ich werde diese Einschätzung im folgenden erläutern und begründen. Es hängt sehr viel daran, den Blick auf das normative Müssen zu richten und die Untersuchung entsprechend anzulegen.

§ 2 Typen des Müssens. Ein erster Blick

Es gibt verschiedene Typen des Müssens, solche neben dem normativen Müssen und solche, die Arten des normativen Müssens sind. Es ist nützlich, sich zu Beginn wenigstens einen groben Überblick zu verschaffen: um sich zu orientieren und um den Untersuchungsgegenstand genauer zu fixieren. – Vorab kann ich nach den Überlegungen in § 1 bereits vier Merkmale des normativen Müssens festhalten. Es ist erstens ein praktisches Müssen, sein Gegenstand sind Handlungen. Gelegentlich können auch Zustände, das Haben von Eigenschaften, das Erreichen von etwas Gegenstand des normativen Müssens sein. Vorausgesetzt ist dann aber immer, dass man durch eigenes Handeln in diese Zustände oder in den Besitz der Eigenschaften gelangen kann. Das normative Müssen lässt zweitens immer zu, dass man auch anders als „gemusst" handelt. Das normative Müssen ist nicht determinierend. Es ist drittens immer ontologisch subjektiv. Seine Existenz ist vom Denken, Fühlen, Wollen der Menschen (oder auch anderer Lebewesen) abhängig. Es kommt, viertens, hinzu, dass das normative Müssen mit einem Handlungsdruck verbunden ist. Es drückt seine Adressaten dahin, bestimmte Handlungen zu tun. Dieser Handlungsdruck ist es, der es zu einem *normativen* Müssen macht.

1. Ich möchte in diesem ersten Schritt drei Arten des Müssens unterscheiden, das naturgesetzliche, das logische und das normative Müssen. – Beginnen wir mit dem *naturgesetzlichen*, dem Müssen, das mit den Naturgesetzen gegeben ist. Wenn der Wind eine bestimmte Stärke erreicht, muss die alte Buche am Ufer abknicken. Wenn ich den Stein, den ich in der Hand habe, loslasse, muss er zu Boden fallen. Ein Ereignis zieht hier notwendigerweise ein anderes nach sich. Das Abknicken des Baumes ist die notwendige Folge davon, dass der Wind eine bestimmte Stärke erreicht. Das Zu-Boden-Fallen des Steins ist die notwendige Folge davon, dass ich ihn loslasse. Und

es ist jeweils die notwendige Folge aufgrund von Naturgesetzen. Die Natur funktioniert einfach so, dass es nicht möglich ist, dass der Baum, so wie er beschaffen ist, dem Druck des Windes standhält. Und die Natur funktioniert einfach so, dass es nicht möglich ist, dass der Gegenstand, den ich loslasse, nicht zu Boden fällt. – Natürlich ist die Rede von Naturgesetzen nur eine Metapher. Es gibt niemanden, der der Natur diese Gesetze auferlegt hat und der ihr auch andere hätte auferlegen können. Und es ist auch nicht so, dass die natürlichen Phänomene Gesetzen gehorchen. Doch das ändert nichts an der Existenz des Müssens. Es sind die Eigenschaften des Windes und die Eigenschaften des Baumes, aus denen sich ergibt, dass es nicht anders sein kann, als dass der Baum abknickt. So wie der Wind ist und so wie der Baum ist, *muss* er abknicken. Und jeder andere Baum mit denselben Eigenschaften müsste aufgrund dieser Eigenschaften in der Situation ebenfalls abknicken.

Das naturgesetzliche Müssen finden wir in der Natur vor. Es existiert unabhängig von einem Betrachter und ist deshalb ontologisch objektiv. Selbst wenn wir alle Menschen (und auch alle anderen Lebewesen mit entwickelten geistigen Fähigkeiten) wegdächten, gäbe es die Naturgesetze und das mit ihnen gegebene Müssen. Damit ist schon gesagt, dass dieses Müssen kein normatives Müssen ist. Hinzu kommt, dass, wenn etwas aufgrund von Naturgesetzen geschehen muss, es nicht möglich ist, dass es nicht geschieht. Das naturgesetzliche Müssen ist determinierend.

In der Natur gibt es nicht nur ein Müssen der notwendigen Folge, sondern auch ein Müssen der notwendigen Bedingung. So ist dafür, dass die alte Buche am Ufer abknickt, ein bestimmter Druck auf den Stamm und die Krone eine notwendige Bedingung. Dafür, dass der Baum abknickt, muss der Druck die-und-die Stärke haben. Und dafür, dass Schnee schmilzt, muss die Temperatur über 0° Celsius steigen. Auch dieses Müssen der notwendigen Bedingung ist mit den Naturgesetzen gegeben. So wie die Natur funktioniert, bricht der Baum nicht ab, wenn der Druck nicht die-und-die Stärke erreicht. Will man ein Naturereignis verstehen, fragt man immer nach den notwendigen Bedingungen, die dafür erfüllt sein müssen, dass es geschieht, und die zusammengenommen erklären, dass es geschieht. Wenn sich eine Zelle teilt und man verstehen will, was da passiert, fragt man, was die notwendigen Bedingungen für dieses Geschehen sind. Und wenn sich im menschlichen Körper Krebszellen bilden und man verstehen will, was da geschieht, fragt man, was die notwendigen Bedingungen für diesen Prozess sind. – Auch dieses mit den Naturgesetzen gegebene Müssen der notwendigen Bedingung ist ontologisch objektiv. Und natürlich ist es auch kein normatives Müssen.

2. Ein zweiter Typ des Müssens ist das *logische* Müssen. Wenn alle Griechen Menschen sind und alle Menschen sterblich, müssen alle Griechen sterblich sein. Es kann nicht anders sein. Und wenn Leo ein Löwe ist und alle Löwen Säugetiere sind, muss Leo ein Säugetier sein. Anders kann es nicht sein. In diesen Fällen sind es nicht Naturgesetze, aufgrund deren es nicht anders sein kann, sondern, wie man sagt, Gesetze der Logik. Es ist, die genannten Prämissen vorausgesetzt, logisch unmöglich, dass einige oder alle Griechen unsterblich sind. Es liegt nicht auf der Hand, was es mit den Gesetzen der Logik auf sich hat, und damit ist auch nicht klar, was das logische Müssen konstituiert und wie es zu verstehen ist. Ein Blick in die neuere (und auch ältere) Philosophiegeschichte zeigt, wie umstritten seine Analyse ist. Da es hier nur um einen Überblick über verschiedene Formen des Müssens geht, besteht kein Anlass, eine eigene Analyse zu entwickeln. Festhalten möchte ich nur zweierlei: *Erstens* ist der Gegenstand des logischen Müssens kein Handeln. Das wird ganz deutlich, wenn man das Wenn-dann-Gefüge so umformuliert: Wenn es wahr ist, dass alle Griechen Menschen sind, und wenn es wahr ist, dass alle Menschen sterblich sind, dann muss es wahr sein, dass alle Griechen sterblich sind. *Zweitens* lässt das logische Müssen nicht zu, dass es anders sein kann. Wenn es wahr sein muss, dass alle Griechen sterblich sind, dann ist es nicht möglich, dass es sich anders als „gemusst" verhält. Beide Befunde zeigen an, dass das logische Müssen nicht normativ ist. Es ist genauso wenig wie das naturgesetzliche Müssen ein normatives Müssen.

Ein Abkömmling des logischen Müssens ist das Müssen der *Konsistenz*. Ein Beispiel für dieses Müssen ist folgendes: Wenn du annimmst, dass alle Griechen Menschen sind, und wenn du annimmst, dass alle Menschen sterblich sind, musst du auch annehmen, dass alle Griechen sterblich sind. Hier geht es um die Konsistenz in den Annahmen, die man macht. Verhielte man sich anders als „gemusst", wäre man in seinem Fürwahrhalten inkonsistent. Der Grund der Inkonsistenz liegt darin, dass, wenn alle Griechen Menschen sind und alle Menschen sterblich, logischerweise alle Griechen sterblich sein müssen. Das Müssen der Konsistenz spiegelt in dieser Weise das logische Müssen. Es unterscheidet sich vom logischen Müssen aber dadurch, dass es eine Handlung zum Gegenstand hat oder einen Zustand, in den man durch eigenes Handeln zu gelangen vermag. Und es unterscheidet sich vom logischen Müssen vor allem dadurch, dass es möglich ist, dass jemand etwas für wahr halten muss, es aber dennoch nicht tut. Es ist offenkundig möglich, inkonsistente Meinungen zu haben oder Meinungen, die man konsistenterweise haben müsste, nicht zu haben. Das ist möglich, es ist nur konsistenterweise nicht möglich. Daraus, dass jemand für wahr hält, dass alle Griechen Menschen sind, und ebenso für wahr hält, dass alle Menschen sterblich sind, folgt also nicht, dass er für wahr hält, dass alle Griechen sterblich sind. Das Müssen der Konsistenz ist deshalb von anderer Art als das logische Müssen, wenngleich es dieses Müssen in der beschriebenen Weise voraussetzt und spiegelt.

Das Müssen der Konsistenz ist, wie wir sehen, ein praktisches Müssen, und es zeigt das Paradox, dass man sich anders als „gemusst" verhalten kann. Es scheint also ein normatives Müssen zu sein. Ich lasse das hier noch offen und komme später darauf zurück.

3. Das *normative* Müssen kennt verschiedene Arten. Eine Variante liegt in folgenden Situationen vor: Herr Schmidt muss, wenn er nicht wieder an der Lunge erkranken will, mit dem Rauchen aufhören. Ich muss, da ich mit den Arbeiten in der Bibliothek um 19.00 Uhr fertig sein will, auf die Durchsicht der neuen Zeitschriften verzichten. Der Wanderer muss, wenn er nach Urnäsch will, an der Weggabelung rechts abbiegen. Und der neue Geschäftsführer muss, wenn er in diesem Betrieb und in dieser Position Erfolg haben will, bei seinen Kalkulationen auf die Vorbestellzahlen im Frühjahr achten. Wir haben hier jeweils ein Müssen, das ein bestimmtes Handeln zum Gegenstand hat, also ein praktisches Müssen. Es ist zum zweiten ein Müssen, das es zulässt, dass man sich anders als „gemusst" verhält – im Unterschied zum naturgesetzlichen und zum logischen Müssen. Es handelt

sich drittens um ein Müssen, das ein Wollen zur Voraussetzung hat. Das Müssen existiert nur, wenn ein bestimmtes Wollen dessen, der muss, gegeben ist. So muss Herr Schmidt nur dann mit dem Rauchen aufhören, wenn er wirklich nicht wieder krank werden will. Hat er diesen Wunsch nicht, existiert das Müssen nicht. Das Müssen ist hier wie auch in den anderen Beispielfällen in seiner Existenz von einem Wollen abhängig und damit ontologisch subjektiv. Viertens ist dieses Müssen, wie es scheint, mit einem Handlungsdruck verbunden. Wenn Herr Schmidt nicht wieder krank werden will, besteht für ihn ein Druck, mit dem Rauchen aufzuhören. Er muss es tun, weil er sonst Gefahr läuft, wieder zu erkranken.

Kant hat im Blick auf diese Art des normativen Müssens von „hypothetischen Imperativen" gesprochen. Genau genommen sind hypothetische Imperative die Sätze, in denen das Vorliegen eines Müssens dieser Art zum Ausdruck gebracht wird. Kant dachte dabei bevorzugt an Aussagen in der 2. Person. Der Satz: „Wenn du Erfolg haben willst, musst du das-und-das tun" ist ein hypothetischer Imperativ. Kant zielt mit der Rede von Imperativen auf den normativen Charakter des Müssens und den Aspekt des Handlungsdrucks. Mit dem Adjektiv „hypothetisch" markiert er, dass das Müssen nur unter der Voraussetzung eines Wollens existiert. v. Wright spricht statt von hypothetischen Imperativen, nicht sehr glücklich, von „technischen Normen".[1] Häufig spricht man auch, wiederum Kant folgend, von Vernunftgeboten. Wenn ich um 19.00 Uhr mit meinen Arbeiten in der Bibliothek fertig sein will, ist es ein Gebot der Vernunft, auf die Durchsicht der neuen Zeitschriften zu verzichten. Diese Rede vom Vernunftgebot ist erneut metaphorisch. Die Vernunft ist keine Person, die uns bestimmte Dinge gebietet. Wenn ich auf die Durchsicht der Zeitschriften verzichten muss, gebietet mir überhaupt niemand etwas, weder eine tatsächliche Person noch eine personifizierte Vernunft. Man kann diese Metaphorik vermeiden, wenn man sagt, dass ich rationaler- oder überlegterweise auf die Durchsicht verzichten muss. Wer so oder mit Hilfe der Metapher vom Vernunftgebot spricht,

---

[1] Vgl. G. H. v. Wright: *Norm and Action* (London 1963) 9 ff.; dt.: *Norm und Handlung* (Königstein 1979) 25 ff.

deutet das wollensrelative normative Müssen bereits in bestimmter Weise, nämlich als ein *rationales* Müssen. Das wirkt plausibel, ist es doch ganz natürlich, zu sagen, dass sich, wer nicht wieder lungenkrank werden will, aber dennoch weiterraucht, irrational verhält. Er handelt gegen das, was er rationalerweise tun muss. Und wenn der Geschäftsführer im Berieb Erfolg haben will, aber bei seinen Kalkulationen die Vorbestellzahlen im Frühjahr nicht gebührend berücksichtigt, verhält er sich ebenfalls irrational. Er handelt gegen das, was er, gegeben sein Wollen, vernünftigerweise tun muss. Doch man muss hier trotz der Eingängigkeit dieser Formulierungen vorsichtig sein. Tatsächlich ist es, so wird sich zeigen, nicht richtig, das normative Müssen, von dem jetzt die Rede ist, als rationales Müssen zu verstehen. Man schiebt damit unterschiedliche Phänomene ineinander, wo es darauf ankommt, sie auseinanderzuhalten und sie in ihrer Differenz zu klären. Das rationale Müssen ist ein eigenes, spezielles Müssen, und es ist deshalb auch eigens zu behandeln.

4. Eine andere Art des normativen Müssens ist das Müssen, das mit einer Norm in die Welt kommt. Wo eine Norm existiert, müssen ihre Adressaten etwas tun oder unterlassen. Ich werde vom *normgenerierten* Müssen sprechen. Der Normbegriff ist äußerst unklar. Man spricht – auch und gerade in der Philosophie – in verschiedenen Bedeutungen von Normen. Ich werde später entwickeln, wie ich das Wort verwende und was für eine Norm meines Erachtens konstitutiv ist. Auch hier wird es entscheidend sein, die Frage ontologisch anzugehen. Eine Entität welcher Art ist eine Norm? Wodurch kommt sie in die Welt, was sind ihre Existenzbedingungen? Jetzt begnüge ich mich damit, festzuhalten, dass Normen, so wie ich das Wort verwende, einen personalen Ursprung haben. Sie werden von Personen hervorgebracht, um das Handeln anderer Personen (und möglicherweise auch das eigene) zu beeinflussen und zu steuern. Paradigmatische Normen in diesem Sinn sind Rechtsnormen. Versteht man Normen in dieser Weise, kann man im Blick auf die zunächst besprochene erste Art des normativen Müssens nicht von Normen sprechen. Wenn ich, weil ich mit meinen Arbeiten in der Bibliothek um 19.00 Uhr fertig sein will, auf die Durchsicht der Zeitschriften verzichten muss, ist es keine Norm, die das gebietet. Es ist nicht Teil

der Bibliotheksordnung, dass ich (oder man) darauf verzichten muss, die Zeitschriften durchzusehen. Folglich verstoße ich, wenn ich die Zeitschriften doch anschaue, nicht gegen eine Norm, ich handele gegen mein eigenes Wollen.

Statt von Normen spricht man häufig auch von Gesetzen. Aufgrund staatlicher Gesetze müssen die Bürger Steuern zahlen, Wehrdienst leisten, anderen in Notsituationen helfen. Vom „Gesetz" ist hier buchstäblich, nicht – wie bei den Naturgesetzen – metaphorisch die Rede. Mit den Gesetzen ist hier wie da ein Müssen verbunden, aber das Müssen wirklicher Gesetze ist nicht determinierend, es lässt zu, dass man sich anders als „gemusst" verhält. Das Müssen wirklicher Gesetze ist eben im Unterschied zum naturgesetzlichen Müssen ein normatives Müssen. Natürlich sind es nicht nur Rechtsnormen oder staatliche Gesetze, die ein normgeneriertes Müssen hervorbringen. Auch die Bibliotheksordnung gehört hierhin. Dass ich, wenn ich ein Buch aus dem Regal nehme, an die Stelle, an der es stand, ein bestimmtes Formular einstellen muss, ist ein normgeneriertes normatives Müssen. Andere Normen sind Vereins- und Clubregeln, Hausordnungen, Regeln für das Verhalten in Flugzeugen etc., etc. Neben den formellen Normen gibt es informelle gesellschaftliche Normen, z. B. solche der Etikette. Auch sie schaffen ein normgeneriertes Müssen.

Den Normen verwandt, aber doch von eigener Art scheinen *Spielregeln* zu sein. Auch sie schaffen ein normatives Müssen. Beim Fußball zum Beispiel ist es ein „Muss", den Ball nicht mit der Hand zu spielen. Zu den Besonderheiten von Spielregeln gehört es anscheinend, dass sie so etwas wie einen konstitutiven Charakter haben: Während die Normen der Straßenverkehrsordnung etwas regeln, was auch ohne diese Regeln möglich ist, nämlich den Straßenverkehr, regeln Spielregeln etwas, was durch sie erst möglich wird: das Spiel und seine Züge. Was es mit dieser konstitutiven Seite der Spielregeln auf sich hat, ist, wie sich zeigen wird, nicht so leicht zu sagen.

Es ist noch auf etwas ausdrücklich hinzuweisen: Wenn das normgenerierte Müssen nur eine Art des normativen Müssens ist, es also Arten des normativen Müssens gibt, die nicht normgeneriert sind, dann bedeutet „normativ" offenkundig nicht dasselbe wie „normgeneriert". Die Verwendung des Adjektivs „normativ" hat sich von dem

Substantiv „Norm", von dem es sprachlich abgeleitet ist, gelöst und ein Eigenleben begonnen. Die verschiedenen Arten des normativen Müssens haben eine Gemeinsamkeit. Und es ist diese Gemeinsamkeit, die mit dem Adjektiv „normativ" terminologisch erfasst wird.

5. Eine wichtige Art des normativen Müssens ist das *moralische* Müssen. Man muss moralischerweise seine Versprechen halten, man muss es unterlassen, andere zu beleidigen, zu betrügen, zu verletzen, zu demütigen. Das moralische Müssen wird in verschiedenen Moralphilosophien unterschiedlich verstanden. Einige verstehen die Moral als ein Set von moralischen Normen; das moralische Müssen ist dann ein durch Normen generiertes Müssen. Diese Konzeption finden wir in der theonomen Moralkonzeption. Gott, so nimmt sie an, gibt den Menschen moralische Gesetze, um ihr Verhalten zu beeinflussen und zu steuern. Die Menschen müssen diesen Gesetzen gehorchen. Tun sie es nicht, stellen sie sich gegen Gottes Willen und werden im Diesseits oder im Jenseits bestraft. Strukturell dieselbe Konzeption vertreten die, die annehmen, die Moral sei ein Komplex von informellen gesellschaftlichen Normen. Hinter ihnen stehe nicht Gott als Normgeber, sondern die Gesellschaft selbst, die an diesen Normen interessiert ist und durch sie das Verhalten der Menschen zu steuern versucht.

Andere Moralkonzeptionen verstehen die Moral als ein System hypothetischer Imperative. So nimmt die eudaimonistische Ethik an, dass jeder Mensch als letztes Ziel sein eigenes Glück anstrebt und dass er sich, um dieses Ziel zu erreichen, moralisch verhalten muss. Er muss moralisch handeln, weil dies die *conditio* für das eigene Glück ist. Handelt er unmoralisch, handelt er gegen sein eigenes stärkstes Interesse.

Eine dritte Konzeption, die von Kant und seinen Nachfolgern, versteht das moralische Müssen als ein Müssen *sui generis*. Es ist weder von der einen noch von der anderen Art, sondern bildet eine eigene Kategorie des normativen Müssens. Kant versteht das moralische Müssen als ein Vernunftgebot, und zwar als ein absolutes oder, wie er sagt, kategorisches Vernunftgebot. Das heißt, es ist nicht so, dass man vernünftigerweise moralisch handeln muss, weil man ein bestimmtes Ziel erreichen will. Man muss vielmehr, so Kants Idee, vernünftigerweise moralisch handeln, Punkt. Das moralische Müssen ist in keiner Weise auf ein Wollen bezogen, sondern unabhängig von jedem Wollen durch die Vernunft gesetzt. – Ich kann schon jetzt sagen, dass es dieses Müssen eigener Art meines Erachtens nicht gibt. Kant hat hier etwas erfunden. Begründen kann ich diese Auffassung aber erst, wenn hinreichend geklärt ist, was die Existenzbedingungen eines normativen Müssens sind.

6. Um es noch einmal kurz festzuhalten. Wir können in einem ersten Zugriff drei Haupttypen des Müssens unterscheiden: Das naturgesetzliche, das logische und das normative Müssen. Dieses teilt sich, wie es scheint, zumindest in zwei Arten, das normative Müssen des Typs: Wenn man das-und-das will, muss man das-und-das tun und das normgenerierte Müssen. Offen blieb, wie beschaffen das moralische Müssen ist, und auch, wie Spielregeln zu verstehen sind. Und offen blieb auch, wie das Müssen der Konsistenz und das rationale Müssen zuzuordnen sind.

§ 3 Das Müssen der notwendigen Bedingung

Das naturgesetzliche Müssen zeigt, wie wir sahen, zwei Varianten, das Müssen der notwendigen Folge und das Müssen der notwendigen Bedingung. Ein Ereignis hat notwendige Folgen, und es hat notwendige Bedingungen, beides aufgrund von Naturgesetzen. In der Theorie der Normativität, die im folgenden entfaltet wird, spielt das Müssen der notwendigen Bedingung eine zentrale Rolle. Wir finden es, wie wir sehen werden, nicht nur in der Natur, sondern auch in anderen, z.B. technischen oder institutionellen Kontexten. Für das Folgende ist es essentiell, dieses Müssen und die Beziehung der notwendigen Bedingung genauer zu untersuchen. Dies ist die Aufgabe dieses Kapitels.

1. Ich beginne damit, auf einige logische Beziehungen hinzuweisen, durch die notwendige Bedingungen, hinreichende Bedingungen und notwendige Folgen miteinander verbunden sind. Nehmen wir an, dass x vorhanden ist, ist eine notwendige Bedingung dafür, dass y vorhanden ist. Dann kann man auch sagen, dass, nur wenn x vorhanden ist, y vorhanden sein kann. Und dies bedeutet wiederum: Dass x nicht vorhanden ist, ist eine hinreichende Bedingung dafür, dass y nicht vorhanden ist. Wenn das Vorhandensein von Wasser auf einem Planeten eine notwendige Bedingung dafür ist, dass es dort Leben gibt, ist das Nicht-Vorhandensein von Wasser eine hinreichende Bedingung dafür, dass es kein Leben gibt. Die Beziehung der notwendigen Bedingung lässt sich offenkundig durch die der hinreichenden Bedingung definieren, und umgekehrt: Dass x eine notwendige Bedingung für y ist, bedeutet, dass das Nicht-Vorhandensein von x eine hinreichende Bedingung für das Nicht-Vorhandensein von y ist. Und dass x eine hinreichende Bedingung für y ist, bedeutet, dass das Nicht-Vorhandensein von x eine notwendige Bedingung für

das Nicht-Vorhandensein von y ist.[1] Wenn wir nB als Symbol für die Beziehung der notwendigen Bedingung und hB als Symbol für die Beziehung der hinreichenden Bedingung gebrauchen, ergibt sich:

$$nB\ (x,\ y) \equiv hB\ (\sim x,\ \sim y)$$

Und:

$$hB\ (x,\ y) \equiv nB\ (\sim x,\ \sim y)$$

Nicht nur die Beziehungen der notwendigen und hinreichenden Bedingung sind wechselseitig definierbar, sondern auch diese Beziehungen und die der notwendigen Folge. Denn wenn x eine notwendige Bedingung für y ist, folgt daraus, dass x nicht vorhanden ist, notwendig, dass y nicht vorhanden ist. Und wenn z eine notwendige Folge von y ist, dann ist, dass y nicht vorhanden ist, eine notwendige Bedingung dafür, dass z nicht vorhanden ist. Wenn nF das Symbol für die Beziehung der notwendigen Folge ist, ergibt sich:

$$nB\ (x,\ y) \equiv nF\ (\sim x,\ \sim y)$$

Und:

$$nF\ (y,\ z) \equiv nB\ (\sim y,\ \sim z)$$

Und es gilt natürlich auch, dass, wenn x eine hinreichende Bedingung für y ist, y eine notwendige Folge von x ist und dass, wenn z eine

---

[1]   Vgl. zur Logik der Bedingungen vor allem die klassischen Arbeiten von C. D. Broad: The Principles of Demonstrative Induction (1930), in: C. D. B.: *Induction, Probability, and Causation* (Dordrecht 1968) 127-158, 131-136; ders.: Hr. v. Wright on the Logic of Induction (I.). *Mind* 53 (1944) 11-24 und G. H. v. Wright: *A Treatise on Induction and Probability* (Paterson 1960, zuerst London 1951) 66-77; auch A. Brennan: Necessary and Sufficient Conditions (2003), in: E. N. Zalta (ed.): *Stanford Encyclopedia of Philosophy*, http://plato. stanford.edu/entries. – Zur Anwendung der Begrifflichkeit von notwendigen und hinreichenden Bedingungen auf die Natur und ihr Kausalgeschehen bes. G. H. v. Wright: *Causality and Determinism* (New York 1974) 4-12; ders.: On the Logic and Epistemology of the Causal Relation (1973), in: E. Sosa/M. Tooley (eds.): *Causation* (Oxford 1993) 105-124; J. L. Mackie: *The Cement of the Universe. A Study of Causation* (Oxford 1980, zuerst 1974) ch. 2 und 3.

notwendige Folge von y ist, y eine hinreichende Bedingung für z ist. Also:

$$hB\ (x,\ y) \equiv nF\ (x,\ y)$$

Und:

$$nF\ (y,\ z) \equiv hB\ (y,\ z)$$

Ein Ereignis kann eine notwendige *und* hinreichende Bedingung eines anderen Ereignisses sein. Dafür, dass der Schnee auf dem Säntis schmilzt, ist das Ansteigen der Temperatur auf über 0° Celsius eine notwendige und zugleich hinreichende Bedingung. Aus den angeführten Äquivalenzen ergibt sich dann wiederum: Wenn x eine notwendige und hinreichende Bedingung für y ist, folgt daraus, dass x vorhanden ist, notwendig, dass y vorhanden ist, und daraus, dass x nicht vorhanden ist, notwendig, dass y nicht vorhanden ist.

Ein Ereignis kann mehrere jeweils hinreichende Bedingungen haben, von denen dann keine notwendig ist. Und es kann mehrere notwendige Bedingungen haben, die gemeinsam hinreichend sind. Häufig hat ein Ereignis viele, sogar unendlich viele notwendige Bedingungen. Dafür, dass die alte Buche am Ufer abknickt, ist ein Druck mit entsprechender Kraft eine notwendige Bedingung, aber natürlich auch die Beschaffenheit des Baumes, seine Größe, das Gewicht seiner Krone, die Art seiner Verwurzelung, die Beschaffenheit seines Holzes etc. Wir interessieren uns, wenn wir nach der oder den notwendigen Bedingungen von etwas fragen, in der Regel nur für ganz bestimmte Bedingungen. Wir gehen von konstanten Umständen aus und fragen, was zusätzlich noch hinzukommen muss dafür, dass das geschieht, um dessen Bedingungen es geht. Die vorhandenen notwendigen Bedingungen bilden zusammengenommen noch keine hinreichende Bedingung für ein bestimmtes Ereignis. Und uns interessiert dann, welche notwendige Bedingung noch hinzukommen muss, damit eine hinreichende Bedingung für das fragliche Ereignis entsteht. Diese notwendige Bedingung ist dann zwar nicht für sich genommen hinreichend, aber sie ist „unter den gegebenen Umständen" hinreichend.

2. Ich habe bisher an Beziehungen der notwendigen Bedingung gedacht, die in der Natur bestehen, bei denen jedoch Handlungen von Menschen oder anderen Lebewesen keine Rolle spielen. Aber es gibt auch ein Müssen der notwendigen Bedingung, das Handlungen zum Gegenstand hat. Man kann dann vom *praktischen* Müssen der notwendigen Bedingung sprechen. Ein erstes Beispiel ist folgendes: Dafür, dass ein Löwenjunges geboren wird, müssen zuvor eine Eizelle des Muttertieres und eine Samenzelle eines männlichen Tieres zusammenkommen. Und dafür, dass dies geschieht, müssen die beiden Tiere sexuell interagieren. Hier müssen Lebewesen etwas tun, und es spricht nichts dagegen, von einer Handlung zu sprechen, die die Löwen vollziehen müssen. Wir haben es also mit einem praktischen Müssen der notwendigen Bedingung zu tun. Dieses Müssen ist, obwohl auf eine Handlung bezogen, ontologisch objektiv. Es resultiert aus Naturgesetzen. Die Natur funktioniert einfach so, dass ein Löwenembryo nur durch die Verschmelzung einer Ei- und Samenzelle entsteht und dass dafür, dass die Verschmelzung stattfindet, eine sexuelle Aktivität der Tiere nötig ist.

Genauso können menschliche Handlungen notwendige Bedingungen für das Eintreten von Naturgeschehnissen sein. So müssen dafür, dass ein menschlicher Embryo heranwächst, ebenfalls eine Eizelle einer Frau und eine Samenzelle eines Mannes zusammenkommen. Und dafür, dass dies geschieht, müssen die beiden (wenn man einmal von den Möglichkeiten der Reproduktionsmedizin absieht) ebenfalls sexuell interagieren. Natürlich können menschliche Handlungen auch notwendige Bedingungen für Geschehnisse sein, in die der Handelnde involviert ist. So muss jemand dafür, dass er seine Beweglichkeit zurückgewinnt, eine Gymnastik machen. Aufgrund von physiologischen Gesetzen, also von Naturgesetzen ist es dafür, dass der Gesundungseffekt eintritt, nötig, bestimmte Übungen zu machen. Würde die betreffende Person die Gymnastik nicht machen, wäre die notwendige Folge, dass sie in ihrer Beweglichkeit eingeschränkt bliebe. Ähnlich muss jemand dafür, die Marathon-Strecke laufen zu können, ein bestimmtes Training absolvieren. Das ist eine notwendige Bedingung, sonst kann er die Strecke nicht schaffen.

Das Müssen der notwendigen Bedingung ist auch in diesen Fällen, in denen menschliche Handlungen die notwendigen Bedingungen sind, ontologisch objektiv. Dass ein Mensch von der-und-der Größe, dem-und-dem Gewicht und der-und-der Konstitution dafür, die Marathon-Strecke laufen zu können, ein bestimmtes Training absolvieren muss, ist eine biologische Tatsache, die offenkundig beobachterunabhängig ist. Dass es so ist, ist unabhängig davon, wie sich die Menschen – im Erkennen, Beschreiben, Wertschätzen, Wollen – auf die Welt beziehen. Die Biologie des (oder dieses bestimmten) Menschen ist einfach so, dass er dafür, dass er den Lauf schafft, trainiert sein muss. Und dass jemand dafür, seine Beweglichkeit wiederzuerlangen, eine Gymnastik machen muss, ist eine medizinische Tatsache, die ebenfalls beobachterunabhängig ist. Auch in diesem Fall ist die Biologie des Menschen so, dass dieses Müssen existiert.

Die Existenz dieses Müssens ist, das sei eigens hervorgehoben, auch unabhängig davon, ob der Betreffende das Ereignis (oder den Zustand), um dessen Bedingungen es geht, will. Die biologische Tatsache, dass jemand dafür, die Marathon-Strecke laufen zu können, trainieren muss, existiert unabhängig davon, ob er die Strecke laufen will oder nicht. Die angeführten Beispiele für das praktische Müssen der notwendigen Bedingung setzen alle nichts über das Wollen des Handelnden voraus. Der Ausdruck „dafür, dass" ist in dieser Hinsicht neutral. Es wird nur festgestellt, dass dafür, dass x geschieht, eine bestimmte menschliche Handlung eine notwendige Bedingung ist.

3. Im nächsten Schritt müssen wir uns klarmachen, dass die bisherige Darstellung nur an einer Spielart des Müssens der notwendigen Bedingung orientiert war. Das Müssen der notwendigen Bedingung resultiert keineswegs immer aus Naturgesetzen. In § 2 wurde vom naturgesetzlichen Müssen das logische Müssen unterschieden. Wenn Leo ein Löwe ist und alle Löwen Säugetiere sind, muss es so sein, so eines der Beispiele, dass Leo ein Säugetier ist. Zweifellos ist es richtig, zu sagen, das Wahrsein der Prämissen sei eine hinreichende Bedingung für das Wahrsein der Conclusio. Und die Conclusio sei eine notwendige Folge oder Konsequenz aus den Prämissen. Genauso ist es richtig zu sagen, dass Leo ein Säugetier ist, sei eine notwendige Bedingung dafür, dass er ein Löwe ist. Es kann nicht wahr sein, dass er ein Löwe ist, ohne dass es wahr ist, dass er ein Säugetier ist. Ich gehe der Frage, inwieweit sich das logische Müssen in Begriffen

der notwendigen und hinreichenden Bedingung verstehen lässt und
wodurch sich die Bedingungsrelationen logischer Art von denen in
der Natur und ihrem Kausalgeschehen unterscheiden, nicht nach.
In unserem Kontext ist sehr viel wichtiger, dass das Müssen der
notwendigen Bedingung nicht nur aus Naturgesetzen (und logischen
Gesetzen), sondern genauso aus technischen, institutionellen, konventionellen oder situativen Gegebenheiten resultieren kann. So muss
man dafür, mit dem Gewehr zu feuern, den Abzug betätigen. Oder
man muss dafür, dass die Waschmaschine läuft, den Einschaltknopf
drücken. Hier sind es nicht natürliche, sondern technische Gegebenheiten, aus denen sich das Müssen ergibt. Die Artefakte sind
eigens so konstruiert und hergestellt, dass dieses Müssen entsteht.
Ihre „Schöpfer" gebrauchen die Naturgesetze, um durch geeignete
Arrangements künstlich ein Müssen der notwendigen Bedingung
herzustellen. So arrangieren z. B. Sicherheitsexperten, die überlegen,
wie sie den Tresorraum einer Bank gegen Einbruch sichern können,
die Dinge so, dass potentielle Bankräuber dafür, in den Tresorraum
zu gelangen, eine Lichtsperre überwinden müssen, was indes aller
Voraussicht nach nicht möglich sein wird. Dieses Müssen der notwendigen Bedingung ergibt sich aus den eigens zu diesem Zweck
eingerichteten Sicherheitsinstallationen.

Ein aus einer institutionellen Gegebenheit resultierendes Müssen
der notwendigen Bedingung liegt vor, wenn jemand in einer Situation,
in der über etwas abgestimmt wird, dafür, dass er zustimmt, einen
Arm heben muss. Es ist eine institutionelle Festlegung, dass man
dadurch für etwas stimmt, dass man einen Arm hebt. Das Den-
Arm-Heben zählt, so das soziale Agreement, als Dafür-Stimmen,
und deshalb muss man das eine tun dafür, das andere zu tun. Die
Notwendigkeitsbeziehung ist hier offenkundig nicht durch die Natur
gegeben, sondern von Menschen geschaffen. Dasselbe gilt für das
Müssen der notwendigen Bedingung, das aufgrund konventioneller
Gegebenheiten existiert. Wenn sich in einem Land die Konvention
entwickelt, im Straßenverkehr rechts zu fahren, muss jeder dafür, sich
und andere nicht zu gefährden, rechts fahren. Dieses Müssen ergibt
sich aus der Konvention, die sich herausgebildet hat. Man hätte sich
genauso gut einigen können, links zu fahren. Dann müsste jeder dafür,
keine Gefahr heraufzubeschwören, links fahren. Das Müssen ist also

offensichtlich von der entstandenen Konvention abhängig, und sie ist das Ergebnis menschlicher Handlungskoordination. Ein aus situativen Gegebenheiten resultierendes Müssen der notwendigen Bedingung liegt vor, wenn Paul dafür, dass er den 10-Uhr-Zug nach Zürich erreicht, um 8.45 Uhr von zu Hause aufbrechen muss. Hier ist es die Situation: der Fahrplan, die Entfernung der Wohnung vom Bahnhof, die morgendliche Verkehrslage etc., die das Müssen entstehen lässt. Niemand hat die Situation arrangiert, um dieses Müssen zu schaffen. Sie ist einfach so entstanden, und ein Ergebnis ist, dass es dieses Müssen der notwendigen Bedingung gibt.

Wir sehen, dass das Müssen der notwendigen Bedingung nicht auf den Bereich des Naturgesetzlichen begrenzt ist, sondern auch in anderen Bereichen zu finden ist. Wir sehen damit auch, dass die Übersicht über die verschiedenen Formen des Müssens, die in § 2 gegeben wurde, nur einer ersten Annäherung diente und ergänzungsbedürftig ist. Weder das technische noch das institutionelle und das konventionelle Müssen noch das situative Müssen sind dort aufgelistet. Und wir sehen auch, dass das Müssen der notwendigen Bedingung keineswegs als solches ontologisch objektiv ist. Das institutionelle Müssen ist klarerweise ontologisch subjektiv. Menschen bringen auf eine ganz besondere Weise institutionelle Phänomene in die Welt, nicht wie Artefakte dadurch, dass sie vorhandene Materialien bearbeiten und verändern, sondern dadurch, dass sie z. B. das Den-Arm-Hochheben übereinstimmend als Zustimmen zählen. Sie schaffen „aus dem Nichts", alleine durch eine kollektive Funktionszuweisung – in diesem Fall an eine bestimmte Körperbewegung – ein neues, eben institutionelles Phänomen. Institutionen kann es nur geben, wo Lebewesen die Fähigkeiten haben, Zwecke zu setzen, Funktionen zuzuweisen, zu kommunizieren, die institutionellen Phänomene sprachlich zu repräsentieren. Institutionelle Phänomene sind also ontologisch subjektiv, und mit ihnen auch das Müssen der notwendigen Bedingung, das sich aus ihnen ergibt. Ganz ähnlich ist es beim Müssen, das aus Konventionen entsteht. Offensichtlich ist auch dieses Müssen ontologisch subjektiv.

Schwieriger ist die Ontologie des Müssens zu bestimmen, das sich aus technischen Gegebenheiten ergibt. Denn Artefakte haben selbst eine schwer zu fassende Ontologie. Zum einen sind sie Hervorbringungen des Menschen, zum anderen existieren sie, wenn es sie einmal gibt, unabhängig vom Menschen. Dasselbe gilt für das Müssen der notwendigen Bedingung in diesem Bereich. Wenn es Waschmaschinen gibt, ist es ein Faktum, dass man sie dafür, dass sie laufen, anstellen muss. Und dieses Müssen bliebe auch bestehen, wenn man sich alle Menschen wegdächte. Es bliebe ein Faktum, dass diese kastenartigen, schweren Gegenstände etwas in sich in Gang setzen können und dass dafür, dass dies geschieht, das Drücken eines bestimmten Knopfes notwendig ist. Dieser Blick auf die Sache spricht möglicherweise dafür, dieses Müssen für ontologisch objektiv zu halten. Ich werde diese Frage unbeantwortet lassen. Genauso wie die Frage, wie das situative Müssen der notwendigen Bedingung einzuordnen ist. Es kommt hier vor allem darauf an, sich bewusst zu machen, dass es nicht nur das naturgesetzliche Müssen der notwendigen Bedingung gibt, sondern auch andere Typen dieses Müssens und dass das Müssen der notwendigen Bedingung keineswegs generell ontologisch objektiv ist, sondern objektiv und subjektiv sein kann. Und wenn ich gesagt habe, eine genauere Untersuchung des Müssens der notwendigen Bedingung sei für die Analyse der Normativität entscheidend, dann ist damit nicht allein das Müssen der notwendigen Bedingung im Bereich des Naturgesetzlichen gemeint, sondern dieses Müssen in all den verschiedenen Bereichen, in denen es existiert.

4. Das Müssen der notwendigen Bedingung ist, auch wo es praktisch ist, also eine Handlung zum Gegenstand hat, nicht normativ. Dies gilt für die ontologisch objektiven Arten dieses Müssens ohnehin, es gilt aber auch für die ontologisch subjektiven Arten. Dass dafür, dass ein menschlicher Embryo heranwächst, eine Ei- und Samenzelle zusammenkommen müssen und dass dafür, dass dies geschieht, eine Frau und ein Mann Geschlechtsverkehr haben müssen, ist eine schlichte biologische Tatsache, die keinerlei normativen Charakter hat. Genauso ist, dass dafür, dass eine Maschine läuft, jemand sie anstellen muss, eine schlichte technische Tatsache ohne jeden normativen Charakter. Und dass jemand dafür, für etwas zu stimmen, einen Arm heben muss, ist eine schlichte institutionelle Realität, ebenfalls ohne normativen Charakter. Das eine ist hier jeweils eine notwendige *conditio* für das andere. Das ist alles. Es fehlt der für das

normative Müssen charakteristische Handlungsdruck. Die biologische Tatsache, dass dafür, dass Ei- und Samenzelle zusammenkommen, zwei Menschen unterschiedlichen Geschlechts sexuell interagieren müssen, entwickelt als solche keinerlei Handlungsdruck. Und dasselbe gilt für das praktische Müssen der notwendigen Bedingung insgesamt. Auch das Müssen dieser Art, das sich aus von Menschen geschaffenen Umständen, aus technischen, institutionellen, konventionellen oder anderen nicht-natürlichen Gegebenheiten ergibt, generiert für sich genommen keinen Handlungsdruck. Es ist noch nicht klar, was diesen Handlungsdruck konstituiert. Aber wir können, bevor die Frage im nächsten Kapitel behandelt wird, bereits vermuten, dass ein Handlungsdruck, ja überhaupt eine Handlungsrelevanz erst entsteht, wenn das, wofür etwas eine notwendige Bedingung ist, auch gewollt wird. Die Notwendigkeitsbeziehung besteht aber in allen genannten Fällen, wie bereits gesagt, unabhängig davon, ob jemand das Ereignis, für das eine Handlung eine notwendige Bedingung ist, herbeiführen will oder nicht. Selbst wenn niemals jemand wollte, dass eine Waschmaschine zu laufen beginnt, bliebe es eine technische Tatsache, dass sie nur läuft, wenn jemand einen bestimmten Knopf drückt. Und dass man dafür, zuzustimmen, einen Arm heben muss, ist eine Tatsache unabhängig davon, ob man zustimmen will oder nicht. Das Wollen möglicher Akteure ist keine Existenzbedingung des praktischen Müssens der notwendigen Bedingung. Und dies ist, wie es scheint, der Grund, warum es nicht normativ ist. Doch obwohl es nicht normativ ist, ist es ein Grundbaustein der Normativität. Keine Normativität, so eine Hauptthese dieses Buches, ohne ein Müssen der notwendigen Bedingung.

5. Es ist vielleicht nützlich, darauf hinzuweisen, dass „Muss"-Sätze, in denen gesagt wird, dass ein praktisches Müssen der notwendigen Bedingung besteht, normale assertorische Sätze sind. Man gibt mit ihnen eine Information darüber, wie die Welt ist. So informiert der Satz: „Potentielle Bankräuber müssen dafür, in den Tresorraum zu gelangen, die Lichtsperre überwinden." über die Sicherheitsmaßnahmen in der Bank. Wie alle assertorischen Sätze können Sätze dieser Art wahr oder falsch sein. Dies gilt auch für „Muss"-Sätze in der 2. Person Singular oder Plural. Man darf sich hier nicht irritieren

lassen. Es wäre falsch, anzunehmen, die Bedeutung und Funktion der Sätze differiere je nach der Personalform. Der Satz „Du musst dafür, mit dem Gewehr zu schießen, den Abzug betätigen" ist genauso ein assertorischer Satz wie der Satz über die Bankräuber. v. Wright hat „Muss"-Sätze, in denen konstatiert wird, dass ein Müssen der notwendigen Bedingung besteht, „anankastic sentences" genannt.[2] Das Adjektiv „anankastic" leitet sich von dem griechischen Wort für Zwang, Notwendigkeit: ananké (ἀνάγκη) ab. In anankastischen Sätzen wird, so v. Wright, festgestellt, dass etwas eine notwendige Bedingung für etwas anderes ist, so z. B. „that heating the house is a *necessary* condition of making the house habitable."[3] Sätze dieser Art sind wahr oder falsch, und was der Satz über das Heizen des Hauses feststellt, ist, so v. Wright, wahr oder nicht wahr, „independently of whether anyone wants to make the house habitable and aims at this as an end."[4]

6. Ich fasse kurz zusammen: Das Müssen der notwendigen Bedingung kennt Fälle, in denen menschliche Handlungen (und auch Handlungen anderer Lebewesen) eine notwendige Bedingung für das Eintreten eines Ereignisses sind. Es handelt sich dann um das praktische Müssen der notwendigen Bedingung. Dieses Müssen und das Müssen der notwendigen Bedingung insgesamt resultiert aus natürlichen und aus nicht-natürlichen, z. B. technischen, institutionellen oder konventionellen Gegebenheiten. Das Müssen der notwendigen Bedingung kann – auch in seiner praktischen Spielart – ontologisch objektiv und ontologisch subjektiv sein. Das praktische Müssen der notwendigen Bedingung ist vom Wollen dessen, der etwas tun muss, unabhängig. Und, besonders wichtig, es ist nicht normativ.

---

[2] v. Wright, *Norm and Action*, 10; dt. 26.
[3] Ebd.
[4] Ebd.

§ 4 Müssen, Wollen, Normativität

1. Gehen wir die Frage, was zum Müssen der notwendigen Bedingung hinzukommen muss, damit Normativität entsteht, gleich an. Welcher weitere Baustein ist nötig? Der nächstliegende Kandidat, so habe ich gesagt, ist das Wollen des Handelnden. Nehmen wir also an, dass es für das Eintreten des Ereignisses *y* eine notwendige Bedingung ist, dass Person *a* *x* tut. Und fügen wir dem hinzu, dass *a* will, dass *y* geschieht. Beide Elemente sind für sich genommen nicht normativ. Das Müssen der notwendigen Bedingung ist, wie gezeigt, nicht normativ, und das Wollen ist ebenfalls nicht normativ. Etwas zu wollen, heißt für sich genommen nicht, etwas zu müssen. Dies wird gelegentlich bestritten. Einige Philosophen nahmen und nehmen an, etwas zu wollen, sei intrinsisch normativ. Diese Auffassung verzerrt meines Erachtens das Phänomen – oder reichert es bereits mit weiteren, hinzukommenden Elementen an. Etwas zu wollen, bedeutet, grob gesprochen, von etwas angezogen zu sein und zu etwas zu tendieren. Und darin liegt kein Müssen. – Ich gebrauche „wollen" wie in der Alltagssprache, nicht, wie in der Philosophie sonst häufig, in einer eingeschränkten, künstlich fixierten Bedeutung.

Was also geschieht, wenn die beiden Elemente zusammenkommen? Entsteht durch das Zusammenkommen des Müssens der notwendigen Bedingung und des Wollens Normativität? Entsteht ein normatives Müssen, das mit einem Handlungsdruck für *a* verbunden ist? Wenn ein solches Müssen entsteht, wird es, das ist die naheliegende Annahme, das *x*-Tun von *a* zum Gegenstand haben. Man kann freilich auch, als etwas ferner liegende Hypothese, das *x*-Tun-*Wollen* von *a* als Gegenstand des Müssens in Erwägung ziehen. Ich werde zunächst die erste, dann die zweite Möglichkeit untersuchen.

Es scheint in der Tat so zu sein, dass *a*, wenn er dafür, dass *y* geschieht, *x* tun muss und er will, dass *y* geschieht, unter einem Druck steht, *x* zu tun. Er muss es tun, und dieses Müssen ist mit einem Handlungsdruck verbunden. Es scheint also tatsächlich so zu sein, dass aus dem Zusammenkommen des Müssens der notwendigen Bedingung und des entsprechenden Wollens ein normatives Müssen entsteht. Bevor ich das genauer untersuche, sei darauf hingewiesen, dass ich im folgenden zunächst davon absehe, wie *a* unabhängig von seinem Wollen von *y* zum *x*-Tun steht. Es gibt hier verschiedene Möglichkeiten. Eine davon ist, dass *a* die Handlung *x* als solche, unabhängig von den Konsequenzen, nicht tun will. Eine andere, dass *a* nicht nur will, dass *y* geschieht, sondern auch, dass *z* geschieht, und dass er dafür, dass *z* geschieht, *x* unterlassen muss. In beiden Fällen wäre mit dem Vorliegen des normativen Müssens, um das es jetzt geht, nicht entschieden, wie *a* sich „unter dem Strich", also wenn man die verschiedenen Gesichtspunkte zusammennimmt, verhalten muss. Es kann, mit anderen Worten, sein, dass das normative Müssen, wie ich es jetzt untersuche, nur ein *pro-tanto*-Müssen ist, ein Müssen, dem gegenläufige Kräfte entgegenstehen, so dass es nicht die einzige relevante Determinante der Handlungssituation ist. Ich werde von diesem komplizierenden Aspekt, wie gesagt, zunächst absehen, ihn aber in § 5 ausführlich erörtern.

Wenn es so ist, dass ein normatives Müssen entsteht, wenn *a* dafür, dass *y* geschieht, *x* tun muss und er will, dass *y* geschieht: wie ist dieses normative Müssen zu verstehen? Von welcher Art ist dieses Müssen? Die Antwort scheint ganz einfach zu sein: Das normative Müssen ist das Müssen der notwendigen Bedingung, zu dem das Wollen hinzukommt und das dadurch eine neue Eigenschaft gewinnt, die Eigenschaft der Normativität, die Eigenschaft, mit einem Handlungsdruck verbunden zu sein. – Versuchen wir, uns das klarzumachen. Man kann von folgender Schlussfolgerung ausgehen:

(1) *a* muss *x* tun dafür, dass *y* geschieht, und
(2) *a* will, dass *y* geschieht.

_____

(3) Also muss$_{(n)}$ *a* *x* tun.

In den beiden Prämissen erscheinen die beiden Ausgangselemente, in der ersten Prämisse das Müssen der notwendigen Bedingung, in der zweiten Prämisse das entsprechende Wollen. Das Müssen in der Conclusio soll das normative Müssen sein, das aus den beiden

Elementen entsteht. Das Zeichen (n) zeigt die Normativität an. Da in den Prämissen nur ein Müssen vorkommt und dies ein Müssen der notwendigen Bedingung ist, kann das Müssen in der Conclusio auch nur ein Müssen der notwendigen Bedingung sein. Das bedeutet, dass der „Muss"-Satz in der Conclusio elliptisch ist. Wie er zu ergänzen ist, wird deutlich, wenn man die zweite Prämisse etwas umformuliert:

(1) a muss x tun dafür, dass y geschieht.
(2) Dass y geschieht, ist etwas, was a will.

Die Conclusio ist dann:

(3) Also muss$_{(n)}$ a x tun dafür, dass etwas geschieht, was a will.

Das Müssen der Conclusio ist, so zeigt sich jetzt, ein Müssen der notwendigen Bedingung, und zwar ein solches Müssen mit der Spezifik, dass es auf etwas bezogen ist, was a will. Das Müssen der Conclusio ist das Müssen der ersten Prämisse, zu dem hinzukommt, dass das Wofür des Müssens etwas von a Gewolltes ist. Und es ist genau dieser Wollensbezug, der dieses Müssen zu einem normativen Müssen macht, zu einem Müssen, das a angeht und das mit einem Handlungsdruck verbunden ist. Das Müssen der ersten Prämisse ist nur ein einfaches Müssen der notwendigen Bedingung, das als solches nicht normativ ist. Damit, dass a dafür, dass y geschieht, x tun muss, ist es vereinbar, dass a kein Interesse daran hat, dass y geschieht. Dies würde nichts daran ändern, dass das Müssen der notwendigen Bedingung besteht. Aber es ginge a nichts an. Er könnte es unterlassen, x zu tun, die notwendige Folge wäre, dass y nicht geschieht. Aber das würde ihn nicht berühren, weil er nicht daran interessiert ist, dass y geschieht. Anders das Müssen der Conclusio. Es ist für a von Bedeutung. Es ist mit einem Handlungsdruck verbunden. Denn wenn a dafür, dass etwas von ihm Gewolltes geschieht, x tun muss, muss er, wenn er x nicht tut, etwas für ihn Negatives hinnehmen. Er muss die negative Konsequenz hinnehmen, dass etwas, was er will, nicht geschieht. Dies drückt ihn dahin, x zu tun und damit so zu handeln, wie es nötig ist, um das Gewollte zu erlangen und die negative Konsequenz zu vermeiden.

Wenn diese Bestimmung des normativen Müssens richtig ist, gibt es – das ist sehr wichtig – in der Situation, in der die beiden Bausteine der Normativität zusammenkommen, nur ein Müssen und nicht etwa zwei. Es gibt nicht ein Müssen der notwendigen Bedingung und daneben, als zweites Müssen, das normative Müssen. Das normative Müssen *ist* vielmehr ein Müssen der notwendigen Bedingung, wie wir es aus der Natur und anderen, zum Beispiel technischen und institutionellen Gegebenheiten kennen. Nur dass das Wollen dessen, um dessen Handlung es geht, hinzukommt. Eben dadurch, dass dieses Wollen hinzukommt, erhält das Müssen der notwendigen Bedingung eine besondere Eigenschaft: Es wird zu einem Müssen, bei dem der, der anders als „gemusst" handelt, eine negative Konsequenz hinnehmen muss. Und das heißt, es wird zu einem normativen Müssen. Das normative Müssen ist also nicht ein Müssen eigener Art und in diesem Sinne ein „neues" Müssen; es ist ein spezielles Müssen der notwendigen Bedingung. Und das Neue liegt nur im Hinzukommen einer Eigenschaft. Deshalb markiert auch das Symbol (n) in der angeführten Schlussfolgerung nicht mehr als das Hinzukommen dieser Eigenschaft. – Es hat, wie sich zeigt, durchaus etwas Missverständliches, wenn ich in § 2, erste Intuitionen aufgreifend, das naturgesetzliche Müssen und das normative Müssen als zwei verschiedene Typen oder Arten des Müssens präsentiert habe. Das normative Müssen ist in den Fällen, in denen die Beziehung der notwendigen Bedingung eine Gegebenheit der Natur ist, ein naturgesetzliches Müssen – in Kombination mit einem Wollen. Das normative Müssen ist, so könnte man sagen, immer ein anderes Müssen, zu dem ein Wollen hinzukommt.

Nach dieser grundsätzlichen Klärung ist etwas Wichtiges nachzutragen. Der Handlungsdruck, der das normative Müssen ausmacht, entsteht nur, wenn eine bislang stillschweigend gemachte Voraussetzung erfüllt ist: Das x-Tun von a muss eine notwendige Bedingung für das Eintreten von y sein, die auch hinreichend oder zumindest „unter den gegebenen Umständen" hinreichend ist.[1] Das heißt, das Nicht-Tun von x muss die Folge haben, dass y nicht geschieht, und das Tun von x muss, eventuell zusammen mit anderen gegebenen Faktoren,

---

[1]   Vgl. zu dieser Differenzierung oben § 3, S. 27.

die Folge haben, dass y geschieht. Stellen wir uns vor, notwendige Bedingungen dafür, dass y geschieht, sind, dass a x tut, dass b w tut und dass c v tut. Und diese drei Bedingungen sind zusammen hinreichend für das Eintreten von y. Wenn es nun so ist, dass b w tut und c v tut, ist, dass a x tut, zwar nicht für sich genommen, aber „unter diesen Umständen" hinreichend dafür, dass y geschieht. Und da a will, dass y geschieht, besteht der normative Druck, x zu tun. Tut er es, geschieht y, tut er es nicht, geschieht y nicht. Wie ist es aber, wenn b und c kein Interesse daran haben, dass y geschieht, und sie auch sonst nichts dazu bewegt, w bzw. v zu tun, und sie es folglich nicht tun? Dann steht schon fest, dass ganz unabhängig davon, wie a handelt, y nicht geschieht. a kann x tun, und er kann es nicht tun, es kommt in beiden Fällen nicht dazu, dass y geschieht. In dieser Situation kommt es, obwohl das x-Tun von a eine notwendige Bedingung dafür ist, dass y geschieht, und a will, dass y geschieht, nicht zu einem normativen Druck, x zu tun. Der Druck entsteht also nur, wenn das Nicht-Tun von x die negative Konsequenz hat, dass y nicht geschieht, und das Tun von x die positive Konsequenz hat, dass y geschieht. Und das heißt, wie bereits gesagt, dass das x-Tun von a eine notwendige Bedingung für das Eintreten von y sein muss, die zugleich auch hinreichend oder zumindest „unter den gegebenen Umständen" hinreichend sein muss.

Ich kann jetzt festhalten: Ein normatives Müssen ist ein praktisches Müssen der notwendigen Bedingung, das in zweifacher Weise spezifiziert ist: Es ist ein Müssen dieser Art, bei dem *erstens* die Bedingung zugleich (im starken oder schwachen Sinn) hinreichend ist und bei dem *zweitens* der, der muss, das will, wofür seine Handlung eine notwendige Bedingung ist. Ein Müssen dieser Beschaffenheit ist mit einem Handlungsdruck verbunden. Und es hat offensichtlich auch die anderen Merkmale des normativen Müssens: Es ist ein praktisches Müssen, es erlaubt, anders als „gemusst" zu handeln, und es ist, ich komme darauf noch, ontologisch subjektiv. – Ich werde im folgenden die erste Spezifikation in der Regel nicht ausdrücklich anführen, sondern einfach von einer notwendigen Bedingung sprechen und damit eine Bedingung meinen, die in der einen oder anderen Weise auch hinreichend ist. Es wurde schon gesagt, dass wir uns in praktischen Kontexten in der Regel nur für solche Bedingungen interessieren, auf die es dafür, dass das gewollte Ereignis eintritt, auch ankommt, die also das Eintreten des Ereignisses bewirken oder dazu beitragen.

Diese Konzeption des normativen Müssens führt, wie es scheint, in eine ontologische Schwierigkeit. Ein Müssen der notwendigen Bedingung kann, wie wir fanden, ontologisch objektiv oder ontologisch subjektiv sein. Nehmen wir einen Fall, in dem es objektiv ist: *a* muss dafür, wieder voll bewegungsfähig zu werden, eine Gymnastik machen. Dieses Müssen ergibt sich aus naturgesetzlichen Fakten, die von allen mentalen Zuständen des Menschen unabhängig sind. Deshalb ist es ontologisch objektiv. Nun ist die Zurückgewinnung der Beweglichkeit natürlich etwas, was *a* will. Damit ist die Notwendigkeitsbeziehung auf etwas Gewolltes gerichtet und das Müssen der notwendigen Bedingung folglich normativ. Und es ist damit, wegen der Abhängigkeit von einem Wollen, ontologisch subjektiv. Das Müssen scheint also ontologisch objektiv und zugleich ontologisch subjektiv zu sein. Das kann aber nicht sein. Diese Schwierigkeit verschwindet, wenn man genauer differenziert: Dass *a* dafür, seine Beweglichkeit zurückzugewinnen, die Gymnastik machen muss, ist eine ontologisch objektive Tatsache. Dass dieses Müssen mit einem Handlungsdruck verbunden ist, ist vom Wollen abhängig und deshalb ontologisch subjektiv. Das Müssen ist, so kann man sagen, in seiner Existenz ontologisch objektiv, in seiner Normativität ontologisch subjektiv. Ganz entsprechend ist der Mt. Everest in seiner Existenz ontologisch objektiv, in seiner Beliebtheit bei Extrem-Bergsteigern hingegen ontologisch subjektiv.

Normativität, das bestätigt diese Analyse, ist immer etwas ontologisch Subjektives. Und es ist speziell die Abhängigkeit von einem Wollen, die die subjektive Ontologie begründet. Normativität kann es deshalb nur in einer Welt geben, in der es Lebewesen gibt, die etwas wollen. Dabei ist, dass *a* in einer normativen Situation ist, nicht von irgendeinem Wollen abhängig, es ist von einem Wollen *von a* abhängig. Es ist das Wollen dessen, der muss, das eine Existenzbedingung dieses Müssens ist. Voraussetzung dafür, Adressat eines normativen Müssens zu sein, ist also ein *eigenes* Wollen. Dies ist, wie wir sehen werden, ein ganz wichtiges Charakteristikum des normativen Müssens. Es hat zwei bemerkenswerte Konsequenzen. *Erstens* ist das normative Müssen personenrelativ und strikt individuell. Soweit verschiedene

Personen verschiedene Dinge wollen, ist, was sie normativerweise tun müssen, von Person zu Person verschieden. Ein und dieselbe Handlung kann folglich für eine Person „gemusst" sein, für eine andere Person hingegen nicht. Und *zweitens* steht man, je mehr man will, umso mehr unter dem Druck des Normativen und, je weniger man will, umso weniger. Und wer gar nichts will, muss gar nichts. Dies ist für uns keine Möglichkeit, aber verschiedene Weisheitslehren empfehlen, möglichst wenig zu wollen. Denn so macht man sich von dem Druck des Müssens frei.

Man kann sagen, dass das Wollen in der Form eines normativen Müssens auf die betreffende Person zurückkommt. Der Grund liegt darin, dass dafür, dass das Gewollte geschieht, etwas anderes geschehen muss. Der Grund liegt also in den verschiedenartigen Notwendigkeitsrelationen, die gegeben sind und an denen der einzelne, auch wenn sie eine subjektive Ontologie haben, nichts ändern kann, zumindest im Moment nicht. Weil nichts daran zu ändern ist, dass *a* dafür, wieder voll bewegungsfähig zu werden, eine Gymnastik machen muss, kommt das Wieder-fit-werden-Wollen in der Form eines normativen Müssens auf ihn zurück. Weil er dies will und diese Notwendigkeitsrelation besteht, gerät er unter den normativen Druck, etwas Bestimmtes zu tun, obwohl er möglicherweise nichts weniger will als gerade dies. Das Wollen hat einen anderen Gegenstand als das Müssen, und was der Gegenstand des Müssens ist, wird durch die Notwendigkeitsrelationen bestimmt, die, wie gesagt, gerade nicht zur Disposition der Betroffenen stehen. Das Wollen ist der Motor, durch den die Bewegung, die Energie in die Situation gelangt; die Notwendigkeitsbeziehung ist hingegen der Transmitter, der die Bewegung an eine andere, möglicherweise ganz und gar ungelegene Stelle transportiert und sie in der Form normativen Drucks wieder entlässt.

Alles, was jetzt über die Abhängigkeit des Normativen vom Wollen und über seine subjektive Ontologie gesagt wurde, ändert, daran sei erinnert, nichts daran, dass es eine objektive Tatsache ist, dass *a* in dieser normativen Situation des *x*-Tun-Müssens ist. Dass er in dieser Situation ist, ist ein Stück Wirklichkeit, und wer es leugnen wollte, würde nicht zur Kenntnis nehmen, was ist.

Es ist noch hervorzuheben, dass zu den Existenzbedingungen der Normativität nicht die epistemische Präsenz des Müssens der notwendigen Bedingung gehört. Wenn *a* will, dass *y* geschieht, und es so ist, dass er dafür *x* tun muss, dann existiert die normative Situation. Sie existiert unabhängig davon, ob *a* erkennt, dass dieses Müssen der notwendigen Bedingung existiert. Genauso muss *a* sich über sein Wollen nicht im Klaren sein. Selbst wenn er dies nicht ist, existiert, gegeben das Müssen der notwendigen Bedingung, die normative Situation. *a* muss also nicht erkennen, dass er in einer normativen Situation ist, die von ihm fordert, *x* zu tun. Die normative Situation existiert unabhängig von allem Epistemischen, und auch unabhängig von aller Überlegung und aller Rationalität. Dieser Umstand markiert eine Grenze für die Druck-Metapher. Es gibt zwar durchaus Druck im buchstäblichen Sinne, dem wir ausgesetzt sind, ohne ihn zu spüren (den Luftdruck), die Metapher wird aber wesentlich von der Vorstellung getragen, dass man nicht nur einem Druck ausgesetzt ist, sondern ihn auch spürt.

Der normative Druck ist, so wird hier deutlich, nichts Gefühltes, sondern ein Teil der Situation, in der jemand ist. Der Druck besteht einfach in dem Vorhandensein des Wollens und der Relation des Müssens – und in nichts mehr. Diese Konstellation bedeutet schon, dass, wenn man anders als „gemusst" handelt, das nicht geschieht, was man will, oder das geschieht, was man nicht will. Und genau hierin besteht der Druck. Eine Rolle in der Handlungswahl spielt dieser Druck erst, wenn er bemerkt wird, wenn also die normative Situation als solche erfasst wird.

Ich fasse zusammen: Normativität entsteht durch das Zusammenkommen zweier Bausteine, eines Müssens der notwendigen Bedingung und eines Wollens. Beide Bausteine sind selbst nicht normativ. Aber wenn sie zusammenkommen, bedeutet das, dass Normativität existiert. Dabei ist wesentlich, dass Normativität nicht etwas ist, was zu den beiden Elementen hinzukommt, es ist nichts Distinktes neben oder über diesen Elementen. Es kommen nur zwei Dinge zusammen, und dadurch entsteht eine komplexe Situation, die normativ ist und Handlungsdruck erzeugt.

Es wäre gänzlich verfehlt, angesichts dieses Ergebnisses einzuwenden, wenn es so wäre, gäbe es Normativität ja eigentlich gar nicht. Normativität werde ja auf diese Weise auf Nicht-Normatives reduziert und damit geleugnet. Nein, natürlich gibt es Normativität, es gibt eine Situation, die normativ ist und die Handlungsdruck erzeugt. Nur ergibt sich die Normativität aus dem Zusammenkommen von Elementen, die selbst nicht normativ sind. Daran ist nichts mysteriös. Mysteriös wäre es, wollte man einen ontologischen Dualismus vertreten und für das Normative einen ontologischen Status eigener Art annehmen. Ich hatte in der Einleitung gesagt, eine Theorie der Normativität werde nur gelingen, wenn sie das Normative selbst als Teil der einen, letztlich aus physikalischen Teilchen bestehenden Welt erweisen könne, als Teil der Welt also, die es als einzige gibt. Genau dies leistet die jetzt vorgetragene Konzeption. Es ist völlig falsch, hier, wie es viele Philosophen tun, mit einer Entgegensetzung von Faktischem und Normativem, von Sein und Sollen (bzw. Müssen) zu operieren und anzunehmen, zwischen dem Nicht-Normativen und dem Normativen liege eine unüberwindliche ontologische Kluft und deshalb könne aus nicht-normativen Elementen niemals Normativität entstehen. All dies ist falsch. Ich werde auf diesen entscheidenden Punkt noch zurückkommen.

Im Moment bleibt nur festzuhalten, was der Erwähnung eigentlich nicht bedarf: dass die Konzeption, wie sie jetzt in einem ersten Schritt und einem ersten Zugriff entwickelt wurde, noch viele Fragen offen lässt, an erster Stelle die, wie weit sie reicht und ob sie alle Formen des Normativen zu erfassen vermag. Meine These wird sein, dass sie genau dies tut, dass also alle Formen der normativen Wirklichkeit, auch komplexere und wesentlich komplexere als die bisher untersuchten, aus den genannten Bauelementen bestehen, aus einem Müssen der notwendigen Bedingung und einem Wollen.

2. Ich komme jetzt zu der zweiten oben angesprochenen Frage: Folgt daraus, dass (1) das x-Tun von a eine notwendige Bedingung für das Eintreten von y ist und dass (2) a will, dass y geschieht, auch, dass a x tun *wollen* muss? Dies ist, so hatte ich gesagt, die etwas ferner liegende Hypothese. Dennoch scheint es, als sei die Frage zu bejahen. Und es scheint, als gelange man auf zwei verschiedenen Wegen zu diesem „Ja". Der eine Weg setzt das Ergebnis des vorangegangenen Teils voraus, also dass aus (1) und (2) folgt, dass es für a ein normatives „Muss" ist, x zu tun. Die Überlegung verweist kurz und knapp darauf, dass das x-Tun immer das x-Tun-Wollen voraussetzt. Daraus

folgt dann direkt, dass man, wenn man x tun muss, auch x tun wollen muss. Damit ist die Antwort schon gegeben.

Der zweite Weg ist länger. Er ist unabhängig von dem Faktum, dass a, gegeben (1) und (2), x tun muss. Hier ist vielmehr der Gesichtspunkt der Konsistenz entscheidend: In einer Situation, in der a will, dass y geschieht, und es so ist, dass er dafür x tun muss, muss er *konsistenterweise* x tun wollen. Will er es nicht, ist er in seinem Wollen inkonsistent. Das Müssen, das sich hier bezüglich des x-Tun-Wollens ergibt, ist also ein Müssen der Konsistenz. Und dieses Müssen ist, wie man leicht sehen kann, ein Müssen der notwendigen Bedingung: a muss x tun wollen dafür, in seinem Wollen konsistent zu sein. Als ein Müssen der notwendigen Bedingung ist das Müssen der Konsistenz für sich genommen nicht normativ. Falls a nicht konsistent sein will, ist es mit keinem Handlungsdruck verbunden. Es kann hier offen bleiben, ob es möglich ist, nicht konsistent sein zu wollen. Auch wenn es nicht möglich sein sollte, ist es so, dass das Müssen der Konsistenz ohne Hinzukommen des Wollens nicht normativ ist. Ihm wächst die Eigenschaft des Normativen aber sofort zu, wenn wir unterstellen, dass a in seinem Wollen konsistent sein will. Dies unterstellt, ergibt sich folgende Schlussfolgerung:

(i) a muss x tun wollen dafür, konsistent zu sein.

(ii) Konsistent zu sein, ist etwas, was a will.

(iii) Also muss$_{(n)}$ a x tun wollen dafür, dass etwas geschieht oder eintritt, was a will.

Dies ist genau der Schluss, den wir bereits kennengelernt haben und in dessen Conclusio ein normatives Müssen zur Sprache kommt. Das Müssen der Conclusio ist ein Müssen der notwendigen Bedingung mit der spezifischen Differenz, dass es auf etwas bezogen ist, was a will. Und genau hieraus resultiert der Druck, der das Müssen zu einem normativen Müssen macht.

Das normative Müssen entsteht also erneut aus dem Zusammenkommen der beiden konstitutiven Elemente, eines Müssens der notwendigen Bedingung und eines entsprechenden Wollens. Wobei in diesem Fall die komplizierende Besonderheit besteht, dass sich das Müssen der notwendigen Bedingung selbst aus einer Kombination eines Müssens der notwendigen Bedingung und eines Wollens ergibt: Dass (i) *a* *x* tun wollen muss dafür, konsistent zu sein, ergibt sich daraus, dass (1) *a* *x* tun muss dafür, dass *y* geschieht, und dass (2) *a* will, dass *y* geschieht. Aus (1) und (2) ergibt sich (i), und aus (i) und (ii) ergibt sich das normative Müssen mit dem Gegenstand: *x* tun wollen. Die Normativität stellt sich in diesem Fall gewissermaßen auf einer zweiten Stufe ein.

Es sei auch hier darauf hingewiesen, dass die Tatsache, dass *a* *x* tun wollen muss, nicht bedeutet, dass dieses „gemusste" Wollen das einzige auf das Tun von *x* gerichtete Wollen von *a* ist. *a* kann *x* – intrinsisch oder im Blick auf andere Ziele – zugleich auch nicht tun wollen. Was er hinsichtlich des *x*-Tuns dann „unter dem Strich" will, wenn er also seine verschiedenen auf das *x*-Tun gerichteten Wollenszustände „zusammenrechnet", ist folglich offen.

3. Um eine normative Situation sprachlich zum Ausdruck zu bringen, gebrauchen wir, das ist nicht überraschend, gewöhnlich einen „Muss"-Satz: „*a* muss konsistenterweise *x* tun wollen" oder „Du musst, damit du den 10-Uhr-Zug erreichst, jetzt aufbrechen." Mit diesen Formulierungen wird, so könnte man sagen, strenggenommen nur ein Müssen der notwendigen Bedingung zur Sprache gebracht. Aber es wird jeweils vorausgesetzt, dass das entsprechende Wollen vorhanden ist. Es wäre witzlos, jemandem, der den 10-Uhr-Zug gar nicht erreichen will, zu sagen, er müsse dafür, den Zug zu erreichen, jetzt aufbrechen. Dass er es will, wird in der Sprechsituation vorausgesetzt, und damit wird vorausgesetzt, dass das Müssen normativ ist. Sehr häufig verzichten wir ganz auf die Nennung dessen, wofür die „gemusste" Handlung eine notwendige Bedingung ist. Wir sagen einfach: „Du musst jetzt aufbrechen" und setzen voraus, dass aus der Situation heraus klar ist, was das Wofür des Müssens ist und dass es etwas Gewolltes ist.

Natürlich gibt es andere Ausdrucksformen für das normative Müssen. So wird gesagt, es sei von *a* gefordert, *x* zu tun, oder es sei geboten, *x* zu tun. Einige Philosophen sprechen deshalb von „normativen Forderungen".[2] Da wir uns auf einem Feld großer

---

[2] So (wenn auch nur für einen speziellen Fall von Normativität) J. Broome: Normative Requirements. *Ratio* (n.s.) 12 (1999) 398-419.

Konfusion bewegen, sollte man sich wieder bewusst machen, dass diese Formulierungen metaphorisch sind. Etwas zu fordern, ist etwas zwischen Personen, eine Person fordert etwas von einer anderen. Aber dass *a x* tun muss, bedeutet nicht, dass jemand von ihm fordert, *x* zu tun. Er muss es tun, um etwas zu erreichen, was er will. Dies ist der Sachverhalt. Dasselbe gilt für das Gebieten bzw. Geboten-Sein.

Eine Ansicht, die häufig vertreten oder unausdrücklich vorausgesetzt wird, besagt, dass das Vorliegen einer normativen Situation mit Hilfe des Modalverbs „sollen" zum Ausdruck gebracht werde. Eine normative Situation sei deshalb eine Situation des Sollens. Diese Auffassung ist jedoch verfehlt. Eine gute Faustregel für das Verständnis des praktischen „sollen" lautet: Wo ein Sollen, da das Wollen eines anderen.[3] Wenn *a x* tun soll, impliziert das, dass jemand will, dass *a x* tut. Wenn ich zu meiner Tochter sage: „Du sollst morgen früher ins Büro kommen", impliziert das, dass jemand das will, vielleicht ihr Chef, der angerufen hat. Das Sollen weist auf das Wollen eines anderen zurück, wobei der entsprechende „Soll"-Satz ungesagt lässt, wer es ist, der will. Das Sollen ist in diesem Sinne rekursiv und anonym. Man kann den Wollensbezug durch einen Nachsatz explizit machen: „Du sollst morgen früher ins Büro kommen. Dein Chef wünscht das." Oder auch: „Du sollst hier nicht rauchen. Die Gastgeber wünschen es nicht." Die Möglichkeit eines solchen Nachsatzes ist für „Soll"-Sätze typisch. Durch seine Rekursivität steht ein Sollen immer in einem personalen Kontext. Und der, dem gesagt wird, dass er etwas tun soll, kann immer zurückfragen, wer es ist, der dies von ihm will. Dass für *a* ein Handlungsdruck besteht, *x* zu tun, impliziert hingegen nicht, dass jemand von *a* will, dass er *x* tut. *a* steht in einer komplexen Situation, die durch eine Notwendigkeitsbeziehung und durch ein eigenes Wollen konstituiert wird. Das Wollen eines anderen gehört nicht zu den Konstituenten der Situation. Und aus diesem Grund wird sie durch einen „Soll"-Satz nicht adäquat zum Ausdruck gebracht. Es kann natürlich sein, dass auch jemand will, dass *a x* tut. Das heißt, es kann sein, dass *a x* nicht nur tun muss,

---

3   Vgl. zur Analyse von „sollen" ausführlicher Vf., *Handeln zugunsten anderer*, 41-48, 54 f.

sondern es auch tun soll. Aber das Sollen ist dann etwas, was zu der normativen Situation, zu dem Müssen hinzukommt. Es ist nicht das, was die normative Situation ausmacht.

Und außerdem: Etwas zu sollen, bedeutet nicht, dass ein Handlungsdruck besteht. Wenn jemand von *a* will, dass er *x* tut, kann ihn das kalt lassen. Viele Leute wollen von einem etwas. Aus dem Wollen der anderen resultiert aber kein Handlungsdruck, keine Notwendigkeit, das Gewollte auch zu tun. Eine Situation des Sollens ist, mit anderen Worten, keine normative Situation. Wo ein Sollen, da noch keine Normativität. Es mag sein, dass *a* dem anderen verbunden ist und dessen Wollen für ihn verbindlich ist, er also tatsächlich tun muss, was der andere will. Aber dann sind offenkundig zusätzliche Elemente im Spiel. Das Wollen eines anderen allein konstituiert kein Müssen, keine Normativität. Wer im Ausgang vom Sollen klären will, was Normativität ist, ist deshalb von vornherein auf dem falschen Weg. Ich werde auch auf diesen zentralen Punkt noch zurückkommen.

4. Die Konzeption des Normativen, wie sie jetzt in ersten Grundlinien fixiert ist, weist dem Müssen der notwendigen Bedingung eine Schlüsselstellung zu. Darin trifft sie sich mit Überlegungen, die G. H. v. Wright in verschiedenen Arbeiten vorgetragen hat. Ich hatte schon darauf hingewiesen, dass v. Wright Sätze, in denen konstatiert wird, dass etwas eine notwendige Bedingung für etwas anderes ist, „anankastisch" nennt. Solche Sätze und das, was sie zum Ausdruck bringen, unterscheidet er von dem, was er „technische Normen" nennt. Technische Normen beziehen sich auf Mittel, die man ergreifen muss, um ein Ziel zu erreichen. Die Standardformulierung für eine technische Norm ist ein Konditionalsatz, in dessen Antezedens ein Wollen zur Sprache kommt und in dessen Konsequens gesagt wird, dass etwas getan werden muss. Ein Beispiel ist: „Wenn du die Hütte bewohnbar machen willst, musst du sie heizen."[4] Für das „müssen" im Konsequens sieht v. Wright die Ausdrücke „must", „has to" oder „ought to" vor, bevorzugt aber deutlich das „ought to". v. Wright weist darauf hin, dass eine technische Norm immer eine anankastische

---

4   v. Wright, *Norm and Action*, 10.

Relation, also eine Relation der notwendigen Bedingung voraussetzt.[5]
Wenn man diese Voraussetzung expliziert, kommt man zu folgender
Formulierung:

„Wenn du die Hütte bewohnbar machen willst und wenn es dafür,
sie bewohnbar zu machen, eine notwendige Bedingung ist, dass du
sie heizt, musst du sie heizen (you ought to heat it)."

In den beiden Antezedentien dieses Konditionalgefüges kommen
offensichtlich die beiden Elemente zur Sprache, die nach dem, was
im vorigen gesagt wurde, eine normative Situation konstituieren: Ein
Wollen und ein Müssen der notwendigen Bedingung. Das Müssen
im Konsequens ist demnach ein normatives Müssen. – Wie versteht
v. Wright dieses „müssen" bzw. „ought" im Konsequens einer technischen Norm? Das „ought" ist hier, so sagt er, elliptisch verwandt,
und „i ought to do T" bedeutet „unless i does T, he will fail of some
aim of his."[6] Das „ought" bezeichnet also – wie auch alle anderen
Arten des „ought" – eine, so v. Wright ausdrücklich, „Relation der
notwendigen Bedingung".[7] Das heißt, es bezeichnet ein Müssen der
notwendigen Bedingung. Und das Wofür des Müssens ist „ein Ziel
des Handelnden".[8] v. Wright ist also auch der Auffassung, dass das
„müssen" bzw. „ought" im Konsequens einer technischen Norm ein
Müssen der notwendigen Bedingung zum Ausdruck bringt, und zwar
ein solches Müssen, das auf ein Ziel dessen, der muss, bezogen ist. Er
fragt indes nicht, was es bedeutet, dass das Müssen dieses Spezifikum
hat. Das heißt, die Normativität dieses Müssens und die Tatsache,
dass es aufgrund seines Wollensbezuges mit einem Handlungsdruck
verbunden ist, kommen nicht zur Sprache.

---

[5] Ebd.

[6] G. H. v. Wright: On the Logic and Ontology of Norms, in: J. W. Davis/D. J.
Hockney/W. K. Wilson (eds.): *Philosophical Logic* (Dordrecht 1969) 89-107,
101.

[7] Ebd. 102. v. Wright spricht hier von einer Relation der „necessary conditionship"
und von „a necessary condition of attainment of an aim (end)". – Diese
Formulierungen machen auch deutlich, dass „ought" mit „müssen" ins Deutsche
zu übersetzen ist, und nicht mit „sollen" oder dem in seiner Bedeutung
verselbständigten Konjunktiv II „sollte".

[8] Ebd. 101.

5. Ich gehe zum Abschluss dieses Kapitels noch auf eine Schwierigkeit ein, die vielleicht schon einige Leser irritiert hat. Das normative
Müssen ist, so die Quintessenz des Gesagten, ein praktisches Müssen
der notwendigen Bedingung, wie wir es aus der Natur oder aus technischen, institutionellen und anderen Gegebenheiten kennen, plus ein
Wollen. Resultiert das Müssen aus Naturgesetzen, ist das normative
Müssen folglich ein naturgesetzliches Müssen der notwendigen
Bedingung plus ein Wollen. Wie passt diese Einsicht zu der Aussage,
das normative Müssen sei dadurch charakterisiert, dass man anders
als „gemusst" handeln könne – dies sei das Paradox des normativen
Müssens –, während das naturgesetzliche Müssen determinierend
sei, man eben nicht anders könne? Diese Entgegensetzung war die
Ausgangsintuition; und sie wirkt plausibel. Es ist eine seit langem
akzeptierte Überzeugung, dass das normative Müssen zulasse, anders
zu handeln, und sich dadurch grundsätzlich vom naturgesetzlichen
Müssen unterscheide. Es hat zwar immer irritiert, dass ein Müssen
mit dem Anders-Können zusammengeht. Aber auch wenn man
nicht verstanden hat, wie das möglich ist, schien der Befund, dass
es so ist, und damit der Unterschied zum naturgesetzlichen Müssen
unbestreitbar. Wie kann es dann aber sein, dass das normative Müssen
in bestimmten Fällen ein naturgesetzliches Müssen ist, zu dem ein
volitives Element hinzukommt? Es kann schließlich nicht zugleich
determinierend und nicht determinierend sein.

Die Quelle dieser Schwierigkeit liegt darin, dass man nicht zwischen dem naturgesetzlichen Müssen der notwendigen Bedingung
und dem der notwendigen Folge unterscheidet und gewöhnlich nur
das zweite Müssen im Blick hat. Und dann ist es richtig zu sagen,
dass es nicht möglich ist, anders zu handeln. Wenn jemand infolge
einer Drogensucht nicht anders kann, als zur Droge zu greifen, ist
das (wenn es wirklich so ist) ein determinierendes naturgesetzliches
Müssen ohne die Möglichkeit, anders zu handeln. Das naturgesetzliche
Müssen ist hier determinierend, und es unterscheidet sich dadurch
vom normativen Müssen. Anders aber sieht es aus, wenn man das
naturgesetzliche Müssen der notwendigen Bedingung betrachtet.
Nehmen wir noch einmal folgendes Beispiel: Eine Frau muss dafür,
schwanger zu werden, mit einem Mann sexuell zusammenkommen.
Das ist eine Naturtatsache, und es kann nicht sein, dass sie dies

nicht tut und doch schwanger wird. Die Natur, so kann man sagen, determiniert, dass es so ist. Sie legt eine Notwendigkeitsbeziehung zwischen einer Handlung und einem Ereignis fest. Aber sie determiniert die Frau natürlich nicht dazu, tatsächlich Geschlechtsverkehr mit einem Mann zu haben. Die Frau hat selbstverständlich die Option, sich so oder so zu verhalten. Man muss also darauf achten, wo das determinierende Element angesiedelt ist und wo nicht. Dann sieht man, dass das naturgesetzliche Müssen hier keineswegs zu einer Handlung determiniert. Und deshalb bleibt Raum für die Normativität. Sie entsteht, wenn das entsprechende Wollen hinzukommt, wenn die Frau nämlich schwanger werden will. Wenn sie dies will, entsteht ein normatives, mit einem Handlungsdruck verbundenes Müssen, das gerade nicht determinierend ist. – Wir sehen: dass das eine Element des normativen Müssens in manchen Fällen ein naturgesetzliches praktisches Müssen der notwendigen Bedingung ist, macht es nicht zu einem determinierenden Müssen. Auch in diesen Fällen ist es so, dass man anders als „gemusst" handeln kann. All dies gilt nicht nur für das praktische Müssen der notwendigen Bedingung, das aus Naturgegebenheiten resultiert, sondern für jedes praktische Müssen der notwendigen Bedingung. Die in ihm liegende Determination, sei sie technischer, institutioneller oder anderer Art, geht immer mit der Möglichkeit eines normativen Müssens zusammen.

§ 5 Normativität und Rationalität

1. Komplexere Situationen

Die bisherige Analyse hat die normative Situation künstlich vereinfacht. *a* will, so wurde gesagt, dass *y* geschieht, und weil er dafür *x*
tun muss, steht er unter einem normativen Druck, *x* zu tun. Ausge-
klammert wurde hierbei, wie *a* unabhängig von seinem Wollen von
y zum *x*-Tun steht. Die Situation enthielt deshalb nur ein Wollen, das
Wollen von *y*. Wenn wir diese künstliche Begrenzung jetzt aufheben,
erweist sich das normative Müssen, unter dem *a* steht, als ein bloßes
pro-tanto-Müssen. Es macht nur einen Teil der Situation aus, und mit
ihm ist deshalb noch nicht entschieden, ob *a* „unter dem Strich" *x*
tun muss oder nicht. Um das zu entscheiden, muss man wissen, wie
a intrinsisch, unabhängig von den Konsequenzen, zum *x*-Tun steht,
und auch, ob er weitere Ziele verfolgt, für deren Erlangung es eine
notwendige Bedingung ist, *x* zu tun oder zu unterlassen.
    Sehen wir zunächst, wie *a* intrinsisch zum *x*-Tun steht. Es gibt
offensichtlich drei Möglichkeiten: *a* kann das *x*-Tun wollen, er kann
es nicht wollen, und er kann dem *x*-Tun neutral gegenüberstehen. Im
letzten Fall kommt nichts zusätzlich ins Spiel, und es bleibt dabei,
dass *a x* tun muss. Wenn *a* das *x*-Tun intrinsisch will, ist zwar ein
zweites Wollen Teil der Situation, aber es läuft dem *x*-Tun-Müssen
nicht entgegen, sondern mit ihm konform. Das Wollen hebt das
Müssen nicht auf, und umgekehrt das Müssen nicht das Wollen. Die
Situation enthält zwei Kräfte, den Druck des Müssens und den Zug
des Wollens, beides auf das *x*-Tun gerichtet. *a* kann sich, wenn er in
dieser Situation *x* tut, fragen, ob er es getan hat, weil er es wollte oder
weil er es musste. Aber das bleibt vermutlich ein Glasperlenspiel.
    Interessanter ist die dritte Möglichkeit: *a* will *x* intrinsisch nicht
tun. In diesem Fall bestimmen gegenläufige Kräfte die Situation:
der Druck, *x* zu tun, und das Wollen, *x* nicht zu tun. *a* würde hier
zweifellos am liebsten *x* nicht tun und *y* doch erreichen. Aber das geht

nicht. Diese Option existiert nicht. Was muss a in dieser Situation „unter dem Strich" tun? Das lässt sich nur entscheiden, wenn man weiß, wie stark die beiden konkurrierenden Kräfte sind. Und dazu muss man etwas über die Intensität der involvierten Wollenszustände wissen, des Wollens von x und des Wollens von y. Denn das Müssen „über dem Strich" hat die Intensität des Wollens von y. a muss x ja tun, weil er sonst etwas mit der-und-der Intensität Gewolltes, nämlich dass y geschieht, nicht erreicht. Je mehr er will, dass y geschieht, umso stärker ist das Müssen, und je weniger er es will, umso schwächer ist das Müssen. Die Stärke des Müssens reflektiert also die Intensität des Wollens. Angenommen, die Intensität des Wollens von y ist 50. Und die Intensität des auf das x-Tun gerichteten Nicht-Wollens 30. Dann muss a „unter dem Strich" x tun. Er muss x tun, obwohl er es intrinsisch nicht tun will. Das x-Tun ist, so kann man sagen, der Preis dafür, y zu erreichen. Wenn die Intensität des Nicht-Wollens hingegen bei 80 liegt, muss a „unter dem Strich" x unterlassen. Er muss x unterlassen, obwohl das die notwendige Konsequenz hat, y nicht zu erreichen. Das Nicht-Erreichen von y ist hier der Preis dafür, x nicht zu tun.

Es ist selbstverständlich künstlich, die Intensitäten des Wollens mit Zahlenwerten zu versehen. Wir sind nicht in der Lage, die Stärke unseres Wollens mit solchen Zahlenwerten genau zu quantifizieren. Aber wir können wissen, was uns wichtiger ist, y zu erreichen oder x nicht zu tun. Und wir können auch wissen, ob uns das eine sehr viel wichtiger ist als das andere oder nur etwas wichtiger. Und wenn nicht sofort deutlich ist, was wichtiger ist, können wir überlegen, indem wir uns vorstellen, wie es ist, wenn das eine passiert, und wie, wenn das andere passiert. Und indem wir uns ausmalen, was die Konsequenzen des einen und die des anderen sind.

Betrachten wir noch eine Situation, in der nicht nur zwei, sondern drei Wollenszustände handlungsrelevant sind, und nicht nur ein Müssen der notwendigen Bedingung, sondern zwei Müssen dieser Art Teil der Situation sind. (1) a will, dass y geschieht, und muss dafür x tun, (2) a will, dass z geschieht, und muss dafür x unterlassen, und (3) a hat eine intrinsische Contra-attitude dem x-Tun gegenüber. In dieser Situation gibt es zwei konkurrierende normative Müssen; es gibt einen Druck, x zu tun, und einen Druck, x zu unterlassen.

Auch hier entscheidet sich, was a „unter dem Strich" tun muss, an den Intensitäten der involvierten Wollenszustände. Nehmen wir an, a will, dass y geschieht, mit einer Intensität von 50. Und dass z geschieht, mit einer Intensität von 40. Und die Contra-attitude hat eine Intensität von 30. Dann muss a, alles zusammengenommen, x unterlassen. Dass er in dieser Weise handeln muss, erkennt er, wenn er sich über die Intensitäten seines Wollens klar wird und damit erkennt, was seine Präferenzen sind.

Wie ist das Müssen „unter dem Strich" zu verstehen? Es ist natürlich ein normatives Müssen. Bei einem normativen Müssen mit *pro-tanto*-Status ist das Müssen relativ auf ein bestimmtes Etwas, das a will. Bei einem Müssen „unter dem Strich" ist der Satz „a muss x tun" hingegen zu vervollständigen durch: „dafür, dass er das erreicht, was er ‚unter dem Strich' will" oder, etwas anders formuliert: „dafür, dass er das tut, was seinem Wollen ‚unter dem Strich' entspricht." Wenn a y mit einer Intensität von 50 will und dafür, dass y geschieht, x tun muss, x aber mit einer Intensität von 30 intrinsisch nicht tun will, dann muss er x tun dafür, dass er das tut, was seinem Wollen „unter dem Strich" entspricht. Auch hier ist das, worauf das Müssen der notwendigen Bedingung relativ ist, etwas von a Gewolltes. Gewollt ist in diesem Fall aber nicht etwas Gewolltes neben anderem Gewollten, sondern das, was a, wenn alles in der Situation relevante Wollen zusammengenommen und „verrechnet" ist, „unter dem Strich" will. Durch diesen spezifischen Wollensbezug ist das Müssen ein definitives oder konklusives Müssen.

Wir sehen, die Struktur des normativen Müssens „unter dem Strich" ist dieselbe wie die des normativen Müssens „über dem Strich". Es sind dieselben Bauelemente, die dieses Müssen konstituieren: Beziehungen der notwendigen Bedingung und Wollenszustände. Die normative Situation ist nur komplexer, sie enthält mehr als ein Wollen und gegebenenfalls mehr als ein Müssen der notwendigen Bedingung.

In den Fällen, in denen konkurrierende Wollenszustände Teil der Situation sind, ist es notwendigerweise eine Charakteristik des konklusiven Müssens, dass es ein Wollen gegen sich hat. Es ist ein Müssen gegen eine andere Kraft, gegen einen Widerstand. Man kann deshalb eine „obwohl"-Formulierung gebrauchen, um die normative

Situation zu beschreiben: „*a* muss *x* unterlassen, obwohl das bedeutet, etwas Gewolltes: dass *y* geschieht, nicht zu erreichen." Man darf hier nicht zu weit gehen und meinen, gegen einen Widerstand zu stehen, sei ein Definiens des normativen Müssens überhaupt und eigentlich das, was die Normativität ausmache. Einige Philosophen gehen in diese Richtung. Wir haben indes gesehen, dass es andere Arten des normativen Müssens gibt, für die dies nicht gilt. *a* kann *x* tun müssen und es auch tun wollen. Das Gegen-einen-Widerstand-Stehen ist also eine Eigenschaft nur bestimmter Varianten des normativen Müssens.

Ich hatte bezogen auf das normative Müssen mit *pro-tanto*-Charakter gesagt, zu seinen Existenzbedingungen gehöre nicht die epistemische Präsenz des Müssens der notwendigen Bedingung und auch nicht das Sich-klar-Sein über das involvierte Wollen. Es ist die Situation, die normativ ist, unabhängig davon, ob man sie als solche erfasst. Dasselbe gilt auch für die komplexe konklusive Normativität. Auch sie ist von der epistemischen Präsenz der Situation unabhängig. Die Situation ist, wie sie ist, und wenn sie normativ ist, ist sie dies unabhängig davon, ob der, der muss, diese Tatsache realisiert. Dieser Punkt ist, wie wir im weiteren sehen werden, von großer Bedeutung. Und er spielt auch in der folgenden Überlegung eine wichtige Rolle.

2. Die Lücken

Das normative Müssen ist, so habe ich gleich zu Beginn gesagt, nicht determinierend. Dass man anders als „gemusst" handeln kann, ist gerade eines seiner definierenden Merkmale. Warum ist das so, warum ist der normative Druck nicht determinierend? Es sind drei Gründe, die dies erklären.[1] Der erste Grund liegt darin, dass die Wirkung, der motivierende Effekt des normativen Müssens von seiner epistemischen Präsenz abhängt. Das normative Müssen ist nicht in

---

[1]   Die folgenden Überlegungen sind beeinflusst von J. R. Searle: *Rationality in Action* (Cambridge, Mass. 2001) ch. 3.

seiner Existenz, wohl aber in seiner Handlungswirkung von seiner epistemischen Präsenz abhängig. Wenn *a* nicht erkennt, dass er in einer Situation ist, die von ihm fordert, *x* zu tun, ändert das zwar nichts daran, dass diese normative Situation besteht, aber die Situation hat dann keine motivierende Wirkung auf *a*. Einen motivierenden Effekt kann sie nur über ihre epistemische Präsenz, also über ihre mentale Repräsentation gewinnen. Das naturgesetzliche Müssen ist dagegen in seiner Wirksamkeit von seiner epistemischen Präsenz völlig unabhängig. Gleichgültig, ob jemand erkennt, dass bei bestimmten Antezedentien das-und-das geschehen muss, geschieht, was geschehen muss. Selbstverständlich wirken auch die Naturgesetze, die auf unseren Körper und unser Verhalten einwirken, unabhängig davon, ob wir von ihnen wissen oder nicht. Die Naturgesetze wirken gewissermaßen an unserem Kopf vorbei, das normative Müssen nur durch unseren Kopf hindurch. Es besteht also, das ist der erste Grund, eine Lücke zwischen der Existenz und der motivationalen Wirkung einer normativen Situation.

Doch selbst wenn *a* die Situation zutreffend erfasst und erkennt, dass er *x* tun muss, ist es möglich, dass er *x* nicht tut. Wenn er erkennt, dass er *x* tun muss, und zwar um das zu tun, was seinem Wollen „unter dem Strich" entspricht, erkennt er, dass das Tun von *x*, gleichgültig, wie er intrinsisch zu ihm steht, auf der Linie seines Wollens liegt. Diese Einschätzung der Situation hat wahrscheinlich zur Folge, dass er ein entsprechendes, auf das *x*-Tun gerichtetes Wollen und die Absicht, *x* zu tun, ausbilden wird. Man könnte annehmen, dass er gar nicht anders kann, als diese Absicht auszubilden. Das wäre jedoch voreilig. Denn *a* kann, wenn er *x* für sich genommen nicht tun will, zwar realisieren, dass, *x* zu tun, „unter dem Strich" auf der Linie seines Wollens liegt, aber das harte Faktum, dass er, ohne *x* zu tun, das, was er will, nicht erreichen kann, nicht anerkennen. Er kann dagegen rebellieren und wider alle Einsicht darauf setzen, dass es einen Weg geben muss, *x* zu unterlassen und doch das zu erreichen, was er will. Er bildet dann das auf das *x*-Tun gerichtete Wollen und die entsprechende Handlungsabsicht nicht aus und tut *x* folglich auch nicht. Dies ist kein rationales Verhalten, aber es ist, darauf kommt es an, ein mögliches Verhalten. Die zutreffende Repräsentation der normativen Situation ist also nicht in jedem Fall eine hinreichende

Bedingung dafür, die entsprechende Handlungsabsicht auszubilden. Es gibt eine Lücke zwischen der epistemischen Präsenz der normativen Situation und der Ausbildung des auf die „gemusste" Handlung gerichteten Wollens und der entsprechenden Handlungsabsicht. Dies ist der zweite Grund dafür, dass das normative Müssen nicht determinierend ist.

Der dritte Grund liegt darin, dass es, selbst wenn a die normative Situation richtig erfasst und die Absicht ausbildet, x zu tun, möglich ist, dass er x nicht tut. Er kann von einem Affekt davon weggerissen werden, so zu handeln, wie es seine Absicht ist. Und er kann aufgrund des rätselhaften, aber unbestreitbaren Phänomens der Willensschwäche anders handeln. Es wäre ganz unplausibel, zu meinen, dies sei unmöglich. Es gibt klarerweise eine Lücke zwischen dem konklusiven Wollen einer Handlung und ihrem tatsächlichen Vollzug.

Weder die normative Situation noch ihre epistemische Präsenz noch das auf die „gemusste" Handlung gerichtete Wollen sind, wie sich zeigt, hinreichende Bedingungen dafür, dass a x tut. Das x-Tun ist und bleibt eine Handlung, die a tun muss, weil er sonst gegen das handelt, was er „unter dem Strich" will. Aber das heißt nicht, dass er durch dieses Müssen determiniert ist, x zu tun. Auf dem Weg von einem normativen Müssen zum tatsächlichen Vollzug der „gemussten" Handlung gibt es drei unleugbare Hürden: Man muss die normative Situation als solche erfassen, man muss ein auf die „gemusste" Handlung gerichtetes Wollen ausbilden, und man darf sich nicht von einer dazwischenfahrenden Emotion oder einer Willensschwäche davon abhalten lassen, das zu tun, was man zu tun beabsichtigt.

3. Rationalität, deliberative und exekutive

Welche Handlung a in der Situation, in der er x tun muss, tatsächlich wählt und dann auch tut, hängt von seiner Rationalität ab. Es hängt davon ab, wie rational er ist. Die Lücke, die sich zwischen dem x-Tun-Müssen und dem tatsächlichen x-Tun auftut, ist der Ort der Rationalität und Irrationalität. Die Extension der Lücke ist genau die Extension der Rationalität (und Irrationalität). Wäre das Müssen nicht normativ, sondern determinierend, bedürfte es keiner Rationalität, um zwischen den möglichen Handlungen zu entscheiden. a würde einfach, an aller Überlegung und aller Rationalität vorbei, x tun. Die Rationalität einer Person, von der hier die Rede ist, ist vielschichtig, ich werde zwei wesentliche Elemente herausheben: Zum einen ist eine Person umso rationaler, je besser sie ihre Fähigkeit zu überlegen zu gebrauchen weiß und je verlässlicher sie als Ergebnis ihres Überlegens erkennt, wie die Welt beschaffen ist und welche Handlungen zu tun sind. Zum anderen ist eine Person umso rationaler, je verlässlicher sie sich durch das, was sie erkennt, in ihrem Handeln bestimmen lässt und tatsächlich das tut, was sie tun muss. Rationalität umfasst also erstens das Element des Überlegens, des Herausfindens und Erkennens dessen, was ist und was zu tun ist, und zweitens die Koordination von Erkennen und tatsächlichem Handeln. Im Blick auf das erste Element werde ich von *deliberativer* Rationalität sprechen, im Blick auf das zweite Element von *exekutiver* Rationalität.

Die Rationalität, die sich aus diesen beiden Elementen konstituiert, ist offenkundig nicht die Fähigkeit zu überlegen, die zur biologischen Ausstattung der Menschen gehört. Rationalität im hier verwandten Sinne ist vielmehr eine intellektuelle und charakterliche Tugend. Wer über sie verfügt, überlegt im allgemeinen korrekt und erkennt deshalb, was ist, und er lässt sich in aller Regel von den Ergebnissen seiner Überlegungen in seinem Handeln leiten. Die Irrationalität ist das Spiegelbild der Rationalität und umfasst deshalb dieselben Elemente. Irrational ist, wer beim Überlegen Fehler macht oder erst gar nicht überlegt oder das Überlegen abbricht, wie auch, wer zwar überlegt und richtig überlegt, dann aber, aus welchen Gründen auch immer, anders handelt.

Wir haben gesehen, dass auf dem Weg von dem Faktum, dass a x tun muss, zu dem tatsächlichen Tun von x drei Hürden zu überwinden sind. Zunächst muss a erkennen, dass er x tun muss, dann muss er aufgrund dieser Erkenntnis die Absicht ausbilden, x zu tun, und drittens muss er x dann auch tatsächlich tun. Diese Hürden zu überwinden, ist die Aufgabe der Rationalität. Wenn man y erreichen will und auch z erreichen will, muss man zunächst überlegen, auf welchem Wege man das erreichen kann. Was ist notwendig (und hinreichend) dafür, dass y geschieht, was dafür, dass z geschieht? Dies herauszufinden, ist der erste Schritt des Überlegens. Wenn man herausgefunden hat, dass, x zu tun, eine notwendige Bedingung für das Erreichen von y ist und, x zu unterlassen, eine notwendige Bedingung für das Erreichen von z, ist es der zweite Schritt, das verschiedene auf y, z und x gerichtete Wollen zu koordinieren und sich klar zu werden, was einem wichtiger und weniger wichtig ist. Um so schließlich zu erkennen, was man angesichts der gegebenen Notwendigkeitsbeziehungen und angesichts der Konstellation des eigenen Wollens „unter dem Strich" tun muss. Die deliberative Rationalität hat also nicht nur zur Aufgabe, herauszufinden, was die Mittel zu bestimmten Zielen sind, sondern auch, herauszufinden, was man angesichts des verschiedenen und konkurrierenden eigenen Wollens „unter dem Strich" will, was einem also letzten Endes am wichtigsten ist. Natürlich kann man sowohl beim ersten wie auch beim zweiten Schritt des Überlegens Fehler machen, so dass man am Ende vielleicht meint, man müsse x unterlassen, obwohl man x tatsächlich tun muss. Wenn man einen solchen Fehler begeht, ist das eine Form von Irrationalität.

Eine andere Form von Irrationalität liegt vor, wenn a zwar erkennt, dass er x tun muss, dies aber – weil er x für sich genommen nicht tun will – nicht wahr haben will, sich der Wirklichkeit verweigert und deshalb auch nicht die Absicht ausbildet, x zu tun. Diese Form der Irrationalität besteht nicht in einem Fehler im Überlegen. Der Fehler liegt in der Reaktion auf das Ergebnis der Überlegung. Wir haben es hier also nicht mit einem Defizit deliberativer Rationalität zu tun, eher mit einem Defizit der exekutiven Rationalität.

Und schließlich ist es natürlich auch irrational, wenn a durchaus die Absicht ausbildet, x zu tun, es dann aber aus Willensschwäche oder einem anderen Grund doch nicht tut. Auch diese Irrationalität hat nichts mit dem Überlegen zu tun, auch sie betrifft nicht den Intellekt von a, sondern seinen Charakter.

Nach diesen Klärungen können wir festhalten: Wenn a, um das zu tun, was seinem Wollen „unter dem Strich" entspricht, x tun muss, es aber dennoch nicht tut, ist das das Resultat einer Form von Irrationalität. Entweder erkennt er nicht, dass dieses normative Müssen existiert, oder er erkennt es, setzt diese Erkenntnis aber nicht in die entsprechende Handlung um. Aus diesem Grunde kann man nicht nur sagen, dass er dann das nicht erreicht, was er „unter dem Strich" will, sondern auch, dass er dann irrational handelt. Und entsprechend gilt: Wenn *a* *x* tun muss und es tut, handelt er rational oder vernünftig. *x* zu tun, ist in dieser Situation die rationale, die vernünftige Handlung. – Dies gilt zumindest für den einfachen Standardfall ohne weitere Komplizierung. Es gilt aber, wie wir im nächsten Abschnitt sehen werden, nicht für jede Situation. Es gibt Situationen, in denen aufgrund besonderer Umstände das, was man tun muss, um seinem Wollen zu entsprechen, und das, was rationalerweise zu tun ist, auseinanderfällt.

4. Das rationale Müssen

Was folgt aus diesen Überlegungen für das Verständnis der Rede vom „rationalen Müssen"? Was ist gemeint, wenn man sagt, dass *a* rationalerweise *x* tun muss? Es ist offensichtlich gemeint, dass er *x* tun muss dafür, rational zu sein. Das Rational-Sein lässt ihm in dieser Situation nur eine Möglichkeit, nämlich *x* zu tun. Anders zu handeln, hieße, sich irrational zu verhalten. – Da das Rational-Sein zwei Elemente umfasst, das deliberative und das exekutive, setzt sich das rationale Müssen aus zwei Teil-Müssen zusammen: *a* muss – erstens – dafür, das intellektuell-deliberative Element der Rationalität zu realisieren, richtig überlegen und dadurch *erkennen*, dass er *x* tun muss. Und er muss – zweitens – dafür, das charakterlich-exekutive Element der Rationalität zu realisieren, die Handlung, von der er erkennt, dass er sie tun muss, auch tatsächlich *tun*. Beide Teile zusammengenommen ergibt sich dann, dass er, um sich insgesamt rational zu verhalten, in dieser Situation *x* tun muss.

Dass das rationale Müssen am Ende auf ein bestimmtes Handeln und nicht bloß auf ein Erkennen bezogen ist, ist nur möglich, wenn das Rational-Sein neben der deliberativen auch die exekutive Rationalität umfasst. Ginge es nur um das korrekte Überlegen, könnte der Gegenstand des rationalen Müssens immer nur ein bestimmtes Ergebnis des Überlegens, also ein Erkennen, aber nicht eine Handlung sein.

Das rationale Müssen ist, wie sich zeigt, ein normales Müssen der notwendigen Bedingung: Das *x*-Tun von *a* ist eine notwendige Bedingung dafür, dass *a* sich (in dieser Situation) rational verhält.

Dieses Müssen hat, sofern *a* sich rational verhalten will, die Eigen-schaft des Normativen. Das rationale Müssen ist also, gegeben das Rational-sein-Wollen, ein normatives Müssen, das genau aus den beiden Bausteinen besteht, die zusammen generell ein normatives Müssen ergeben. Natürlich ist auch das rationale Müssen, wie jedes normative Müssen, nicht determinierend. Dass *a* rationalerweise *x* tun muss, bedeutet nicht, dass er es auch tatsächlich tut.

Das rationale Müssen ist auf ein ganz spezielles Wollen relativ, auf das Rational-sein-Wollen. Wer rational sein will, will, was er tut, geleitet von einer korrekten Deliberation tun, also von einer korrekten Repräsentation der Situation, in der er ist. Das Rational-sein-Wollen zielt damit auf einen Modus des Agierens. Man will, wie man auch sagen kann, von der Vernunft geleitet agieren. Dieses Ziel kann natürlich nur ein Lebewesen haben, das in seinem Verhalten nicht durch die gegebene Situation determiniert ist und folglich in der Lücke zu handeln hat. Der eigentliche Grund für unser Interesse am eigenen Rational-Sein ist die Einsicht, dass wir, wenn wir rational sind, das tun, was unserem Wollen „unter dem Strich" entspricht. Jede andere Handlung wäre eine, die gegen unser eigenes Wollen geht. Unser Interesse an der Rationalität ist also primär instrumentell. Wir wollen uns rational verhalten, weil dies der verlässlichste Weg ist, das zu tun, was dem eigenen Wollen dient. Es kommt hinzu, dass das Rational-sein-Wollen ein intrinsisches Telos des Überlegens ist: Wer überlegt, will richtig überlegen, er will beim Überlegen keine Fehler machen. Und wer überlegt, wie zu handeln ist, will auch seiner Überlegung entsprechend handeln. Er überlegt nicht, was zu tun ist, um dann gegen die Überlegung etwas anderes zu tun. Wer eine praktische Überlegung anstellt, will also rational handeln, er will von seiner Überlegung geleitet handeln.

Nach diesen Überlegungen zeichnet sich bereits deutlich ab, dass das rationale Müssen ein eigenes Müssen neben dem „objektiven" normativen Müssen ist. Mit dieser – missverständlichen – Formulie-rung: „objektives normatives Müssen" meine ich das normative Müssen, das, unabhängig von aller Überlegung und Rationalität, Teil der Situation ist, also das normative Müssen, von dem bislang im wesentlichen gehandelt wurde. Zwischen diesem Müssen und dem rationalen Müssen lassen sich zunächst folgende drei Unterschiede feststellen: (i) Das objektive normative Müssen ist ein Teil der Situation, in der man ist. Das rationale Müssen hat seinen Ort hingegen dort, wo es darum geht, wie man im Erkennen und Handeln auf diese Situation reagiert. (ii) Das objektive Müssen ist, wie gesagt, von aller Rationalität unabhängig; es hat mit der Rationalität eines erkennenden und handelnden Subjekts nichts zu tun. Das Rationalsein-Wollen gehört nicht zu seinen Existenzbedingungen. Während dieses Wollen natürlich eine Existenzbedingung des rationalen Müssens ist. (iii) Die beiden Müssen sind auf verschiedene Wollenszustände relativ. Das Wollen, auf das das objektive Müssen bezogen ist, zielt auf das Tun dessen, was dem Wollen „unter dem Strich" entspricht. Das Wollen, auf das das rationale Müssen bezogen ist, zielt hingegen auf einen bestimmten Modus des Handelns. Einmal soll das Handeln dem konklusiven Wollen entsprechen, im anderen Fall soll es von der korrekten Erfassung der Situation, in der man ist, geleitet sein; es soll der Überlegung oder, wenn man so will, der Vernunft entsprechen. Das eine Mal geht es um die Koordination von Handeln und Wollen, das andere Mal um die Koordination von Handeln und Überlegen.

Die Differenz der beiden Müssen tritt noch deutlicher hervor, wenn wir den Bereich des Handelns und der praktischen Rationalität mit dem des Meinens und der theoretischen Rationalität vergleichen. Dieser Vergleich ist ohnehin erhellend. Auf der einen Seite will man jeweils die Handlung tun, die dem Wollen „unter dem Strich" entspricht. Das ist hier das eigentliche Ziel. Auf der anderen Seite will man sich jeweils die Meinung bilden, die der Wirklichkeit entspricht. Das ist hier das eigentliche Ziel. Nehmen wir nun an, das x-Tun von a entspricht (in einer bestimmten Situation) dem Wollen „unter dem Strich". Und nehmen wir an, die Meinung, dass p, entspricht der Wirklichkeit. Dann muss a dafür, dass er tut, was seinem Wollen entspricht, x tun. Und er muss dafür, dass seine Meinung der Wirklichkeit entspricht, meinen, dass p. Wir haben hier in beiden Fällen das objektive normative Müssen, das sich jeweils aus einem bestimmten Wollen und bestimmten Notwendigkeitsbeziehungen konstituiert. Wie es zwischen dem x-tun-Müssen und dem tatsächlichen x-Tun eine Lücke gibt, gibt es auch zwischen dem Meinen-Müssen, dass p, und dem tatsächlichen Meinen, dass p, eine Lücke. Hier kommt in beiden

Fällen die Rationalität ins Spiel. Was a tatsächlich tut, hängt von seiner Rationalität ab, und was a tatsächlich meint, hängt ebenso von seiner Rationalität ab. Die Rationalität ist in beiden Fällen der Weg, zu erkennen, was man tun muss, und entsprechend zu handeln. Wie a rationalerweise erkennen muss, dass er x tun muss, und x dann auch tun muss, so muss er rationalerweise erkennen, dass er meinen muss, dass p, und diese Meinung dann auch tatsächlich ausbilden.

Nun ist uns aus der Erkenntnistheorie der Umstand vertraut, dass es Meinungen gibt, die man rationalerweise ausbilden muss, die aber dennoch nicht wahr sind. Man hat richtig überlegt, keinen Fehler gemacht und sich die entsprechende Meinung zu eigen gemacht, die Meinung ist aber dennoch falsch. Die Rationalität der Meinungsbildung ist zwar im allgemeinen der Weg zur Wahrheit, aber nicht in jedem Fall. Die Rationalität führt nicht in jedem Fall an die Wahrheit heran. Dies bedeutet, dass a in einem solchen Fall dafür, dass seine Meinung der Wirklichkeit entspricht, meinen muss, dass p, dass er aber dafür, dass er sich rational verhält, meinen muss, dass r. Das objektive normative Müssen und das rationale Müssen fallen auseinander. Sie haben nicht denselben Inhalt. Das zeigt sehr deutlich, dass beide Müssen grundsätzlich verschieden sind. Wie im Theoretischen, so auch im Praktischen. Auch hier ist es möglich, dass a x tun muss, um das zu tun, was seinem Wollen entspricht, dass er aber mit Hilfe der Rationalität an diese Tatsache nicht herankommt. Die Rationalität fordert vielmehr, eine andere Handlung zu tun. Stellen wir uns vor, a ist auf einer Wanderung mit dem Zielort Urnäsch. An einer Weggabelung steht er vor drei möglichen Wegen, und er weiß nicht, welchen Weg er nehmen muss, um nach Urnäsch zu kommen. Tatsächlich muss er den mittleren Weg nehmen. Wenn er ihn nimmt, tut er, was seinem Wollen entspricht. Aber das weiß er eben nicht. Er überlegt, was zu tun ist. Nun sind die Wegschilder an dieser Stelle nach Waldarbeiten so unglücklich neu aufgestellt worden, dass a vernünftigerweise zu dem Schluss kommen muss, dass er den linken Weg nehmen muss. Das ist es dann, was er rationalerweise tun muss. In dieser Situation ist es richtig, zu sagen: „Er muss den mittleren Weg nehmen", und es ist richtig, zu sagen: „Er muss rationalerweise den linken Weg nehmen." Beide Sätze sind wahr. Das objektive normative Müssen und das rationale Müssen fallen hier offenkundig auseinander. Sie haben verschiedene Inhalte, und das lässt deutlich erkennen, dass sie verschiedene Müssen sind.

Nach diesen Überlegungen ist es nicht weiter überraschend, dass das rationale Müssen unser Interesse und unsere Aufmerksamkeit nur in speziellen Situationen findet, zum einen in Situationen, in denen nicht sofort klar ist, was zu tun ist, in denen man vielmehr überlegen muss, um das herauszufinden, und zum anderen in Situationen, in denen zwar klar ist, was man tun muss, in denen aber Unsicherheiten bestehen, ob man auch tatsächlich so handelt. Angenommen, a und ein Freund machen eine Wanderung. Auch sie soll im Dorf Urnäsch enden. Über kurz oder lang erreichen die beiden die Weggabelung mit den drei Wegen. Sie müssen, um nach Urnäsch zu kommen, den mittleren Weg nehmen. Das ist die objektive normative Situation. a kennt sich in der Gegend aus, sein Freund hingegen nicht, weshalb er fragt, welchen Weg sie nehmen müssen. a antwortet, dass sie den mittleren Weg nehmen müssen. Damit informiert er über die gegebene Situation. a wird nicht sagen: „Wir müssen rationalerweise den mittleren Weg nehmen." Würde er so antworten, könnte b zurückfragen: „Bist du dir nicht sicher? Musst du erst überlegen, was der richtige Weg ist? Oder weißt du es, fürchtest aber, dass wir dennoch einen anderen Weg gehen?" Wenn a weiß, welchen Weg sie nehmen müssen, bedarf es keiner Überlegung, und wenn er nicht befürchtet, sie würden, obwohl sie den richtigen Weg kennen, einen anderen gehen, bedarf es keines Appells an die Rationalität. Folglich greift er nicht zu der Feststellung, wenn man sich rational verhalten wolle, müsse man den mittleren Weg nehmen.

Anders, wenn a (in einer anderen Situation) das Gehen schwerfällt und eine Besserung nur zu erreichen ist, wenn er sich einer Operation unterzieht. Die Operation ist allerdings nicht ohne Risiko, und sie macht es zudem nur wahrscheinlich, dass es mit dem Gehen besser wird. a will wieder besser gehen können, aber er will andererseits die Operation nicht. Die Situation ist also durch konkurrierende Wollenszustände bestimmt, und a ist nicht sofort klar, was ihm wichtiger ist. Hinzu kommen die Wahrscheinlichkeiten, die die Situation mitbestimmen und ihre Einschätzung erschweren. Die Situation ist also relativ komplex, und a muss überlegen, was er tun muss. Am Ende kann er sagen: Wenn ich richtig überlege, die

Stärke des Wollens und den Grad der Wahrscheinlichkeiten richtig bedenke, muss ich zu dem Schluss kommen, dass ich mich der Operation unterziehen muss. Rationalerweise muss ich zu diesem Ergebnis kommen. *a* könnte auch aus einem anderen und vielleicht näherliegenden Grund seine Aufmerksamkeit auf das richten, was die Rationalität in dieser Situation verlangt. Er kann befürchten, die Operation, selbst wenn er sich sicher ist, dass er sie machen lassen muss, aus Angst vor dem Eingriff doch nicht machen zu lassen. Er sieht also die Möglichkeit, dass diese Angst sein Handeln bestimmt, und dem setzt er entgegen, dass er, wenn er rational handeln will, sich der Operation unterziehen muss.

Im Blick auf diese und andere Situationen kann man generell sagen: Je komplexer die Situationen, je mehr sie durch konkurrierende Wollenszustände und durch Wahrscheinlichkeiten bestimmt sind, umso größer die Unsicherheit darüber, was zu tun ist, und umso notwendiger und umso schwieriger das praktische Überlegen. Und je größer die epistemischen Probleme, umso mehr achtet man darauf, beim Überlegen keine Fehler zu machen. Die Entscheidungs- und Spieltheorie analysieren systematisch das praktische Überlegen in komplexen Situationen und beschreiben en détail ein Muster des Vernünftigseins, dem man entsprechen muss, wenn man nicht vom Pfad des korrekten Überlegens abkommen will.

5. Rationalität, ihre Funktion

Ich habe schon erwähnt, dass vom rationalen Müssen häufig in metaphorischer Form gesprochen wird. Wenn *a* rationalerweise *x* tun muss, sagt man, die Rationalität oder die Vernunft fordere von ihm, *x* zu tun. Oder man sagt, es sei ein Vernunftgebot, *x* zu tun, die Vernunft befehle, *x* zu tun. Kant hat diese seit der Antike geläufige Metaphorik aufgegriffen, wenn er von den „Imperativen der Vernunft" spricht. Gelegentlich wird auch gesagt, man sei rational verpflichtet, etwas Bestimmtes zu tun. Diese Redeweisen sind harmlos, wenn man sich durch sie nicht zu einer fehlgehenden Hypostasierung und Personalisierung verleiten lässt, wie es die Rede von „der Vernunft" vielleicht nahelegt. Es gibt nicht irgendwo in unserem Geist einen

Befehlsstand, aus dem Befehle der Vernunft an uns ergehen. Was es gibt, ist unser Überlegen, und wenn wir überlegen und richtig überlegen, verhalten wir uns rational. Und was es gibt, ist unser Handeln, und wenn wir so handeln, wie es unserer Überlegung entspricht, handeln wir rational. – Die Metaphorik des Vernunftgebots und der Vernunftforderung begünstigt ohne Zweifel die Vorstellung, die Vernunft oder die Rationalität sei eine eigene (und dann möglicherweise die einzige) Quelle von Normativität. Die Vernunft befiehlt, und wir müssen. Schon existiert eine normative Situation. Wer so denkt, ist gefangen in der Metaphorik seines Sprechens. Wenn wir konkret bleiben, sehen wir, dass das Überlegen die normative Situation nicht schafft, sondern darauf zielt, sie zu erfassen und so zu repräsentieren, wie sie ist. Das (objektive) normative Müssen ist der Gegenstand des Überlegens, nicht seine Hervorbringung. Es existiert unabhängig von allem Überlegen und aller Rationalität. Und auch das rationale Müssen wird nicht durch die Überlegung oder die Rationalität hervorgebracht. Auch dieses Müssen entsteht durch ein Wollen, in diesem Fall das Rational-sein-Wollen, und bestimmte Notwendigkeitsrelationen. Man kann hier allenfalls darauf hinweisen, dass das Überlegen bestimmte Standards voraussetzt, denen es genügen muss, um zu gelingen. Aber das bedeutet nur, dass der Prozess des Überlegens selbst Gegenstand eines normativen Müssens ist, aber nicht, dass dieser Prozess in irgendeiner Weise Normativität schafft.

Das objektive normative Müssen, selbst von aller Rationalität unabhängig, ist der Bezugspunkt des gesamten rationalen Prozesses. Die Rationalität dient dazu, auf die normative Situation in Deliberation und Handlung angemessen zu reagieren. Wobei angemessen bedeutet, am Ende so zu handeln, dass das geschieht, was man will. Die Rationalität ist, wie bereits gesagt, ein Instrument auf dem Wege dahin, das zu tun, was dem eigenen Wollen entspricht. Die Vernunft ist, so hat David Hume in einer berühmten Passage gesagt, nur der Sklave der Passionen, und sie kann niemals irgendeine andere Funk-

tion beanspruchen, als ihnen zu dienen und zu gehorchen.[2] Genau
so ist es. Rationalität führt uns dahin, erstens, zu erkennen, was wir
wollen und im Blick auf unser Wollen tun müssen, und zweitens,
auch entsprechend zu handeln. – Dies ist die Sicht der Rationalität,
die sich auf dem Hintergrund der bisherigen Überlegungen zur
Normativität und ihrer Konstitution ergeben hat. Wir werden sehen,
ob die Untersuchungen über praktische Gründe in § 6 Anlass geben,
sie zu modifizieren.

6. Nicht das notwendige, sondern das beste Mittel?

Bevor ich zu den praktischen Gründen komme, möchte ich die
erreichten Ergebnisse in zwei wesentlichen Punkten befestigen und
weiterentwickeln – und sie damit auch gegen Einwände und häufig
vertretene gegenläufige Auffassungen verteidigen. – Der *erste* Punkt
ist folgender: Man könnte einwenden, dass es, wenn man überlegt,
was zu tun ist, in der Regel nicht darum geht, was das *notwendige*
Mittel zur Erlangung des Gewollten ist, sondern darum, was das
beste Mittel ist. Häufig könne man zwischen verschiedenen Wegen
zum Ziel wählen, notwendig sei dann nur, einen dieser Wege zu
wählen, und die Überlegung ziele deshalb darauf, herauszufinden,
welches der beste Weg ist. Dieser sei dann zu wählen. Die Normativität könne hier folglich keine sein, die durch eine Relation der
notwendigen Bedingung konstituiert wurde; es müsse vielmehr eine
Normativität anderer Art sein, die in den bisherigen Überlegungen
noch gar nicht thematisiert worden sei. – Es lässt sich leicht zeigen,
dass dieser Einwand nicht stichhaltig ist. Nehmen wir an, *a* will,
dass *y* geschieht, und dafür ist es notwendig, entweder *u*, *w* oder
x zu tun. *a* muss also eine dieser Handlungen tun. Wenn die drei
Handlungsmöglichkeiten als Mittel für das Eintreten von *y* gleich gut
sind und es *a* deshalb gleichgültig sein kann, welche der Optionen

---

[2]   D. Hume: *A Treatise of Human Nature*, ed. L. A. Selby-Bigge, 2nd edition
       by P. H. Nidditch (Oxford 1978) p. 415: „Reason is, and ought only to be
       the slave of the passions, and can never pretend to any other office than to
       serve and obey them.“

er ergreift, gibt es über das genannte disjunktive normative Müssen hinaus keine weitere Normativität; *a* steht unter keinem normativen Druck, eine bestimmte der drei Handlungen zu tun. Er muss nur eine von ihnen tun. Wenn hingegen, *x* zu tun, der beste Weg ist, *y* zu erreichen, besteht für *a* ein normativer Druck, *x* zu tun. Dieser Druck entsteht dadurch, dass *a* nicht nur *y* erreichen will, er will es möglichst verlässlich, mit möglichst wenig Aufwand, mit möglichst wenig negativen Nebenfolgen etc. erreichen. Das heißt, er will es durch das beste Mittel erreichen. Aristoteles hat dies bereits deutlich herausgestellt: Man sieht, wenn man ein Ziel verfolgt, danach, „wie und wodurch es realisiert werden kann, und wenn offenbar wird, dass es durch Mehreres realisiert werden kann, sucht man, durch was am einfachsten und besten, ...“[3] Das Wollen von *y* steht also nicht allein; es wird flankiert durch eine Reihe anderer Wollenszustände, die die Kriterien für das Bessersein der einen Option sind und die bei der Analyse der Situation mitzuberücksichtigen sind. Bezieht man dieses andere Wollen mit in die Überlegung ein, ergibt sich, dass *a* dafür, dass er *y* erreicht und es auf dem besten Weg erreicht, *x* tun muss. Das Tun von *x* ist die notwendige Bedingung dafür, das zu erreichen, was *a* – das verschiedene Wollen zusammengenommen – will. Es zeigt sich, dass die Normativität, die sich auf das *x*-Tun richtet, genau die Normativität ist, wie sie im Vorangegangenen analysiert wurde. Das normative Müssen ist hier klarerweise ein Müssen der notwendigen Bedingung.

7. Faktisches oder qualifiziertes Wollen?

1. Der *zweite* Punkt ist wesentlich komplexer und schwieriger. Eines der Bauelemente des normativen Müssens ist ein Wollen, also ein intentionaler mentaler Zustand. Zustände dieser Art können, wenigstens zum Teil, vernünftig oder unvernünftig, bedacht oder unbedacht sein, manche können wahr oder falsch sein. Volitive mentale Zustände können nicht wahr oder falsch sein, aber sie

---

[3] Aristoteles, *Nikomachische Ethik*, 1112 b 15 ff.

können rational oder irrational oder auf andere Weise in Ordnung oder nicht in Ordnung sein. So etwa, wenn eine Frau auch nach der definitiven Nachricht, dass ihr Mann im Krieg gefallen ist, weiterhin hofft, dass er zurückkehren wird. Diese Hoffnung ist irrational. Denn sie entspringt einer Realitätsverweigerung, die ihrerseits irrational ist. Beim Wollen gibt es gewiss Fälle, in denen es nicht sinnvoll ist, von „rational" oder „irrational" zu sprechen. So sind zum Beispiel die basalen, biologisch fundierten Bedürfnisse, zu essen und zu trinken, nicht rational oder irrational. Wir haben diese Bedürfnisse einfach, sie gehören zu der Art von Lebewesen, die wir sind. Sie entspringen nicht einer Überlegung und sind nicht von kognitiven Annahmen über die Welt abhängig. In anderen Fällen ist es hingegen passend, von einem rationalen oder irrationalen Wollen zu sprechen. Wenn es so ist, stellt sich die Frage, was es für die Normativität bedeutet, wenn das Wollen irrational ist. Gehört es zu den Bedingungen ihrer Existenz, dass das Wollen vernünftig ist? Tilgt die Unvernünftigkeit des Wollens die Normativität? – Ein Wollen kann nicht nur irrational sein, es kann auch objektiv unbegründet sein, es kann zwanghaft sein. (Ich erläutere die unterschiedlichen Fälle sofort.) Man muss die Frage deshalb allgemeiner stellen: Was bedeutet es für die Normativität, wenn das Wollen (in der einen oder anderen Weise) nicht in Ordnung ist? Kommt sie dann nicht zustande? Oder reicht für die Konstitution eines normativen Müssens ein faktisches Wollen, gleichgültig, wie es beschaffen ist?

Zunächst zu der Frage, in welchem Sinn man von einem Wollen sagen kann, es sei rational oder irrational. Es ist eine einfache Tatsache des Lebens, dass wir über unser Wollen nachdenken. Es ist keineswegs so, dass wir, wenn wir überlegen, was zu tun ist, nur überlegen, was die notwendigen Mittel sind, um ein Ziel zu erreichen. Die deliberative Rationalität hat auch die Aufgabe, herauszufinden, was man will und in welcher Intensität man etwas will, welches Wollen für die Handlungswahl überhaupt relevant ist und was man angesichts verschiedenen und konkurrierenden Wollens „unter dem Strich" will. Eine Aufgabe der deliberativen Rationalität ist, so kann man sagen, die Registratur und Koordination des Wollens. Als weitere wesentliche Aufgabe kommt, wie wir sehen werden, hinzu, zu prüfen, ob das Wollen kognitiv hinreichend abgestützt ist.

Wenn die Komparation und Koordinierung des Wollens misslingt, hat das Inkonsistenzen im Set der Wollenszustände zur Folge. Ein Wollen passt nicht zum anderen. Das ist eine Form von Irrationalität. Wenn man ein Wollen in dieser Weise kritisiert, kritisiert man es in seiner Relation zu einem anderen Wollen. Dabei bleibt völlig unberücksichtigt, was die Inhalte des Wollens sind. Dass man dieses oder jenes will oder nicht will, wird nicht zum Gegenstand der Kritik.

Ein Wollen kann auch dadurch irrational sein, dass man nicht hinreichend darüber nachgedacht hat, was man will und wie das, was man will, in Wirklichkeit ist. Wenn jemand Helfer der Armen in einem unterentwickelten Land werden will, weil er sich das als eine wichtige und erfüllende Aufgabe vorstellt, er aber nicht gut darüber informiert ist, wie die Lebensumstände in dem Land sind, wie das Leben eines solchen Helfers konkret aussieht, was er erreichen kann, welchen Gefahren er ausgesetzt ist etc., ist sein Wollen unbedacht und unüberlegt. Dies zeigt sich vor allem daran, dass es bei einem solchen Informationsdefizit ungewiss ist, ob er, wenn er besser informiert wäre, an seinem Wollen festhielte oder von ihm abließe. Dem Wollen mangelt es an kognitiver Einbettung. Es hängt kognitiv gewissermaßen in der Luft und ist deshalb irrational. Es ist zwar richtig, dass ein Wollen dieser Art immer bis zu einem bestimmten Maße kognitiv defizient ist, weil man prinzipiell nicht vorwegnehmen kann, wie es ist und wie es sich von innen anfühlt, eine solche Aufgabe zu erfüllen. Das ändert aber nichts daran, dass das Wollen dessen, der sich nicht um die verfügbaren Informationen kümmert, unbedacht und irrational ist. Man kritisiert hier das Wollen erneut nicht aufgrund seiner Inhalte, sondern im Blick auf seine kognitive Einbettung. Man sagt nicht, es sei irrational, Helfer der Armen werden zu wollen, man kritisiert also nicht das *Was* des Wollens, sondern das *Wie* des Wollens. Es ist irrational, es in dieser unbedachten Weise zu wollen.

Die verschiedenen Weisen, ein Wollen als irrational zu kritisieren, kommen, wie sich zeigt, darin überein, das Wollen nicht aufgrund seines Inhalts, sondern relativ auf sein volitives oder kognitives Umfeld zu kritisieren. Bedeutet dies, dass es überhaupt nicht möglich ist, ein Wollen aufgrund seines Inhalts als rational oder irrational zu beurteilen? Die entscheidende Frage ist hier, ob es Dinge oder Zustände gibt, die an sich selbst, unabhängig von uns, die Eigenschaft haben, gewollt werden zu müssen (oder nicht gewollt werden zu dürfen). Wenn es solche Zustände gibt, gibt es eine natürliche, ontologisch objektive Normativität, die sich auf das Wollen richtet. Es würde so etwas wie von der Welt selbst vorgegebene notwendige Ziele geben, und man könnte das Wollen daran messen, ob es diese Ziele zum Inhalt hat oder nicht. Wenn ja, ist es rational, wenn nein, ist es irrational. Die These, es gebe Zustände, die an sich selbst die Eigenschaft haben, gewollt werden zu müssen (oder nicht gewollt werden zu dürfen), ist von vielen Philosophen in verschiedenen Varianten vertreten worden. Wenn Aristoteles lehrt, ein der Theorie gewidmetes Leben sei das höchste Ziel für den Menschen, dann behauptet er genau, dass ein solches Leben etwas ist, was gewollt werden muss, ganz unabhängig von allem faktischen Wollen und Streben der Menschen. Wenn die Menschen erkennen, wie die Welt ist, erkennen sie, dass sie dieses Ziel verfolgen müssen; sie müssen ein theoretisches Leben wollen, und rationalerweise werden sie es dann auch tatsächlich leben wollen. Wer hingegen ein anderes Leben will, ein Leben der Lust, der Ehre, des Geldes, liegt mit seinem Wollen falsch. Er erkennt nicht, was ist, und sein Wollen geht deshalb in die Irre und ist irrational.[4] Es war vor allem J. L. Mackie, der überzeugend und wirkungsvoll dargelegt hat, dass wir keine Gründe haben, die Existenz ontologisch objektiver normativer Eigenschaften anzunehmen.[5] Wir haben keine Vorstellung von solchen Eigenschaften und ihrer Ontologie, wie wir insgesamt keine Vorstellung von einer in der ontologisch objektiven Welt vorfindbaren Normativität haben. Wenn es so ist, haben wir keine Möglichkeit, ein Wollen direkt wegen seines Inhalts als rational oder irrational zu beurteilen. Wir können ein Wollen nur relativ auf anderes Wollen oder relativ auf sein kognitives Umfeld als rational oder irrational beurteilen.

---

[4]   Eine moderne Theorie, die anders gelagert ist, aber mit Aristoteles darin übereinstimmt, dass es Dinge gibt, die an sich selbst die Eigenschaft haben, gewollt werden zu müssen (oder nicht gewollt werden zu dürfen), findet sich etwa bei D. Parfit: Rationality and Reasons, in: D. Egonsson et al. (eds.): *Exploring Practical Philosophy: From Action to Values* (Aldershot 2001) 17-39.
[5]   Vgl. J. L. Mackie : *Ethics. Inventing Right and Wrong* (London 1977), ch. 1; dt. *Ethik* (Stuttgart 1983).

Dies bedeutet im übrigen, dass wir ein Wollen nur anhand von Gesichtspunkten kritisieren können, die der Wollende selbst anerkennt. Jeder will in seinem Wollen konsistent sein (soweit das möglich ist), weil Inkonsistenz zur Folge hat, dass man Dinge tut, die nicht dem entsprechen, was man „unter dem Strich" will. Und natürlich will jeder in seinem Wollen bedacht sein, jeder will darüber, was er will, korrekt und informiert deliberieren. Denn sonst liefe man Gefahr, Dinge zu tun, die man eigentlich nicht tun will und die man deshalb in der Rückschau bereut. Man liefe also Gefahr, gegen sein eigenes Wollen zu handeln. – Die Kritik des Wollens ist, so zeigt sich, eine interne Kritik; sie greift auf Gesichtspunkte zurück, die jeder, der etwas will, bejaht und zu erfüllen versucht. Die Kritik bringt keine externen Kriterien ins Spiel, das Wollen wird nicht von außen beurteilt.

Es sei wenigstens angemerkt, dass man sich, wenn von Zielen die Rede ist, die man wollen muss, nicht dadurch verwirren lassen darf, dass es Ziele gibt, die alle Menschen notwendigerweise verfolgen. Kant war der Meinung, dass die Menschen notwendigerweise glücklich sein wollen. Diese Notwendigkeit ist indes eine naturgesetzliche Notwendigkeit und keine normative. Das zeigt sich daran, dass wir gar nicht die Möglichkeit haben, uns anders zu verhalten. Wir haben gar nicht die Option, nicht glücklich sein zu wollen. Während es, selbst wenn es Ziele gäbe, die an sich selbst die Eigenschaft haben, gewollt werden zu müssen, möglich bliebe, sie – infolge von Irrationalität – nicht zu wollen.

Ein Wollen kann, so hatte ich gesagt, nicht nur irrational, es kann auch objektiv unbegründet oder zwanghaft sein. Ein Fall eines unbegründeten Wollens liegt vor, wenn jemand Jurist werden will, allein weil er glaubt, dass seine Eltern dies sehr stark wünschen, er sich aber täuscht und seine Eltern diesen Wunsch gar nicht haben. Das Wollen beruht hier auf einer falschen Meinung und hat deshalb einen Makel. Es ist kognitiv defizient und geht aufgrund dieses Defizits in die Irre. Wüsste der Sohn, dass seine Eltern diese Erwartung gar nicht haben, würde er sein Wollen sofort fallen lassen, weil er keinen anderen Grund hat, Jurist werden zu wollen. Nehmen wir nun an, der Sohn hat durchaus Anlass, zu meinen, dass die Eltern den starken Wunsch hegen. Er kommt also aufgrund irreführender Indizien zu dieser falschen Meinung. Dann besteht zwar ein kognitives Defizit, aber kein Überlegensdefizit. Deshalb würde man nicht sagen, dass sein Wollen irrational ist. Denn er hat nichts falsch gemacht (es geht hier nicht darum, ob er dem Wollen seiner Eltern so großes Gewicht geben sollte), er hat nicht falsch überlegt, und seine Meinung ist in dieser Hinsicht nicht kritisierbar. Dennoch ist sein Wollen nicht in Ordnung. Wir stoßen hier auf die Notwendigkeit, irrationales Wollen und unbegründetes Wollen zu unterscheiden. Irrational ist ein Wollen, wenn es (überhaupt oder in seiner Intensität) aus mangelnder oder falscher Überlegung resultiert. Unbegründet ist ein Wollen hingegen, wenn es, objektiv betrachtet, keinen Grund für das Wollen gibt. Kritisiert man ein Wollen als unbegründet, kritisiert man es offenkundig auch nicht aufgrund seines Inhaltes. Das Wollen ist auch hier nicht in das nötige kognitive Umfeld eingebettet. Deshalb ist es nicht in Ordnung.

Ein zwanghaftes Wollen liegt vor, wenn jemand infolge einer Nikotinabhängigkeit ständig rauchen will. Es mag sein, dass dieses Wollen den Betreffenden stört, sogar stark stört. Er will dieses Wollen nicht, er wäre es liebend gerne los; aber das allein reicht nicht aus, um es tatsächlich loszuwerden. Man sollte hier, da dem Wollen keine mangelnde oder fehlerhafte Überlegung vorausgeht, nicht von einem irrationalen Wollen sprechen. Und da auch kein kognitives Defizit vorliegt, auch nicht von einem unbegründeten Wollen. Es ist ein zwanghaftes Wollen und deshalb nicht in Ordnung. Auch hier ist der Gegenstand der Kritik der Modus, nicht der Inhalt des Wollens.

2. Was bedeutet das nun alles für die Konstitution von Normativität? Muss das Wollen als eines ihrer Bauelemente ein qualifiziertes Wollen sein, nämlich ein Wollen, das nicht irrational, nicht unbegründet, nicht zwanghaft und auch nicht auf eine andere Weise defizient ist? Oder reicht ein faktisches Wollen aus, wie immer es beschaffen ist? Es ist häufig behauptet worden, ein bloß faktisches Wollen könne kein Konstituens von Normativität sein. Besonders in der Tradition Kants ist diese Auffassung mit Nachdruck vertreten worden. So sagt Chr. M. Korsgaard, „that a *normative* principle of instrumental action

cannot exist unless there are also normative principles directing the adoption of ends".[6] Die Ziele müssen also selbst normativen Prinzipien entsprechen, sonst kommt es zu keinem normativen Muss in Bezug auf eine instrumentelle Handlung. „Unless something attaches normativity to our ends", so Korsgaard nochmal in einer ähnlichen Formulierung, „there can be no requirement to take the means to them."[7]

Nehmen wir, um diese Frage zu untersuchen, an, Paul will Entwicklungshelfer in Afrika werden. Er ist so von dieser Idee beseelt, dass er sich nur oberflächlich darüber informiert, was ihn erwartet, und es könnte sein, dass er, wenn er besser informiert wäre, sein Wollen fallen ließe. Sein Wollen ist also, zumindest partiell, blind, es ist nicht hinreichend bedacht und deshalb irrational. Aber dessen ungeachtet ist es natürlich ein Faktum, dass er dieses Wollen hat. Eine notwendige Bedingung dafür, als Entwicklungshelfer zu arbeiten, ist neben anderem, sich einem Gesundheitstest zu unterziehen. Paul kann sein Ziel also nur erreichen, wenn er diesen Test machen lässt und den Anforderungen entspricht. Wir haben hier ein Müssen der notwendigen Bedingung. Und dieses Müssen hat, so folgt es aus den bisherigen Überlegungen, die Eigenschaft, normativ zu sein; denn das, um dessen Bedingung es geht, ist etwas von Paul Gewolltes. Warum sollte dieses Müssen nicht normativ sein? Es ist offenkundig, dass dieses Müssen Paul angeht, dass es ihn „drückt", etwas Bestimmtes zu tun. Und was diesen Handlungsdruck erzeugt, ist auch sehr klar: Wenn Paul sich dem Test nicht unterzieht, ist die unvermeidliche Konsequenz, dass er nicht Entwicklungshelfer werden kann, etwas, was er doch will. Wenn er anders als „gemusst" handelt, ist also etwas Negatives die unausweichliche Folge. Und genau diese Unausweichlichkeit der negativen Konsequenz konstituiert den normativen Druck, unter dem er steht. – Wir können also sagen: Es ist ein Faktum, dass Paul dieses Ziel hat. Und es ist ein Faktum, dass diese Relation der notwendigen Bedingung besteht. Das zusammen konstituiert die

---

[6] Chr. M. Korsgaard: The Normativity of Instrumental Reason, in: G. Cullity/B. Gaut (eds.): *Ethics and Practical Reason* (Oxford 1997) 215-254, 233.
[7] Ebd. 251.

Normativität des Müssens. Es bedarf keines zusätzlichen Elementes und damit auch keiner Auszeichnung des Wollens.

Man könnte einwenden, es sei keineswegs ausgemacht, dass es für Paul eine negative Konsequenz wäre, nicht Entwicklungshelfer werden zu können. Sein Wollen ist irrational, es ist nicht in die nötigen Informationen eingebettet. Es könnte deshalb sein, dass er, wenn er besser informiert wäre, sein Wollen fallen ließe. Und in diesem Fall wäre es trotz seines faktischen Wollens gar nichts Negatives für ihn, wenn sein Plan nicht in Erfüllung ginge. Er würde nur ein Ziel nicht erreichen, das er, besser informiert, ohnehin nicht haben würde. Wenn es aber keine negative Konsequenz ist, dieses Ziel nicht zu erreichen, dann ist es auch kein normatives Muss, das notwendige Mittel zu ergreifen. – Dieser Einwand wendet sich dagegen, das faktische Wollen zum Maß des Positiven und Negativen zu machen, und will das aufgeklärte oder ein sonstwie qualifiziertes Wollen an seine Stelle setzen. Das ist jedoch wenig überzeugend. Was für die Normativität zählt, ist in der Tat das faktische Wollen, nicht das kontrafaktische Wollen in einer aufgeklärteren Welt. Paul steht in der Situation, in der er ist, ohne Zweifel unter einem Handlungsdruck. Er muss den Gesundheitstest machen lassen. Sonst wird das unmöglich, was er will. Und diese Konsequenz wird von ihm natürlich als etwas Negatives empfunden. Selbst wenn man, weil sein Wollen irrational ist, darauf bestehen wollte, dass das Verfehlen seines Ziels nicht in jedem Fall etwas für ihn Negatives ist, so ist es doch, solange er dieses Wollen faktisch hat, etwas Nicht-Gewolltes, es ist das Gegenteil dessen, was er will. Und das allein reicht aus, um Normativität zu konstituieren.

Dieses Ergebnis lässt sich durch folgende Überlegung weiter stützen. Stellen wir uns vor, Paul ist seit einiger Zeit in Afrika. Er hat seinen Plan also realisiert. Aber er kommt nicht umhin, sich einzugestehen, dass eigentlich alles ganz anders ist, als er erwartet hatte, und zwar in einer für ihn deprimierenden und aussichtslosen Weise. In der Rückschau sagt er deshalb zu sich, dass er sich unbedingt besser hätte informieren sollen, dann hätte er seinen Plan aufgegeben oder gar nicht erst entwickelt. Und dann hätte er natürlich auch alles das nicht tun müssen, was notwendige Bedingung seines Einsatzes war. „Ich hätte all das", so sagt er im Irrealis, „nicht tun müssen", und diese

Formulierung impliziert, dass er es, so wie die Dinge damals lagen, tun musste. Das normative Müssen war eine Realität, es existierte, es hätte freilich dann nicht existiert, wenn er sein Wollen aufgrund besserer Information nicht gehabt hätte.

Nicht anders ist es in dem Fall, in dem jemand allein deshalb Jura studieren will, weil er meint, seine Eltern erwarteten das von ihm, obwohl es in Wahrheit gar nicht so ist. Sein Wollen ist objektiv unbegründet. Aber ändert das etwas daran, dass er die Dinge tun muss, die die notwendigen Bedingungen dafür sind, sein Ziel zu realisieren? Und dass dieses Müssen normativ ist? Ich meine, nein. Würde er sich zum Beispiel nicht an einer Hochschule immatrikulieren, wäre die unausweichliche Konsequenz, dass er nicht Jura studieren kann, etwas, was er doch will. Und genau dies konstituiert den Handlungsdruck. Es ist richtig, dass es in einer aufgeklärteren Welt, in einer Welt, in der der Betreffende besser über seine Eltern Bescheid wüsste, dieses normative Müssen nicht gäbe. Aber das ändert nichts daran, dass er in der tatsächlichen Welt nicht besser Bescheid weiß, deshalb etwas will und deshalb – und aufgrund der Notwendigkeitsrelationen – bestimmte Dinge tun muss.

Nicht anders ist es, wenn jemand wegen einer Nikotinabhängigkeit ständig rauchen will. Er muss, wenn der Vorrat für den Abend reichen soll, noch für Nachschub sorgen. Würde er dies nicht tun, wäre die Folge, dass er nicht rauchen kann. Auch hier ändert, dass das Wollen nicht frei ist, nichts an der Existenz des normativen Müssens. Es ist ein Faktum, dass er rauchen will, und dafür, dass er es kann, muss er bestimmte Dinge tun. Dieses Müssen ist mit einem in diesem Fall sogar starken Handlungsdruck verbunden. Dass er in einer besseren Welt sein Bedürfnis, zu rauchen, los wäre und es dann das Müssen nicht gäbe, hebt nicht auf, dass es das normative Müssen in der jetzigen Situation gibt. – Es ergibt sich also in diesem wie in den anderen Fällen: Was zählt, ist das faktische Wollen. Das faktische Wollen ist der eine der beiden Bausteine der Normativität. Das Wollen muss für diese konstitutive Funktion nicht in irgendeiner Weise ausgezeichnet sein.

Das normative Müssen in den Beispielfällen war das objektive normative Müssen, das unabhängig von seiner epistemischen Präsenz und aller Überlegung existiert. Existiert in diesen Situationen jeweils auch ein inhaltsgleiches rationales Müssen? Wenn wir annehmen, dass die Personen rational sein wollen, besteht ein solches rationales Müssen. Wenn Paul Entwicklungshelfer werden will, muss er dafür, rational zu sein, erstens erkennen, dass er sich unter anderem dem Gesundheitstest unterziehen muss, und zweitens diese Erkenntnis auch tatsächlich in die Tat umsetzen. Er muss also rationalerweise den Test machen lassen. Dieses rationale Müssen existiert. Dies, obwohl es zu der Situation gehört, dass Pauls Plan, Entwicklungshelfer zu werden, irrational ist.

Dieser Befund mag irritieren. Paul hat ein irrationales Wollen, und dann soll es rational zwingend sein, das zu tun, was der Realisierung dieses Wollens dient? Man kann sich die Sachlage verdeutlichen, wenn man ausdrücklich zwischen den Ausgangspunkten und den Gegenständen des Überlegens unterscheidet. Eine Überlegung geht immer von bestimmten Dingen aus, die aber nicht selbst Gegenstand der Überlegung sind. Wenn ich überlege, was ich studieren soll, ist ein Faktor in der Überlegung, dass ich mich gerne mit abstrakten Dingen beschäftige. Das ist ein Ausgangspunkt der Überlegung, es ist aber nicht ihr Gegenstand. Das heißt, ich überlege jetzt nicht (wenn auch vielleicht bei anderer Gelegenheit), ob es sinnvoll ist, sich mit abstrakten Dingen zu beschäftigen, sondern was ich, wenn ich das gerne tue, studieren sollte. In ähnlicher Weise geht Paul von der Situation aus, in der er ist und zu der es gehört, dass er Entwicklungshelfer werden will. In dieser Situation fragt er sich, was er rationalerweise tun muss, um dieses Ziel zu erreichen. Sein Wollen ist hier der Ausgangspunkt, aber nicht der Gegenstand seines Überlegens. Er überlegt nicht, ob es für ihn vernünftig ist, Entwicklungshelfer werden zu wollen, sondern was er rationalerweise tun muss, wenn er dies will. Und das Ergebnis der Überlegung ist, dass er sich dem Gesundheitstest unterziehen muss. Würde er dies nicht tun, verhielte er sich irrational. Man muss sich hier einfach klarmachen, was der Gegenstand der Rationalität ist. Es ist das Handeln in einer bestimmten, so und so beschaffenen Situation, es ist nicht das Wollen, das Teil der Situation ist. Wenn man dies unterscheidet, wird klar, dass für die Existenz des rationalen Müssens das faktische Wollen ausreicht und es nicht eines qualifizierten Wollens bedarf. Das ist, ohne dass ich das im einzelnen demonstriere, auch in den Fällen so,

in denen das Wollen nicht irrational, sondern auf andere Weise nicht
in Ordnung ist.

3. Nach diesen Überlegungen drängt sich die Frage auf, warum
die These, ein faktisches Wollen könne, auch wenn es auf die eine
oder andere Weise mit einem Makel behaftet ist, ein konstitutives
Element von Normativität sein, so heftigen Widerstand auf sich
zieht. Die Gründe hierfür berühren tiefliegende Fragen. Ich möchte
wenigstens auf zwei wichtige Gründe eingehen. – Der *erste* liegt in
der Vorstellung, aus Faktischem könne nichts Normatives entstehen.
Deshalb müsse das Wollen selbst schon normativ qualifiziert sein,
nur dann könne aus ihm Normativität entstehen. Diese Vorstellung
bildet den Hintergrund der oben zitierten Äußerungen von Korsgaard.
Sie sagt ausdrücklich, Humes berühmtes Dictum, aus einem „ist"
lasse sich kein „muss" ableiten, sei richtig. Wenn es so ist, ergibt
sich: „we cannot derive the *requirement* of taking the means from
facts about which end an agent is actually going to pursue."[8] Einem
instrumentellen Grund gehe deshalb, so Korsgaard, immer schon ein
anderer Grund voraus. Nur wenn man einen Grund habe, das Ziel zu
wollen, könne man auch einen Grund haben, das notwendige Mittel
zu ergreifen.[9]
    Diese Überlegung geht in die Irre, und sie macht einen falschen
Gebrauch von Humes Einsicht, dass man von einem Sein nicht auf
ein Müssen schließen kann.[10] Es sei zunächst daran erinnert, dass
in den vorausgegangenen Überlegungen nicht behauptet wird, ein
faktisches Wollen generiere in irgendeiner Weise ein normatives

---

[8] Korsgaard, The Normativity of Instrumental Reason, 229; vgl. auch die deutliche
    Formulierung S. 245: „... I contrasted two formulations of the instrumental
    principle. The first was ‚if you *have a reason to pursue* an end, then you have
    a reason to take the means to that end' and the second was ‚if you are *going* to
    pursue an end, then you have a reason to take the means to that end.' I argued
    that the second of those two formulations is defective because it attempts to
    derive an *Ought* from an *Is* ..." – Die angesprochenen Ausführungen von
    Hume finden sich in *A Treatise of Human Nature*, 469 f.
[9] Vgl. ebd. 223; vgl. auch 251.
[10] Vgl. hierzu auch unten § 6, S. 99 f.

Müssen. Es wurde, im Gegenteil, gesagt, das Wollen sei selbst nicht normativ. Was ein normatives Müssen konstituiert, ist ein faktisches Wollen *und* ein Müssen der notwendigen Bedingung. Dabei ist das normative Müssen nichts Distinktes neben oder über den beiden konstitutiven Elementen. Das normative Müssen *ist* das Müssen der notwendigen Bedingung, dem allerdings durch das Hinzutreten des Wollens die Eigenschaft des Normativen zuwächst. Es kommen also zwei Dinge zusammen, die beide für sich genommen nicht-normativ sind, durch deren Verbindung aber eine komplexe Situation entsteht, die Handlungsdruck erzeugt. Normativität entsteht in der Tat aus nicht-normativen Elementen. Und daran ist, wie schon gesagt, nichts geheimnisvoll. Denn aus welchen Elementen sollte das Normative sonst entstehen? Die ontologisch objektive Wirklichkeit enthält nichts anderes als nicht-normative, nämlich im letzten physikalische Elemente. Und alles Weitere, was es sonst noch gibt, kann nur aus einem Zusammenkommen dieser Elemente entstehen. Dies gilt auch für die Normativität. Das Normative ist selbst nicht ontologisch objektiv, weil eines seiner Konstituentien ein Wollen ist. Aufgrund dieser mentalen Komponente ist seine Existenzweise ontologisch subjektiv.

Wer Schwierigkeiten hat, zu akzeptieren, dass aus nicht-normativen Elementen Normatives entstehen kann, bedenke Folgendes: Wenn das Normative aus dem Zusammenkommen nicht-normativer Teile entsteht, müsste es prinzipiell möglich sein, durch entsprechende Arrangements nicht-normativer Elemente Normativität künstlich herzustellen. Genau das passiert täglich millionenfach (ich werde noch ausführlich – in § 7 – darauf kommen). Angenommen, der Gang auf dem Flughafen Zürich, der zu dem Wartesaal für alle Passagiere des Fluges nach Colombo führt, wird heute durch sonst nicht übliche Sperrgitter so verengt, dass alle Reisende einen schmalen und etwas unkomfortablen Durchgang passieren müssen, an dem noch einmal die Ausweispapiere kontrolliert werden. Das Aufstellen der Sperrgitter schafft ein Müssen der notwendigen Bedingung: Alle müssen nun dafür, ihren Flug zu erreichen, diesen Durchgang passieren. Weil hinzukommt, dass alle ihren Flug erreichen wollen, entsteht ein normatives Müssen. Das Wollen und die Verhältnisse im Flughafen, beides nicht-normative Phänomene, ergeben zusammen ein normatives Müssen, etwas, was die, die die Sperrgitter aufstellen ließen, vorausgesehen und intendiert haben. Daran ist nichts geheimnisvoll. Es ist schlicht eine Alltäglichkeit. Und unter Verweis auf Hume darauf zu pochen, dass Normatives nur aus Normativem entstehen kann, erneuert nur ein Dogma. In Wahrheit nimmt die hier entwickelte Auffassung nichts von Humes richtig verstandener Einsicht weg. Natürlich kann man daraus, dass höher entwickelte Tiere leidensfähig sind, nicht schließen, dass man ihnen kein Leid zufügen darf, natürlich folgt daraus, dass jemand zu ertrinken droht, nicht, dass man ihm helfen muss. Diese Einsicht Humes bleibt unangetastet. Aber sie schließt in keiner Weise aus, dass Normativität aus nicht-normativen Ingredienzien entsteht. – Den ersten Grund für die Ablehnung der Auffassung, ein faktisches Wollen könne ein konstitutives Element von Normativität sein, – den Hinweis auf die Kluft zwischen Faktischem und Normativem – kann ich also zurückweisen.

Der *zweite* Grund für die Ablehnung liegt in einer ausdrücklichen oder unausdrücklichen Abwertung unseres Wollens, darin, dass man im faktischen Wollen etwas uns Äußerliches sieht, das in uns ist, dessen Träger wir aber eigentlich nicht sind. Man kann hier von einer Enteignung (*expropriatio*) unseres Wollens sprechen. Eine bis in die Antike zurückreichende Tradition versteht unser Wollen als etwas uns Fremdes, als etwas, das uns, indem es uns wie eine fremde Macht zu bestimmten Zielen zieht, fremdbestimmt. Wenn wir uns durch unser faktisches Wollen bestimmen lassen, lassen wir uns „von außen", von etwas, das unserer Kontrolle und unserem Einfluss entzogen ist, bestimmen, und unser Handeln ist heteronom. Das Wollen bedroht also unsere Freiheit. Außerdem machen wir uns, so die Vorstellung, wenn wir uns von unserem Wollen bestimmen lassen, zu Tieren, die genau in dieser Weise, unmittelbar durch ihr Wollen und ihre Affektionen bestimmt, leben.

Kant steht sehr deutlich in dieser Tradition und hat sie weiter verstärkt. Er vertritt die extreme Auffassung, es müsse der Wunsch eines jeden vernünftigen Wesens sein, von allen „Neigungen" „gänzlich ... frei zu sein."[11] Die Menschen haben ihre Neigungen, das, was sie faktisch wollen, nicht frei gewählt. Deshalb gehören sie nicht wirklich zu uns. Der Mensch verantwortet seine „Neigungen und Antriebe" nicht und schreibt sie nicht „seinem eigentlichen Selbst" zu.[12] Und deshalb bedeutet, sich von ihnen bestimmen zu lassen, heteronom und unfrei zu handeln und zu leben, und es bedeutet, auf die Lebensweise der Tiere herabzusinken.[13] Wir müssen uns stattdessen aus den Fesseln unserer Wünsche befreien. Da wir sie nicht wirklich loswerden können, müssen wir wenigstens dafür sorgen, dass sie uns nur bestimmen, wenn sie bestimmten Anforderungen der Vernunft genügen und auf diese Weise durch die Vernunft domestiziert werden.

Diese Sicht der Dinge wird auch in jüngster Zeit immer wieder zur Geltung gebracht. B. Herman etwa meint, wenn uns unsere Wünsche bloß gegeben sind, wir keine Gründe für sie haben, bedeute das „ein Element von passiver Rezeptivität"; alle Gründe seien dann von bloß gegebenen Wünschen abhängig, und dies unterminiere „the very idea of deliberative authority or governance".[14] In diesen Formulierungen zeigt sich deutlich der existentielle Untergrund, der diese Sichtweise stützt: die Angst, dass der Mensch als zu wenig selbstbestimmt erscheint, als zu sehr von Kontingenzen und bloßen Gegebenheiten bestimmt und zu wenig von seiner Vernunft und eigenen Impulsen. Auch Korsgaard beschreibt in dieser Tradition unsere faktischen Wünsche als „Kräfte in uns", die aber nicht wirklich *unsere* Wünsche sind.[15] Diese Wünsche dürfen uns, wollen wir nicht auf das Niveau der (nicht-menschlichen) Tiere fallen[16], nicht direkt bestimmen. Sie dürfen unserem Handeln nur die Richtung vorgeben, wenn sie einem „Test der Reflexion" unterworfen werden, wenn sie

---

[11] I. Kant: *Grundlegung zur Metaphysik der Sitten* (1785), Akademie-Ausgabe (AA), IV, 428.

[12] Ebd. 457 f.

[13] Vgl. I. Kant: *Kritik der reinen Vernunft*, A 802.

[14] B. Herman: Bootstrapping, in: S. Buss/L. Overton (eds.): *Contours of Agency* (Cambridge, Mass. 2002) 253-274, 257.

[15] Korsgaard, The Normativity of Instrumental Reason, 233, vgl. auch 247.

[16] Chr. M. Korsgaard: *The Sources of Normativity* (Cambridge 1996) 92 f.

durch die Vernunft gutgeheißen werden und wir sie uns auf diese Weise zu eigen gemacht haben.[17] Durch diese Aneignung macht man sein Wollen, wie Korsgaard sagt[18], „normativ", man gibt ihm einen qualifizierten Status, durch den es dann zu einer normativen Forderung wird, die nötigen Mittel zur Erlangung des Gewollten zu ergreifen. – Wir sehen: Für die dargestellten kantischen Auffassungen liegt der Grund dafür, dass das faktische Wollen kein konstitutives Element von Normativität sein kann, in der Dissoziation des bloß faktischen, heteronomen Wollens „in uns" und des durch die Vernunft approbierten Wollens, das wir uns zu eigen gemacht haben und das deshalb allein *unser* Wollen ist. Nur dieses letzte Wollen kann bei der Konstitution von Normativität eine Rolle spielen.

Als *erstes* ist hierzu zu sagen: Selbst wenn alles, was die Vertreter dieser Sichtweise sagen, wahr wäre, bliebe es dabei, dass ein faktisches Wollen und ein entsprechendes Müssen der notwendigen Bedingung zusammen ein normatives Müssen konstituieren. Dass das Wollen heteronom ist, ändert, wenn es denn ein Wollen ist, nichts daran. Denn wenn es ein Wollen ist, bedeutet, anders als „gemusst" zu handeln, hinnehmen zu müssen, etwas Gewolltes nicht zu erlangen. Dies konstituiert einen Handlungsdruck, und eben deshalb ist das Müssen normativ. Solange das Wollen und die Notwendigkeitsrelation da ist, ist auch die Normativität des Müssens da. Man könnte dem nur entkommen, wenn man behauptete, das faktische Wollen sei überhaupt kein Wollen. So weit geht aber niemand. – Natürlich kann man, wenn man über sein Wollen nachdenkt, zu dem Ergebnis kommen, dass man eine Person mit diesem Wollen nicht sein will. Man wird das Wollen dann fallen lassen. Und mit ihm verschwindet dann auch das normative Müssen. Falls es jedoch nicht gelingt, das unwillkommene Wollen zum Verschwinden zu bringen, bleibt auch, die entsprechende Notwendigkeitsbeziehung vorausgesetzt, das normative Müssen bestehen. Das Müssen folgt dem Wollen.

Als *zweites* ist zu fragen, ob das kantische Bild vom Wollen richtig ist. Meines Erachtens ist es ganz und gar einseitig und irreführend.

---

[17] Vgl. ebd. 94, 97, 100 ff.
[18] Korsgaard, The Normativity of Instrumental Reason, 245 f.

Ich beschränke mich auf zwei Bemerkungen, um diese Einschätzung zu begründen.

(i) Wenn man sein Wollen zum Gegenstand des Überlegens macht und sich fragt, ob man diesem Wunsch wirklich folgen sollte, ob es gut, ratsam ist, in diese Richtung zu gehen: warum tut man das? Man tut es, zumindest in aller Regel, nicht, weil man den Wunsch als etwas Fremdes, als etwas, was nicht zu einem gehört, empfindet, sondern weil man den Verdacht oder die Ahnung hat, dass man noch andere Wünsche hat, wichtigere, und es sein könnte, dass man mit der Erfüllung des momentanen Wunsches die Erfüllung anderer und wichtigerer Wünsche unmöglich macht und somit zu seinem eigenen Nachteil handelt. Das heißt: Man starrt nicht auf den einen Wunsch, sondern weitet den Blick und koordiniert zunächst einmal die relevanten Wünsche. Durch eine solche Überlegung machen wir uns frei von dem einen momentanen Wunsch, machen ihn zu einem unter anderen Wünschen und erkennen so erst, welches Gewicht er überhaupt hat. Wir machen uns aber nicht frei von ihm, weil er nicht unser Wunsch ist, sondern weil wir, wie gesagt, erst sehen wollen, welches Gewicht ihm zukommt. Man kann auch zögern, einem Wunsch zu folgen, weil man das Gefühl hat, er sei vielleicht zu unbedacht, nicht im Blick auf andere Wünsche, sondern auf die kognitiven Annahmen, in die er eingebettet ist. Auch in diesem Fall würde man das Wollen nicht zum Gegenstand der Überlegung machen, weil man, was man faktisch will, für etwas Fremdes hält, sondern weil man sich unsicher ist, ob es wirklich richtig ist, das fragliche Ziel zu haben. Und in dieser Überlegung würden wir nicht von einer kontextfreien, von allem Wollen losgelösten Vernunft geleitet, sondern letzten Endes von einem anderen, höherstufigen Wollen, nämlich dem Interesse, möglichst keine kognitiv defizienten Wünsche zu haben. Wenn wir ein faktisches Wollen in Frage stellen und zum Gegenstand einer Überlegung machen, tun wir das also immer im Lichte und im Kontext anderen Wollens. Das Überlegen dient, wie gesagt, dem Wollen, und es vermag das Wollen nicht zu transzendieren.

(ii) Wenn ein anderer will, dass ich etwas tue, kann ich fragen, was ich damit zu tun habe und warum das für mich ein Motiv sein soll, entsprechend zu handeln. Unser eigenes Wollen so zu beschreiben, als sei es in dieser Weise das Wollen eines anderen und als sei deshalb die Frage sinnvoll, was ich damit zu tun habe und warum es für mich ein Handlungsmotiv sein soll, ist eine stark verzerrende Phänomenologie. Vermutlich ist ihr Hintergrund die uralte, immer noch sehr kraftvolle philosophische Rebellion gegen die Kontingenz, gegen den Zufall, gegen das Ausgeliefertsein des Menschen an Kräfte, die er nicht selbst kontrolliert. Wenn die deliberative Vernunft nur eine instrumentelle Funktion hat und es ihre Aufgabe ist, dem Wollen zu dienen, wenn sie also nicht bestimmt, was wir inhaltlich wollen, dann scheint es doch der Zufall zu sein, der bestimmt, was wir intrinsisch wollen. Und wenn wir diesem Wollen folgen, wenn wir unserem Leben unter seinem Stern eine Richtung geben, sind wir doch Wesen, die letzten Endes nicht durch die Vernunft, sondern durch Zufälle und Kontingenzen gesteuert sind. Das kann, so die Intuition, nicht wahr sein. Darin liegt eine Depotenzierung des Menschen. Denn sein Leben ist dann gerade nicht vernunftbestimmt. Die Vernunft ist dann nur das Instrument zu etwas anderem, aber nicht das, was unser Leben letzten Endes bestimmt.

Diese Intuition ist, wie es scheint, die eigentliche Basis für die Abwertung und Enteignung des Wollens. Tatsächlich spricht jedoch wenig dafür, das menschliche Leben in dieser Weise zu beschreiben. Was sind denn die intrinsischen Ziele, die wir haben? Da sind *erstens* Ziele, die mit unseren Bedürfnissen zu tun haben: Wir wollen essen, trinken, wir haben sexuelle Begierden, wir wollen keine Schmerzen, keine zu große Kälte, keine zu große Wärme. Diese Ziele haben wir, weil wir Lebewesen einer bestimmten Art sind. Sie gehören zu unserer biologischen Natur. Sie sind also wahrlich nicht frei und aufgrund von Überlegung gewählt; dennoch tun wir uns normalerweise nicht schwer damit, sie als unsere Ziele zu betrachten. Sie gehören ganz elementar zu dem, was wir sind, und wir empfinden sie nicht als etwas Fremdes. Da sind *zweitens* Ziele, die sich aus dem Zusammenleben mit anderen ergeben: Wir wollen nicht getötet, nicht verletzt werden, wir wollen nicht belogen und betrogen, nicht gedemütigt, erniedrigt und versklavt werden, wir wollen Hilfe in Notsituationen. Bei all diesem Wollen sind wir uns ganz sicher. Und dass uns nicht eine Überlegung dahin bringt, diese Dinge zu wollen, irritiert uns nicht. Es war nicht unsere

Wahl, verletzlich zu sein. Dennoch gehören diese Ziele wesentlich zu uns, und wir betrachten sie selbstverständlich als *unsere* Ziele, nicht als etwas Fremdes, was uns von außen aufgedrückt wird. Da sind *drittens* Ziele wie Gleichheit, Gerechtigkeit und Solidarität. Hier handelt es sich um Ideale des gemeinsamen Lebens. Man muss sie nicht haben, es ist nicht irrational, sie nicht (oder nur in schwacher Ausprägung) zu haben. Ist es deshalb ein bloßer Zufall, dass jemand diese Ideale hat? Ein solches Ideal speist sich aus vielen Quellen, vielleicht aus der Erziehung, aus einem idealistischen Naturell, aus der Erfahrung von Diskriminierung und Ausbeutung, aus einem kaum wahrnehmbaren Faden in den Erfahrungen des Lebens etc. Es sind viele verschiedene Elemente, die hier in wechselnden Kombinationen zusammenkommen. Und man kann lange darüber nachsinnen, was davon Zufall ist, was Eigenes. Wichtig ist in unserem Kontext: Dass die Vernunft nicht gebietet, diese Ideale zu haben, bedeutet nicht, dass die, die sie haben, sie als etwas Fremdes, nicht wirklich zu ihnen Gehöriges empfinden. Im Gegenteil, die Betreffenden identifizieren sich häufig sehr stark mit diesen Wünschen, kämpfen für sie, und sie definieren, was sie sind, durch diese Ideale. Da sind *viertens* Pro-attitudes von der Art, dass man diese Musik gerne hört, diese Art von Farbkompositionen attraktiv findet, Landschaften dieses Typs mag, diese Stadt besonders liebt, und auch dass man diese Art von Frauen oder Männern besonders anziehend findet. Auch hier kann man sich fragen, wie es dazu kommt. Sicher ist es nicht die Vernunft, die diese Vorlieben diktiert. Vielleicht mag es uns zufällig vorkommen, dass es so ist. Aber das führt normalerweise nicht dazu, solche Vorlieben als etwas Fremdes wegzustoßen oder sich durch sie fremdbestimmt zu fühlen. Uns fällt es gewöhnlich nicht schwer, sie zu akzeptieren und in ihnen einen Teil unserer Individualität zu sehen.

Mit diesen vier Typen ist die Vielfalt unseres (intrinsischen) Wollens bei weitem nicht adäquat erfasst, und es gibt gewiss Beispiele, die in eine andere Richtung weisen, so Fälle zwanghaften Wollens. Aber die angeführten Fälle zeigen doch sehr deutlich, wie verzerrend es ist, anzunehmen, unser Wollen sei uns, wenn es nicht durch die Vernunft bestimmt werde, etwas Fremdes und wir sähen in ihm ein Element der Fremdbestimmung und Heteronomie. Davon kann keine Rede sein, und deshalb ist, wie ich meine, die Enteignung des Wollens in der kantischen Tradition ein Fehlweg.

Wir haben gesehen: Selbst wenn die kantische Sicht des Wollens begründet wäre, änderte das nichts daran, dass das faktische Wollen ein konstitutives Element von Normativität ist. Ich kann dem jetzt hinzufügen, dass sie nicht begründet ist, vielmehr ein unzutreffendes Bild vom menschlichen Leben bietet. Und schließlich kann ich, den langen Überlegensgang summierend, noch einmal sagen: Was für die Konstitution der Normativität zählt, ist das faktische Wollen. Das faktische Wollen ist eines der beiden Konstituentien der Normativität. Es generiert nicht aus sich heraus Normativität, sondern nur, wenn es mit einem entsprechenden Müssen der notwendigen Bedingung zusammenkommt.

§ 6 Normativität und Gründe

In der philosophischen Diskussion über Normativität wird seit den 70-er Jahren des 20. Jahrhunderts häufig die Auffassung vertreten, wer über Normativität sprechen wolle, müsse über Gründe sprechen. Denn es sind, so die Überzeugung, Gründe und alleine Gründe, die die Eigenschaft des Normativen haben. „... nobody denies", so sagt etwa J. Dancy, „that the notion of a reason is central to that of normativity."[1] Ähnlich formuliert J. Raz: „The normativity of all that is normative consists in the way it is, or provides, or is otherwise related to reasons."[2] Normativität zu erklären, bedeutet deshalb, so Raz, zu erklären, was es heißt, ein Grund zu sein.[3] Häufig wird auch, eine Ausdrucksweise Kants aufgreifend, gesagt, dass Gründe zu einem bestimmten Verhalten „necessitieren".[4] Gründe zwingen und nötigen zu bestimmten Handlungen; sie schaffen oder bedeuten die Notwendigkeit, etwas zu tun. Mit ihnen ist also ein normatives Müssen gegeben. Und dieses Müssen aufzuhellen, verlangt, so kann man dann schließen, aufzuhellen, was Gründe sind und wie der Handlungsdruck, der mit ihnen verbunden ist, entsteht. – In der bisherigen Analyse der Normativität in diesem Buch hat der Begriff des Grundes noch keine Rolle gespielt. Ich habe zwar die Begriffe der Überlegung und der Rationalität eingeführt, aber noch nicht den

---

[1] J. Dancy: Introduction, in: J. D. (ed.): *Normativity* (Oxford 2000) vii–xv, viii.

[2] J. Raz: Explaining Normativity: On Rationality and the Justification of Reason (1999), in: J. R.: *Engaging Reason. On the Theory of Value and Action* (Oxford 1999) 67–89, 67.

[3] Ebd.: „So ultimately the explanation of normativity is the explanation of what it is to be a reason, ..."

[4] Vgl. J. Raz: Introduction, in: J. R. (ed.): *Practical Reasoning* (Oxford 1978) 1–17, 12, wo es heißt, ein Grund sei "... a fact which by itself is sufficient to necessitate a certain course of action, ..."; ebenso Korsgaard, *The Sources of Normativity*, 226.

des Grundes. Das ist jetzt nachzuholen. Was also hat es mit der
Normativität der Gründe auf sich, und wie passt, was sich hier ergibt,
zu den bisher erreichten Ergebnissen?

1. Gründe

Zunächst ist zu fragen, was Gründe und speziell Handlungsgründe
sind. – Üblicherweise wird der Begriff des Grundes über den der
Erklärung und die entsprechende Warum-Frage eingeführt. Wenn
eine Brücke zusammenbricht, kann man fragen, warum das passiert
ist. Man fragt damit nach einer Erklärung für das Geschehene. In
diesem Fall waren ein Erdbeben und die mit ihm verbundenen
Erschütterungen die Ursache. Die Frage nach dem Warum wird hier
also mit dem Hinweis auf eine Ursache beantwortet. Dabei ist die
Ursache ein Ereignis, das infolge von Naturgesetzen ein anderes
Ereignis notwendig nach sich zieht. Die Brücke musste, nachdem
das Erdbeben stattgefunden hatte, zusammenbrechen. Dieses Müssen
ist ein naturgesetzliches Müssen. – Wenn nicht eine Brücke, sondern
ein Mensch zusammenbricht, kann man ebenso fragen, warum das
passiert ist. Man fragt damit erneut nach einer Erklärung. Wie die
medizinische Untersuchung ergeben hat, war ein Herzstillstand die
Ursache. Auch hier determiniert das ursächliche Ereignis das nachfolgende Geschehen kausal. Die betreffende Person musste, nachdem
es zu dem Herzstillstand gekommen war, zusammenbrechen. Auch
hier liegt ein naturgesetzliches Müssen vor.

Wenn jemand, sagen wir: Paula, zum Bahnhof geht, kann man
auch fragen, warum das geschieht. Man fragt damit auch nach einer
Erklärung. Die Frage ist dieselbe wie in den anderen beiden Fällen.
Aber wir erwarten in diesem Fall eine Antwort anderer Art. Denn
wir verstehen Paulas Verhalten als etwas, zu dem sie sich angesichts
verschiedener Handlungsmöglichkeiten entschieden hat. Paula hatte,
so unsere Hintergrundannahme, mehrere Handlungsoptionen, und sie
hat die eine aufgrund einer Überlegung ergriffen. Wir nehmen also
an, dass vor der Handlung ein Raum der Überlegung lag. Und mit
der Frage, warum sie zum Bahnhof geht, fragt man danach, was sie
bewogen hat, diese Option zu ergreifen. Was sprach dafür, genau

dies zu tun? Nun nennt man, was für oder gegen etwas spricht, einen „Grund". Und deshalb kann man sagen: die Frage, warum Paula zum Bahnhof geht, fragt nach den Gründen, aus denen sie dies getan hat. Diese Frage fragt, wie gesagt, nach einer Erklärung, aber nach einer Erklärung besonderer Art. Sie fragt nicht nach den Ursachen, die das fragliche Geschehen kausal determinieren, sondern nach den Gründen, aus denen die Handlung getan wurde.

Es ist in unserem Kontext nicht nötig, der Frage, wann man mit einer Erklärungsfrage nach Ursachen und wann nach Gründen fragt, im einzelnen nachzugehen. Man kann sich an folgende Faustregel halten: Wenn wir annehmen, dass vor dem, was erklärt werden soll, ein Raum des Überlegens lag und das *explanandum* eine Aktion oder ein Zustand eines Wesens ist, das zum Überlegen und zum Handeln aus Gründen fähig ist, erwarten wir eine Erklärung durch Gründe. Wenn dies nicht der Fall ist, erwarten wir eine Erklärung durch Ursachen. Das Zusammenbrechen der Brücke ist offensichtlich keine Aktion eines überlegungsfähigen Wesens. Vor Handlungen eines Menschen liegt hingegen, so setzen wir voraus, ein Raum des Überlegens. Deshalb erwarten wir hier die Angabe von Gründen. Genauso bei Meinungen. Für oder gegen eine Meinung spricht etwas. Schwieriger ist es beim Wollen. Das Wollen kann Gegenstand des Überlegens sein. Wenn es dies ist, zielt die Frage, warum jemand etwas will, auf eine Erklärung durch Gründe. Wenn wir hingegen Hunger haben und etwas essen wollen, geht dem keine Überlegung voraus, und die Frage, warum wir dies wollen, wird deshalb nicht durch die Angabe von Gründen, sondern durch die Angabe von Ursachen beantwortet.

Es ist möglich, dass jemand etwas tut und wir unterstellen, seine Aktion sei das Ergebnis einer Überlegung, dies aber nicht stimmt, der Betreffende sich vielmehr zum Beispiel infolge eines psychischen Zwangs so verhält. Wir erwarten dann zwar aufgrund unserer Hintergrundannahmen eine Erklärung durch Gründe, tatsächlich erklärt sich das Verhalten aber durch Ursachen. Auch Meinungen erklären sich bisweilen, obwohl wir normalerweise eine Erklärung durch Gründe erwarten, durch Ursachen. So wenn jemand infolge einer Hirnschädigung meint, Julia Roberts sei seine uneheliche Tochter. Von anderer Art ist wiederum eine Situation, in der jemand zwar überlegt, ob er x oder y tun soll, und aufgrund seiner Überlegung die Absicht ausbildet, x zu tun, dann aber – überwältigt von einem starken Gefühl – doch nicht x, sondern y tut. Hier liegt vor der Handlung eine Überlegung, und natürlich ist die Handlung die Aktion eines überlegungsfähigen Wesens. Aber die Erklärung, er habe aus einem plötzlichen Eifersuchtsanfall so gehandelt, gibt keine Gründe an, die für die Handlung sprechen. Die Gründe sprechen in dieser Situation dafür, x und gerade nicht y zu tun. Auch dieses Beispiel zeigt, dass die Erwartung, es seien Gründe, die eine Handlung oder eine Meinung oder andere intentionale Zustände erklären, nicht immer die Sache trifft. Diese Erwartung ist nur dann richtig, wenn die Betreffenden Gründe für ihr Verhalten haben und auch tatsächlich aus ihnen handeln.

2. Gründe, ihre Bestandteile

Was ist nun der Grund dafür, dass Paula zum Bahnhof geht? Der Grund ist, dass sie ihre Eltern vom Zug abholen will und dass sie dazu, überflüssig zu sagen, zum Bahnhof gehen muss. Dieses Wollen und dieses Müssen sprechen zusammengenommen dafür, dass sie zum Bahnhof geht. Ein Wollen und ein Müssen der notwendigen Bedingung sind also die zwei Elemente, die den Grund konstituieren. Würde Paula ihre Eltern nicht abholen wollen, gäbe es für sie keinen Grund, zum Bahnhof zu gehen. Und wenn sie dafür, ihre Eltern abzuholen, nicht zum Bahnhof gehen müsste, gäbe es für sie ebenfalls keinen Grund, zum Bahnhof zu gehen. Beide Elemente sind also notwendige Bauelemente des Grundes, keines der beiden Elemente ist für sich für die Existenz des Grundes hinreichend, aber beide zusammengenommen sind sie hinreichend.

Natürlich kann Paula auf die Frage, warum sie zum Bahnhof geht, antworten, weil sie ihre Eltern abholen wolle. Mehr braucht sie zur Erklärung nicht zu sagen. Dennoch ist ihr Wollen nicht der vollständige Grund, den sie hat. Es ist nur ein Teilgrund. Das Müssen der notwendigen Bedingung wird in dieser Gesprächssituation als gegeben vorausgesetzt und braucht deshalb nicht ausdrücklich erwähnt zu werden. Dennoch ist es der zweite Teilgrund, mit dem zusammen das Wollen erst einen vollständigen Grund konstituiert.

Es stellt sich hier naturgemäß die Frage, ob das, was sich in diesem einen Beispielfall zeigt, für Gründe, zumindest für Handlungsgründe generell gilt und ob Gründe generell aus den genannten beiden Bauelementen bestehen. Ich werde zunächst davon ausgehen, dass es so ist, und erst weiter unten untersuchen, ob die Annahme berechtigt ist oder nicht.[5] Wenn ich im folgenden von Gründen spreche, sind damit also immer Gründe der Art gemeint, wie sie in dem angeführten Beispiel und in anderen Beispielen gleicher Struktur gegeben sind.

Die vorgeschlagene Antwort auf die Frage, was der Grund dafür ist, dass Paula zum Bahnhof geht, weicht von der Auffassung ab, die vielleicht am häufigsten vertreten wird und manchmal die Standardauffassung genannt wird. Diese Auffassung besagt, der Grund dafür, dass Paula zum Bahnhof geht, sei, dass sie ihre Eltern abholen will und dass sie *meint*, dazu zum Bahnhof gehen zu müssen. Eine Kombination zweier mentaler Zustände, eines Wollens und eines Meinens, bildet hiernach den Handlungsgrund. Was den ersten Teilgrund, das Wollen angeht, stimmen beide Antworten überein, was den zweiten Teilgrund angeht, hingegen nicht. Der zweite Teilgrund ist, so habe ich gesagt, die Tatsache, dass, zum Bahnhof zu gehen, eine notwendige Bedingung dafür ist, die Eltern abzuholen. Die konkurrierende Konzeption nimmt an, die Tatsache, dass Paula *meint*, das Zum-Bahnhof-Gehen sei eine notwendige Bedingung, sei der zweite Teilgrund. Offenkundig sind die Tatsache, dass die Relation der notwendigen Bedingung besteht, und die Tatsache, dass Paula meint, sie bestehe, zwei sehr verschiedene Dinge. Die Meinung kann meines Erachtens nicht der zweite Teilgrund sein, weil der Grund dafür, eine Handlung zu tun, eine auf diese Handlung bezogene Tatsache sein muss. Was dafür spricht, zum Bahnhof zu gehen, muss eine Tatsache über diese Handlung sein. Nun hat der erste unstrittige Teilgrund, das Abholen-Wollen der Eltern, keinen direkten Bezug auf das Zum-Bahnhof-Gehen von Paula. Deshalb muss der zweite Teilgrund auf diese Handlung bezogen sein. Er muss eine Tatsache über das Zum-Bahnhof-Gehen sein, nämlich dass diese Handlung die-und-die Eigenschaft hat. Was diese Eigenschaft ist, ist klar: Das

---

5 Vgl. in diesem Kapitel die Teile 5–7.

Zum-Bahnhof-Gehen ist eine notwendige Bedingung dafür, die Eltern abzuholen. Diese Tatsache ist, zusammen mit dem Wollen, der Grund dafür, dass Paula die Handlung realisiert.

Die Tatsache, dass Paula *meint*, sie müsse zum Bahnhof gehen, ist hingegen keine Tatsache über das Zum-Bahnhof-Gehen. Es ist eine Tatsache über Paula und einen ihrer mentalen Zustände. Dass sie nichts ist, was dafür spricht, zum Bahnhof zu gehen, zeigt sich deutlich daran, dass die Meinung falsch sein kann, ohne dass sich an der Tatsache, dass Paula diese Meinung hat, etwas ändert. Dass Paula fälschlich meint, sie müsse zum Bahnhof gehen, spricht aber gewiss nicht dafür, zum Bahnhof zu gehen. Wer hier von einem Grund spricht, führt unter der Hand einen anderen Begriff des Grundes ein. Ein Grund ist dann nicht etwas, was dafür (oder dagegen) spricht, etwas zu tun. Und er vermischt zwei Relationen, die Relation des Sprechens-für und eine zweite, ganz andere Relation.

Es ist nützlich, gleich auf die Schwierigkeit einzugehen, die durch die Möglichkeit einer falschen Meinung entsteht. Angenommen, Paula will ihre Eltern abholen, vertut sich aber im Tag, die Eltern kommen nicht heute, sondern erst morgen. Paula geht, obwohl das so ist, heute zum Bahnhof, und die Frage ist, warum sie das tut. Nun, sie will die Eltern abholen und dafür muss sie, wie sie fälschlich meint, heute am Bahnhof sein. Dies erklärt, warum sie heute zum Bahnhof geht. Aber einen wirklichen Grund zum Bahnhof zu gehen, hat sie, anders als sie glaubt, nicht. Sie hat einen Grund, morgen zum Bahnhof zu gehen. Man muss also unterscheiden zwischen dem, was sie bewegt, zum Bahnhof zu gehen, und was erklärt, dass sie es tut, auf der einen Seite und dem, was wirklich dafür spricht, zum Bahnhof zu gehen, auf der anderen Seite. Man markiert diesen Unterschied häufig, indem man einerseits von motivierenden und explanatorischen Gründen spricht, sie bewegen zum Handeln und erklären es, und andererseits von normativen Gründen, sie sprechen wirklich dafür, etwas Bestimmtes zu tun. Wobei der motivierende bzw. explanatorische Grund die Kombination aus Paulas Wunsch, ihre Eltern abzuholen, und ihrer *Meinung*, dazu müsse sie heute zum Bahnhof gehen, ist. Damit konzipiert man also erneut – auf dem Boden der Standardtheorie – einen Grund, der aus einer Kombination von zwei mentalen Zuständen, einem Wollen und einem Meinen, besteht. Die Dinge in dieser Weise zu fixieren und zwei separate Typen von Gründen einzuführen, sieht vielversprechend aus, ist aber in Wahrheit irreführend. Es verzeichnet die Phänomene, es führt zu einer fehlgehenden Verdoppelung der Gründe, und es führt einen neuen Sinn von „Grund" ein. Dies wird offenbar, wenn wir versuchen, den Unterschied auf angemessenere Weise zu fassen.[6]

Nehmen wir zunächst an, die Eltern kommen heute an. Paula hat dann einen Grund, zum Bahnhof zu gehen. Wenn sie das zutreffend erfasst und deshalb zum Bahnhof geht, ist der Grund motivational effektiv. Er wird effektiv, weil er epistemisch präsent ist. Ein praktischer Grund wirkt nur durch den Kopf dessen hindurch, für den er ein Grund ist. Es wäre nun sonderbar, anzunehmen, bei dem, was Paula tut, seien zwei Gründe im Spiel, ein normativer und ein motivierender. Einmal der (normative) Grund, dass sie ihre Eltern abholen will und dazu zum Bahnhof gehen muss, und dann noch der (motivierende) Grund, dass sie ihre Eltern abholen will und meint, dazu heute am Bahnhof sein zu müssen. Diese Idee des doppelten Grundes ist abwegig. Tatsächlich existiert in dieser Situation nur ein Grund dafür, zum Bahnhof zu gehen: nämlich die Kombination aus Paulas Wunsch, die Eltern abzuholen, und der Tatsache, dass sie dazu heute am Bahnhof sein muss. Ein zweiter Grund ist nicht im Spiel. Was noch im Spiel ist, ist, dass Paula die Situation adäquat erfasst und erkennt, dass sie einen Grund hat, zum Bahnhof zu gehen. Dass sie dies realisiert, spricht aber nicht dafür, zum Bahnhof zu gehen. Wollte man hier von einem Grund sprechen, würde man das Wort, wie gesagt, in einem neuen Sinn gebrauchen. Man erfasst die Sachlage, so meine ich, am einfachsten und klarsten, wenn man sagt, dass ein (und nur ein) Grund dafür spricht, dass Paula zum Bahnhof geht. Und dass die Voraussetzung dafür, dass sie aus diesem Grunde zum Bahnhof geht, natürlich ist, dass sie ihn epistemisch repräsentiert und dadurch motivational wirksam macht.

---

[6] Die Unterscheidung von explanatorischen und normativen Gründen wird auch von B. Williams kritisiert; vgl. Internal Reasons and the Obscurity of Blame (1989), in: B. W.: *Making Sense of Humanity* (Cambridge 1995) 35–45, 38 f.; Some Further Notes on Internal and External Reasons, in: E. Millgram (ed.): *Varieties of Practical Reasoning* (Cambridge, Mass. 2001) 91–97, 93.

Wir wissen im Alltag sehr gut, dass die Voraussetzung dafür, aus einem Grunde zu handeln, dessen epistemische Präsenz ist. Gelegentlich organisieren wir eigens etwas, um sicherzustellen, dass diese Voraussetzung erfüllt ist. Wenn ich morgen früh um 6.50 Uhr den Zug nach Zürich nehmen will und dafür spätestens um 5.30 Uhr aufstehen muss, habe ich einen Grund, morgen um 5.30 Uhr aufzustehen. Ich weiß aber, dass ich um die Zeit noch schlafen und deshalb nicht in der Lage sein werde, aus dem Grund zu handeln. Der Grund wird ganz einfach epistemisch nicht präsent und daher motivational nicht effektiv sein. Deshalb stelle ich einen Wecker. Dadurch werde ich wach sein, den Grund realisieren und tatsächlich um 5.30 Uhr aufstehen.

Man muss sich hier daran erinnern, dass die Frage, warum Paula zum Bahnhof geht, auf eine Erklärung durch Gründe und nicht auf eine Erklärung durch Ursachen zielt. Gründe sind keine Ursachen, die zu den entsprechenden Handlungen kausal determinieren. Gründe schaffen ein normatives Müssen und kein naturgesetzlich determinierendes Müssen. Deshalb sollte es nicht irritieren, dass die Existenz eines Grundes die entsprechende Handlung nicht notwendig nach sich zieht. Die Existenz eines Grundes ist kausal nicht suffizient für den Vollzug der begründeten Handlung. Dies bedeutet aber nicht, dass dafür, dass die Handlung tatsächlich vollzogen wird, ein weiterer Grund vorliegen muss. Dass es tatsächlich zur Handlung kommt, setzt noch eine Reihe von Elementen voraus, nicht nur die epistemische Präsenz des Grundes, sondern auch dass sich der Betreffende tatsächlich für die Handlung entscheidet und dass er sie, wenn er sich für sie entschieden hat, auch tatsächlich tut. Alle diese Elemente sind Voraussetzungen dafür, dass es zu der Handlung kommt, sie sind aber keine Gründe dafür, sie zu tun. – Hinter der Unterscheidung normativer und motivierender Gründe steht zweifellos die Tendenz, die Erklärung durch Gründe der Erklärung durch Ursachen anzupassen und die motivierenden Gründe als Ursachen der Handlungen zu verstehen. Man glaubt, eine Erklärung müsse immer eine Erklärung durch kausaldeterminierende Faktoren sein. Wie wir sahen, ist die Erklärung durch Gründe jedoch völlig anderer Art. Gründe schaffen ein normatives, kein naturgesetzliches Müssen. Und zwischen einem normativen Müssen und dem tatsächlichen Vollzug der „gemussten" Handlung liegt eine Lücke.

Kommen wir jetzt zu der anderen Situation, in der die Eltern erst morgen kommen, Paula aber meint, sie kämen heute, und deshalb heute zum Bahnhof geht. Zunächst ist klar, dass es in dieser Situation keinen Grund gibt, zum Bahnhof zu gehen. Wenn Paula geht, ist das grundlos. Was es gibt, ist ein (bloß) geglaubter Grund, ein Putativ- oder Scheingrund. Dieser Scheingrund hat dieselbe Struktur wie ein wirklicher Grund: Paula will ihre Eltern abholen, und dazu muss sie heute am Bahnhof sein. Es handelt sich hierbei nur um einen Scheingrund, weil das zweite Element keine Tatsache ist. Der Scheingrund wird von Paula freilich als Grund repräsentiert, sie macht ihn auf diese Weise motivational effektiv, und das ist die Voraussetzung dafür, dass sie zum Bahnhof geht. Sie meint, es gebe einen Grund, der dafür spricht, zum Bahnhof zu gehen, und aus diesem (bloß geglaubten) Grund geht sie zum Bahnhof. Man kann die Frage, warum sie zum Bahnhof geht, also nicht durch den Hinweis auf echte Gründe beantworten. Aber deshalb erklären wir, was sie tut, nicht durch Ursachen. Wir erklären es vielmehr durch einen Scheingrund, durch einen Grund, den es nicht gibt, von dem sie aber meint, es gebe ihn. Diese Art der Erklärung ist die der Erklärung durch Gründe.

Nach dieser Überlegung kann ich sagen: Wenn wir nach der Erklärung einer Handlung fragen, erwarten wir, weil vor dem *explanandum* ein Raum der Überlegung liegt, eine Erklärung durch Gründe oder auch durch Scheingründe. In beiden Fällen wird auf Faktoren verwiesen, die die Handlung nicht kausal determinieren. Diesen Fällen gemeinsam steht die ganz andersartige Erklärung durch Ursachen gegenüber. – Zwei weitere wichtige Einsichten lassen sich an dieser Stelle bereits festhalten: *Erstens.* Gründe und ihre Teile sind Tatsachen. Wenn es eine Tatsache ist, dass Paula ihre Eltern abholen will, und es eine Tatsache ist, dass sie dazu heute am Bahnhof sein muss, existiert ein Grund dafür, zum Bahnhof zu gehen. *Zweitens.* Gründe haben ein motivationales Potential. Sie motivieren, wenn bestimmte Voraussetzungen erfüllt sind, zum Handeln. Deshalb müssen sie immer einen Motivator, ein motivierendes Element enthalten. Wir werden darauf zurückkommen.

3. Gründe, ihre Normativität

Es ist nach dem Gesagten offensichtlich, dass die beiden einen Grund konstituierenden Elemente genau die Bauelemente sind, aus denen ein normatives Müssen besteht: Ein Wollen und ein Müssen der notwendigen Bedingung. Durch das Zusammenkommen dieser beiden Elemente entsteht ein normatives Müssen, und es entsteht, so sehen wir jetzt, ein Grund, eine bestimmte Handlung zu tun. Wir können deshalb sagen: Wo ein normatives Müssen, da ein Grund, und umgekehrt. Wenn *a* der Adressat eines normativen Müssens ist und *x* tun muss, hat er einen Grund, *x* zu tun. Und wenn er einen Grund hat, *x* zu tun, ist er der Adressat eines normativen Müssens und muss *x* tun. Entsprechend sind die beiden Sätze „*a* muss normativerweise *x* tun" und „*a* hat einen Grund, *x* zu tun" äquivalent.[7]

---

[7] Diese Äquivalenz ist bereits von verschiedenen Autoren registriert worden. Vgl. z. B. J. Raz: *Practical Reason and Norms* (London 1975) 29; dt.: *Praktische Gründe und Normen* (Frankfurt 2006) 34; Mackie, *Ethics,* 73 f.; dt. 92 f. Bei S. Darwall: Normativity, in: *Routledge Encyclopedia of Philosophy*, Updates (2000) 2 heißt es: „It does not matter whether we talk of oughts or reasons, since what we ought to do, to take the case of action, just is what there is reason to do and vice versa." – Diese Entsprechung besteht freilich nur, wenn man das „ought", von dem hier und auch bei Raz und Mackie die Rede ist, im Sinne von „müssen" und nicht im Sinne von „sollen" (oder „sollten") versteht. (Vgl. zur Unterscheidung von „müssen" und „sollen" oben § 4, S. 46 f. und zur Übersetzung von „ought" bereits § 4, S. 48, Anm. 7.) Tatsächlich ist es entgegen der üblichen Praxis in den meisten Fällen richtig, „ought" mit „müssen" zu übersetzen. „ought" wird im Englischen zum Beispiel üblicherweise in Formulierungen kategorischer und hypothetischer Imperative gebraucht. Und hier geht es um ein Müssen, nicht um ein Sollen. Kant hat zwar selbst in seinen Formulierungen von Imperativen „sollen" verwandt, aber genauso gebraucht er „müssen" und sogar „es würde gut sein" (vgl. Kant, *Grundlegung zur Metaphysik der Sitten*, AA IV, 413–417). Worum es der Sache nach geht, macht er klar, wenn er sagt, dass in kategorischen wie in hypothetischen Imperativen eine „praktische Notwendigkeit" zum Ausdruck gebracht wird (ebd. 414, 415, 416, 418). Und dieser Notwendigkeit entspricht genau das „müssen". Wenn man wieder gesund werden will und dafür eine bestimmte Gymnastik notwendig ist, dann *soll* man diese Gymnastik nicht machen, man *muss* sie machen. Vgl. zu Kants Sprachgebrauch in diesem Punkt ausführlicher § 12, S. 286 f., 289–294.

Sieht man, dass die Konstituentien eines normativen Müssens und eines Grundes dieselben sind, gewinnt die geläufige, aber in der Regel nicht weiter explizierte, weil unverstandene Aussage, dass Gründe normativ sind, einen klaren Sinn. Gründe sind normativ, weil, dass für *a* ein Grund besteht, *x* zu tun, bedeutet, dass ein normatives Müssen existiert, das *a* dazu nötigt, *x* zu tun. Und es ist dann auch klar, was die Normativität eines Grundes ausmacht, was also den Handlungsdruck, der mit einem Grund gegeben ist, hervorbringt. Der normative Druck resultiert daraus, dass der, der gegen den Grund handelt, hinnehmen muss, dass etwas von ihm Gewolltes nicht geschieht. Wenn die beiden Tatsachen, dass Paula ihre Eltern vom Zug abholen will und dass sie dazu zum Bahnhof gehen muss, einen Grund konstituieren, ist sehr klar, was die Normativität dieses Grundes ausmacht: die Tatsache, dass Paula, wenn sie gegen den Grund handelt und nicht zum Bahnhof geht, unweigerlich die negative Konsequenz hinnehmen muss, ihr Ziel nicht zu erreichen. Ein Grund kann, das ergibt sich hier, nur die Eigenschaft des Normativen haben, wenn eines seiner Bauelemente ein Wollen ist. Denn nur so kann das Verfehlen des Gewollten drohen, und nur so kann für die betreffende Person der Druck entstehen, das zu tun, wozu sie einen Grund hat.

Wir können jetzt auch die Formulierung, ein Grund *spreche für* etwas, erklären. Diese Ausdrucksweise wird vielfach einerseits für elementar und andererseits für inexplikabel gehalten.[8] Es wäre jedoch merkwürdig, wenn es nicht möglich sein sollte, zu sagen, was hinter einer Metapher wie dieser steckt. Dass etwas dafür spricht, *x* zu tun, bedeutet, dass, *x* nicht zu tun, unausweichlich eine negative Konsequenz nach sich zieht. Es gibt eine Relation der notwendigen Bedingung zwischen dem *x*-Tun und dem Erreichen von etwas Gewolltem. Und deshalb erreicht, wer *x* nicht tut, das Gewollte nicht. Und genau dies bedeutet, dass etwas dafür spricht, *x* zu tun.

Wenn man diesen zentralen Punkt erfasst hat, fällt es leicht, einige weitere wichtige Charakteristika von Gründen zu benennen:

---

[8] So T. M. Scanlon: *What We Owe to Each Other* (Cambridge, Mass. 1998) 17; Parfit, Rationality and Reasons, 18.

(i) Wie man beim normativen Müssen ein *pro-tanto*-Müssen und ein konklusives Müssen, ein Müssen „über" und „unter dem Strich" unterscheidet, so muss man auch *pro-tanto*-Gründe und konklusive Gründe unterscheiden. Es können mehrere Gründe für und mehrere Gründe gegen eine Handlung sprechen. Alle diese Gründe sind *pro-tanto*-Gründe, keiner von ihnen gibt allein den Ausschlag. Erst wenn man die Pro- und Contra-Gründe gegeneinander abwägt, spricht am Ende, „unter dem Strich" ein konklusiver Grund dafür, die fragliche Handlung zu tun oder sie nicht zu tun.

(ii) Diese Abwägung ist offenkundig nur möglich, wenn Gründe ein bestimmtes Gewicht haben. Gründe sind, wie wir auch sagen, verschieden stark, der eine ist stärker als der andere. Genauso wie auch jedes normative Müssen eine bestimmte Stärke hat. Diese Eigenschaft von Gründen wird häufig nicht hinreichend beachtet. Jede Theorie über Gründe muss dieses Phänomen erklären können. Eine Theorie, die annimmt, ein Grund enthalte immer ein Wollenselement, bietet eine überzeugende Erklärung. Denn die Stärke eines Grundes hängt offensichtlich von der Intensität des involvierten Wollens ab. Je größer die Intensität des Wollens, je größer also der Verlust, wenn das Gewollte nicht geschieht, desto stärker der Grund. Wenn Paulas Wunsch, ihre Eltern abzuholen, sehr stark ist und es ein Drama wäre, wenn sie es nicht täte, ist ihr Grund, zum Bahnhof zu gehen, ebenfalls sehr stark. Er kann nicht so leicht durch Gegengründe überwogen werden. Ist ihr Wunsch hingegen nur schwach, ist auch ihr Grund, zum Bahnhof zu gehen, nur ein schwacher Grund, der durch andere Gesichtspunkte leicht neutralisiert oder überwogen werden kann.

(iii) Gründe sind, weil sie wollensrelativ sind, immer personenrelativ und deshalb individuell. Soweit verschiedene Personen verschiedene Dinge wollen, ist, wofür sie Gründe haben, von Person zu Person etwas anderes. Daraus folgt, dass man über jemanden nur sagen kann, er habe einen Grund, etwas Bestimmtes zu tun, wenn man etwas über sein Wollen weiß. Ob er einen Grund hat oder nicht, hängt von *seinem* Wollen ab. Gründe sind in diesem Sinne *intern*. Und deshalb ist es oft nicht leicht, zu erkennen, ob jemand einen Grund für eine Handlung hat oder nicht. Der Umstand, dass Gründe intern sind, hat auch bedeutsame Konsequenzen für die Möglichkeiten rationaler

Kritik. Die Kritik, jemand habe etwas getan, was unbegründet war, oder jemand habe etwas unterlassen, was er hätte tun müssen, muss immer einen Bezug auf ein Wollen des Kritisierten enthalten. Ohne einen solchen Bezug hängt die Kritik in der Luft. Sie ist dann nur ein Versuch, dem anderen mit starken Worten zu suggerieren, dass sein Verhalten falsch ist. B. Williams hat hier treffend von einem „Bluff" gesprochen.[9]

(iv) Daraus, dass ein Grund ein normatives Müssen ist, folgt, dass sich der Schluss:

(1) a muss x tun dafür, dass y geschieht.
(2) Dass y geschieht, ist etwas, was a will.

(3) Also muss$_{(n)}$ a x tun dafür, dass etwas geschieht, was a will.

umformulieren lässt in den Schluss:

(1) a muss x tun dafür, dass y geschieht.
(2) Dass y geschieht, ist etwas, was a will.

(3a) Also hat a einen Grund, x zu tun.

Die Conclusionen (3) und (3a) sind äquivalent, und der zweite Schluss ist genauso korrekt wie der erste. Dennoch wird er von einigen Philosophen als fehlerhaft kritisiert, und mit dieser Kritik verbinden sich sehr weitgehende Konsequenzen für die Theorie der Gründe. Der Schluss schließt, so das Argument, aus deskriptiven Prämissen auf etwas Normatives. Dies vertrage sich, wie etwa P. Schaber sagt, nicht mit „der bekannten Sein-Sollens-These, wonach sich keine normativen Sätze aus rein deskriptiven ableiten lassen."[10]

---

[9] B. Williams: Internal and External Reasons (1980), in: B. W.: *Moral Luck* (Cambridge 1981) 101–113, 111; dt. in: B. W.: *Moralischer Zufall* (Frankfurt 1984) 112–124, 122.

[10] P. Schaber: Die Pflichten des Skeptikers. Eine Kritik an Peter Stemmers moralischem Kontraktualismus, in A. Leist (Hg.): *Moral als Vertrag? Beiträge zum moralischen Kontraktualismus* (Berlin/New York 2003) 199–212, 210; so auch Korsgaard, The Normativity of Instrumental Reason, 223 f.

Wenn es so ist, bedarf es natürlich, um zu der Conclusio zu kommen, einer weiteren, bereits normativen Prämisse. Diese lautet, so Schaber: Jeder hat einen Grund, die geeigneten Mittel zur Realisierung seiner Wünsche zu wählen.[11] Dieser Grund soll nun, so eine weitere These, von allem Wollen unabhängig, also „kategorisch" sein. Wäre er wollensabhängig, leitete sich, dass jemand einen Grund hat, erneut von nicht-normativen Sachverhalten ab, und damit würde sich der Verstoß gegen das Sein-Sollen-Prinzip erneuern. Die These, es bedürfe einer weiteren, normativen Prämisse verbindet sich also mit der weitgehenden Annahme, es gebe wollensunabhängige Gründe.[12]

Diese Argumentation ist auf Sand gebaut. Sie macht erneut einen falschen Gebrauch von Humes These, dass man aus einem Sein nicht auf ein Müssen schließen könne. Sie übersieht, dass das Müssen in der Conclusio (3) das Müssen der notwendigen Bedingung in der Prämisse (1) ist, das freilich – infolge des in Prämisse (2) formulierten Sachverhalts – die Eigenschaft hat, auf etwas bezogen zu sein, was *a* will. Und genau dieser Bezug macht es zu einem normativen Müssen. Der Schluss von den Prämissen (1) und (2) auf die Conclusio (3) ist in keiner Weise illegitim, obwohl die in (1) und (2) formulierten Sachverhalte nicht-normativ sind und der in (3) formulierte Sachverhalt normativ ist. Dasselbe gilt für den Übergang von den Prämissen (1) und (2) zu der Conclusio (3a). Auch hier findet sich kein Schlussfehler. Dies kann nur jemanden verwirren, der sich die Ontologie des Normativen nicht hinreichend klargemacht hat und der unausgesprochen von der Vorstellung geleitet ist, das Normative bilde ontologisch ein Reich *sui generis* und könne deshalb nicht durch das Zusammenkommen nicht-normativer Elemente entstehen.

Es bedarf also nicht der Hinzufügung einer dritten, bereits normativen Prämisse, um zu den Conclusionen (3) und (3a) zu gelangen.

---

[11] Schaber, Die Pflichten des Skeptikers, 210. Da ich in (3) und (3a) nicht vom „wählen", sondern vom „tun" spreche, müsste man die Prämisse entsprechend modifizieren. – Wie Schaber auch J. E. Hampton: *The Authority of Reason* (Cambridge 1998) 140.

[12] So auch Korsgaard, The Normativity of Instrumental Reason, 220, 250, 252.

Und schon gar nicht bedarf es aufgrund dieser Argumentation der Annahme, dass es wollensunabhängige Gründe gebe.

4. Gründe, ihre subjektive Ontologie

Aus den bisherigen Ausführungen ergibt sich ohne weiteres, dass Gründe in ihrer Seinsweise ontologisch subjektiv sind. Denn sie enthalten als einen Baustein ein Wollen. Denkt man das Wollen weg, gibt es keine Gründe. Genauso ergibt sich, dass die Existenz von Gründen von jeglichem epistemischen Zugriff unabhängig ist. Wenn nicht erkannt wird, dass ein Grund existiert, ändert das nichts an seiner Existenz.

Man kann, was Gründe und ihre Existenzbedingungen sind, durch folgende Spekulation weiter verdeutlichen. Imaginieren wir eine Welt, in der es Lebewesen gibt, die bestimmte Dinge wollen und dafür, dass das Gewollte geschieht, sich so-und-so verhalten müssen. Das ist noch nichts Besonderes. Besonders aber ist, dass in dieser Welt das Vorliegen einer derartigen Situation kausal suffizient ist dafür, dass die Lebewesen die Situation zutreffend epistemisch repräsentieren. Und dass diese Repräsentation sie dazu determiniert, das notwendige Verhalten auch zu realisieren. Das Verhalten der Lebewesen ist also durch ihr Wollen und durch bestimmte Gegebenheiten ihrer Umwelt determiniert. In dieser Welt gibt es die beiden Bausteine eines Grundes: ein Wollen und ein Müssen der notwendigen Bedingung. Aber würden wir hier von einem Grund sprechen? Wohl nicht. Warum nicht? Kurz gesagt: Weil die Lücke fehlt. Wenn a normativerweise x tun muss, ist, wie wir sahen, noch offen, wie er tatsächlich handeln wird. Er kann x tun, es aber auch nicht tun. Und es liegt an ihm, welche Handlung er ergreift. Was er tut, hängt von seiner Rationalität (oder Irrationalität) ab. In der imaginierten Welt gibt es diese Lücke nicht und deshalb auch keinen Raum für Rationalität und Irrationalität. Das Verhalten ist hier vielmehr durch die Situation determiniert. Dies bedeutet, dass es keinen Handlungsdruck gibt, und dass es keine Gründe gibt, obwohl die beiden Bauelemente vorhanden sind. In der Situation ist eine normative *necessitatio* gar nicht möglich.

Man kann sich also eine Welt denken, in der die beiden Bauelemente der Normativität vorhanden sind, in der es aber dennoch keine

Normativität, kein normatives Müssen und damit auch keine Gründe gibt. Es muss folglich noch etwas hinzukommen, nicht ein weiterer Baustein, vielmehr muss es die richtige Art von Lebewesen geben – Lebewesen, die nicht durch ihr Wollen und bestimmte Notwendigkeitsrelationen in ihrem Verhalten determiniert sind, die vielmehr so, aber auch anders handeln können und bei denen, was sie tun, von ihrer deliberativen und exekutiven Rationalität abhängt. Weshalb die Kombination von Wollen und Müssen keine Determinante ihres Verhaltens ist, sondern ein Grund dafür, sich für die „gemusste" Handlung zu entscheiden und sie zu tun.

Diese Einsicht erlaubt es, die Ontologie des Normativen präziser zu bestimmen. Die beiden Bausteine der Normativität sind allein, dabei bleibt es, ein Wollen und ein Müssen der notwendigen Bedingung. Durch ihr Zusammenkommen gewinnt das Müssen die Eigenschaft der Normativität, es ist mit einem Handlungsdruck verbunden. Dies jedoch nur für Lebewesen, die zu überlegen vermögen und die fähig sind, geleitet von ihrer Überlegung zu entscheiden und zu handeln. Man kann auch sagen, dass die Kombination der beiden Elemente die Eigenschaft des Normativen nur hat, wenn es Lebewesen gibt, die für Normativität empfänglich sind. Normativität existiert nur in Abhängigkeit von Lebewesen dieser Art. Es erweist sich also, dass Normativität noch auf ganz andere Weise ontologisch subjektiv und subjektabhängig ist. Nicht nur dadurch, dass auf jeden Fall ein Wollen involviert ist und gegebenenfalls das Müssen der notwendigen Bedingung ontologisch subjektiv ist, sondern zuallererst dadurch, dass ihre Existenz abhängig ist von der Existenz ganz bestimmter Lebewesen. Ein Wesen, das in genau derselben Welt lebt wie wir, das aber nicht über die Fähigkeit zu überlegen verfügt und nicht die entsprechende Art der Handlungssteuerung kennt, könnte niemals auf die Eigenschaft der Normativität stoßen. Normative Phänomene kann es aus seiner Perspektive nicht geben. Denn es überlegt nicht, was für oder gegen eine der möglichen Handlungen spricht. Und es sucht deshalb die Welt nicht danach ab, welche Tatsachen für oder gegen bestimmte Handlungen sprechen.

Ein normatives Müssen und Gründe kann es, so kann ich resümieren, nur geben, wo es die Lücke gibt, in der Lebewesen überlegen, was sie tun wollen, und in der sie sich rationaler- oder irrationaler-

weise dafür entscheiden, eine bestimmte Handlung zu realisieren.
– Diese Einsicht zeigt noch einmal sehr deutlich, dass ein Grund
keine kausal determinierende Ursache sein kann. Würde man ihn als
Ursache verstehen, nähme man ihm die Normativität, man leugnete
die Lücke, in der es nur ein Handeln aus Gründen geben kann. Man
nähme dem Grund also all das, was ihn zu einem Grund macht.

Nach diesen Überlegungen drängt sich die Frage auf, ob allein
die Menschen für Normativität empfänglich sind oder ob auch Tiere
zu dieser Gruppe von Lebewesen gehören. Ich hatte in § 1 gesagt,
wir könnten vielleicht davon ausgehen, dass auch Affen und andere
höher entwickelte Tiere normative Phänomene kennen, wenngleich
nur basale Formen. Das konnte nicht mehr als eine Vermutung sein.
Wir können jetzt aber deutlicher sehen, was sie enthält. Sie schließt
ein, dass auch nicht-menschliche Lebewesen über eine Fähigkeit zu
überlegen verfügen und in der Lage sind, geleitet von einer Überlegung zu handeln. Und damit auch, dass sie sich rational und irrational
verhalten können.

5. Gründe ohne Wollen?

Darin, dass Gründe immer ein Wollenselement enthalten, stimmt
die hier vertretene Auffassung mit der klassischen, häufig mit Hume
assoziierten Konzeption von Handlungsgründen überein. Die Annahme, alle Gründe seien wollensabhängig, wird in der Tradition
Kants allerdings stark attackiert. Auf verschiedenen Wegen wird dafür
argumentiert, dass es wollensunabhängige oder, wie man auch sagt,
externe Gründe gibt. Gewöhnlich bestreiten die Vertreter dieser Sichtweise nicht, dass Gründe häufig wollensabhängig sind, das hat ja auch
Kant nicht getan, aber sie votieren, wie Kant, dafür, dass es daneben
auch wollensunabhängige Gründe gibt. Neuerdings vertreten indessen
einige die weitergehende, ja extreme Auffassung, dass Gründe nie
oder beinahe nie wollensabhängig seien, sie seien vielmehr immer
oder beinahe immer wollensunabhängig.[13] – Es ist nicht möglich,

---

[13] So Scanlon, *What We Owe to Each Other*, 8, 43: "... it is almost never the

mit einem durchschlagenden Argument zu demonstrieren, dass es
wollensunabhängige Gründe nicht gibt. Hier wie auch sonst kann man
für die Nichtexistenz von etwas nur argumentieren, indem man zeigt,
dass die einzelnen für die Existenz vorgebrachten Argumente nicht
überzeugend sind. Ich werde im folgenden nur auf einige Argumente
eingehen, die mir besonders einflussreich zu sein scheinen. Mein
vorrangiges Ziel wird aber sein, hervorzuheben, dass die Annahme,
Gründe enthielten immer ein Wollenselement, auf überzeugende
Weise das zu erklären vermag, was eine Theorie der Gründe erklären
können muss: Sie muss drei Eigenschaften eines Grundes erklären
können, seine Normativität, sein motivationales Potential und seine
Eigenschaft, ein bestimmtes Gewicht zu haben.

Es ist an dieser Stelle vielleicht hilfreich, darauf hinzuweisen, dass
hinter den Theorien wollensunabhängiger Gründe häufig ausdrücklich
oder unausdrücklich zwei sehr starke Ausgangsintuitionen liegen,
die diesen Theorien ihre existentielle Fundierung und Dringlichkeit
geben. Zum einen scheint es so, als müsse man um der Moral willen
wollensunabhängige Gründe annehmen. Denn moralische Gründe
sind, so die Vorstellung, wollensunabhängig. Sie gebieten, bestimmte
Dinge zu tun oder zu unterlassen, und zwar unabhängig davon, was
man will und welche Ziele man verfolgt. Moralische Gründe sind
kategorisch, ihre Existenz ist von jedem Wollen auf Seiten des
Adressaten unabhängig. Wer leugnet, dass es wollensunabhängige
Gründe gibt, leugnet demnach, dass es moralische Gründe gibt, und er
leugnet damit letztendlich die Moral und ihre spezifische Normativität
selbst. Es liegt auf der Hand, dass diese Vorstellungen eine ganz
bestimmte Moralphilosophie voraussetzen, nämlich die Kantische.
Die moralischen Gebote sind, so Kant, kategorische Vernunftgebote,
die unabhängig von allem Wollen existieren. Es ist *einfachhin*: unabhängig davon, was man will, vernünftig, bestimmte Handlungen
zu tun bzw. zu unterlassen. Kant beanspruchte, mit seiner Theorie

---

case that a person has a reason to do something because it would satisfy a
desire that he or she has." (S. 8); Parfit, Rationality and Reasons, 18: „...
no reasons are provided by desires." Genauso J. Dancy: *Practical Reality*
(Oxford 2000) 35; Dancy sagt hier, es sei sein Ziel „to show that no desire
is a reason, and to argue from this that no reasons are desire-based."

den moralischen *common sense* zu explizieren, und seine Theorie
vermochte ihrerseits das moralische Bewusstsein über Generationen
zu prägen. So ist es für uns heute eine naheliegende Vorstellung ge-
worden, dass es zumindest im Bereich der Moral wollensunabhängige
Gründe gibt. – Ich werde das moralische Müssen und die moralische
Normativität in § 12 untersuchen und dort – gegen die kantische
Intuition – darlegen, in welcher Weise das moralische „Muss" meines
Erachtens wollensrelativ ist.

Die zweite Hintergrundvorstellung, die die Suche nach wollensunabhängigen Gründen beflügelt, ist die Intuition, dass in der Annahme,
alle Gründe seien wollensabhängig, erneut eine Verkürzung des Menschen liegt. Denn wenn Gründe immer ein Wollenselement enthalten
und die letzten Gründe folglich auf ein Wollen bezogen sind, das
selbst nicht begründet ist, aber – zusammen mit entsprechenden Notwendigkeitsrelationen – Gründe konstituiert, dann ist der Mensch in
dem, was er vernünftigerweise tut, letzten Endes nicht durch Gründe
bestimmt, sondern durch ein Wollen, das allenfalls, was sein volitives
Umfeld, seine kognitive Einbettung und seine psychische Genese
angeht, rational purifiziert ist. Man reibt sich wieder daran, dass die
Vernunft in dieser Sicht im Kern nur eine instrumentelle Funktion hat,
unser Leben aber nicht insgesamt und im letzten bestimmt. Ich habe
diesen Widerstand gegen den Einfluss des Wollens schon kritisiert und
zu zeigen versucht, dass er unbegründet ist. Er verdankt sich einer
übertriebenen Vorstellung vom Menschen als einem Wesen, das ganz
und gar durch die Vernunft bestimmt ist oder zumindest sein kann.
Und einer verzerrenden Sicht auf unser Wollen, die unser Wollen
enteignet und es zu einem fremden, unerwünschten Eindringling
macht, das unser eigentliches Selbst unterjocht.[14] – Frei von diesen
Hintergrundannahmen hat J. Searle die Auffassung vertreten, dass die
klassische Theorie praktischer Gründe mit ihrer Annahme, es gebe
nur wollensabhängige Gründe, die menschliche Rationalität verkennt
und sie nur als eine besonders komplexe Form der Schimpansen-
Rationalität beschreibt. Das Spezifische der menschlichen Rationalität
werde so gerade übersehen. Denn dies liege darin, dass der Mensch

---

[14] Vgl. § 5, S. 79–84.

im Unterschied zu nicht-menschlichen Primaten wollensunabhängige
Gründe kennt und zu schaffen vermag.[15]

Kommen wir nach diesen Vorbemerkungen zu den drei Eigenschaften von Gründen, die von einer adäquaten Theorie erklärt werden müssen: ihre Normativität, ihr motivationales Potential und ihre
Eigenschaft, ein bestimmtes Gewicht zu haben. – (i) Wir haben bereits
gesehen, dass die Normativität eines Grundes auf überzeugende Weise
erklärt werden kann, wenn ein Grund aus der Kombination eines
Müssens der notwendigen Bedingung und eines Wollens besteht.
Nur wenn ein Wollen eines der konstitutiven Elemente ist, kann,
wenn man gegen einen Grund handelt, etwas Negatives, nämlich
das Verfehlen des Gewollten drohen, und nur so kann der Druck
entstehen, das zu tun, wozu man einen Grund hat.

Wenn man sich dies klargemacht hat, ist es schwer zu sehen,
wie die Normativität eines Grundes ohne Rekurs auf ein eigenes
Wollen erklärt werden soll. Zwei Wege werden immer wieder einge-
schlagen. – Der erste ist die Annahme einer ontologisch objektiven
Normativität. Bestimmte Handlungen haben, so die Vorstellung, an
sich selbst die Eigenschaft, getan werden zu müssen (oder unterlassen
werden zu müssen). Und dass eine Handlung eine solche Eigenschaft
hat, ist dann ein – wollensunabhängiger – Grund dafür, sie zu tun.
Ontologisch objektive normative Eigenschaften sind jedoch nur ein
philosophisches Konstrukt. Eigenschaften dieser Art gibt es nicht.
Wir haben, wie schon gesagt, keinerlei Vorstellung von ihnen und
ihrer Ontologie. Es ist eine abwegige Vorstellung, dass z. B. eine
Tötungshandlung, sagen wir eine Abtreibung, die intrinsische Eigenschaft hat, nicht getan werden zu dürfen, und dass wir deshalb
einen wollensunabhängigen Grund haben, sie zu unterlassen. Eine
etwas anders formulierte, im Kern aber gleiche Variante dieser
Konzeption ist die Annahme ontologisch objektiver Werte. Etwas
hat an sich selbst einen Wert, und das ist, so die Folgerung, ein
wollensunabhängiger Grund, es zu tun oder sich für es einzusetzen.

---

[15] Searle, *Rationality in Action*, 2 f., 7, 32, 165. – Searles These ist nicht frei von
Unsicherheiten, weil einige seiner Überlegungen implizieren, dass auch Tiere
wollensunabhängige Gründe kennen; vgl. S. 182 f. Auf seine Argumentation
zugunsten wollensunabhängiger Gründe werde ich erst in § 13 eingehen.

Auch hier muss man sagen, dass es solche ontologisch objektiven Werte nicht gibt. Werte sind nicht Teil der von uns unabhängigen Welt.[16] Wer sie so versteht, verkennt ihre subjektive Ontologie. Die Idee einer ontologisch objektiven Normativität und entsprechender Gründe führt nicht zum Ziel, und wir sollten sie verwerfen.

Der zweite Weg verweist nicht auf ontologisch objektive Eigenschaften, sondern durchaus auf ein Wollen, aber nicht auf ein eigenes Wollen, sondern auf ein fremdes Wollen. Jemand will von a, dass er x tut, und dies, so die Idee, ist für a ein Grund, x zu tun, und zwar ein vom – eigenen – Wollen unabhängiger Grund. Aber warum sollte ein fremdes Wollen für mich ein Grund sein, etwas zu tun? Wie kann ein fremdes Wollen ein Müssen für mich konstituieren? Das ist unmöglich. Ein fremdes auf mich gerichtetes Wollen bedeutet, dass ich etwas tun *soll*, aber in keiner Weise, dass ich etwas tun *muss*. Wenn ein Nachbar von mir will, dass ich die schon etwas heruntergekommene Fassade meines Hauses renovieren lasse, ist das für sich genommen kein Grund, eine Renovierung in Angriff zu nehmen. Ich habe einen Grund für die Renovierung (lassen wir offen, ob er ausschlaggebend ist oder nicht), wenn ich wegen der Fassade Streit mit dem Nachbarn befürchte und an guten nachbarschaftlichen Beziehungen interessiert bin. Aber dieser Grund ist offenkundig von meinem Wollen abhängig: Ich will Streit vermeiden, und um nicht Gefahr zu laufen, dass es zu Auseinandersetzungen kommt, muss ich die Fassade renovieren lassen.

Genauso verhält es sich bei Erwartungen. Wenn meine Familie von mir erwartet, Jurist zu werden, weil das der Familientradition entspricht, ist das für mich nur dann ein Grund, wenn mir an der Familientradition liegt oder wenn ich den Erwartungen der Familie entsprechen will.[17] Der Grund ist in diesem Fall ohne Zweifel wollensabhängig. Die Erwartung für sich alleine ist hingegen kein Grund, Jurist zu werden. Sie ist nur ein Datum, zu dem ich mich so-oder-so stellen kann.

---

[16] Vgl. hierzu eingehender Vf., Was es heißt, ein gutes Leben zu leben, in: H. Steinfath (Hg.): *Was ist ein gutes Leben?* (Frankfurt 1998) 47–72, 53–59.

[17] Vgl. hierzu Williams' bekanntes von Henry James entliehene Owen Wingrave-Beispiel: Williams, Internal and External Reasons, 106–111; dt. 117–122.

Wie ist es, wenn jemand von mir nicht etwas will oder erwartet, sondern etwas fordert? Man darf hier nicht glauben, dass jemand schon dadurch etwas fordert, dass er *sagt*: „Ich fordere von dir, das-und-das zu tun." Etwas zu fordern, setzt eine bestimmte Situation voraus. Etwas fordern kann nur der, der dem anderen gegenüber über Machtmittel verfügt und imstande ist, für den Fall des Anders-Handelns glaubhaft mit der Zufügung von Übeln zu drohen. Eine Forderung enthält als solche ausgesprochen oder unausgesprochen eine derartige Drohung. Ohne dieses Element handelt es sich um ein bloßes Wollen, das vielleicht vorgibt, ein Fordern zu sein, indem es mit der Formulierung „ich fordere" zum Ausdruck gebracht wird. Aber das ist wieder ein Bluff, mit dem man seinen Willen durchzusetzen versucht. Wenn es richtig ist, dass eine Forderung immer ein Element der Drohung enthält, ist der Grund, einer Forderung nachzukommen, immer ein vom eigenen Wollen abhängiger Grund. Nehmen wir als Beispiel einen Straßenräuber, der einem Passanten mit der Pistole in der Hand sagt: „Geld 'raus, oder es knallt." Damit fordert er auf drastische Weise die Herausgabe des Geldes. Und natürlich hat der Passant einen Grund, das Geld herauszugeben: Er will nicht erschossen oder verletzt werden, und die notwendige Bedingung dafür ist, so wie die Dinge liegen, die Herausgabe seines Geldes. Der Grund ist klarerweise vom eigenen Wollen abhängig, vom Vermeiden-Wollen des angedrohten Übels.

Wie aber ist es, wenn derjenige, der etwas von einem anderen will, in einer Position ist, die seinen Willen für den anderen verbindlich, also zu einem „Muss" macht? Ist nicht das Wollen des Meisters für den Lehrling ein Grund, entsprechend zu handeln? Und ist nicht der Wille Gottes für den Menschen ein Grund, das Gewollte zu tun? – Was der Meister will, ist für den Lehrling in der Tat ein „Muss". Aber das Wollen des Meisters steht in einem bestimmten Rahmen, und der besagt, dass der Lehrling generell tun muss, was der Meister in Ausübung seiner Funktion als Vorgesetzter und Ausbilder will. Tut er das nicht, muss er mit negativen Folgen rechnen: Er wird verwarnt, abgemahnt, und schlimmstenfalls wird das Ausbildungsverhältnis aufgelöst. Jedes aktuelle Wollen des Meisters steht in diesem Rahmen. Die Situation ist also immer so, dass der Lehrling tun muss, was der Meister will, wenn er sein Ausbildungsverhältnis nicht beschädigen

oder gefährden will. Er hat also einen Grund, dem Wollen des Meisters zu entsprechen, aber dieser Grund wird nicht durch das Wollen
des anderen konstituiert, es wird durch das eigene Wollen konstituiert,
durch das eigene Interesse an einer ungetrübten und ungefährdeten
Ausbildungssituation.[18]

Wie ist es (innerhalb eines religiösen Weltbildes) mit dem Willen
Gottes? John Locke, an dem ich mich in dieser Frage orientiere,
hat in seiner theonomen Moralphilosophie gelehrt, dass Gott von
den Menschen will, dass sie sich in bestimmter Weise verhalten,
bestimmte Handlungen tun und andere lassen. Doch was Gott von
den Menschen will, harmoniert, so Locke, nicht unbedingt mit ihren
Neigungen, Interessen und ihrem Glücksstreben. Es gibt also einen
Konflikt zwischen dem göttlichen Wollen und den eigenen Interessen. Und das wirft die Frage auf, welchen Grund die Menschen
im Konfliktfall haben können, gegen ihre Interessen dem Wollen
Gottes zu entsprechen. In den Texten, in denen Locke dieser Frage
nachgeht, spielen drei Antwortvarianten eine Rolle.[19] Die erste Antwort, die, die Locke am deutlichsten vertritt, besagt, dass Gott den
Menschen nicht nur seinen Willen kundtut, sondern ihnen zusätzlich
auch Gründe gibt, ihm nachzukommen. Dies tut er, indem er die
Handlungen, die die Menschen tun sollen, mit Belohnungen, und
die, die sie nicht tun sollen, mit Bestrafungen versieht. Er verknüpft
die gewollten Handlungen mit etwas Positivem, die nicht gewollten
mit etwas Negativem. Die Menschen müssen folglich, wollen sie die
negativen Konsequenzen vermeiden und die positiven Konsequenzen
erlangen, die entsprechenden Handlungen tun und unterlassen. Jeder
hat auf diese Weise einen Grund, das von Gott Gewollte zu tun. Die
positiven und negativen Sanktionen, mit denen Gott die betreffenden
Handlungen verknüpft, manövrieren die Handlungen in das Feld der
menschlichen Interessen, und der Konflikt zwischen göttlichem Wollen
und menschlichem Interesse verschwindet. Es ist sehr klar, dass die

---

[18] Vgl. zu Rahmenregelungen dieser Art ausführlicher § 8, S. 163 f.
[19] Vgl. besonders J. Locke: *An Essay Concerning Human Understanding*, ed.
P. H. Nidditch (Oxford 1975) II, xxviii, § 8, p. 352; auch *Essays on the Law of
Nature*, ed. W. v. Leyden (Oxford 1954) 186–189 sowie die Notiz „Voluntas",
in: J. L.: *Political Essays*, ed. M. Goldie (Cambridge 1997) 321.

Gründe, die Gott in dieser Weise schafft, wollensabhängige Gründe
sind. Die Menschen müssen so handeln, wie Gott es will, wenn sie die
Belohnungen und Bestrafungen erreichen bzw. vermeiden wollen.
  Die zweite Antwort Lockes bezieht sich auf die Güte und die
Weisheit Gottes. Die Menschen können, auch wenn sie es konkret
nicht verstehen können, davon ausgehen, dass das göttliche Wollen
nichts anderes als ihr Bestes im Sinn hat. Gott will die Menschen
dahin bringen, das zu tun, was für sie das Beste ist. Folglich hat jeder
im Blick auf sein eigenes Wohl einen Grund, dem göttlichen Willen
zu folgen. Auch dieser Grund ist offenkundig wollensrelativ, er ist
auf ein eigenes Wollen bezogen: Die Menschen müssen so handeln,
wie Gott es will, wenn sie ihr eigenes Wohl befördern wollen.
  Die dritte Antwort spielt in Lockes früher Schrift *Essays on the
Law of Nature* eine Rolle[20]; später scheint er sie zugunsten der ersten
Antwort verworfen zu haben. Gott ist, so die Idee, der Schöpfer des
Menschen, die Menschen sind sein Eigentum, und deshalb müssen
sie tun, was er will. Die Tatsache, dass die Menschen von Gott
geschaffen wurden und ihm deshalb quasi gehören, ist hiernach also
der Grund, ihm zu gehorchen. Ganz unabhängig von den Intentionen
und Sanktionen, die Gott mit seinem Wollen verbindet. Dieser Grund
scheint in der Tat wollensunabhängig zu sein. Die Menschen müssen
dem göttlichen Willen entsprechen, einfach weil Gott in seiner Stellung als Schöpfer es will. Diese Konzeption ist jedoch mit mehreren
Schwierigkeiten behaftet. Zum einen bleibt unklar, wie die Tatsache,
dass Gott die Menschen geschaffen hat, sein Wollen in ein Müssen
transformieren kann. Wie wirkt dieser Katalysator, wie vollzieht sich
die Verwandlung vom Wollen ins Müssen? Das bleibt mysteriös.
Und zum anderen bleibt unklar, worin die Normativität des Grundes
und des Müssens besteht. Denn was, so muss man fragen, passiert,
wenn man anders handelt, als Gott will und man selbst muss? Was
passiert? Die Frage bleibt ohne Antwort. Wie es scheint, passiert
nichts. Bei den Gründen, die die ersten beiden Antwortvarianten
bieten, passiert hingegen sehr wohl etwas. Im einen Fall kommt es
zu der negativen Konsequenz, bestraft zu werden, im anderen Fall zu

---

[20] Siehe Locke, *Essays*, 119.

der ebenfalls negativen Konsequenz, sein eigenes Wohl nicht (oder nicht so weit wie möglich) zu erlangen. Wenn aber ein Mensch anders als „gemusst" handelt und es passiert nichts, worin besteht dann das Müssen, worin besteht dann der normative Druck? Es besteht in Wahrheit kein Druck und damit auch kein mit der Eigenschaft der Normativität ausgestatteter Grund, gottgefällig zu handeln. Die dritte Antwort kann, so scheint es, die Normativität des von ihr genannten Grundes nicht erklären. Und tatsächlich ist die Tatsache, dass Gott der Schöpfer ist und die Menschen seine Geschöpfe, allein kein Grund für die Menschen, dem göttlichen Wollen zu entsprechen. Die dritte Antwort ist also nicht überzeugend, während die ersten beiden Antworten plausibel sind. Sie bieten aber wollensabhängige Gründe.

Es mag sein, dass mancher mit den angestellten Überlegungen unzufrieden ist und das Gefühl hat, damit sei das Verhältnis von Gott und den Menschen nicht adäquat erfasst. Es gebe doch die Möglichkeit, dass Gottes Wille für jemanden ein Grund sei, einfach weil es Gottes Wille sei, ganz unabhängig von irgendwelchen Sanktionen und ganz unabhängig von dem Blick auf die eigenen Ziele und das eigene Wohl. Wenn Gott etwas wolle, sei das für die Menschen oder zumindest für einige Menschen *eo ipso* ein Grund, entsprechend zu handeln. – Wie lässt sich dieser Einwand beantworten? Nehmen wir, um die Beispielsituation konkreter zu gestalten, als dies bei Gott möglich ist, an, dass mich ein entfernter Verwandter bittet, ihm Geld zu leihen. Seine Bitte schafft für mich als solche gewiss kein Müssen. Sonst wäre es keine Bitte. Dennoch ist seine Bitte für mich ein Grund, ihm das Geld zu leihen. Warum? Zum Beispiel weil es zu meinen Maximen gehört, Familienangehörigen so gut es geht zu helfen. Oder weil ich zu diesem Verwandten immer ein gutes Verhältnis hatte, er deswegen vermutlich fest damit rechnet, dass ich ihm das Geld leihe, und ich ihn nicht enttäuschen möchte. In dem einen wie dem anderen Fall ist es nicht die Bitte, die den Grund und mit ihm das normative Müssen konstituiert, es ist etwas anderes: Ich muss der Bitte entsprechen dafür, meiner Maxime nicht untreu zu werden, etwas, was ich nicht will, oder dafür, den Verwandten nicht zu enttäuschen, etwas, was ich auch nicht will. Die Bitte schafft nicht das Müssen, sie schafft nur die Situation, in der ich etwas tun

muss, weil ich, wenn ich anders handelte, etwas von mir Gewolltes
nicht erreichen würde. Wenn man diese Überlegung auf den Fall des göttlichen Wollens
überträgt, kann man annehmen, dass auch hier das Wollen nicht auf
mysteriöse Weise einfach in ein Müssen umkippt. Es muss auch hier,
damit ein Müssen und ein Grund entsteht, etwas hinzukommen, zum
Beispiel dass man eine innige Beziehung zu Gott hat und ihn auf
keinen Fall enttäuschen will. Wenn es so ist, schafft das Wollen Gottes
nicht das Müssen, es schafft nur die Situation, in der der Betreffende
etwas dafür tun muss, sein Verhältnis zu Gott nicht zu beschädigen,
etwas, was er unter keinen Umständen will. Auch in diesem Fall
ist die Quelle der Normativität nicht der Wille Gottes, sondern eine
bestimmte Notwendigkeitsrelation plus ein Wollen der betreffenden
Person. Auch hier ist der Handlungsgrund also relativ auf ein Wollen
dessen, für den der Grund besteht. Nicht einmal das göttliche Wollen
reicht, wie es scheint, aus, um einen Handlungsgrund zu konstituieren.
Auch im Verhältnis von Gott und den Menschen muss ein Grund als
ein Element ein eigenes Wollen enthalten.

Wie wir sehen, scheitert auch der zweite Weg, die Normativität
eines Grundes anders als durch den Rekurs auf ein eigenes Wollen
zu erklären. Ein fremdes Wollen schafft, das zeigen die erörterten
Fälle, keine wollensunabhängigen Handlungsgründe.

(ii) Das motivationale Potential eines Grundes ist nur die Konsequenz
seiner Normativität. Wenn ein Grund normativ ist, d. h. einen Handlungsdruck erzeugt, dann kann dieser Druck natürlich dazu motivieren, entsprechend zu handeln. Gründe sind infolge ihrer Normativität
potentielle Motivatoren. Die geläufige Trennung von normativen und
motivierenden Gründen droht diesen Zusammenhang zu überdecken.
Dafür, dass ein Grund tatsächlich motivational wirksam wird, muss
die betreffende Person erkennen, dass dieser Grund existiert, und
sich von dieser Erkenntnis in ihrem Verhalten bestimmen lassen.
Wenn sie dies tut, wenn sie sich also rational verhält, handelt sie aus
dem gegebenen Grund und macht ihn auf diese Weise motivational
effektiv. Man kann ihr Verhalten dann durch den Verweis auf den
Grund erklären. Wir können also sagen: Wo Normativität, da auch
das motivationale Potential. Und daraus folgt, dass eine Theorie,

die das eine zu erklären vermag, auch das andere erklären kann, während alle Theorien, die das eine nicht können, auch das andere nicht können.

Das motivationale Potential eines Grundes erklärt sich leicht, wenn man annimmt, ein Grund enthalte ein Wollenselement und bestehe aus einer Kombination eines Wollens und eines Müssens der notwendigen Bedingung. Wenn Paula einen Grund hat, zum Bahnhof zu gehen, weil sie ihre Eltern vom Zug abholen will und dazu zum Bahnhof gehen muss, und ihr dies klar ist, dann ist ihr auch klar, dass, zum Bahnhof zu gehen, ihrem Wollen entspricht und, nicht zum Bahnhof zu gehen, bedeutete, das, was sie will, nicht zu erreichen. Es ist offenkundig, dass diese Umstände sie, wenn sie rational ist, dazu bewegen werden, zum Bahnhof zu gehen. Die Handlung, um die es geht, hat eine bestimmte Eigenschaft: Sie muss getan werden dafür, dass etwas Gewolltes erreicht wird, und diese Eigenschaft, die die Handlung nur unter Voraussetzung eines Wollens haben kann, generiert das motivationale Potential.

Wie erklärt, wer annimmt, es gebe externe Gründe, das motivationale Potential dieser Gründe? Wie kann ein Grund, der kein Wollenselement enthält, zu einem Handeln motivieren? Das ist die Frage, die der Externalist beantworten muss. Die Tatsache, dass es die Tradition meiner Familie ist, Jurist zu werden, ist als solche eine Tatsache ohne Pro- und Contra-Index. Sie wird erst zu etwas, was mich bewegt, wenn ich positiv oder negativ zu dieser Tradition stehe. Wenn ich sie gut finde und fortführen will, dann habe ich natürlich ein Motiv, die juristische Laufbahn einzuschlagen. Aber das Faktum der Familientradition allein ist kein Motivator. Das kann, so meine ich, nicht bestritten werden.

Scanlon ist einer der Exponenten der externalistischen Position, und zwar in ihrer radikalen Form. Er behauptet, alle oder fast alle Gründe seien wollensunabhängig. Wir können diese Verschärfung unberücksichtigt lassen, weil uns interessiert, ob es überhaupt externe Gründe gibt und wie sie motivational wirksam sein können. Scanlon schreibt: „... eine rationale Person, die urteilt, dass ein zwingender Grund besteht, A zu tun, bildet normalerweise eine Absicht aus, A zu tun, und dieses Urteil ist eine hinreichende Erklärung für die Absicht und die entsprechende Handlung ... Es ist nicht nötig, eine zusätzliche

Form von Motivation neben dem Urteil und den Gründen, auf die es sich bezieht, zu Hilfe zu rufen ...“[21] Mit der zusätzlichen Motivation, von der gesagt wird, sie sei nicht nötig, meint Scanlon ein Wollen („desire"). Es bedarf also dafür, dass der Grund motivational wirksam wird, nicht eines zusätzlichen Wollens. Denn der Grund selbst hat motivationale Wirksamkeit, der Grund selbst motiviert.[22] Scanlon hat mit dem, was er hier sagt, meines Erachtens Recht. Die Gründe haben in der Tat selbst motivationale Kraft, sie sind selbst potentielle Motivatoren. Aber wie erklärt sich ihr motivationales Potential? Wie muss ein Grund beschaffen sein, damit er diese Leistung erbringen kann?

Scanlon bestimmt einen Grund als „a consideration that ‚counts in favor of' something", das heißt als einen Umstand, der für etwas spricht.[23] Mit „Umstand" ist eine Proposition über die natürliche Welt, das heißt: über die empirische Welt außerhalb von uns oder über unsere psychischen Zustände gemeint.[24] Beispiele sind: dass das Autofahren nach Alkoholkonsum besonders gefährlich ist, dass ein neuer Computer die Kollegen und Freunde beeindrucken wird, dass ein Hut eine bestimmte Farbe hat. Solche Umstände können, so Scanlon, Gründe für eine Handlung sein. So ist, dass das Fahren unter Alkoholeinfluss besonders gefährlich ist, ein Grund dafür, nach Alkoholkonsum nicht zu fahren. Die Meinung, dass einer der besagten Umstände vorliegt, ist immer eine Meinung über die natürliche Welt. Das Urteil, dass einer der Umstände ein Grund ist, enthält hingegen, so Scanlon, mehr als eine Meinung über die natürliche Welt.[25] Dieses Urteil geht darüber hinaus, schon deshalb, weil es normative Kraft hat. – Was, so die entscheidende Frage, ist der Inhalt des Urteils, dass etwas ein Grund ist? Welche Charakteristik wird einem Umstand

---

[21]   Scanlon, *What We Owe to Each Other*, 33 f.: "... a rational person who judges there to be compelling reason to do A normally forms the intention to do A, and this judgment is sufficient explanation of that intention and of the agent's acting on it ... There is no need to invoke an additional form of motivation beyond the judgment and the reasons it recognizes, ..."

[22]   Ebd. 35.

[23]   Ebd. 17.

[24]   Ebd. 57.

[25]   Ebd. 57, 60, 61.

zugeschrieben, wenn man urteilt, er sei ein Grund, etwas zu tun? Dies ist die eine Frage. Die andere Frage, die sich hier stellt, ist, welchen ontologischen Status die Eigenschaft, ein Grund zu sein, hat, wenn das Urteil, etwas sei ein Grund, wie Scanlon meint, sich nicht auf die natürliche Welt bezieht? Worauf bezieht es sich dann? Scanlon geht hier, Moores *Principia Ethica* positiv aufgreifend, in die Richtung, nicht-natürliche, sprich: überempirische Fakten zu akzeptieren. „I am quite willing to accept that ‚being a reason for‘ is an unanalyzable, normative, hence non-natural relation."[26] Scanlon sieht die ontologischen Probleme, in die diese Position hineinläuft, aber er gelangt, soweit ich sehe, nicht zu ihrer Lösung. Es bleibt bei dem Mysterium nicht-natürlicher Phänomene. Wer annimmt, dass es sie gibt, steht vor der Notwendigkeit, zu sagen, wie sie epistemisch zugänglich sind. Wie also kann man herausfinden, ob der Umstand *A* ein Grund für die Handlung *x* ist? Oder ob das Urteil, er sei ein solcher Grund, wahr oder falsch ist? Scanlon antwortet, intuitionistische Theorien zurückweisend, mit einigen Bemerkungen zu einer „coherence theory" und spärlichen Hinweisen zu analogen Problemen in der Mathematik.[27] Das bleibt dunkel und unbefriedigend. Scanlon gerät auf diesen in meinen Augen aussichtslosen Weg, weil er folgenden Schluss und die Wahrheit seiner Prämissen voraussetzt: Weil (1) Gründe normativ sind und (2) die natürliche Welt keine Normativität kennt, (3) muss, ein Grund zu sein, etwas Nicht-Natürliches sein. Dass etwas ein Grund ist, kann, so Scanlon, nicht reduktiv durch „natürliche Fakten" erklärt werden.[28] Es gibt also eine ontologische Kluft zwischen dem Natürlichen (und das heißt Nicht-Normativen) und dem Normativen (und das heißt Nicht-Natürlichen). Doch tatsächlich zwingt uns nichts dazu, diese Kluft zu akzeptieren. Ich habe zu zeigen versucht, warum dieser typische Schritt in den Dualismus falsch ist. Die ontologisch objektive Wirklichkeit kennt in der Tat keine Normativität. Aber aus dem Zusammenkommen bestimmter ihrer Elemente entstehen

---

[26] Ebd. 11; vgl. auch 58, 59. Ähnlich Parfit, Rationality and Reasons, 20, wo es heißt: „Truths about reasons are … irreducibly normative, and hence non-natural."
[27] Vgl. Scanlon, *What We Owe to Each Other*, 64–72.
[28] Ebd. 60.

ontologisch subjektive Phänomene – ohne dass etwas Weiteres,
schon gar nicht etwas Nicht-Natürliches, hinzukommt. Und aus
dem Zusammenkommen eines mentalen Zustands und eines Müssens
der notwendigen Bedingung, das selbst ontologisch objektiv oder
subjektiv sein kann, entsteht das – ontologisch subjektive – Phänomen
der Normativität – ohne dass etwas Weiteres, schon gar nicht etwas
Nicht-Natürliches, hinzukommt. Wer diese Ontologie des Normativen
versteht, kann auf die Reise ins Land Phantasia, in dem es nicht-
natürliche Phänomene gibt, verzichten. Die entscheidende Einsicht
ist auch hier, dass Normativität aus der Kombination nicht-normativer
Elemente entsteht. Und dass es deshalb den Überstieg in eine ganz
andere ontologische Sphäre nicht gibt.

Kommen wir zu der anderen Frage: Welche Charakteristik wird
einem Umstand zugeschrieben, wenn man urteilt, er sei ein Grund,
etwas zu tun? Scanlon gibt auf diese Frage keine Antwort. Seine
Auskunft ist hier, dass der Begriff des Grundes so „primitive" und
so basal sei, dass er durch andere Begriffe nicht erläutert oder erklärt
werden könne.[29] Das Einzige, was man sagen könne, sei, dass, ein
Grund zu sein, bedeute, für etwas zu sprechen. Wenn man weiterfrage,
was es bedeute, für etwas zu sprechen, könne man sich nur im Kreis
drehen und sagen, es bedeute, ein Grund für etwas zu sein. Das
heißt nicht weniger, als dass es unmöglich ist, zu sagen, was es
bedeutet, ein Grund zu sein.[30] – Es ist sehr frustrierend, vor dieser
verschlossenen Tür zu stehen. Versucht man, sie zu öffnen, zeigt
sich allerdings, dass sie in Wahrheit gar nicht verschlossen ist. Denn
Scanlons These von der inexplikablen Primitivität des Gründebegriffs
ist wenig plausibel. Warum sollte nicht explikabel sein, was es heißt,
ein Grund zu sein? Wenn wir einem Umstand wie dem, dass alkoholisiertes Fahren besonders gefährlich ist, den begrifflichen „Hut"
eines Grundes aufsetzen, sollten wir doch sagen können, welche
Eigenschaften dieses Umstandes es sind, die uns dazu bewegen und

---

[29] Ebd. 3, 17, 57.
[30] Ebd. 17. – Ähnlich auch Parfit, Rationality and Reasons, 18 und A. Gibbard,
      Reasons to Reject Allowing. *Philosophy and Phenomenological Research* 66
      (2003) 169–175, 169.

die diese Zuschreibung rechtfertigen. Und tatsächlich sind wir, wie gezeigt, durchaus in der Lage, eine Antwort zu geben.

Eine Konsequenz von Scanlons These, der Begriff des Grundes sei inexplikabel, ist natürlich, dass auch offen bleibt, wie ein Grund motivational wirksam sein kann. Scanlon behauptet immer wieder, dass ein Umstand, sofern er ein Grund ist, und das Urteil, dass es so ist, die einzigen Quellen der Motivation sind, der Grund selbst also motivational wirksam ist.[31] Aber es bleibt gänzlich ungeklärt, aufgrund wovon er dies ist. Der bloße Umstand, dass alkoholisiertes Autofahren besonders gefährlich ist, enthält offenkundig kein Wollenselement. Wenn er ein Grund ist, ist er ein wollensunabhängiger Grund. Dasselbe gilt für den Umstand, dass der neue Computer Freunde und Kollegen beeindrucken wird, und den, dass der Hut die-und-die Farbe hat. Wie aber können Gründe dieser Art zum Handeln motivieren? Das ist die Frage, die zu beantworten ist. Scanlon aber lässt sie, wie gesagt, unbeantwortet.[32] – Es hilft hier nichts, zu sagen, es liege einfach im Begriff eines Grundes, dass er zum Handeln motiviert, und wenn man in etwas einen Grund sehe, dann betrachte man es damit als motivierend. Es ist richtig, dass wir unter einem Grund etwas Motivierendes verstehen, aber die Frage, um die es geht, ist, aufgrund wovon ein Grund diese Eigenschaft hat. Wie muss er beschaffen sein, damit er diese Leistung erbringen kann? Und speziell: Wie kann ein Grund, wenn er wollensunabhängig ist, motivational wirksam sein?

Die, wie ich finde, naheliegende Antwort lautet, dass der Umstand, dass alkoholisiertes Fahren besonders gefährlich ist, mich nur dann dazu motiviert, nicht alkoholisiert zu fahren, wenn ich mich und andere diesen Gefahren nicht aussetzen will. Die Tatsache, dass es gefährlich ist, unter Alkoholeinfluss zu fahren, hat als solche keinen Pro- oder Contra-Index in Bezug auf unsere Handlungen. Erst wenn

---

[31] Scanlon, *What We Owe to Each Other*, 35, 41, 77.
[32] Dass auch Korsgaard in genau diesem Punkt eine Antwort schuldig bleibt, hat eindringlich P. Russell herausgearbeitet; vgl. P. R.: Practical Reason and Motivational Scepticism, in: H. F. Klemme/M. Kühn/D. Schönecker (Hg.): *Moralische Motivation. Kant und die Alternativen* (Hamburg 2006) 287–297.

ich die Gefahren nicht herbeiführen will, wenn also ein Wollen im Spiel ist, wird diese Tatsache handlungsrelevant und motiviert dazu, nicht alkoholisiert zu fahren. Der eigentliche Grund, nicht alkoholisiert zu fahren, liegt darin, dass ich niemanden in Gefahr bringen will und dass ich es dazu unterlassen muss, unter Alkoholeinfluss zu fahren. Das Wollen ist hier Teil des Grundes, nicht etwas von außen Hinzukommendes, und nur weil es so ist, kann der Grund selbst motivieren.

Scanlon würde diese Konzeption eines Handlungsgrundes aus wenigstens zwei Gründen ablehnen. Zum einen ist sie reduktiv. Darauf bin ich schon eingegangen. Zum anderen spielt ein Wollen (ein „desire") eine konstitutive Rolle. Ein „desire" enthält, so eine der Kernaussagen Scanlons, ein „seeing something as a reason", also ein Urteil, dass etwas ein Grund ist.[33] Mit dieser Bestimmung verbindet sich die Auffassung, dass, wenn ein „desire" zum Handeln motiviert, dies nie die eigentliche Motivationsquelle ist; die eigentliche Quelle der Motivation ist der Grund bzw. das Etwas-als-Grund-Sehen, das vom Wollen vorausgesetzt wird und dem das Wollen nur nachfolgt. Der Grund ist primär, das Wollen sekundär, nicht etwa umgekehrt.[34] Wie immer man dieses Verständnis des Wollens und seiner Beziehung zu den Gründen beurteilt, es führt jedenfalls unweigerlich zu der ungelösten Schwierigkeit zurück, von welcher Art die hier vorausgesetzten – wollensunabhängigen, aber gleichwohl exklusiv motivierenden – Gründe sein sollen.

Wenn wir auf die Überlegungen zu Scanlons einflussreicher Theorie zurückblicken, ist der im jetzigen Kontext entscheidende Punkt, dass es ihm, soweit ich sehe, nicht gelingt, zu klären, wie wollensunabhängige (oder externe) Gründe motivational wirksam sein können. Er behauptet, dass sie (und nur sie) Handlungsmotivatoren

---

[33] Scanlon, *What We Owe to Each Other*, 18, 40; vgl. auch 7 f.

[34] Ebd. 37, 40 f. In Scanlons Reply to Gauthier and Gibbard. *Philosophy and Phenomenological Research* 66 (2003) 176–189, 176 heißt es: „What we normally call 'having a desire for x' is best understood as taking some consideration … as a reason to bring x about, and in such a case it is this consideration itself, rather than the agent's 'desire', that provides the agent with a reason."

sind, es bleibt aber im Dunkeln, aufgrund wovon ein wollensunabhängiger Grund diese Leistung erbringen kann.

(iii) Die dritte Eigenschaft eines Grundes, die eine Theorie der
Gründe erklären können muss, ist die Eigenschaft, ein Gewicht zu
haben. Gründe haben ein bestimmtes Gewicht oder eine bestimmte
Stärke. Und wenn der eine Grund gegen den anderen abgewogen
wird, oder das Aggregat der Pro-Gründe gegen das Aggregat der
Contra-Gründe, werden die Gewichte der Gründe verglichen. Natürlich ist das Gewicht eines Grundes nicht durch eine exakte Maßzahl
zu bestimmen. Gründe haben ein ungefähres Gewicht, das größer oder
kleiner ist als das dieses oder jenes konkurrierenden Grundes oder das
ungefähr genauso groß ist wie das des Contra-Grundes. Gelegentlich
ist man sich, wie jeder weiß, unsicher, wie das relative Gewicht
der Gründe zu bestimmen ist und welche Seite überwiegt. Natürlich
können Gründe ihr Gewicht im Laufe der Zeit verändern. Jemand
kann in jungen Jahren einen starken Grund haben, Geige zu üben, der
Grund kann dann nach und nach schwächer werden und schließlich
ganz verschwinden. – Dass Gründe ein Gewicht haben, gilt nicht
nur für *pro-tanto*-Gründe, sondern auch für konklusive Gründe. Das
Gewicht eines konklusiven Grundes ergibt sich aus den Gewichten
der Pro- und Contra-Gründe.

Wie wir sahen[35], kann eine Theorie, die annimmt, Gründe enthielten immer ein Wollenselement, das Phänomen, dass Gründe ein
Gewicht haben, überzeugend erklären. Die Stärke eines Grundes ist
bestimmt durch die Stärke des involvierten Wollens. Je intensiver
das Wollen, desto stärker der Grund, je schwächer das Wollen, desto
schwächer der Grund. Dass das Gewicht von Gründen sich im Laufe
der Zeit verändern kann, erklärt sich entsprechend dadurch, dass
sich das jeweils involvierte Wollen verändert. Dinge werden einem
wichtiger oder weniger wichtig. Und Dinge, die man einst gewollt
hat, z. B. ein berühmter Geigenvirtuose zu werden, haben sich längst
als unerreichbar erwiesen, so dass das Wollen verschwunden ist und
damit auch die Handlungsgründe. Auch dass wir uns gelegentlich
schwer tun, das Gewicht unserer Gründe zu bestimmen und sie

---

[35] Vgl. oben S. 98.

mit einem klaren Resultat gegeneinander abzuwägen, erklärt sich
daraus, dass es häufig nicht leicht ist, zu sagen, wie intensiv wir
etwas wollen. Es ist eine der Aufgaben des praktischen Überlegens,
diese Unsicherheit, so gut es geht, zu reduzieren.

Man kann diese Erklärung der Tatsache, dass Gründe ein Gewicht
haben, in verschiedene Richtungen verfeinern und weiter erläutern.
Ich begnüge mich mit einer kurzen zusätzlichen Bemerkung. Der
motivationale Effekt eines Grundes hängt offenkundig nicht nur
davon ab, *dass* er epistemisch repräsentiert wird, sondern auch davon,
wie er repräsentiert wird. Man kann einen Grund klar und lebendig
vor Augen haben, man kann sich seiner aber auch weniger intensiv
bewusst sein. Scanlon hat auf diesen Aspekt hingewiesen und ihn
durch folgendes Beispiel veranschaulicht. Als Autofahrer hat man
einen Grund, nicht alkoholisiert zu fahren. Dies ist einem durchaus
bewusst. Der Grund gewinnt aber vermutlich signifikant an Präsenz
und an motivationaler Kraft, nachdem man Zeuge eines schweren
Unfalls geworden ist, der von einem betrunkenen Fahrer verursacht
wurde.[36] Dies ist ohne Zweifel so, man muss aber zwei Dinge auseinanderhalten: das Gewicht des Grundes und seinen motivationalen
Effekt. Dieser kann je nach der Intensität der Vergegenwärtigung
variieren, das ändert aber nichts an dem Grund und seinem Gewicht.
Selbst wenn der Grund gar nicht repräsentiert würde und folglich
motivational überhaupt keine Wirkung hätte, änderte das ja nichts
an ihm und seiner Stärke. Der Grund ist das eine, das andere, ihn
zu erfassen, zu vergegenwärtigen und ihm und seinem Gewicht im
Entscheiden und Handeln gerecht zu werden.

Wie kann nun, wer die Existenz externer Gründe annimmt, die
Tatsache, dass Gründe ein bestimmtes Gewicht haben, erklären?
Wenn es die Familientradition ist, Jurist zu werden, und dieser Um-
stand allein, unabhängig von einem Wollen, ein Grund ist, Jura zu
studieren, wie kommt es dann dazu, dass dieser Grund ein bestimmtes
Gewicht hat? Das ist schwer zu verstehen. Eine Antwort lautet, dass,
die Familientradition fortzuführen, an sich selbst (nicht durch den
Bezug auf ein Wollen) wertvoll ist und dass sich das Gewicht des

---

[36] Scanlon, *What We Owe to Each Other*, 34.

Grundes an der Größe des Wertes bemisst.[37] Wenn es sehr wertvoll ist, die Tradition fortzusetzen, ist der Grund stark, wenn es weniger wertvoll ist, hat der Grund entsprechend weniger Gewicht. Diese Antwort scheitert jedoch erneut an der Annahme ontologisch objektiver Werte. Die Fortführung der Tradition hat, so die Idee, einen vom Wollen unabhängigen, also ontologisch objektiven Wert, und zwar von einer bestimmten Größe. Solche Werte gibt es aber, wie schon gesagt, nicht. Und wie, so könnte man fragen, würde man denn erkennen nicht nur, dass ein solcher Wert vorliegt, sondern auch wie groß er ist? Eine solche Theorie ist meines Erachtens aussichtslos. Und es scheint mir fast offensichtlich zu sein, dass, wie wertvoll es ist, die Familientradition fortzuführen, davon abhängt, wie stark die betreffenden Personen wollen, dass sie fortgeführt wird.

Ich kann jetzt die zurückliegenden Überlegungen zusammenfassen. Ihr Ziel war es, darzulegen, dass die Annahme, Gründe enthielten immer ein Wollenselement, zu erklären vermag, dass ein Grund normativ ist, dass er potentiell motivational wirksam ist und dass er ein bestimmtes Gewicht hat. Wir haben auch gesehen, dass externalistische Konzeptionen, zumindest soweit ich sie betrachtet habe, keine überzeugenden Erklärungen für die genannten Eigenschaften zu geben vermögen. Es spricht deshalb, so meine ich, nichts dafür, anzunehmen, dass es wollensunabhängige Gründe gibt.

6. Faktisches oder qualifiziertes Wollen?

Wenn Gründe grundsätzlich wollensabhängig sind, stellt sich wieder die Frage, ob es das faktische Wollen ist, das zusammen mit dem anderen Element einen Grund konstituiert, oder ob das Wollen, damit ein Grund entsteht, in bestimmter Weise qualifiziert sein muss. Ich habe diese Frage der Sache nach bereits beantwortet und darzulegen versucht, dass ein faktisches Wollen ausreicht: Das Zusammenkommen eines faktischen Wollens und eines Müssens der notwendigen

---

[37] Vgl. hierzu Parfit, Rationality and Reasons, 19.

Bedingung erzeugt ein normatives Müssen und, so kann ich jetzt
hinzufügen, damit auch einen Grund. Es bedarf hierzu keines in
bestimmter Weise qualifizierten Wollens.[38] Es ist überflüssig, die
bereits vorgetragenen Argumente zu wiederholen. Ich füge nur einige
Überlegungen an, die speziell mit dem Begriff des Grundes zu tun
haben.

Greifen wir noch einmal das schon diskutierte Beispiel auf: *a* will
Jura studieren, und er will dies, weil und nur weil seine Eltern es,
wie er meint, von ihm erwarten. Aber in Wahrheit haben die Eltern
diese Erwartung nicht. *a* täuscht sich hierüber. Sein Wollen ist damit
objektiv unbegründet. Es gibt für ihn keinen Grund, Jura studieren
zu wollen. Dennoch hat er faktisch dieses Wollen. Ändert nun, dass
sein Wunsch in dieser Weise kognitiv defizient ist, etwas daran, dass
er einen Grund hat, die Dinge zu tun, die notwendig dafür sind,
das Gewollte zu erreichen? Hat *a* etwa keinen Grund, sich an einer
Universität zu immatrikulieren? Er ist ohne Zweifel in einer Situation,
in der er, wenn er das Notwendige nicht tut, das nicht erreicht, was
er will. Und deshalb hat er, so die Konsequenz, einen Grund, es zu
tun. Warum sollten wir zögern, hier von einem Grund zu sprechen?
Es spricht eindeutig etwas dafür, sich zu immatrikulieren. Denken wir
auch an den Zusammenhang von Grund und Erklärung. Wenn *a* sich
an einer Universität immatrikuliert und man ihn fragt, warum er das
tue, erklärt er sein Verhalten auf adäquate Weise, wenn er sagt: „Weil
ich Jura studieren will und mich dafür natürlich an einer Fakultät
einschreiben muss." Wobei dies kein Scheingrund ist. Denn es ist ein
Faktum, dass er dies will, und es ist ebenso ein Faktum, dass er sich
dafür einschreiben muss. Was *a* anführt, ist der Grund, aus dem er tut,
was er tut, und der sein Verhalten auf überzeugende Weise erklärt.

Angenommen, ein Freund von *a* weiß, dass *a* Jura studieren will,
er weiß aber nicht, warum *a* das will, und folglich auch nicht, dass
dieses Wollen kognitiv defizient ist. Der Freund würde die Frage, ob
a einen Grund hat, sich für Jura zu immatrikulieren, ohne Zweifel
bejahen. Und seine Antwort wäre richtig. Und sie bliebe auch dann
richtig, wenn er erführe, dass *a*s Wunsch auf einem Irrtum beruht.

---

[38] Vgl. oben § 5.7.

a sollte, so würde der Freund dann wohl sagen, nicht Jura studieren wollen, und wenn er dieses Wollen fallen ließe, hätte er natürlich auch keinen Grund mehr, sich zu immatrikulieren. Aber solange er dieses Wollen faktisch noch hat, hat er auch einen Grund, die nötigen Handlungen zu tun. Der Freund braucht also, nachdem er besser informiert ist, sein Urteil, *a* habe einen Grund, sich zu immatrikulieren, nicht zu revidieren. Wenn er es revidieren müsste, könnte man praktisch kein Urteil über die Gründe eines anderen mehr fällen oder nur noch sehr vorläufige und irrtumsanfällige. Denn man weiß zwar oft, dass jemand etwas will, aber nicht, warum er es will. Hinzu kommt, dass ein Wollen mit anderem Wollen vernetzt und abgestimmt ist und es unmöglich ist, von allem jeweils relevanten Wollen auszuschließen, dass es in irgendeiner Form defizient ist. Dies ist epistemisch unmöglich, und zwar nicht nur in Bezug auf das Wollen eines anderen, sondern auch in Bezug auf das eigene Wollen. Die Struktur und Genese des eigenen Wollens ist uns keineswegs hinreichend transparent, um ausschließen zu können, dass Irrtümer die Willensbildung beeinflussen und beeinflusst haben. Wir könnten also, wenn die Existenz von Gründen an ein qualifiziertes Wollen gebunden wäre, in vielen Situationen gegen unsere Intuitionen und gegen den *common sense* nicht mit einiger Sicherheit sagen, dass wir einen Grund haben, das zu tun und jenes zu lassen. Das ist eine unplausible Konsequenz.

Wenn es so ist, warum stößt diese Position dann, so wieder die Frage, bei einigen Philosophen auf so deutliche Ablehnung? Ein Aspekt, der hier eine Rolle spielt, ist folgender: Es ist, das lässt sich nicht leugnen, irritierend, von *a* zu sagen, sein Wollen von *y* sei unbegründet, aber das Tun von *x*, eine notwendige Bedingung für die Erlangung von *y*, sei begründet. Wenn das Wollen von *y* unbegründet ist, dann wird, so die naheliegende Folgerung, auch alles, was sich aus diesem Wollen ergibt, unbegründet sein. Es ist wichtig, hier verschiedene Perspektiven und Kriterien der Beurteilung zu unterscheiden. Es ist völlig in Ordnung, zu sagen, das Wollen von *a* sei fehlgeleitet und deshalb seien auch die entsprechenden Handlungen fehlgeleitet. Das Wollen ist kognitiv defizient, und die Handlungen erben diese Defizienz. Sie haben in dieser Hinsicht einen Makel. Man darf diesen Aspekt der Bewertung allerdings nicht vermischen mit dem Aspekt ihres Begründetseins. Ein Grund ist etwas, was für etwas spricht. Und in der Situation, in der *a* sich befindet, spricht offenkundig etwas dafür, sich zu immatrikulieren.

Wer dies bestreiten will, muss den Begriff des Grundes verändern. Er muss vor allem seine Bindungen an die Begriffe der Normativität und der Erklärung lockern. *a* steht in der beschriebenen Situation, das scheint sicher, unter einem Druck, bestimmte Handlungen zu tun. Wer dies einräumt, aber gleichzeitig bestreitet, dass er einen Grund hat, diese Handlungen zu tun, muss Normativität und Gründe dissoziieren und damit den Begriff des Grundes verändern. Genauso scheint es nicht bestreitbar zu sein, dass, wenn *a* sich immatrikuliert, sein Verhalten auf überzeugende Weise durch das Faktum erklärt wird, dass er etwas will, wozu diese Handlung eine notwendige Bedingung ist. Wer dies zugesteht, aber gleichzeitig leugnet, dass er einen Grund hat, so zu handeln, muss die Verbindung von Erklärung und Gründen lösen und damit wiederum den Begriff des Grundes verändern.

Aus diesen Feststellungen ergibt sich ein weiterer wichtiger Punkt. Wenn der Freund von *a* sieht, dass *a* durchaus einen Grund hat, sich zu immatrikulieren, dass, dies zu tun, aber dennoch fehlgeleitet ist, weil das leitende Wollen objektiv unbegründet ist, könnte er sagen: *a* hat einen Grund, so zu handeln, aber keinen guten Grund. Und es ist nicht schwer zu verstehen, was er damit meint. Es ist offenkundig sinnvoll, Gründe in dieser Weise und in anderen Fällen auch anhand anderer Kriterien auf gut und schlecht hin zu beurteilen. Man muss sich dabei allerdings bewusst bleiben, dass die Normativität an den Grund selbst gebunden ist und nicht etwa aus seinem möglichen Gutsein resultiert. Denn wie gesagt: Auch wenn *a*s Grund, sich zu immatrikulieren, schlecht ist, steht er in der Situation, in der er ist, unter einem Druck, so zu handeln. Ein Grund ist, das ist der entscheidende Punkt, als solcher normativ, gleichgültig, ob er gut oder schlecht ist. – Obwohl die Rede von guten Gründen sinnvoll ist, hat sie in der Theorie über Gründe und ihre Normativität viel Verwirrung gestiftet. Einige Philosophen verstehen normative Gründe von vornherein als gute Gründe und suggerieren damit, die Normativität sei ein Effekt des Gutseins eines Grundes.[39] Dies impliziert

---

[39]　Vgl. z. B. Dancy, *Practical Reality*, 1.

natürlich, dass ein Grund als solcher nicht normativ ist. Und damit verbindet sich die These, dass nur gute Gründe für etwas sprechen. Doch das eine wie das andere ist falsch. Auch ein schlechter Grund ist mit einem Handlungsdruck verbunden, und auch ein schlechter Grund spricht dafür, etwas zu tun. Um folgenreiche Konfusionen zu vermeiden, ist es also entscheidend, die Frage, was ein Grund ist und was seine Normativität ausmacht, und die ganz andere, andere Perspektiven herantragende Frage, ob ein Grund gut oder schlecht ist, auseinanderzuhalten. – Wir stoßen hier im übrigen auf einen weiteren Aspekt, der erklärt, warum die Auffassung, ein faktisches Wollen reiche für die Konstitution eines Grundes aus, auf Widerstände stößt: Viele assoziieren, wenn von „Gründen" die Rede ist, gleich „gute Gründe" und übergehen die Differenz. Und natürlich ist für einen guten Grund, wie immer man das Gutsein im einzelnen bestimmt, ein faktisches Wollen in vielen Fällen in der Tat nicht ausreichend.

Man kann die Überlegungen und Argumente, die ich jetzt am Beispiel eines kognitiv defizienten Wollens entwickelt habe, ohne Mühe auf Fälle übertragen, in denen das Wollen auf andere Weise defizient ist. In der philosophischen Diskussion werden immer wieder Beispielfälle konstruiert, in denen jemand ein ganz bizarres, mehr oder weniger pathologisches Wollen hat, so etwa das intrinsische Wollen, alle Radios, die in der Nähe sind, anzustellen, nicht um etwas zu hören, sondern einfach so, nur um sie anzustellen.[40] Es wird dann gefragt, wie denn ein solches Wollen Teil eines Grundes sein kann, der dafür spricht, bestimmte Handlungen zu tun. Es mag sein, dass uns ein Wollen wie dieses verrückt erscheint und wir uns nicht erklären können, warum jemand ein solches Wollen hat. Aber wir können uns sehr gut erklären, warum jemand, der ein solches Wollen hat, die Dinge tut, die notwendig sind, um das Gewollte zu erreichen.

Es ergibt sich also, dass ein faktisches, nicht weiter qualifiziertes Wollen sehr wohl ein Bauelement eines Grundes sein kann.

---

[40] Dieses vielfach aufgegriffene Beispiel stammt von W. Quinn: Putting Rationality in Its Place, in: W. Q.: *Morality and Action* (Cambridge 1993) 228–255, 236 f.

7. Gründe ohne Müssen?

Nicht nur das Wollenselement eines Grundes, auch das andere Element, das Element des Müssens, zieht Fragen auf sich. Es wird nicht nur gefragt, ob es nicht auch Gründe ohne Wollen gibt, es stellt sich auch die Frage, ob es nicht auch Gründe ohne Müssen gibt. Ist es wirklich so, dass ein Grund immer mit einem normativen Müssen zusammenfällt? Gibt es nicht schwächere Gründe, die kein Müssen bedeuten, aber dennoch für eine Handlung sprechen?

Angenommen, *a* überlegt, was er studieren will. In seiner Überlegung spielt eine wesentliche Rolle, dass er später gut verdienen will. Das spricht, wie er (setzen wir voraus: zutreffend) meint, für ein Jura-Studium. Es spricht allerdings genauso für ein Zahnmedizin- und Pharmazie-Studium, hingegen nicht für eine der sonstigen Möglichkeiten. Drei Fächer sind es also, die unter dem Gesichtspunkt des zukünftigen Einkommens in Frage kommen. Es ist klar, dass *a* in dieser Situation nicht Jura studieren *muss*. Dies zu tun, ist keine notwendige Bedingung dafür, das angestrebte Ziel zu erreichen. Und deshalb steht er nicht unter einem Druck, sich für dieses Studium zu entscheiden. Dennoch spricht etwas dafür, dass *a* Jura studiert. Kann man, wenn es so ist, dann nicht auch sagen, dass *a* einen Grund hat, Jura zu studieren? Dieser Grund wäre dann ein Grund ohne Müssen, ein Grund anderer Art, der dafür spricht, aber nicht dazu nötigt, etwas zu tun. Natürlich hätte *a* dann auch einen Grund gleicher Art, Zahnmedizin zu studieren und Pharmazie zu studieren.

Man sollte, wenn man diesen Punkt klären will, zunächst festhalten, dass die Situation, in der *a* ist, durchaus ein normatives Müssen enthält. Denn *a* muss, um zu erreichen, was er will, entweder Jura oder Zahnmedizin oder Pharmazie studieren. Dieses Müssen ist das einer disjunktiven notwendigen Bedingung. Die Situation bietet *a* also durchaus einen Grund im starken, normativen Sinne. Kann man nun aber auch sagen, dass *a* in einem anderen Sinn jeweils einen Grund hat, Jura zu studieren, Zahnmedizin zu studieren und Pharmazie zu studieren? Ist es sinnvoll, auch in Bezug auf die einzelnen drei verbliebenen Optionen von einem Grund zu sprechen? Zwei Gesichtspunkte, einer, der dafür spricht, und einer, der dagegen spricht, sind hier zu beachten. Zunächst ist es ganz natürlich, zu sagen, dass in der geschilderten Situation etwas dafür spricht, dass *a* Jura studiert. Diese Ausdrucksweise wirkt angemessen und plausibel, weil auf der Waagschale zugunsten des Jura-Studiums wie auf den Waagschalen zugunsten der anderen beiden Fächer jeweils ein Gewicht liegt, das sich auf keiner sonstigen Waagschale findet. Es gibt in dieser Situation also eine Pro-Relation. Zwischen der Tatsache, dass *a* gut verdienen will, und der Tatsache, dass das Jura-Studium voraussichtlich ein Weg ist, dieses Ziel zu erreichen, auf der einen Seite und der Entscheidung für das Jura-Studium auf der anderen Seite besteht eine Pro-Relation. Und es ist naheliegend, sie durch die Formulierung „sprechen für" zum Ausdruck zu bringen. Wenn man den Begriff des Grundes an den des Sprechens-für bindet, führt das dazu, hier von einem Grund zu sprechen. Dieser Grund ist nicht normativ, er fällt nicht mit einem normativen Müssen zusammen, aber er spricht für etwas.

Gegen die Verwendung des Begriffs des Grundes an dieser Stelle und damit gegen die Einführung eines zweiten, schwächeren Gründe-Begriff spricht folgende Überlegung: Wenn *a* sich aufgrund der beschriebenen Pro-Relation dazu entscheidet, Jura zu studieren, und das Studium aufnimmt und man ihn fragt, warum er das getan hat, wird er sagen: „Weil ich später gut verdienen will und das gewählte Studium das verspricht." Diese Antwort ist aber offenkundig unbefriedigend. Denn sie erklärt nicht, warum *a* sich speziell für das Jura-Studium entschieden hat. Die Umstände, die er als Erklärung anführt, würden es auch zulassen, dass er Zahnmedizin oder Pharmazie studiert. Um eine wirkliche Erklärung seines Verhaltens zu geben, hätte er also noch hinzufügen müssen, warum er das Jura-Studium den beiden anderen Möglichkeiten vorgezogen hat. Damit zeigt sich, dass der schwächere Begriff eines Grundes nicht nur die Verbindung zur Normativität abschneidet, sondern auch die zur Erklärung. Ein Grund dieser Art erklärt nicht, warum jemand etwas tut. Über den Begriff der Erklärung hatten wir den Begriff des Grundes aber eingeführt.

Wie man angesichts dieser gegenläufigen Überlegungen die Verwendung von „Grund" regelt, ist letzten Endes eine Wortfrage, die man nach pragmatischen Gesichtspunkten so oder so entscheiden kann. Man kann durchaus den schwächeren Begriff einführen; wir kennen ihn aus der Umgangssprache. Man kann auch den engeren Sprachgebrauch vorziehen, wie es die philosophischen Autoren gewöhnlich tun, freilich eher gewohnheitsmäßig als reflektiert. Man darf nur die verschiedenen Verwendungen nicht durcheinanderwerfen und sich nicht, wie es häufig geschieht, in Schein-Diskussionen verstricken, die gar nicht entstünden, wenn man die verschiedenen Verwendungsweisen, mit denen man operiert, auseinanderhielte. Wichtig ist nicht die Wortfrage, wichtig sind die Phänomene, um die es geht. Und hier ist der entscheidende sachliche Ertrag der vorangegangenen Überlegungen, dass es nicht eine, sondern zwei Pro-Relationen oder zwei Relationen des Sprechens-für gibt. Eine starke, normative, die ein Müssen bedeutet, und eine schwache, die kein Müssen bedeutet. Es ist wichtig, die genaue Beschaffenheit dieser zweiten Relation aufzudecken und zu klären, ob sie eine autochthone, von der anderen Relation unabhängige Beziehung ist oder ob sie nur ein Derivat der anderen Relation ist, die dann grundlegend wäre.

Wenn a dafür, y zu erreichen, entweder w oder x tun muss, wenn also ein disjunktives normatives Müssen vorliegt, welche Beziehung besteht dann zwischen dem Erreichen von y und dem x-Tun und entsprechend zwischen dem Erreichen von y und dem w-Tun? Was ist es, was für das x-Tun und für das w-Tun spricht? Die einfachste Antwort ist, wie es scheint, diese: Die Relation zwischen as x-Tun und seinem Erreichen von y besteht darin, dass a, wenn er w nicht tut, x tun muss dafür, y zu erreichen.[41] Dass a x tut, ist also eine notwendige Bedingung dafür, dass er y erreicht, vorausgesetzt er tut w nicht. Die fragliche Relation ist demnach die einer negativ konditionierten notwendigen Bedingung. Man kann den Sachverhalt auch so formulieren: Dass a w nicht tut, ist eine hinreichende Bedingung dafür, dass as x-Tun eine notwendige Bedingung dafür ist, dass a y erreicht. – Aus dieser Analyse ergibt sich, dass die schwächere Pro-Relation keineswegs eine eigenständige Relation ist, sie ist nur ein Derivat der stärkeren Pro-Relation. Die schwächere Relation existiert nur dadurch, dass das x-Tun von a (genauso wie das w-Tun) Teil einer Disjunktion ist, die Gegenstand eines normativen Müssens ist.

---

[41]　Ich folge hier G. H. v. Wright: Deontic Logic and the Theory of Conditions, in: R. Hilpinen (ed.): *Deontic Logic* (Dordrecht 1971) 159–177, 168 f.; dt. in: G. H. v. W.: *Handlung, Norm und Intention* (Berlin/New York 1977) 19–39, 29 f.

Dieses normative Müssen ist das originäre Phänomen, und aus ihm entsteht im Falle einer Disjunktion erst die schwächere Pro-Relation. Dies bedeutet, dass, selbst wenn man sagen will, *a* habe einen Grund, *x* zu tun, die eigentlichen Gründe die normativen Gründe sind. *a* hat im Blick auf das Erreichen von *y* einen (normativen) Grund, entweder *x* oder *w* zu tun. Und nur deshalb hat er, wenn man so sprechen will, einen abgeleiteten, unselbständigen Grund, *x* (und genauso *w*) zu tun.

Die eigentlichen Gründe enthalten, so kann ich resümieren, ein Müssen. Sie enthalten eine Beziehung der notwendigen Bedingung. Sie sind deshalb normativ. Und sie können deshalb ein Verhalten erklären. Schwächere Gründe der geschilderten Art, die für eine Handlung sprechen, aber nicht zu ihr nötigen, sind nur Abkömmlinge der durch Normativität bestimmten Gründe.

Dieses Ergebnis bestätigt sich, wenn man die Beispielsituation etwas variiert (und für die jetzigen Zwecke vereinfacht). Nehmen wir noch einmal an, *a* überlegt, was er studieren will. Erneut ist der Gesichtspunkt des zukünftigen Einkommens für ihn ein wesentlicher Aspekt. Zwei Studienfächer kommen unter diesem Gesichtspunkt in Frage, das Jura-Studium und das Studium der Zahnmedizin. Während ein anderes erwogenes Studium, das der Pädagogik, nicht in Frage kommt. Nun ist es allerdings so, dass das Studium der Zahnmedizin ein deutlich höheres Einkommen erwarten lässt als das Jura-Studium. *a* muss sich also (zumindest *pro tanto*) für das Studium der Zahnmedizin entscheiden. Hierfür hat er einen Grund. Man würde in dieser Situation wohl nicht sagen, dass er auch einen Grund hat, Jura zu studieren. Dennoch ist es angemessen, zu sagen, dass auch etwas für das Jura-Studium spricht. Schließlich verspricht auch dieses Studium, im Unterschied zum Pädagogik-Studium, ein hohes Einkommen. Es gibt also durchaus ein Gewicht zugunsten des Jura-Studiums. Aber hat diese Tatsache irgendeine Handlungsrelevanz? Wenn man hier von einer Handlungsrelevanz sprechen will, kann sie nur darin bestehen, dass *a*, wenn die Option der Zahnmedizin nicht bestünde oder sie ihm versperrt wäre, das Jura-Studium wählen müsste. Unter der genannten Bedingung würde das Jura-Studium zu einer notwendigen Bedingung für die Erlangung des angestrebten Ziels, und *a* hätte damit einen Grund, Jura zu studieren. Wir stoßen hier erneut auf eine konditionierte notwendige Bedingung. Wir sehen also auch hier, dass sich wirkliche Handlungsrelevanz erst unter einer Bedingung einstellt und dass sie dann die des normativen Müssens ist. Wenn die Bedingung erfüllt ist, *muss a* Jura studieren. Und dann hat er einen wirklichen Grund, dies zu tun. Die schwächere Form des Dafür-Sprechens erweist sich also auch in diesem Fall als ein bloßes Derivat des normativen Müssens.

8. *Gründe und Rationalität*

Zum Abschluss dieses Kapitels ist noch auf das Verhältnis von Gründen und Rationalität einzugehen. Dabei leitet sich fast alles, was ich sagen werde, aus der oben in § 5 eingeführten und im einzelnen erörterten Unterscheidung des objektiven normativen Müssens und des rationalen Müssens ab.[42] Gründe sind, da nichts anderes als ein objektives normatives Müssen, in ihrer Existenz von ihrer epistemischen Präsenz und von aller auf sie gerichteten Rationalität unabhängig. Sie sind Teil der Situation, in der man ist. Während die Rationalität bestimmt, wie man erkennend und handelnd auf die Situation und die mit ihr gegebenen Gründe reagiert. Damit ergibt sich ein erstes Bild: Auf der Seite der Wirklichkeit (zu der, als ein Element, auch ein Wollen gehört) die Gründe, auf der Seite des erkennenden und handelnden Subjekts die Rationalität (oder Irrationalität). Dieses Bild ist durchaus ein brauchbarer Anfang, es bedarf aber noch einiger wesentlicher Retuschen.

Denn auch auf der Seite der Rationalität gibt es ein Müssen, das rationale Müssen, das relativ auf das Rational-sein-Wollen ist. Dieses Müssen ist selbst ein normatives Müssen. Und das bedeutet, dass mit ihm ein Grund vorliegt, ein Grund, dessen Wollenselement eben das Rational-sein-Wollen ist. Es gibt also auch auf der Seite der Rationalität Gründe. Einige Autoren haben, um eine deutliche und eingängige Trennung von Gründen und Rationalität aufrecht zu halten, vermieden, hier von Gründen zu sprechen. Sie sprechen

---

[42] Vgl. Teil 4, S. 60–63.

stattdessen davon, dass bestimmte Handlungen „rational gefordert" sind. Aber eine solche Sprachregelung ist künstlich und letzten Endes verwirrend. Man sollte besser den Phänomenen folgen, und diese legen nahe, hier von Gründen zu sprechen. Um die Gründe auf der einen Seite von denen auf der anderen Seite terminologisch zu unterscheiden, kann man von objektiven und subjektiven Gründen sprechen. Wobei das Spezifische der subjektiven Gründe eben darin liegt, dass sie als Wollenselement speziell das Rational-sein-Wollen enthalten.[43] Sie haben – deshalb *subjektive* Gründe – damit zu tun, wie man überlegend und handelnd auf die Situation, in der man ist, reagiert. Man kann, vielleicht weniger missverständlich, auch von Gründen der Rationalität sprechen.

Es lassen sich jetzt die Befunde über das rationale Müssen ohne weiteres auf die subjektiven Gründe übertragen. So gilt auch für sie, dass sie einen in den meisten Situationen gar nicht interessieren. Sie interessieren immer dann nicht, wenn die objektiven Gründe epistemisch leicht zugänglich oder ohnehin bekannt sind. Wenn *a* auf seiner Wanderung mit dem Zielort Urnäsch an der besagten Weggabelung den mittleren Weg nehmen muss, weil nur der nach Urnäsch führt, hat er einen – objektiven – Grund, diesen Weg zu nehmen. Wenn er weiß, dass dies der richtige Weg ist, überlegt er erst gar nicht, welchen Weg er nehmen muss. Und deshalb spielen subjektive Gründe hier keine Rolle. Anders ist es, wenn er nicht weiß, welchen Weg er nehmen muss. Dann schaut er auf die Karte und auf die Wegweiser und überlegt. Am Ende kann er sich sagen, dass er rationalerweise: wenn er alles richtig registriert und gut überlegt hat, den mittleren Weg nehmen muss. Er hat also einen subjektiven Grund, den Mittelweg zu nehmen.

In diesem Fall sprechen der objektive und der subjektive Grund für dieselbe Handlung. Es ist auch möglich, dass sie auseinanderfallen und nicht zur Deckung kommen. Wenn die Wegweiser so verstellt wurden, dass *a* rationalerweise zu dem Schluss kommen muss, er müsse den

---

[43] Objektive und subjektive Gründe unterscheidet in ähnlicher, aber nicht völlig übereinstimmender Weise auch R. Joyce: *The Myth of Morality* (Cambridge 2001) 53 f. In ganz anderer Weise gebraucht Th. Nagel diese Unterscheidung; vgl. *The Possibility of Altruism* (Oxford 1978) 90 ff.

linken Weg nehmen, hat er einen subjektiven Grund, diesen Weg zu nehmen, obwohl der objektive Grund selbstverständlich verlangt, den mittleren Weg zu nehmen. Eine weitere Variante der Situation liegt vor, wenn *a* nicht weiß, welchen Weg er wählen muss, überlegt, dabei aber deliberative Fehler macht und deshalb zu dem Ergebnis kommt, er müsse den rechten Weg nehmen. In diesem Fall hat er keinen objektiven Grund, dies zu tun. Und er hat auch keinen subjektiven Grund, dies zu tun. Denn den rechten Weg zu nehmen, ist nicht das, was die Rationalität verlangt. Wenn *a* tatsächlich den rechten Weg wählt, lässt sich das nur durch einen Scheingrund erklären.

Es wäre ganz falsch, wenn man, die verbreitete Unterscheidung von normativen und motivierenden Gründen aufgreifend, meinte, die objektiven Gründe seien normative Gründe und die subjektiven motivierende Gründe. Es wäre gleich doppelt falsch. Denn erstens sind offensichtlich sowohl die objektiven wie auch die subjektiven Gründe normativ. Auch für die subjektiven Gründe gilt, dass man im Falle des Anders-Handelns ein Ziel, in diesem Fall das Ziel, rational zu sein, verfehlt. Dem entspricht, dass man eine Handlung je nach Situation durch die Angabe eines objektiven Grundes, aber auch durch die eines subjektiven Grundes erklären kann. *a* wird, wenn er den mittleren Weg wählt, in einer Situation ohne epistemische Unsicherheiten seine Handlung damit erklären, dass er nach Urnäsch wandern will und dazu den mittleren Weg nehmen muss. In einer epistemisch unsicheren Situation kann er seine Handlung hingegen damit erklären, dass er, wenn er rational sein will, angesichts der verfügbaren Hinweise den mittleren Weg (oder im anderen Fall: den linken) nehmen muss. Beide Erklärungen verweisen auf einen normativen Grund, die erste auf einen objektiven, die zweite auf einen subjektiven.

Die objektiven Gründe als normative Gründe und die subjektiven Gründe als motivierende Gründe zu verstehen, wäre – zweitens – auch deshalb falsch, weil auch subjektive Gründe motivational ineffektiv sein können. Eine *conditio* für die motivationale Wirksamkeit von Gründen ist ihre epistemische Präsenz. Es ist aber durchaus möglich, dass subjektive Gründe epistemisch nicht präsent sind. Wenn *a* überlegt, welchen Weg er rationalerweise nehmen muss, kann er, wie gesagt, deliberative Fehler machen und nicht erkennen, dass er einen subjektiven Grund hat, den mittleren (oder den linken) Weg zu nehmen. Wenn es so ist, kann ihn der subjektive Grund auch nicht motivieren, entsprechend zu handeln. Objektive und subjektive Gründe unterscheiden sich, wie sich zeigt, nicht hinsichtlich ihrer Normativität und auch nicht hinsichtlich ihrer motivierenden Potenz. Das ist nicht verwunderlich, liegt doch die spezifische Differenz der subjektiven Gründe allein darin, auf ein spezielles Wollen, auf das Rational-sein-Wollen, bezogen zu sein. Die Unterscheidung von objektiven und subjektiven Gründen darf nicht so verstanden werden, als handele es sich um zwei unterschiedliche Typen oder Arten von Gründen. Das ist nicht der Fall. Die Gründe sind völlig gleicher Art. Was sie unterscheidet, ist ausschließlich der verschiedene Wollensbezug.

Die subjektiven Gründe haben nicht nur in Situationen epistemischer Unsicherheit eine Bedeutung, sondern auch in Situationen, in denen epistemisch klar ist, was zu tun ist, in denen es aber Unsicherheiten gibt, ob man das „Gemusste" auch tut. Wenn *a* sich einer Operation unterziehen muss, um wieder gesund zu werden, aber Angst vor dem Eingriff hat, kann er sich bewusst machen, dass er sich, wenn er überlegt agieren will, der Operation unterziehen muss. Er hat nicht nur einen objektiven, sondern auch einen subjektiven Grund, den Eingriff vornehmen zu lassen. Es nicht zu tun, hieße auch, sich irrational zu verhalten. Man mag darauf hinweisen, dass dieser subjektive Grund nur ein hinzukommender Grund ist, der vermutlich ohne großes Gewicht ist; der eigentliche Grund sei der Wunsch, wieder gesund zu werden. Das ist richtig. Aber es bedeutet nicht, dass die Forderung der Rationalität kein eigenes Gewicht hat oder haben kann. Je prononcierter Menschen sich als rational Handelnde verstehen, je mehr, rational zu agieren, Teil ihres Selbstverständnisses und Grund ihrer Selbstschätzung ist, umso mehr wird der subjektive Grund ein eigenes Gewicht gewinnen. Die Menschen haben sich seit der Antike in der einen oder anderen Weise als durch Rationalität ausgezeichnet, als *animalia rationalia* verstanden und sich hierdurch von den Tieren abgegrenzt. Im Licht dieses Selbstverständnisses bedeutet, gegen das zu handeln, was die Vernunft gebietet, nicht nur irrational und damit gegen das, was man will, zu handeln, sondern auch, sein eigenes Niveau zu unterbieten und sich selbst zu verkleinern.

§ 7 Künstliche Gründe und Sanktionen

1. Künstliche Gründe

Wenn man sich vor Augen geführt hat, was Gründe sind und was sie konstituiert, kann man überlegen, ob es nicht möglich ist, Gründe künstlich zu schaffen. Ist es nicht möglich, künstliche Gründe und damit künstliche Normativität zu kreieren, um so das Verhalten anderer (und vielleicht auch das eigene) zu beeinflussen und zu steuern? Wie sich im folgenden zeigen wird, ist dies nicht nur möglich, es ist eine aus unserem Leben gar nicht wegzudenkende, beinahe allgegenwärtige Realität. Die Menschen haben zu allen Zeiten künstliche Gründe und künstliche Normativität geschaffen, um das Verhalten derer, mit denen sie zusammenleben, zu beeinflussen und in die gewünschte Richtung zu lenken. Das zeigt, dass sie auf eine intuitive Weise, unabhängig von aller Theorie, immer wussten, was Gründe sind und was den normativen Druck, der mit ihnen entsteht, konkret konstituiert. Denn nur so konnten sie in der Lage sein, Gründe künstlich „nachzubauen".

Künstliche Gründe sind Instrumente, anderen den eigenen Willen aufzudrängen. Sie sind, mit anderen Worten, Instrumente der Machtausübung. An dieser Möglichkeit sind wir stark interessiert, aus verschiedenen Gründen. Von besonderer Bedeutung ist in diesem Zusammenhang, dass wir elementar darauf angewiesen sind, dass andere sich uns gegenüber in bestimmter Weise verhalten. Menschen sind, das ist ein basales Datum ihrer Existenz, verletzlich: Sie können verletzt, getötet, gedemütigt werden, sie können in Not geraten. All dies wollen wir nicht, und deshalb richten wir starke Interessen an die anderen: dass sie uns nicht verletzen, demütigen, dass sie in Notsituationen helfen etc. Wir wollen unbedingt, dass die anderen sich uns gegenüber in bestimmter Weise verhalten, und deshalb sind wir so stark daran interessiert, Einfluss auf ihr Verhalten zu gewinnen. Und hier sind künstliche Gründe, wie wir sehen werden, ein wirksames Instrument.

a hat einen Grund, *x* zu tun, wenn er in einer Situation ist, die durch zwei Elemente bestimmt ist: er will, dass *y* geschieht, und er muss dafür, dass es geschieht, *x* tun. Wenn jemand will, dass *a x* tut, kann er dies erreichen, indem er dafür sorgt, dass für *a* die beschriebene Situation entsteht. Das *x*-Tun wird dann für ihn zu einem normativen „Muss", und er wird, wenn er vernünftig ist und der Grund hinreichend stark, *x* auch tatsächlich tun. – Grundsätzlich gibt es zwei Wege, Personen in solche normativen Situationen zu bringen: Man kann Einfluss auf ihr Wollen nehmen und sie dazu bringen, bestimmte Wünsche auszubilden. Dieses Wollen kreiert dann, entsprechende Notwendigkeitsrelationen vorausgesetzt, Gründe, die es ohne das neu ausgebildete Wollen nicht gäbe. Oder man schafft neue Notwendigkeitsbeziehungen, durch die dann, ein entsprechendes Wollen vorausgesetzt, neue Gründe entstehen. Die erste Strategie wirkt nachhaltig, ist aber sehr aufwendig. Wir wählen diesen Weg vor allem, wenn wir Kinder erziehen und darauf hinwirken, dass sie bestimmte Wünsche entwickeln und kultivieren. Wer eine rücksichtsvolle, einfühlsame Person sein will, wird Gründe haben, sich hilfsbereit und anteilnehmend zu verhalten. Diese Art des Einflusses auf das Wollen anderer hat offensichtlich enge und langdauernde persönliche Beziehungen zur Voraussetzung. Deshalb kann man auf diese Weise nur auf wenige Personen einwirken. Und punktuell und kurzfristig ist dieses Verfahren nicht anwendbar. Auf andere Weise versucht die Werbung, in uns Wünsche zu wecken, durch die dann Gründe entstehen, bestimmte Produkte zu kaufen. Hier erfolgreich zu sein, setzt allerdings den Einsatz von sehr viel Geld und die Nutzung der Massenmedien voraus. Zudem zielt diese Strategie niemals auf das Handeln bestimmter Personen. Sie richtet sich an möglichst viele und erreicht ihr Ziel, wenn einige, gleichgültig welche, aufgrund ihres neuen Wollens bestimmte Kaufentscheidungen treffen. Die Beeinflussung des Wollens anderer ist offenkundig so oder so ein äußerst aufwendiges und auch in seinem Erfolg nur schwer kalkulierbares Verfahren. Von ganz anderer Art ist die Willensbeeinflussung, die auf das Wollen nicht erzieherisch oder psychologisch, sondern chemisch einwirkt. Wenn eine Zigarettenfirma ihrem Tabak chemische Stoffe beimischt, die über kurz oder lang nikotinsüchtig machen, beeinflusst sie den Willen ihrer Kunden auf so perfide wie effektive

Weise. Natürlich ist eine solche Strategie über einige besondere Fälle hinaus nicht praktikabel. Uns fehlt es an Wissen und Können, um das Wollen anderer auf breiterer Basis chemisch zu manipulieren. Von allen moralischen Skrupeln ganz abgesehen.

Viel einfacher und variabler ist es, nicht die Menschen und ihr Wollen zu verändern, sondern die äußeren Determinanten der Situation, in der sie entscheiden, was sie tun. Man schafft nicht ein neues Wollen, sondern neue Notwendigkeitsbeziehungen, macht sie zum Teil der Situation und beeinflusst auf diese Weise die Handlungsentscheidung der anderen. Wie sieht das konkret aus? Betrachten wir zunächst ein etwas krasses, dafür aber deutliches Beispiel. Ein Mann, der sich in einer abgelegenen Straße aufhält, will, dass ihm ein vorbeikommender Passant sein Geld gibt. Das ist selbstverständlich etwas, was der Passant nicht will. Und tatsächlich braucht ihn das Wollen des anderen nicht zu interessieren, es kann ihn kalt lassen. Das Wollen des anderen generiert für den Passanten keine Normativität und keine Handlungsgründe. Die Situation verändert sich aber einschneidend, wenn der Mann eine Pistole zieht und zu dem Passanten sagt: „Gib mir dein Geld, oder es knallt!" Der Mann verknüpft auf diese Weise das Unterlassen der gewollten Handlung mit einer drastischen negativen Konsequenz für den Passanten. Das eine wird zur unausweichlichen Konsequenz des anderen. Es ist wahrscheinlich kein Zufall, dass der Straßenräuber sagt „oder es knallt", und nicht „sonst werde ich das-und-das tun." Mit der unpersönlichen, alle Intentionalität übergehenden Formulierung betont er die Unausweichlichkeit der negativen Konsequenz, so als ob sie naturgesetzlich mit dem Unterlassen des Gewollten verbunden wäre. Die Verbindung ist selbstverständlich nicht natürlich, sie ist künstlich, aber sie imitiert die Natur und ihre Gesetzlichkeit. Durch die künstlich geschaffene Verknüpfung wird die Herausgabe des Geldes für den Passanten zu einer notwendigen Bedingung dafür, das angedrohte Übel zu vermeiden. Der Passant muss nun, um der für ihn negativen Konsequenz zu entgehen, das Geld herausgeben. Der Straßenräuber hat also ein Müssen der notwendigen (und auch hinreichenden) Bedingung geschaffen, und dieses Müssen ist normativ, weil der Passant natürlich vermeiden will, mit der Pistole Bekanntschaft zu machen. Was für den Passanten zunächst nur das Wollen eines anderen war, das ihn nicht zu interessieren brauchte, ist auf diese Weise zu einem normativen Müssen geworden, das ihn unter Druck setzt. Der Passant hat jetzt einen Grund, das Geld herauszugeben, einen Grund, den er zuvor nicht hatte. Der Straßenräuber hat diesen Grund künstlich geschaffen, und der Passant wird, wenn er klug ist, angesichts dieses Grundes das Geld herausgeben.

Dieser Grund ist wie alle Gründe auf ein Wollen dessen bezogen, für den er ein Grund ist. Der Straßenräuber kann sein Wollen nur zu einem „Muss" für den Passanten machen, wenn die von ihm vorgenommene Verknüpfung von Handlung und Handlungsfolge das Wollen des Passanten „berührt". Er muss die Handlung mit einer *negativen* Konsequenz verbinden, negativ relativ auf das Wollen des Passanten. Wer nichts will (und nichts nicht will), ist folglich auch gegen künstliche Gründe und die mit ihr intendierte Einflussnahme immun.

Bevor der Straßenräuber die Pistole ins Spiel brachte, war es eine bloße Willensbekundung, wenn er dem Passanten sagte, dass er sein Geld wolle. Nach dem Ziehen der Pistole und der damit verbundenen Verknüpfung von Handlung und Handlungsfolge ist die Willensbekundung, in welcher Form sie auch immer erfolgt, eine Forderung. Zu einer Forderung gehört, wie bereits gesagt, die – ausgesprochene oder unausgesprochene – Androhung eines Übels für den Fall des Zuwider-Handelns. Genau dies ist die Situation, die der Räuber geschaffen hat.

Es ist klar, dass der Straßenräuber mit seinem Manöver nicht das Wollen des Passanten verändert hat, wie hätte er das auch tun können? Er hat einen Mechanismus der negativen Konsequenz geschaffen und damit die äußeren Determinanten der Situation verändert. Zudem hat er mit einem Wollen des Passanten gerechnet, das er ganz zu Recht unterstellen konnte, nämlich dass er nicht verletzt oder gar getötet werden will. Das Ganze wurde so arrangiert mit der Absicht, eine bestimmte Handlung zu einem „Muss" zu machen. Negative Konsequenzen, die mit dieser Intention künstlich an bestimmte Handlungen geheftet werden, nennt man „Sanktionen". Das normative Müssen, das der Straßenräuber schafft, ist also ein sanktionskonstituiertes Müssen, und der künstlich geschaffene Handlungsgrund ist entsprechend ein sanktionskonstituierter Grund.

Eine Sanktion ist ein Instrument, das mit seinen zwei wesentlichen Eigenschaften genau den Konstituentien eines Grundes entspricht. Eine Sanktion ist zum einen eine Konsequenz, die einer Handlung unvermeidlich folgt. Weswegen das Unterlassen dieser Handlung eine notwendige Bedingung für das Vermeiden der Sanktion ist. Und eine Sanktion ist zum anderen etwas für den Betroffenen Negatives, etwas, was er nicht will und was er deshalb zu vermeiden sucht. (Von positiven Sanktionen sehe ich im Moment noch ab.) Wo eine Sanktion, so kann man folglich sagen, da ein Müssen der notwendigen Bedingung und ein entsprechendes Wollen. Wo eine Sanktion, da also genau die beiden Bauelemente eines Grundes. Und weil eine Sanktion nicht eine natürliche Folge einer Handlung ist, sondern etwas, was durch menschliches Handeln und mit einer bestimmten Absicht mit Handlungen künstlich verknüpft wird, kann man auch sagen: Wo eine Sanktion, da ein künstlicher Grund.[1]

Man sollte aufgrund des Straßenräuber-Beispiels nicht denken, dass die Schaffung künstlicher Gründe immer so gewalttätig ist wie in diesem Beispiel. Die Mutter, die will, dass ihr Sohn endlich sein Fahrrad putzt, und ihn schon mehrfach vergeblich darum gebeten hat, kann ihn unter Druck setzen, indem sie das Putzen des Fahrrades zur Bedingung dafür macht, dass es bei dem für den Abend verabredeten gemeinsamen Kinobesuch bleibt. Wenn der Sohn das Rad nicht bis zum Nachmittag geputzt hat, fällt der von ihm freudig erwartete

---

[1] Es ist verwirrend, wenn man, wie es E. Tugendhat und andere Autoren tun, jede Art negativer Konsequenz als Sanktion bezeichnet und infolgedessen jedes normative Müssen auf eine Sanktion bezieht. Vgl. E. Tugendhat: *Vorlesungen über Ethik* (Frankfurt 1993) 43, 48, 59. Auch das Verpassen des Zuges ist dann für den, der zu spät aufgebrochen ist, eine Sanktion. Und auch die bleibende Bewegungseinschränkung ist dann für den, der die notwendige Gymnastik nicht gemacht hat, eine Sanktion. Obwohl doch weder im einen noch im anderen Fall jemand die Situation eigens so arrangiert hat, um auf diese Weise für eine Person oder Personengruppe ein Müssen zu schaffen. Dieser elargierte Sprachgebrauch steht nicht nur gegen die übliche Verwendung und gegen die philosophische Tradition. Er überdeckt auch Unterscheidungen, die für eine angemessene Analyse der Normativität von zentraler Bedeutung sind, so die äußerst wichtige Unterscheidung zwischen dem normativen Müssen, das aufgrund natürlicher oder sonstiger Gegebenheiten einfach da ist, und dem Müssen, das durch Sanktionen erst künstlich geschaffen wird.

Kinobesuch aus. Oder eine Gruppe kann für ihre Mitglieder einen Grund schaffen, sich in bestimmter Weise zu verhalten, indem sie den, der sich anders verhält, isoliert und seine Partizipationsmöglichkeiten beschneidet. – Man sollte aufgrund des Straßenräuber-Beispiels auch nicht denken, die Schaffung künstlicher Gründe durch Sanktionen sei grundsätzlich etwas Illegitimes oder moralisch Anstößiges. Was die Mutter tut, ist nicht illegitim, und was die Gruppe tut, ist vermutlich auch nicht illegitim. Um Fragen der Legitimität und Illegitimität geht es im Moment nicht. Darauf komme ich später (in § 11). Im Moment geht es nur darum, zu verstehen, wie man durch Sanktionen künstliche Gründe schafft.

2. Positive und negative Sanktionen

Es scheint, als gebe es nicht nur negative, sondern auch positive Sanktionen, also positive Konsequenzen, die man künstlich an eine Handlung heftet, um einen Grund für eine Handlung zu schaffen. Die Mutter kann ihrem Sohn dafür, dass er sein Fahrrad putzt, einen gemeinsamen Kinobesuch versprechen. Der Junge muss dann, damit es zu dem Kinobesuch kommt, das Fahrrad putzen. Durch diese Möglichkeit hat der, der das Handeln eines anderen durch Sanktionen beeinflussen will, die Auswahl zwischen zwei bzw. drei Vorgehensweisen. Wenn er erreichen will, dass a x tut, kann er das x-Tun von a mit einer positiven Sanktion verknüpfen, und er kann das Unterlassen des x-Tuns mit einer negativen Sanktion verknüpfen. Und er kann natürlich auch beide Varianten kombinieren und so einen doppelten Grund für das x-Tun schaffen.

Die Annahme nicht nur negativer, sondern auch positiver Sanktionen ist geläufig. Wir finden sie z. B. bei Locke[2], Bentham[3],

---

[2] Locke, *An Essay Concerning Human Understanding*, I, iii, § 12, p. 74; II, xxviii, § 5, 6–12, p. 351–357.

[3] J. Bentham: *An Introduction to the Principles of Morals and Legislation*, ed. J. H. Burns/H. L. A. Hart (London 1970) 34–37; *Of Laws in General*, ed. H. L. A. Hart (London 1970) 133.

Mill[4] und Kelsen.[5] Auch in den Sozialwissenschaften ist sie verbreitet.[6] John Austin hat indessen gegen die Rede von positiven Sanktionen protestiert. Er sieht in ihr eine untunliche Erweiterung des Gebrauchs von „Sanktion", die nicht zu den Begriffsverknüpfungen passt, in denen der Begriff seinen Platz hat.[7] Austins Ablehnung der Rede von positiven Sanktionen entspricht gewiss dem gängigen Sprachgebrauch: Man versteht unter einer Sanktion gewöhnlich etwas Negatives, ein Übel. Und dies reflektiert wiederum die konkrete Lebenspraxis. Denn wer die mögliche Handlung eines anderen mit einer Konsequenz verknüpft, greift aus Gründen, auf die ich noch komme, normalerweise zu einer negativen Konsequenz und nur selten zu einer positiven. Wir haben es hier, wie es scheint, nur mit einer Wortfrage zu tun. Denn es ist unstrittig, dass man das Verhalten anderer beeinflussen kann, indem man bestimmte Handlungsweisen mit positiven Konsequenzen verknüpft. Ich werde deshalb bei der zugegebenermaßen etwas künstlichen Rede von „positiven Sanktionen" bleiben.

Wichtiger als die Entscheidung über den Wortgebrauch ist es, die sachlichen Gemeinsamkeiten und Unterschiede zwischen den beiden Möglichkeiten zu sehen. Hier ist zunächst, ich habe es schon gesagt, unstrittig, dass man mit beiden Vorgehensweisen für den Adressaten künstliche Gründe schafft. Es ist auch klar, dass die Gründe in beiden Fällen aus denselben Bauelementen bestehen und dieselbe Architektur haben. Für den, der die Sanktion setzt, hat der Einsatz negativer Sanktionen allerdings einen großen Vorteil: Er braucht, wenn der andere sich unter dem Druck der Sanktion wie gewünscht verhält, nichts zu tun. Die negative Sanktion wird in diesem Fall ja nicht fällig. Bei einer positiven Sanktion muss er hingegen, wenn die Sank-

---

4   J. St. Mill: *Utilitarianism* (1861), ed. J. M. Robson, Collected Works, vol. 10 (Toronto 1969) 228.

5   H. Kelsen: *Reine Rechtslehre*, 2. Aufl. (Wien 1960) 26, 64 f.; *Allgemeine Theorie der Normen* (Wien 1979) 18 f., 109.

6   Vgl. z. B. M. Baurmann: *Der Markt der Tugend* (Tübingen 1996) 67 f., 145.

7   J. Austin: *The Province of Jurisprudence Determined* (1832), ed. H. L. A. Hart (London 1955) 17 f.

tion wirkt, das als Sanktion fungierende Gut tatsächlich bereitstellen. Die Strategie der positiven Sanktionierung ist also aufwendig und, ökonomisch gesprochen, kostenintensiv, während die Strategie der negativen Sanktionierung ihr Ziel im Erfolgsfalle ohne diese Kosten erreicht. Dies ist zweifellos der wichtigste Grund dafür, dass man normalerweise die Strategie negativer Sanktionen wählt. Und es ist auch der Grund dafür, dass negative Sanktionen gewöhnlich deutlich stärker sind als positive Sanktionen. Denn da negative Konsequenzen, gerade wenn sie besonders hart sind, mit großer Wahrscheinlichkeit nicht fällig werden, empfiehlt es sich, mit harten Sanktionen zu operieren. Da positive Sanktionen hingegen im Erfolgsfalle fällig werden, wird man versuchen, mit möglichst schwachen (wenngleich noch effektiven) Sanktionen zum Ziel zu kommen.

Ein anderer Unterschied liegt, so meinen einige, darin, dass der, den die Sanktion trifft, im Falle negativer Sanktionen gezwungen wird, sich wie gewünscht zu verhalten, während bei positiven Sanktionen kein Zwang vorliegt. Bei positiven Sanktionen entsteht, so die Idee, nur ein Anreiz, der es attraktiv, aber nicht zwingend macht, entsprechend zu handeln.[8] Es lohnt sich, zu überlegen, ob dieser Unterschied wirklich besteht. Inwieweit und in welcher Weise übt man, wenn man Sanktionen setzt, Zwang aus? Betrachten wir zunächst die Situation im Falle negativer Sanktionen. Wenn die Mutter frustriert und deshalb ziemlich grob zu ihrem Sohn sagt: „Putz dein Fahrrad, sonst gibt es Ärger", übt sie keinen physischen Zwang aus, wie es jemand tut, der einen anderen zu Boden wirft oder in eine Zelle einsperrt. Die Mutter schafft vielmehr einen Grund und damit ein normatives Müssen, das dadurch charakterisiert ist, dass man anders als „gemusst" handeln kann. Es ist auch zu berücksichtigen, dass das Müssen, das die Mutter durch die Sanktionssetzung schafft, zunächst nur ein *pro-tanto*-Müssen ist und es keineswegs sicher ist, dass es auch das ausschlaggebende Müssen sein wird. Natürlich spricht in der Situation, in der der Junge jetzt ist, etwas dafür, das Rad zu

---

[8]   Austin hat diesen Unterschied wohl im Sinn. Im Falle positiver Konsequenzen
      spricht er von „to be incited or persuaded", im Falle negativer Konsequenzen von
      „to be bound or obliged to compliance"; vgl. Austin, *Province of Jurisprudence
      Determined*, 17.

putzen. Aber es ist durchaus möglich, dass er es dennoch nicht tut und dafür den dann unausweichlichen Ärger mit seiner Mutter in Kauf nimmt. Und dies muss nicht irrational sein, es kann seinen Präferenzen entsprechen. Die Sanktion war dann einfach zu schwach. Der Sohn verfügt, wie wir sehen, trotz der Maßnahme der Mutter über Handlungsmöglichkeiten. Er unterliegt keinem determinierenden Zwang, eine bestimmte Handlung zu tun.

Dennoch hat sich seine Situation durch den Eingriff der Mutter wesentlich verändert. Es gibt jetzt das normative Müssen, das es vorher nicht gab. Die Mutter hat die Situation einseitig, ohne das Zutun und den Willen des Sohnes in dieser Weise arrangiert. Und genau hierin, dass ein anderer die Situation, in der er zu entscheiden und zu handeln hat, von außen verändert, in der Absicht, sein Handeln in die vom anderen gewünschte Richtung zu lenken, genau in dieser Heteronomie liegt das Zwangselement, das mit dem Einsatz – zumindest negativer – Sanktionen verbunden ist. Man muss klar sehen, dass dieser Zwang, den die Mutter ausübt, ein determinierender Zwang ist. Der Sohn kann nichts daran ändern, dass ein Verhalten von ihm mit einer negativen Konsequenz verknüpft ist. Und er kann nichts daran ändern, dass er deswegen unter einem normativen Druck steht, das Rad zu putzen. Und er kann auch an der Härte der Sanktion nichts ändern. In all diesen Punkten hat der Sohn keine Einwirkungs- möglichkeiten, hier stößt er einfach auf etwas von außen Gesetztes. Aber das, was die Mutter, für ihn unverrückbar, gesetzt hat, lässt ihm dennoch die Möglichkeit, das Rad auch nicht zu putzen. Die Mutter schafft, durch determinierenden Zwang, eine Situation, die den Sohn normativ nötigt, das Rad zu putzen, ihn aber nicht dazu determiniert. Die Mutter kreiert durch determinierenden Zwang einen nicht determinierenden künstlichen Handlungsgrund. Man muss, wie sich zeigt, genau differenzieren, wo der determinierende Zwang und wo die normative *necessitatio* ihren Ort haben.

Man könnte vielleicht einwenden, es sei künstlich und übertrieben feinsinnig, immerzu darauf hinzuweisen, dass die Situation, in die der Sohn durch die Mutter gerät, nicht dazu determiniere, das Rad zu put- zen, dass hier vielmehr nur ein normativer Druck entstehe, der Hand- lungsoptionen belasse. Je härter die Sanktion, umso künstlicher werde diese Differenzierung. Man denke nur an das Straßenräuber-Beispiel.

Welche Handlungsoptionen habe der Passant denn angesichts der Pistole noch? Er habe faktisch keine andere Möglichkeit, als das Geld herauszugeben. Auch an dieser Stelle herrsche Zwang, der Passant sei gezwungen, eine ganz bestimmte Handlung zu tun, nämlich das Geld herauszugeben. – Wir sprechen angesichts solcher Situationen tatsächlich von Zwang, und es spricht auch nichts dagegen, dies zu tun. Man muss nur sehen, dass es kein determinierender Zwang ist, der jegliche Handlungsmöglichkeiten aufhebt. Der Passant ist nicht dazu determiniert, das Geld herauszugeben. Er hat die Möglichkeit, es nicht zu tun. Nur wäre das angesichts der Umstände höchst unvernünftig. Und deshalb ist es unwahrscheinlich, dass er es tut. Aber es ist, das ist der zentrale Punkt, seine Entscheidung, es hängt von seiner Rationalität oder Irrationalität ab. Aristoteles hat im Blick auf Situationen dieser Art bereits festgestellt, dass die *archē*, der Anfang der Handlung eindeutig im Handelnden liege.[9] Es gibt im übrigen, das sollte nicht übersehen werden, durchaus Menschen, die die Maxime haben, solchen Erpressungen grundsätzlich nicht nachzugeben, auch dann nicht, wenn es für sie schlimme und schlimmste Folgen haben kann. Auch das ist möglich. Selbst der Straßenräuber schafft also durch den determinierenden Zwang, den er ausübt, „nur" ein normatives Müssen, allerdings eines von beträchtlicher Stärke. Für das Verständnis der Normativität ist es zentral, die normative Nötigung oder, wie man eben auch sagen kann, den normativen Zwang und den determinierenden Zwang auseinanderzuhalten.

Nach diesen Überlegungen lässt sich das sanktionskonstituierte normative Müssen – zumindest das durch negative Sanktionen konstituierte – dadurch charakterisieren, dass die normative Situation immer durch einen determinierenden Zwang entsteht. Sie entsteht durch einen Eingriff von außen, der genau in der Absicht vorgenommen wird, den anderen in eine bestimmte Handlungssituation zu bringen, und an dem der, der ihm ausgesetzt ist, nichts ändern kann. Hier zwingt eine Person eine andere. Bei einem normativen Müssen, das

---

[9] Aristoteles, *Nikomachische Ethik* 1110 a 15–18. – Wie sehr Aristoteles die Tradition in dieser Frage geprägt hat, zeigt z. B. S. Pufendorf: *De jure naturae et gentium* (1672), hg. F. Böhling (Berlin 1998) I, iv, § 9, p. 54.

nicht sanktionskonstituiert ist, gibt es diesen buchstäblichen Zwang einer Person durch eine andere hingegen nicht. Wenn die Situation so ist, dass ich jetzt aufbrechen muss, um den 10-Uhr-Zug zu bekommen, kann ich zwar auch nichts daran ändern, aber hier hat niemand die Situation eigens so eingerichtet, damit ich diesem normativen Druck ausgesetzt bin. Hier fehlt der personale und intentionale Kontext. Hier zwingt nicht eine Person eine andere.

Kommen wir jetzt zu den positiven Sanktionen und der Frage, ob man durch sie ebenso gezwungen wird wie durch negative Sanktionen oder ob sie als bloße Anreize fungieren. Wenn die Mutter das Putzen des Fahrrades mit einem gemeinsamen Kinobesuch am Abend verbindet, verändert sie genau wie im Falle negativer Sanktionen die Situation einseitig und ohne Zutun des Sohnes von außen. Sie verändert die Situation, in der der Junge entscheiden und handeln muss, aus eigener Macht und in der Absicht, sein Verhalten in ihrem Sinne zu beeinflussen. Dies ist genau die Art determinierenden Zwanges wie zuvor. Der Junge kann an dieser Manipulation der Situation durch seine Mutter nichts ändern, er muss diese Heteronomie hinnehmen. Wenn wir annehmen, dass seine Lust auf den Kinobesuch größer ist als seine Unlust, das Rad zu putzen, besteht die Veränderung der Situation darin, dass, das Rad nicht zu putzen, jetzt klar gegen das eigene überwiegende Interesse verstößt, was vorher nicht der Fall war. Er muss jetzt, wenn er das von ihm überwiegend Gewollte erreichen will, das Rad putzen. Und es ist durchaus angebracht, zu sagen, der Junge sei unter den veränderten Umständen (normativ) gezwungen, das Rad zu putzen. Wer hieran zweifelt, steigere die Stärke der Sanktion, möglichst so weit, dass sie der Sanktion im Straßenräuber-Beispiel entspricht. Je stärker die Sanktion, desto eingängiger wird es, von Zwang und Gezwungensein zu sprechen.

Es sieht also so aus, als unterschieden sich positive Sanktionen in dem fraglichen Punkt nicht von negativen Sanktionen. Woher rühren dann aber die Bedenken gegen die Rede vom Zwang? Der wichtigste Grund liegt vermutlich darin, dass man den Eindruck haben kann, die Situation des Sohnes habe sich durch den Eingriff der Mutter nicht verschlechtert, sondern sogar verbessert. Wenn man einer negativen Sanktion ausgesetzt ist und anders handelt, verschlechtert man seine Situation. Und deshalb ist man gezwungen, so zu handeln, wie es die Sanktion will. Wenn man einer positiven Sanktion ausgesetzt ist und anders handelt, bleibt hingegen alles, wie es ist; die Situation verschlechtert sich nicht. Und deshalb ist man, so das Argument, auch nicht gezwungen, so zu handeln, wie es die Sanktion will. Und wenn man tut, was die Sanktion will, wird man sogar noch mit dem Gut belohnt, das als positive Sanktion fällig wird. Die Situation verbessert sich also. Wo also soll hier der Zwang sein?

Die gegebene Beschreibung blendet wesentliche Aspekte der Situation aus. Es ist zwar in der Tat so, dass der Sohn das Rad im Falle positiver Sanktionen nicht putzen muss, um eine Schlechterstellung zu vermeiden; aber er muss es putzen, um eine Besserstellung zu erreichen. Und diese Besserstellung ist genauso in seinem Interesse, wie im Falle negativer Sanktionen die Vermeidung der Schlechterstellung in seinem Interesse wäre. Der Sohn handelt, wenn er das Rad nicht putzt, ganz eindeutig gegen sein Interesse, nämlich gegen sein überwiegendes Interesse am Kinobesuch. Wenn er in dieser Situation das tun will, was seinem Wollen „unter dem Strich" entspricht, muss er das Rad putzen. Anders zu handeln, hieße, gegen sein eigenes Wollen zu handeln und sich ins eigene Fleisch zu schneiden. Und genau dies bringt den normativen Druck oder, wenn man so will, den normativen Zwang hervor, das Rad zu putzen. Hinzu kommt, dass der Junge sich irrational verhielte, wenn er in der Situation, in der er ist, das Rad nicht putzte. Er würde gegen sein Rational-sein-Wollen handeln. Er steht also auch unter einem rationalen Druck, sein Rad zu putzen, ganz im Unterschied zu der Situation vor der Sanktionierung.

Wir sehen, der Unterschied zwischen negativen und positiven Sanktionen, der in der Frage des Zwanges zu Irritationen führt, liegt darin, dass der Druck im Falle negativer Sanktionen daraus resultiert, dass man eine Verschlechterung vermeiden will, im Falle positiver Sanktionen hingegen daraus, dass man eine Verbesserung erreichen will. Doch in beiden Fällen entsteht der Druck daraus, dass man, wenn man anders handelt, als es die Sanktion will, gegen seine eigenen Interessen handelt, gegen das, was man „unter dem Strich" will. Und hieraus ergibt sich hier wie dort derselbe Druck, den man, wenn man ihn dort „Zwang" nennt, auch hier „Zwang" nennen kann. Es scheint also in diesem Punkt kein Unterschied zwischen der Situation zu bestehen, in der jemand mit negativen Sanktionen operiert, und der, in der jemand mit positiven Sanktionen operiert.

3. Das sanktionskonstituierte Müssen

Will man sich die spezifische Gestalt des sanktionskonstituierten Müssens weiter verdeutlichen, ist es wichtig, sich folgende Sachverhalte vor Augen zu führen:

(i) Das Müssen der notwendigen Bedingung, das eines der beiden Konstituentien eines sanktionskonstituierten Grundes ist, ist künstlich geschaffen. Daneben gibt es andere Arten eines künstlich geschaffenen Müssens der notwendigen Bedingung. So das Müssen, das sich aus institutionellen oder technischen Gegebenheiten ergibt. Bei einer Abstimmung, so war eines der Beispiele, muss man den Arm heben, um zuzustimmen. Dies ist eine Notwendigkeitsbeziehung, die ganz und gar künstlich ist und allein aus dem Agreement resultiert, so zu verfahren. Der Sinn dieses Arrangements liegt aber nicht darin, jemanden dazu zu bringen, zuzustimmen. Die Intention ist, eine bestimmte Praxis zu ermöglichen, aber nicht, jemanden unter Druck zu setzen, eine bestimmte Handlung zu tun. Und deshalb ist dieses künstlich geschaffene Müssen kein sanktionskonstituiertes Müssen. Ähnlich ist es im Falle technischer Gegebenheiten. Wenn man dafür, dass die Waschmaschine läuft, einen Knopf drücken muss, ist dieses Müssen auch künstlich geschaffen. Der Konstrukteur hat die Dinge so eingerichtet. Aber nicht, um jemanden dazu zu nötigen, eine bestimmte Handlung zu tun. Auch dieses künstlich geschaffene Müssen ist offensichtlich kein sanktionskonstituiertes Müssen.

(ii) Man kann die Art der Einflussnahme, die man mit der Setzung von Sanktionen intendiert, noch deutlicher fassen, als dies bisher geschehen ist. Wenn man jemanden einsperrt, ankettet, wegdrückt oder irgendwohin trägt wie ein Stück Holz, ist der andere bloßes Objekt direkten physischen Zwanges. Es wird etwas mit ihm getan, aber er tut nichts. Wer Sanktionen setzt, beabsichtigt, den anderen dazu zu bringen, etwas zu tun. Wie gesehen, kann das auf verschiedene Weisen geschehen. Wenn man einem Produkt Suchtstoffe beimischt, bringt man die Betroffenen auch dazu, etwas zu wollen und etwas zu tun. Die Einflussnahme vollzieht sich dann an der Überlegung, an den Handlungsgründen und an der Handlungswahl der Betroffenen vorbei. Sie sind nur Opfer, der kausalen Determination ihres Wollens ausgeliefert. Diese Art der Einflussnahme ist wie auch der direkte körperliche Zwang nicht in sehr vielen Situationen anwendbar. Es muss andere Formen der Einflussnahme geben, die die Überlegung und Entscheidung der anderen nicht ausschalten oder umgehen, sondern gerade auf sie zielen. Wer überlegt, überlegt, welche Gründe für und gegen eine Handlung sprechen und wie sich die Gründe zueinander verhalten. Wer überlegt und überlegt entscheidet, entscheidet nach Gründen. Und deshalb müssen die Formen der Einflussnahme, die auf die Entscheidung und Handlungswahl des anderen zielen, die Handlungsgründe zu ihrem eigentlichen Gegenstand machen. Dies tut, wer Sanktionen setzt. Er zielt auf die Gründe und damit auf die Überlegung und die Handlungswahl des anderen.

Dies tut auf andere Weise auch, wer den anderen zu überzeugen versucht. Wer den anderen davon zu überzeugen versucht, dass er vernünftigerweise x tun muss, versucht, ihm zu zeigen, dass er einen überwiegenden Grund hat, so zu handeln. Er versucht, die Gründe, die der andere hat, offen zu legen und in ihrem Gewicht deutlich zu machen. Sobald der andere sieht, in welcher Situation er ist, wird er aller Wahrscheinlichkeit nach entsprechend handeln. Der Prozess des Überzeugens dient also nur der Klärung der Situation, in der der andere ist. Wer zu überzeugen versucht, verändert diese Situation nicht, er tut zu ihr nichts hinzu, er versucht nur, sie dem anderen nahe zu bringen, damit er die richtige Entscheidung trifft. Die Beziehung der beiden Personen ist frei von jeglichem Zwang. Der, der überzeugt werden soll, ist nur dem normativen Druck der Gründe ausgesetzt. Er unterliegt, um es mit Habermas' glücklicher Formulierung zu sagen, nur dem „zwanglosen Zwang" des stärksten Grundes.[10]

---

[10] Vgl. z. B. J. Habermas: *Theorie des kommunikativen Handelns*, 2 Bde (Frankfurt 1981) Bd. 1, 52.

Wer mit Sanktionen operiert, verändert hingegen die Situation des anderen, er legt nicht offen, welche Gründe da sind, sondern schafft einen neuen, zusätzlichen Grund. Durch diese Manipulation entsteht eine Situation, in der der Adressat zwar weiterhin Entscheidungs- und Handlungsmöglichkeiten hat, aber unter einem manipulativ erzeugten normativen Druck steht, sich in bestimmter Weise zu entscheiden. Wer eine Handlung mit einer Sanktion verknüpft, fasst den anderen nicht an, nimmt ihm nicht seine Entscheidungsfreiheit, umgeht sie auch nicht, aber er verändert einseitig die Situation so, dass nur eine ganz bestimmte Entscheidung, die von ihm gewollte, vernünftig ist.

(iii) Das sanktionskonstituierte Müssen ist in vielen Situationen nur ein hinzukommendes Müssen. Also ein Müssen, ohne das der Adressat bereits Gründe und gegebenenfalls auch ausreichende Gründe für die betreffende Handlung hat. Der künstliche Grund ist dann nur verstärkend oder ganz überflüssig – oder ein Reserve-Grund für den Fall, dass die anderen Gründe keine Wirkung haben. Die Straßenverkehrsordnung mit der Vorschrift, rechts zu fahren, ist ein gutes Beispiel. Auch ohne diese Vorschrift hat schon jeder, wenn sich die Konvention herausgebildet hat, rechts zu fahren, einen Grund, auf dieser Seite zu fahren. Denn links zu fahren, bedeutete, sich und andere in Gefahr zu bringen. Die Vorschrift der Straßenverkehrs-ordnung und mit ihr die Bestrafung dessen, der sich anders verhält, kommt nur als etwas Zusätzliches hinzu. Die Verkehrsteilnehmer haben dadurch einen zweiten Grund, rechts zu fahren, nicht nur das Vermeiden-Wollen der Unfallgefahr, sondern auch das Vermeiden-Wollen der angedrohten Strafe. Dieser zweite, sanktionskonstituierte Grund hat jedoch allenfalls einen verstärkenden Effekt. Tatsächlich dürfte die Sanktion in diesem Fall für fast alle überflüssig sein. Die Gefahr, dass es zu einem Unfall kommt, wenn man links fährt, ist für alle halbwegs Vernünftigen bereits Grund genug, rechts zu fahren. Dasselbe gilt für die Regelungen und Sanktionen des Strafrechts. Bei den allermeisten sind es nicht die Sanktionen, sondern ganz andere Gründe, die dazu bewegen, sich gesetzeskonform zu verhalten. Es ist also, entgegen einer verbreiteten Meinung, nicht so, dass eine Sanktion eine Handlungswahl immer „umdreht", also bewirkt, dass jemand etwas tut, was er sonst, ohne sie, nicht getan hätte.[11] Zu überflüssigen Sanktionen kommt es in solchen Situationen, in denen der, der sanktioniert, nicht weiß, ob die Adressaten auch unabhängig von der Sanktion bereits Gründe haben, das Gewollte zu tun. Wer eine Sanktion setzt, weiß häufig nicht im einzelnen über die Motivations- und Präferenzlage bei den Adressaten Bescheid. Wenn es eine größere Gruppe ist, die der Sanktionierende zu beeinflussen beabsichtigt, ist er gar nicht in der Lage, die verschiedenen individuellen Präferenzen zu kennen. Gerade weil dies so ist, sucht er nach einer Art von Einflussnahme, die unabhängig von diesem Wissen funktioniert. Dies tut die Sanktionierung. Man muss nur etwas als Sanktion wählen, was aller Wahrscheinlichkeit nach für alle Betroffenen ein hinreichend großes Übel ist. Es kann dann in der Gruppe einige oder auch viele geben, die ganz unabhängig von der Sanktionierung das tun, was die Sanktion von ihnen verlangt.

(iv) Es wurde schon erwähnt, dass die Schaffung sanktionskonstituierter Handlungsgründe Macht voraussetzt. Wenn jemand das x-Tun von a mit einer Sanktion verknüpfen will, muss er natürlich in der Lage sein, das Übel, das als Sanktion fungiert, auch tatsächlich zuzufügen. Wenn er die Sanktion nicht zu verhängen vermag, besteht kein Müssen der notwendigen Bedingung und für a folglich kein Grund, x zu unterlassen. Wenn der Betreffende vielleicht nur *sagt*, dass, wenn a x tut, etwas für ihn Unangenehmes passiert, er aber gar nicht die Macht hat, das Übel zuzufügen, besteht in Wahrheit kein Müssen (genauer: kein objektives normatives Müssen[12]), selbst wenn a das glauben sollte. Es wird nur vorgegeben, dass dieses Müssen existiert.

Die für eine Sanktionierung nötige Macht darf man sich nicht als etwas vorstellen, was notwendigerweise Machtapparate, eigens eingerichtete Sanktionsstäbe, institutionelle Hierarchien oder sonstige stark asymmetrische Machtunterschiede voraussetzt. All dies gibt es natürlich, aber fast jeder Mensch verfügt über eine individuelle Sanktionsmacht. Fast jeder verfügt über Machtmittel, die er als

---

[11]   Dies betonen auch G. Brennan/Ph. Pettit: Hands Invisible and Intangible. *Synthese* 94 (1993) 191–225, 194.
[12]   Warum ich diese Präzisierung vornehme, wird in Teil 4, S. 151 f. deutlich.

Sanktionen einsetzen kann. Da sind zum einen die physischen Machtmittel. Fast jeder kann den anderen schlagen, verletzen, anschreien. Und da sind vor allem die sozialen Machtmittel. Jeder kann dem anderen die kalte Schulter zeigen, ihm seine Geringschätzung oder gar Verachtung zeigen, ihn von Kooperationen und gesellschaftlichem Umgang ausschließen. Und natürlich hat jeder auch die Möglichkeit, positive Sanktionen zu setzen und dadurch Macht auszuüben.

4. Künstliche Gründe, objektive und subjektive

Die Überlegungen zur Sanktionsmacht lenken den Blick auf eine spezielle Art künstlicher Gründe, die bisher noch nicht zur Sprache kam. Ich habe gesagt: Wenn jemand zwar androht, *a* ein Übel zuzufügen, falls er *x* tut, aber gar nicht die Macht oder, wie ich jetzt hinzufüge, die Absicht hat, dies zu tun, existiert kein sanktionskonstituiertes Müssen. Es existiert kein objektives normatives Müssen, es wird nur vorgegeben, dass es existiert. Unterstellen wir nun, die Androhung der Sanktion ist so glaubhaft, dass *a* glaubt, dass die Sanktionierung erfolgen wird, und dass es auch rational ist, dies zu glauben. *a* muss dann *x* unterlassen, anders als er selbst meint, nicht um die Sanktion zu vermeiden, sondern um sich rational zu verhalten. Die Rationalität verlangt von *a* in dieser Situation, *x* nicht zu tun. Es gibt in dieser Situation also doch ein normatives Müssen, freilich nicht ein objektives, sondern ein rationales normatives Müssen. Und es gibt damit zwar keinen objektiven, aber einen subjektiven Grund, *x* zu unterlassen. Wobei *a* natürlich glaubt, fälschlich glaubt, der subjektive Grund falle mit einem entsprechenden objektiven Grund zusammen.

Die Ursache für das Auseinandertreten des objektiven und des rationalen Müssens ist auch in diesem Fall eine irreführende Indizienlage. Sie entsteht durch die bewusst irreführende Androhung einer Sanktion. Das Besondere liegt hier darin, dass die irreführende Indizienlage nicht durch unglückliche Umstände entstanden ist, sondern absichtlich herbeigeführt wird. Jemand hat die irreführende Situation herbeigeführt, um für *a* einen Grund zu schaffen, *x* zu unterlassen.

Es ist also – durch die erfolgreiche Simulation objektiver Gründe – möglich, künstlich subjektive Gründe zu schaffen. Der Grund, der auf diese Weise entsteht, ist selbst nicht sanktionskonstituiert, aber es gibt ihn nur, weil jemand die Existenz eines sanktionskonstituierten Grundes vortäuscht.

Dieses Verfahren, künstliche Handlungsgründe zu schaffen, ist allerdings nicht an das Vortäuschen speziell eines sanktionskonstituierten Grundes gebunden. Die Simulation eines beliebigen anderen Grundes erfüllt denselben Zweck. *b* kann, um *a* dazu zu bewegen, *x* zu unterlassen, vorgeben, dass *c* beleidigt sein werde, wenn er *x* tue, – eine Konsequenz, die *a* vermeiden will. Tatsächlich ist es so, wie *b* sehr wohl weiß, dass *c* nicht beleidigt sein würde. Wenn *b* in dem, was er sagt, glaubhaft ist und es für *a* rational ist, ihm zu glauben, dann hat *a* aufgrund der Irreführung zwar keinen objektiven, aber einen subjektiven Grund, *x* zu unterlassen. – Man muss sich nicht lange umschauen, um in unserem Alltag auf Gründe dieser Art zu stoßen. Sie zu schaffen, bedarf offenkundig keiner Sanktionsmacht, sondern nur der Fähigkeit, erfolgreich zu täuschen.

Diese Überlegungen sollten in einem für das Verständnis der sanktionskonstituierten Normativität entscheidenden Punkt keine Verwirrung stiften: Die künstliche Normativität, die durch die Etablierung einer Sanktion geschaffen wird, entsteht durch eine Veränderung in der Welt, nicht dadurch, dass jemand etwas sagt. Die Veränderung, durch die dieses normative Müssen entsteht, besteht eben darin, dass eine Handlung mit einer unausweichlichen Konsequenz verknüpft wird, mit der sie bis dahin nicht verknüpft war. Es ist jetzt eine Tatsache, dass, wenn *a* *x* tut, etwas für ihn Unangenehmes passiert. Das war bisher nicht so. Man muss also die Welt verändern, nämlich neue Notwendigkeitsrelationen schaffen, wenn man sanktionskonstituierte Handlungsgründe generieren will.

5. Sanktionen und negative Konsequenzen

Ich möchte abschließend noch kurz auf einen Punkt eingehen, ohne ihn detaillierter zu erörtern: auf die Tatsache, dass es fließende Übergänge gibt zwischen Sanktionen und negativen Konsequenzen, die keine Sanktionen sind. Für eine Sanktion ist die Absicht der Handlungsbeeinflussung definitiv. Nehmen wir nun an, *a* tut etwas Unmoralisches, und die, die davon betroffen sind, reagieren mit sozialer Ausgrenzung. Diese Ausgrenzung kann einfach eine negative Konsequenz sein, die natürliche Reaktion auf das, was geschehen ist, die mit keiner sanktionierenden Absicht verbunden ist und folglich nicht intendiert, *a* für sein Verhalten zu bestrafen und ihn auf diese Weise für die Zukunft zu einem anderen Verhalten zu bewegen. Die Ausgrenzung ist dann keine Sanktion; man zieht einfach aus dem Verhalten von *a* die Konsequenz, dass man mit ihm nicht weiter zu tun haben will. Die Ausgrenzung kann aber auch mit einer sanktionierenden Absicht verbunden sein. *a* soll dann gezeigt werden, dass man auf das, was er getan hat, negativ reagiert und dass er, falls er in Zukunft noch einmal so handeln sollte, unweigerlich mit negativen Konsequenzen zu rechnen hat. In diesem Fall fungiert die soziale Ausgrenzung als Sanktion. Es liegt auf der Hand, dass es zwischen diesen beiden Möglichkeiten einen fließenden Übergang gibt. In vielen Fällen wird es kaum möglich sein, zu entscheiden, ob eine mehr oder weniger ausgeprägte Sanktionsabsicht vorliegt oder nicht.

Im Zwischenraum zwischen bloßen negativen Konsequenzen und Sanktionen sind vor allem affektive Reaktionen angesiedelt. Wenn man verletzt oder beleidigt wird, reagiert man mit Zorn. Das ist zunächst eine spontane affektive Reaktion und keine Sanktion. Dennoch hat der Zorn eine Wirkung auf den Täter, er schüchtert ihn ein, und man zeigt den Zorn, schreit ihn heraus, um den anderen einzuschüchtern und ihm zu zeigen, dass man nicht gewillt ist, sein Verhalten ungerührt hinzunehmen. Die Grenze zwischen spontanen Affekten und absichtlichen Sanktionen ist nicht scharf, der Übergang verschwimmt. Die Affekte wirken, als seien sie das Ergebnis einer Überlegung und als verfolgten wir mit ihnen das Ziel, das Verhalten anderer zu beeinflussen. Mackie hat diese scheinbare Zweckhaftigkeit der Affekte auf einleuchtende Weise durch die biologische Evolution erklärt: Es ist nützlich, diese Affekte zu haben, und weil es nützlich ist, ist es so gekommen, dass wir sie haben. Die Affekte sind, so Mackie, das Ergebnis davon, dass „der Mechanismus der natürlichen Selektion kalkuliertes, absichtsvolles Handeln imitiert."[13]

---

[13] J. L. Mackie: Morality and the Retributive Emotions (1982), in: J. L. M.: *Persons and Values* (Oxford 1985) 206–219, 216, 218 f.

§ 8 Sanktionen und Normen

1. Normen

Nach der Analyse des sanktionskonstituierten Müssens liegen alle Mittel bereit, um zu bestimmen, was Normen sind, was ihre Existenzbedingungen sind und was ihre Normativität ausmacht. Das normgenerierte Müssen, das mit Normen in die Welt kommt, ist, wie bereits in § 2 erläutert, ein wichtiger Typus des normativen Müssens. Dies impliziert, auch darauf wurde schon hingewiesen, dass „normgeneriert" und „normativ" keineswegs dasselbe bedeuten: Das normgenerierte, durch Normen entstehende Müssen ist eine spezifische Art des normativen Müssens. Das Wort „Norm" wird in verschiedenen, wenngleich miteinander verbundenen Bedeutungen verwandt. Man kann zwei Grundbedeutungen unterscheiden. Das lateinische „norma" war ursprünglich das Übersetzungswort des griechischen κανών (*kanōn*) und bedeutete Richtscheit, Maßstab, Standard. So war eine Norm in der Baukunst ein Werkzeug, mit dessen Hilfe man feststellte, ob eine Mauer gerade oder eine Fläche eben ist. Diese Bedeutung des Wortes hat sich bis heute erhalten. Es gibt zum Beispiel die DIN-Normen für Papierformate. Daneben ist „Norm" im 19. Jahrhundert in vielen Kontexten zum Nachfolgewort von „Gesetz" geworden und bedeutet in dieser Verwendung seitdem so viel wie Gesetz, Regel, Vorschrift.[1] Wo Kant und seine Zeitgenossen von moralischen Gesetzen sprachen, spricht man heute meistens von moralischen Normen. Wir sprechen von Moral- und Rechtsnormen, und wir sagen, dass jemand eine Norm übertritt. Hinter dem Aufkommen dieser zweiten Wortverwendung stand der Wunsch, Naturgesetze und normative Gesetze terminologisch deutlich zu separieren. Deshalb begann man, statt von normativen Gesetzen von Normen zu sprechen.

---

[1] Vgl. hierzu P. Freund: *Die Entwicklung des Normbegriffs von Kant bis Windelband* (Diss. Berlin 1933).

Damit hat die metaphorische Verwendung von „Gesetz" im Sinne von „Naturgesetz" die eigentliche und buchstäbliche Verwendung zurückgedrängt. – Die zweite, neu hinzugewonnene Bedeutung von „Norm" ist heute dominant, und im folgenden wird das Wort immer in diesem Sinne, also im Sinn von Gesetz, Regel, Vorschrift gebraucht. Wie genau, wird die detailliertere Analyse zeigen. Standards und ihre Normativität werde ich erst im nächsten Kapitel untersuchen.

Wenn es um die Frage geht, was Normen sind, ist es, nicht anders als sonst, wenn es um normative Phänomene geht, entscheidend, die Frage ontologisch anzugehen. Man muss konkret bestimmen, was für Dinge Normen sind. Was sind ihre Bauelemente? Wodurch kommen sie in die Welt? Schon ein erster Blick auf die normtheoretische Diskussion zeigt, wie unklar der Normbegriff ist und wie groß die Konfusion ist, die hier herrscht. Normen existieren, so wird gesagt und häufiger nicht gesagt, aber unausgesprochen vorausgesetzt, in einer Sphäre „ideeller Existenz"[2], sie seien „Idealentitäten"[3], „bloße Gedankengebilde"[4], „Gedankenentitäten"[5] und was der Verlegenheitsausdrücke mehr sind. In diesen Formulierungen lebt die ontologische Trennung von Sein und Sollen, von *is* und *ought*, von Physikalischem und Normativem. Das Normative und mit ihm die Normen existieren, so die Vorstellung, in einer ontologischen Sphäre eigener Art, abgehoben von allem „Sein". Man spürt gleich, in welche Ausweglosigkeiten diese dualistische Konzeption führt.[6] Deshalb ist es wichtig, sich

---

[2] Vgl. Kelsen, *Allgemeine Theorie der Normen*, 22, 132.

[3] So N. Hoerster: Zum Problem einer absoluten Normgeltung, in: H. Mayer (Hg.): *Staatsrecht in Theorie und Praxis* (Wien 1991) 255–269, 255.

[4] So auch Hoerster, ebd.

[5] O. Weinberger: *Normentheorie als Grundlage der Jurisprudenz und Ethik* (Berlin 1981) 68.

[6] Und man reibt sich die Augen, wenn man bei R. Brandom liest: „When intellectual historians look back at the progress of philosophy, our century will appear as a time when, after three hundred and fifty years, we finally saw through Descartes. It is in our time that the collection of puzzles and problems that have collected around the Cartesian dualism of body and mind has been supplanted by those associated with what now appears to be the more fundamental Humean-Kantian dualism of fact and norm, which appeared only darkly and misleadingly in its Cartesian guise." Der Text wurde im Internet veröffentlicht und ist abgedruckt bei K. Glüer: Bedeutung zwischen Norm

noch einmal vor Augen zu bringen, dass es nur eine Welt gibt, nicht mehrere, und dass diese eine Welt nach allem, was wir wissen und Grund haben anzunehmen, aus Materieteilchen, den Kräften zwischen ihnen und den aus ihnen entstandenen komplexen Gebilden, zu denen auch Lebewesen mit mentalen Fähigkeiten gehören, besteht. Wenn es Normen gibt, und es gibt sie ohne Zweifel, müssen sie Teil der so beschaffenen Welt sein. Und man muss sie, wenn man ihre Existenzweise und ihre Normativität verstehen will, als Teil dieser Welt verstehen. Sie in einem zweiten, jenseits dieser Wirklichkeit angesiedelten ideellen Reich zu lokalisieren, ist hoffnungslos – eine Verzweiflungstat, in die man durch falsche begriffliche Ausgangsstellungen getrieben wird.

Tatsächlich besteht eine Norm genau aus den beiden Bauelementen, aus denen alle bisher untersuchten Arten des normativen Müssens bestehen: aus einem Müssen der notwendigen Bedingung und einem Wollen. Dabei ist das Müssen der notwendigen Bedingung künstlich durch eine Sanktion, also mit der Intention der Handlungssteuerung geschaffen. Das normgenerierte Müssen ist ein sanktionskonstituiertes Müssen. Und im näheren eine besondere Art dieses Müssens, nämlich ein *allgemeines*, an eine Allgemeinheit adressiertes sanktionskonstituiertes Müssen. – Diese Auffassung lässt sich in einem ersten Zugriff in folgender Weise erläutern. Es dürfte unstrittig sein, dass eine Norm vorliegt, wenn in einem Staat alle Bürger Tötungshandlungen unterlassen müssen und im Falle des Anders-Handelns eine negative Sanktion hinnehmen müssen. In diesem Staat existiert die Norm, die besagt, dass man Tötungshandlungen unterlassen muss. Das Müssen der Norm ist hier klarerweise ein Müssen der notwendigen Bedingung: Die Bürger müssen die einschlägigen Handlungen unterlassen dafür, nicht sanktioniert zu werden. Und dieses Müssen hat die Eigenschaft der Normativität, weil das drohende Übel etwas ist, was sie nicht wollen und dem sie entgehen möchten. Und da das Übel nicht von Natur aus mit den Tötungshandlungen verbunden ist, sondern künstlich mit ihnen verknüpft wurde, und zwar in der

und Naturgesetz. *Deutsche Zeitschrift für Philosophie* 48 (2000) 449–468, 449.

Absicht, von Tötungshandlungen abzuhalten, handelt es sich bei dem mit der Norm gegebenen Müssen um ein sanktionskonstituiertes Müssen. Das ist nicht überraschend, da Normen Instrumente der Handlungssteuerung sind.

Ein normgeneriertes Müssen ist ein *allgemeines* sanktionskonstituiertes Müssen, weil es sich *erstens* nicht an eine bestimmte Person richtet, sondern an alle Mitglieder einer Gemeinschaft oder an alle, die durch ein bestimmtes Merkmal gekennzeichnet sind (z. B. an alle Jugendlichen unter 18 Jahren in Deutschland). Und weil es *zweitens* nicht eine einzelne konkrete Handlung zum Gegenstand hat, sondern einen Handlungstypus oder, wie man auch sagt, eine generische Handlung. Wenn der Straßenräuber von einem Passanten unter Verweis auf seine Pistole die Herausgabe des Geldes verlangt, ist das Müssen hingegen in doppelter Weise partikular. Es richtet sich an eine bestimmte Person, und es hat eine individuelle Handlung in einer bestimmten Situation zum Gegenstand. Wir würden deshalb wohl kaum sagen, dass es in dieser Situation eine Norm gibt.[7] Zu einer Norm gehört, so unsere Intuition, Allgemeinheit. Diese assoziative Verknüpfung hat der Normbegriff von seinem Vorläuferbegriff des Gesetzes geerbt; sie gehört auch schon zur Bedeutung von Norm im Sinne von Kanon. – Man kann nun überlegen, ob man ein sanktionskonstituiertes Müssen, das nur in einer der beiden Hinsichten generell ist, in der anderen Hinsicht aber partikular, auch „Norm" nennen will. Ich lasse diese Frage offen. In der Regel sind Normen wie auch Gesetze in beiden Hinsichten generell.[8] Solche Fälle werde ich jedenfalls im folgenden vor Augen haben.

Wenn es richtig ist, dass eine Norm ein allgemeines sanktionskonstituiertes Müssen ist, lassen sich ohne Mühe eine Reihe weiterer Bestimmungen anfügen:

(i) Wie bei jedem sanktionskonstituierten Müssen steht hinter einer Norm immer eine Person oder Personengruppe, die die Norm

---

[7]   Anders N. Hoerster: *Ethik und Interesse* (Stuttgart 2003) 43, 45 f. Hoerster weist freilich selbst darauf hin, dass sein Verständnis von Norm vom allgemeinen Sprachgebrauch abweicht und er den Begriff der Norm sehr weit fasst (43).

[8]   Vgl. hierzu auch v. Wright, *Norm and Action*, 77–83; dt. 85–91.

mit dem Ziel der Handlungssteuerung geschaffen hat. Dazu braucht
sie Macht, die Macht, den Sanktionsmechanismus zu etablieren.

(ii) Mit Normen schafft man Handlungsgründe. Normen sind
künstliche Gründe. Wenn eine Norm existiert, spricht etwas dafür,
sich normkonform zu verhalten. Es besteht also ein Grund, sich so zu
verhalten, wie es die Norm verlangt. Verhält man sich normkonform
und wird gefragt, warum man so handelt, gibt die Antwort: „weil es
eine Norm gibt, die es so verlangt" eine passende Erklärung.

(iii) Ein normatives Müssen, das nicht sanktionskonstituiert ist, ist,
das folgt aus dem Gesagten, keine Norm. Wenn *a* dafür, die ersehnte
Fitness zurückzugewinnen, eine bestimmte Gymnastik machen muss,
besteht keine Norm, die dies von ihm verlangt. Auch wenn jeder,
der eine bestimmte Verletzung hat, die Gymnastik machen muss, um
wieder fit zu werden, liegt keine Norm vor. Das normative Müssen
ist in diesen Fällen nicht sanktionskonstituiert, es gibt offensichtlich
keine Person oder Personengruppe, die das Müssen schafft, um das
Verhalten der Betroffenen zu beeinflussen.[9]

(iv) Aufgrund des personalen Ursprungs einer Norm spricht man,
genau wie bei einem Gesetz, davon, dass eine Norm etwas gebietet
oder verbietet. Normen, die bedeuten, dass man etwas tun muss,
sind Gebote, Normen, die bedeuten, dass man etwas nicht tun kann
(oder darf), sind Verbote. Ge- und Verbote sind nicht zwei distinkte
Typen des normgenerierten Müssens; in beiden Fällen liegt ein und
dasselbe Müssen vor, das aber verschiedene Gegenstände hat. Das
Verbot, *x* zu tun, bedeutet, dass man es unterlassen muss, *x* zu tun.
Verbote sind also Gebote, bei denen der Gegenstand des Müssens
ein Unterlassen ist. Neben Gebots- und Verbotsnormen unterscheidet
man Erlaubnisnormen. Das sind spezielle Verbotsnormen, solche,
die bestimmte Personen oder bestimmte Situationen ausnehmen.

---

[9]   Einige Autoren haben den Normbegriff jedoch gegen den gewohnten Sprachgebrauch so erweitert, dass sie auch in Fällen der genannten Art von einer
„Norm" sprechen, bisweilen auch von einer „Vernunftnorm". v. Wright
spricht, wie schon gesagt, von „technical norms", und sein Standardbeispiel
ist: „If you want to make the hut habitable, you ought to heat it." Vgl. *Norm
and Action*, 9 f.; dt. 25. – Tugendhat spricht von „Vernunftnormen", vgl.
Vorlesungen über Ethik, 42 ff.

Wenn der Zutritt zum Reaktorraum allen Werksangehörigen mit
Ausnahme der diensthabenden Direktoren verboten ist, dann ist es
den diensthabenden Direktoren erlaubt, den Reaktorraum zu betreten.
Und wenn Tötungshandlungen außer in Notwehrsituationen verboten
sind, ist es in einer Notwehrsituation erlaubt, zu töten.

(v) Auf die Ontologie der Normen komme ich unten (in den
Teilen 5–7) noch ausführlicher zu sprechen. Jetzt seien nur drei
Einsichten festgehalten, die sich unmittelbar aus dem Bisherigen
ergeben. *Erstens*. Die Elemente, aus denen eine Norm besteht,
sind für sich genommen nicht normativ. Der künstlich hergestellte
Nexus von Handlung und Konsequenz ist nichts Normatives. Es ist
einfach so, dass eine Handlung eine bestimmte Konsequenz nach
sich zieht und dass man sie folglich unterlassen muss dafür, dass die
Konsequenz ausbleibt. Es besteht hier, wie es Th. Geiger treffend
formuliert hat[10], ein „Reaktionsmechanismus". Und das Wollen, das
Vermeiden-Wollen der Reaktion, ist für sich genommen auch nichts
Normatives. Erst wenn das Müssen der notwendigen Bedingung
und das Wollen zusammenkommen, entsteht etwas Normatives:
das normative Müssen, das dahin drückt, die betreffende Handlung
nicht zu tun. Die Normativität entsteht hier, nicht anders als in den
anderen Fällen des normativen Müssens, aus nicht-normativen Elementen. – Daraus ergibt sich – *zweitens* –, dass Normen empirische
Phänomene sind. Sowohl das Müssen der notwendigen Bedingung
wie auch das Wollen der Betroffen sind grundsätzlich empirisch
fassbar, obwohl das Wollen nicht ohne weiteres der Beobachtung
zugänglich ist. Normen sind ganz offensichtlich Teil der Welt, in der
wir leben, und keinesfalls in einer anderen ontologischen Sphäre zu
lokalisieren. – Und *drittens*: Normen sind immer ontologisch subjektiv. Sie enthalten mit dem Wollen immer eine mentale Komponente.
Und außerdem ist bereits das Müssen der notwendigen Bedingung
ontologisch subjektiv. Es findet sich nicht in der Natur, sondern wird
von Menschen hervorgebracht. Wir müssen also, soweit das noch
nicht geschehen ist, die alte Idee, die von uns unabhängige Natur
könne uns Normen geben, fallen lassen.

---

10   Th. Geiger: *Vorstudien zu einer Soziologie des Rechts* (1947) (Berlin [4]1987) 34.

2. Normen, etwas Psychisches?

Ich gehe, bevor ich die Ontologie der Normen weiter präzisiere, zunächst auf drei konkurrierende Auffassungen über Normen ein. Diese Konzeptionen versuchen auf ihre Weise, die scheinbar so schwer zu fassende Seinsweise einer Norm zu bestimmen. Auch sie versuchen, Normen in der tatsächlichen Welt statt in einem höheren Reich des Ideellen anzusiedeln. Auch sie binden die Existenz von Normen an etwas, was uns ontologisch vertraut ist: Normen sind, so sagen sie, etwas Psychisches, etwas Sprachliches oder etwas Behaviorales. Ich möchte im folgenden zeigen, dass diese drei Auffassungen unzutreffend sind. Normen sind keine psychischen Zustände oder Akte, sie sind nichts Sprachliches, und sie sind auch nicht ein bestimmtes Verhalten. Alle drei Konzeptionen erfassen nicht, was Normen sind und wie ihre Normativität zustande kommt.

Eine Norm enthält, wie wir wissen, durchaus ein psychisches Element: das Wollen dessen, der muss. Aber dieses Wollen ist nur *ein* Bauelement einer Norm, es allein konstituiert keine Norm. Bei einer Norm spielt allerdings noch ein anderes Wollen eine Rolle, das Wollen des Normautors. Er will, dass andere sich in bestimmter Weise verhalten. Und er versucht, deren Verhalten durch eine Norm in die gewünschte Richtung zu lenken. Eine wichtige Auffassung über die Natur von Normen besagt nun, dass dieses Wollen eine Norm konstituiert. Wenn a will, dass alle fs x tun, konstituiert dieses Wollen, so die Vorstellung, eine Norm, die allen fs gebietet, x zu tun.

Es ist nicht schwer, zu sehen, dass diese Konzeption, nimmt man sie beim Wort, die Sache nicht trifft. Ich habe es schon gesagt: Das Wollen eines anderen allein konstituiert für mich niemals ein Müssen. Wenn ich durch die Straßen spazieren gehe und jemand, der mir entgegenkommt, zu mir sagt, er wolle, dass ich ihm meine Geldbörse gebe, habe ich mit diesem Wollen nichts zu tun, ich kann es ignorieren, es drückt mich in keiner Weise dahin, ihm das Geld zu geben. Denn was passiert, wenn ich anders handle, als er will? Es passiert gar nichts, was mich betrifft. Was passiert, ist, dass *sein* Wollen nicht in Erfüllung geht. Aber das ist nichts, was mich zu einer Handlung nötigt. – Aus der Perspektive dessen, der will, kommt man zu demselben Ergebnis. Wenn a will, dass alle fs x tun, und er etwas dafür tun will, dass sie so handeln, kann er überlegen, auf welchem Wege er ihr Verhalten beeinflussen will. Er kann sie davon überzeugen, dass es für sie das Beste ist, x zu tun, er kann sie überreden, so zu handeln, er kann sie auch, vorausgesetzt, er hat die Macht dazu, durch eine Norm dazu nötigen, wie gewünscht zu handeln. Wenn er sich für diesen letzten Weg entscheidet, muss er die entsprechende Norm aber erst einmal schaffen und in die Welt bringen. Mit seinem Wollen ist diese Norm noch nicht gegeben. Sie ist vielmehr eines von mehreren möglichen Instrumenten, das Gewollte zu realisieren.

Wer einsieht, dass das Wollen des einen kein Müssen und keine Norm für den oder die anderen konstituiert, kann die Willenstheorie dahingehend modifizieren, dass nicht ein einfaches Wollen, sondern das Wollen einer höherstehenden Person ein Müssen für die ihr Untergeordneten bedeutet. Wenn ein Spaziergänger etwas von einem anderen Spaziergänger will, konstituiert das kein Müssen und keine Norm, aber wenn die Eltern etwas von ihren Kindern wollen, Gott etwas von den Menschen will und der Meister von seinen Gehilfen, dann ist das Wollen der höherstehenden Person oder Instanz, so die verbesserte Variante der Willenstheorie, ein „Muss" und eine Norm für die Adressaten des Wollens.

Doch auch diese Theorie scheitert. Auch das qualifizierte Wollen konstituiert kein Müssen und damit auch keine Norm. Die höhere Stellung dessen, der will, ist in den genannten Beispielen eine Machtposition. Aber Macht zu haben und etwas zu wollen, generiert für die, die dem Mächtigen unterstehen, keine Norm. Betrachten wir wenigstens kurz die angesprochenen Beispielfälle. – Der Fall des göttlichen Wollens wurde in etwas anderem Kontext schon besprochen.[11] Wie wir sahen, bedeutet ein Wollen Gottes trotz seiner Macht und seiner wesensmäßigen Überlegenheit noch kein „Muss" für die Menschen. Wenn Gott will, dass die Menschen sich so-und-so verhalten, hat er verschiedene Möglichkeiten, auf sie einzuwirken und sie dazu zu bewegen, sich wie gewünscht zu verhalten. Seine Macht erlaubt es durchaus, sie physisch dazu zu zwingen, er kann sie überzeugen, dass es das Beste für sie ist, sich so zu verhalten, und er kann, auch dazu

---

[11] Vgl. § 6, S. 109–112.

hat er die Macht, eine Norm schaffen, die sie nötigt, das Gewollte zu tun. Wenn er sich für den Weg über die Norm entscheidet, muss er eine entsprechende Norm auch erst schaffen. Wie er das tut, ist klar: Er heftet am besten an die Handlungen, die die Menschen nicht tun sollen, negative Sanktionen, die im Diesseits oder im Jenseits fällig werden. (Von der Möglichkeit, mit positiven Sanktionen zu operieren, sehe ich hier und auch im folgenden ab.) Und praktischerweise lässt er die Menschen davon wissen. Wenn er in dieser Weise verfährt, existiert eine Norm. Sie besteht aber offensichtlich nicht in seinem Wollen, sondern in dem allgemeinen Sanktionsmechanismus, den er eingerichtet hat.

Im Falle der Eltern scheinen die Dinge ganz ähnlich zu sein. Warum müssen die Kinder tun, was die Eltern wollen? Auch hier generiert die Verbindung von Position und Wollen allein kein Müssen und keine Norm. Aber die Eltern haben den Kindern gegenüber die Macht, zu strafen und zu belohnen. Wenn ein bestimmtes Verhalten mit einer Strafe verknüpft wird, nicht punktuell, sondern generell, existiert eine Norm. Natürlich müssen die Kinder auch tun, was die Eltern wollen, weil sie am besten wissen, was für die Kinder gut und schlecht ist. Die Kinder unterwerfen sich der Autorität der Eltern und müssen, damit sie das Richtige tun, das tun, was die Eltern wollen. Dieses Müssen ist normativ, aber es ist nicht normgeneriert. Daneben gibt es noch viele andere Gründe, zu tun, was die Eltern wollen. Die Kinder wollen die Eltern nicht enttäuschen, sie bewundern die Eltern und wollen ihnen gefallen. Auch in diesen Fällen schlägt das Wollen des Höherstehenden nicht einfach in ein Müssen für die Abhängigen um. Vielmehr schafft das Wollen der höheren Instanz nur die Situation, in der man dem fremden Wollen entsprechen muss, um etwas, was man selbst will, zu erreichen oder etwas, was man selbst nicht will, zu vermeiden. [12]

Der Fall des Meisters wurde auch schon kurz diskutiert. [13] Hier ist es so, dass die Lehrlinge tun müssen, was der Meister will, um nicht in irgendeiner Weise negativ sanktioniert zu werden, letzten

---

[12] Vgl. hierzu auch Vf., *Handeln zugunsten anderer*, 60 ff.
[13] Vgl. oben § 6, S. 108 f.

Endes um nicht ihr Ausbildungsverhältnis zu gefährden. Der Sanktionsmechanismus, der hier besteht, hat die Besonderheit, dass an der Stelle des „Gemussten" nicht ein Handlungstypus im üblichen Sinne steht, sondern generell die Befolgung dessen, was der Meister will, wobei offen gelassen ist, was er will. Dies wird erst nach und nach von dem Meister konkretisiert. Der Sanktionsmechanismus schafft hier so etwas wie einen Rahmen, dessen Inhalt der Meister im Laufe der Zeit durch sein konkretes Wollen ausfüllt. Durch solche Rahmenregelungen, bei denen das „Gemusste" pauschal durch das Wollen einer Person bestimmt wird, schafft man Hierarchien. Dies ist eine äußerst wichtige Funktion von Sanktionsregelungen dieser Art. Man schafft hierarchische Verhältnisse zwischen Personen, indem man den Verstoß gegen den noch gar nicht festgelegten Willen des einen für den oder die anderen negativ sanktioniert. Der Meister gelangt auf diese Weise in eine Position, in der, was er will, für die Lehrlinge maßgeblich ist. In dem Rahmen der Sanktionsregelung ist es also tatsächlich so, dass das Wollen des Meisters zu einem „Muss" für die Lehrlinge wird. Man darf aber diesen Rahmen nicht übersehen. Es ist erneut nicht so, dass das Wollen des Meisters aus sich heraus zu einem Müssen wird. Das vom Meister Gewollte ist das, *was* getan werden muss. Aber *dass* es getan werden muss, resultiert nicht aus dem Wollen, sondern aus dem Sanktionsmechanismus. – Rahmenregelungen dieser Art sind, wie wir in § 10 sehen werden, ein zentrales Bauelement komplexerer normativer Phänomene. Sie ermöglichen die Entstehung einer Vielzahl sehr wichtiger normativer Phänomene.

Ich kann jetzt sagen, dass die Willenstheorie in ihrer einfachen wie auch in ihrer modifizierten Form nicht zum Ziel führt. Sie erfasst nicht, was eine Norm ist und was die mit ihr gegebene Normativität konstituiert. Der psychische Zustand des Wollens konstituiert keine Norm.

3. Normen, etwas Sprachliches?

Die Auffassung, dass Normen etwas Sprachliches sind, ist weitverbreitet und tiefverwurzelt. Sie ist die vorherrschende Auffassung. Und sie kann an eine lange Tradition anknüpfen, die Gesetze ausdrücklich oder unausdrücklich als etwas Sprachliches verstanden hat. Schon dass wir sagen, dass Normen etwas gebieten oder verbieten, legt diese Vorstellung nahe: Wenn es der Effekt von Normen ist, dass etwas ge- oder verboten ist, sind Normen, wie es scheint, Akte des Gebietens und Verbietens, also Sprechakte, die man durch eine sprachliche Äußerung vollzieht.

Die Auffassung, Normen seien etwas Sprachliches, geht nicht anders als die Willenstheorie von der Einsicht aus, dass hinter einer Norm ein Wille steht, der Wille des Normautors, der das Verhalten der Normadressaten beeinflussen will. Wenn es nicht der Wille selbst ist, der die Norm in die Welt bringt, dann, so eine erste Idee, vielleicht die Willensbekundung, das Zum-Ausdruck-Bringen des Willens. Schließlich können die Adressaten in ihrem Verhalten nur beeinflusst werden, wenn sie davon erfahren, dass sie das-und-das tun sollen. Man muss jedoch nicht lange nachdenken, um zu sehen, dass diese Idee nicht zum Ziel führt. Wie bekundet der Spaziergänger mir gegenüber, dass er meine Geldbörse will? Am einfachsten so, dass er sagt: „Ich will, dass Sie mir Ihre Geldbörse geben." Aber dieser Satz und die mit ihm vollzogene Willensbekundung konstituieren natürlich genauso wenig wie das Wollen selbst ein Müssen für mich. Sie sind, was die Generierung von Normativität angeht, völlig impotent.

Tatsächlich denken die Vertreter der Sprachtheorie gewöhnlich auch nicht an eine einfache Willensbekundung, sie denken an eine spezielle Form der Willensäußerung, nämlich an Aufforderungen, an Gebote und Verbote, an, wie sie oft sagen, Imperative. Wer den Imperativ: „Geben Sie mir Ihre Geldbörse!" an jemanden richtet, will, dass der andere ihm die Geldbörse gibt, aber er bekundet nicht einfach seinen Willen, sondern fordert den anderen auf, die Geldbörse herauszugeben. Normen sind, so also die These, generelle, an eine in bestimmter Weise spezifizierte Gruppe adressierte Aufforderungen, Gebote, Imperative. „Eine Norm", so sagt z. B.

Tugendhat, „ist ein generalisierter Imperativ ..."[14] – Die Rede vom
Imperativ ist hier unglücklich. Sie geht auf Kant zurück und ist mit
den Unbestimmtheiten und Zwiespältigkeiten seines Sprachgebrauchs
behaftet. Ich gehe darauf nicht ein, werde mich vielmehr an der These
orientieren, von der ich annehme, dass sie in den vielen verschiedenen
Formulierungen eigentlich gemeint ist: Normen sind das, was im
Gebrauch eines generellen Imperativs zum Ausdruck kommt. Und
da ein Imperativ eine Aufforderung zum Ausdruck bringt, kann man
auch sagen: Normen sind generelle Aufforderungen.[15] Nun gibt es
viele verschiedene Arten von Aufforderungen, z. B. Anordnungen,
Befehle, Gebote, Forderungen, Bitten, Instruktionen, Einladungen,
Warnungen. Und nicht alle haben etwas mit Normativität zu tun.
Wenn man jemanden bittet, einem das Salz zu reichen, schafft diese
Bitte gewiss kein normatives Müssen, und eine generelle Bitte dieser
Art würde deshalb auch keine Norm schaffen. Auf die Frage, welche
Arten von Aufforderungen denn Normen schaffen, werden meistens
Forderungen, Befehle und Gebote genannt. Untersuchen wir also, ob
generelle Aufforderungen dieser Art Normen konstituieren.

Eine erste Überlegung ist diese: Wenn Normen Aufforderungen
der genannten Art wären, wären sie Handlungen, nämlich Sprech-
handlungen. Das wirkt von vorneherein kurios. Auch wenn es sich
als schwierig herausstellt, den ontologischen Status von Normen zu
bestimmen, scheint doch klar zu sein, dass sie keine Handlungen
sind. Es kommt hinzu, dass die Sprechhandlung eines Befehls oder
einer Forderung normalerweise allenfalls ein paar Sekunden dauert.
Die Norm, dass eine Einkommensteuer zu zahlen ist, besteht aber
in Deutschland seit mehr als einem Jahrhundert. Also kann doch ein

---

[14] E. Tugendhat: *Probleme der Ethik* (Stuttgart 1984) 76.
[15] Tugendhat sagt zwar ausdrücklich, eine Norm sei ein Satz (ebd. 76). Aber
das ist offenkundig unsinnig. Das zeigt auch der unmittelbare Kontext dieser
Äußerung. So wird gesagt, dass uns bei Rechtsnormen interessiere, ob sie
gerecht seien (ebd. 78). Können Sätze gerecht sein? Wohl kaum. Oder es wird
gesagt, man sei Normen „unterworfen" (ebd. 78, 79). Kann man einem Satz
unterworfen sein? Wohl kaum. Es zeigt sich also, wenn man über Normen so
spricht, wie wir es tatsächlich tun, dass die Idee, Normen seien Sätze, artifiziell
ist und nur das Ergebnis einer missglückten philosophischen Überlegung (oder
einer sprachanalytischen Voreingenommenheit) sein kann.

Sprechakt nicht die Norm sein. Die Feststellung „Eine Norm ist ... eine Aufforderung zu einem bestimmten Verhalten."[16] erweist sich bereits an diesem Umstand als unhaltbar. Man kann versuchen, sich diesem Einwand zu entziehen, indem man sagt, der Sprechakt schaffe die Norm, er sei aber nicht die Norm. Die Norm bestünde dann darin, dass der Sprechakt erfolgt ist, sie bestünde in einem Zustand, der durch den Sprechakt hervorgebracht wird und der solange existiert, bis der Sprechakt in irgendeiner Form revoziert wird. Die Norm wäre hiernach nichts Sprachliches mehr, sondern ein Weltzustand, der durch einen Sprechakt geschaffen wird. Man wäre also auf diese Weise zu einer alternativen Konzeption übergegangen. Dass sie nicht zutreffend ist, ergibt sich aus einem zweiten Argument.

Forderungen, Befehle und Gebote haben, so dieses Argument, die Gemeinsamkeit, dass man diese Sprechakte nicht einfach dadurch vollziehen kann, dass man eine bestimmte sprachliche Äußerung tut. Das ist ganz ausgeschlossen. Es müssen vielmehr bestimmte nicht-sprachliche Bedingungen erfüllt sein, damit die Äußerung eines Imperativs überhaupt der Vollzug einer der genannten Aufforderungstypen sein kann. – Am Fall einer Forderung lässt sich das sehr gut verdeutlichen. Wie bereits erläutert, setzt eine Forderung voraus, dass derjenige, der von einem anderen etwas fordert, in einer Position ist, die es ihm erlaubt, etwas zu fordern. Häufig ist dies eine Rechtsposition.[17] So sagt etwa *a*, der Eigentümer eines Grundstücks, zu *b*: „Verlassen Sie sofort mit Ihrem Wagen das Grundstück!", und er fordert damit von *b* eine bestimmte Handlung. Dabei gehört zu dieser Forderung wie zu Forderungen generell ein drohendes Element. *a* kann, um es explizit zu machen, seiner Äußerung hinzufügen: „Sonst rufe ich die Polizei und zeige Sie wegen Hausfriedensbruchs an." Die Macht zu dieser Drohung verleiht ihm die Position des Eigentümers, sie ist rechtlich so konstruiert, dass *a* über dieses Drohpotential verfügt. Wenn nun umgekehrt *b* zu *a* sagte: „Verlassen Sie mit ihrem Wagen das Grundstück!", hinge diese Äußerung in der Luft.

---

[16] So Hoerster, *Ethik und Interesse*, 43.
[17] Vgl. hierzu die differenzierten Untersuchungen von G. Hindelang: *Auffordern. Die Untertypen des Aufforderns und ihre sprachlichen Realisierungsformen* (Göppingen 1978) 296 ff.

Das Grundstück gehört *a*, nicht *b*. Und deshalb kann *b* hier nichts fordern. Er kann auch nicht mit dem Herbeirufen der Polizei und einer Anzeige drohen. Und deshalb richtet er auch keine Forderung an *a*, wenn er ihm gegenüber den genannten Imperativ äußert. Er vollzieht gar nicht den Sprechakt des Forderns, weil die nicht-sprachlichen Bedingungen, die diesen Sprechakt erst ermöglichen, für ihn nicht gegeben sind.

Die Forderung, die *a* in diesem Beispielfall an *b* richtet, kann, das zeigt das erste Argument, nicht die Norm sein. Aber entsteht durch sie die Norm? Auch das ist nicht der Fall. Die Norm, dass *b* und auch jeder andere das Grundstück von *a* nicht ohne dessen Einwilligung nutzen darf, existiert ganz unabhängig von der Forderung. Die Norm existierte längst vor der Forderung, und sie existiert auch nach der Forderung, und zwar unabhängig von ihr. Die Forderung ist also nicht die Norm, und sie schafft auch nicht die Norm. Sie verändert überhaupt nichts an der unabhängig von ihr gegebenen normativen Situation, in der *a* und *b* sich befinden. *a* bringt mit seiner Forderung die Norm nur zur Geltung. Er signalisiert, dass er mit der Nutzung seines Grundstücks durch *b* nicht einverstanden ist und macht die Norm zu dem, was die Situation zwischen ihm und *b* bestimmt.

Man darf, das zeigt die Überlegung, das Pferd nicht von hinten aufzäumen: Die Forderung schafft nicht die normative Situation, vielmehr schafft die bereits gegebene normative Situation erst die Möglichkeit der Forderung. Nicht der Sprechakt schafft die Norm, die vorgängige Norm schafft die Möglichkeit des Sprechaktes.

Bei Befehlen ist es besonders offensichtlich, dass sie an nicht-sprachliche Voraussetzungen gebunden sind. Befehle setzen eine hierarchische Organisation mit strikten Über- und Unterordnungs-verhältnissen voraus. Befehle gibt es beim Militär und ansonsten nur in Gruppen, die sich quasi-militärisch organisieren. Schon das macht die Auffassung, Normen seien Befehle, unplausibel. In unserem Kontext aber ist das Entscheidende, dass ein Befehl immer eine Rahmensanktionsregelung voraussetzt. Jeder Soldat muss das tun, was ein Vorgesetzter von ihm will. Sonst wird er bestraft. Nur weil dieser Sanktionsmechanismus existiert, kann ein Vorgesetzter etwas befehlen. Die Äußerung eines Imperativs allein, ohne das entsprechende normative Umfeld, kann offenkundig kein Befehl sein. Wenn der einfache Soldat zum Hauptmann sagt: „Lösen Sie jetzt den wachhabenden Posten ab!", ist dies kein Befehl, sondern die anmaßende Imitation eines Befehls, auf die der Hauptmann nicht mit Gehorsam, sondern mit Disziplinarmaßnahmen reagieren wird. Das Äußern eines Imperativs allein schafft keinen Befehl. Und, das ist der zweite wichtige Punkt, ein Befehl schafft aus sich heraus kein Müssen, obwohl es leicht so aussieht. Denn wenn der Hauptmann dem Gefreiten befiehlt, die Wache abzulösen, muss er dies tun. Es sieht in der Tat so aus, als generiere der Befehl das Müssen. Aber tatsächlich füllt der Hauptmann mit seinem Befehl nur die Leerstelle aus, die die Rahmensanktionsregelung bewusst offen hält. Der Befehl bestimmt nur, was der Soldat tun muss, aber dass er es tun muss, resultiert nicht aus dem Befehl, sondern aus dem Sanktionsmechanismus. Aufgrund dieses Mechanismus muss der Soldat tun, was der Vorgesetzte verlangt, wobei eben offen bleibt, was er verlangt. Das setzt der Vorgesetzte im Laufe der Zeit gewissermaßen erst ein. Auch in diesem Fall ist es also so, dass nicht der Sprechakt die normative Situation schafft. Ihm geht bereits eine spezielle normative Situation voraus. Und nur unter Voraussetzung dieser Situation ist der Sprechakt möglich, und nur in dieser Situation kann er bewirken, dass jemand etwas Bestimmtes tun muss.

Es ist vielleicht instruktiv, hier einen Blick auf John Austins Theorie des Rechts zu werfen. Austin vertritt in enger Anlehnung an J. Bentham die sogenannte Imperativ- oder Befehlstheorie des Rechts. Gesetze sind „commands", also Befehle. So lautet der erste Satz seines Werkes *The Province of Jurisprudence Determined*. Gemeint sind juridische Gesetze, aber auch moralische und göttliche Gesetze. Diese Theorie ist aus verschiedenen Gründen problematisch, und Hart hat ihre Schwächen im einzelnen offen gelegt.[18] Mir kommt es hier nur auf einen in unserem Kontext aufschlussreichen Punkt an: Austin hatte nicht die Idee, dass die Äußerung eines Imperativs *eo ipso* ein Befehlen ist und dass durch eine solche Äußerung ein Gesetz oder eine Norm entsteht. Das zeigt sich sofort, wenn man

---

[18] Vgl. H. L. A. Hart: *The Concept of Law*, 2nd ed. (Oxford 1994, zuerst 1961) ch. 2–4.

sieht, wie er „command" definiert: „If you express or intimate a wish that I shall do or forbear from some act, and if you will visit me with an evil in case I comply not with your wish, the *expression* or *intimation* or your wish is a *command*."[19] Das erste Element, von dem Austin spricht, ist eine Willensbekundung. Jemand bekundet, dass er will, das ein anderer etwas tut. Austin spricht dann weiter davon, dass der, der will, dass ein anderer etwas tut, das Unterlassen des Gewollten mit einem Übel, sprich: mit einer Sanktion verknüpft.[20] Durch diese Verknüpfung wird die Willensbekundung, so Austin schließlich, zu einem Befehl. Ein Befehl ist also eine spezifische Willensbekundung, eine Willensbekundung in einer Situation, in der eine Verknüpfung zwischen dem Nicht-Tun des Gewollten und einer Sanktion hergestellt ist. Offenkundig resultiert in einer solchen Situation der Druck, unter dem der Adressat des Wollens steht, aus der drohenden Sanktion. Austin ist also, anders als die Rede von der Befehlstheorie suggeriert, keineswegs der Meinung, ein besonderer Sprechakt schaffe die normative Situation. Er sieht vielmehr deutlich, dass die normative Situation durch die Einrichtung des Sanktionsmechanismus entsteht. Und die so herbeigeführte Situation ist es, die den Befehl „schafft", indem sie eine einfache Willensbekundung in die spezielle Variante eines Befehls verwandelt. Wobei „Befehl" nur die neue Bezeichnung für die Willensbekundung ist, wenn sie mit einem Sanktionsmechanismus zusammenkommt. Wenn dieser Mechanismus gegeben ist, äußert man auch mit dem Satz: „Ich will, dass Sie mir Ihre Geldbörse geben" einen Befehl.[21]

Kommen wir noch kurz zu den Geboten und Verboten. Anzunehmen, Normen seien Gebote oder entstünden durch Gebote, liegt, wie bereits erwähnt, besonders nahe, weil wir sagen, dass eine Norm

---

[19] Austin, *The Province of Jurisprudence Determined*, 13 f.
[20] Austin spricht ausdrücklich von Sanktionen, vgl. ebd. 15.
[21] Vgl. hierzu ebd. 14: „If you cannot or will not harm me in case I comply not with your wish, the expression of your wish is not a command, although you utter your wish in imperative phrase. If you are able and willing to harm me in case I comply not with your wish, the expression of your wish amounts to a command, although you are prompted by a spirit of courtesy to utter it in the shape of a request."

etwas gebietet oder verbietet und infolge einer Norm etwas ge- oder verboten ist. Diese Redeweise ist alltagssprachlich unschädlich; es ist aber problematisch, aus ihr die philosophische These zu ziehen, Normen entstünden durch den Sprechakt des Ge- oder Verbietens. Der gewöhnliche Sprachgebrauch impliziert diese These nicht; er hat sich von der genauen Bedeutung der Wörter gelöst und verselbständigt. Das hat seinen Grund vermutlich darin, dass wir über kein von „Norm" oder „Gesetz" abgeleitetes Verb verfügen, mit dem bezeichnet wird, was eine Norm tut, und mit dessen Partizip Perfekt Passiv man das Ergebnis dieses Tuns benennen könnte. Wenn eine Norm dazu nötigt, Steuern zu zahlen, sagen wir nicht, es sei (positiv) normiert, Steuern zu zahlen. Und wenn eine Norm dazu nötigt, andere nicht zu beleidigen, sagen wir nicht, es sei (negativ) normiert, andere zu beleidigen. An die Stelle des hier fehlenden Verbs treten üblicherweise „gebieten" und „verbieten" und die Partizipien „geboten" und „verboten". Dieser Sprachgebrauch impliziert aber, wie gesagt, nicht die normtheoretische These, Normen entstünden durch Sprechakte des Ge- oder Verbietens.

In unserem Kontext geht es hingegen genau um diese normtheoretische These. Eltern, politische Herrscher und Gott sind die Instanzen, die im eigentlichen Sinne verbieten und gebieten. Auch in diesen Fällen ist jeweils eine Machtposition vorausgesetzt. Aber eine imperativische Äußerung einer Person in einer dieser Machtpositionen reicht auch hier nicht aus, um eine Norm zu schaffen. Angenommen, ein politischer Tyrann verbietet den Bewohnern seines Herrschaftsbereichs, Bohnen zu essen. Er bekundet ihnen gegenüber in imperativischer Form, dass sie das nicht dürfen. Wenn die Dinge so liegen, wie man vermutet, werden die Bürger im Fall des Zuwider-Handelns mit dem Zorn des Herrschers und auch mit seinen Polizeikräften zu rechnen haben. Sie müssen also, wenn sie dem entgehen wollen, das Gebotene tun. In diesem Fall existiert eine Norm, und sie existiert, wie unschwer zu sehen ist, erneut aufgrund eines Sanktionsmechanismus. Falls es aber so sein sollte, dass nichts passiert, wenn man anders handelt, besteht kein „Muss" und keine Norm. Das Gebot des Herrschers entpuppt sich dann als bloße Willensbekundung, und ein Gebot liegt in Wahrheit gar nicht vor. Es ist nur so, dass die Bürger nach dem Willen des Herrschers keine Bohnen essen sollen. Aber es fehlt der entscheidende Schritt zum Müssen und damit zur Norm.

Ich kann jetzt bilanzieren. Es hat sich gezeigt, dass die untersuchten imperativen Sprechakte weder Normen sind noch aus sich heraus Normen schaffen. Sie setzen vielmehr alle normative Situationen voraus, die durch die Etablierung von Sanktionsmechanismen entstehen. Es ist ohnehin eine merkwürdige Idee, dass es möglich sein soll, durch das Äußern eines Satzes und die damit vollzogene Sprechhandlung ein Müssen und eine Norm zu schaffen. Man muss, wenn man eine Norm schaffen will, nicht etwas sagen, sondern „draußen" in der Welt etwas ändern. Man muss die Unterlassung der gewollten Handlungen mit negativen Konsequenzen verknüpfen. Und das tut man nicht, indem man etwas sagt. Das wäre Zauberei.

Es scheint jedoch zumindest ein sprachliches Phänomen zu geben, das zeigt, dass man dadurch, dass man etwas sagt, sehr wohl Normativität schaffen kann: das Versprechen. Das Versprechen ist das Paradebeispiel all derer, die glauben, durch einen Sprechakt könne man Normativität und dann auch Normen schaffen. Denn wer etwas verspricht, und das tut man, indem man sagt: „Ich verspreche, das-und-das zu tun", der schafft ein normatives Müssen für sich selbst. Er steht von dem Moment an, in dem er das Versprechen gibt, unter dem „Muss", das Versprochene zu tun. Der Sprechakt des Versprechens kreiert, wie es aussieht, ein moralisches Müssen und eine moralische Pflicht. Es ist deshalb nicht so überraschend, wie es vielleicht auf den ersten Blick wirkt, dass die, die glauben, Normen entstünden durch imperative Sprechakte, zu der Vorstellung gelangen, das müsse in der Weise vor sich gehen, wie es beim Versprechen geschieht. v. Wright z. B. ist genau dieser Gedankenspur gefolgt. In *Norm and Action* sagt er: „The use of words for giving prescriptions is similar to the use of words for giving promises ..."[22] – Ich werde, wie Versprechen funktionieren, erst in § 13 erörtern, nachdem geklärt ist, von welcher Art das moralische Müssen ist. Dabei wird sich zeigen, dass auch das Versprechen kein Beispiel dafür ist, dass ein Sprechakt aus sich heraus Normativität schafft. Versprechen sind nur in bestimmten

---

[22] v. Wright, *Norm and Action*, 94; dt. 101; vgl. auch 116 f.; dt. 120 f.

normativen Situationen möglich. Die Normativität geht auch hier voraus, sie wird nicht durch das Versprechen geschaffen.

Dieses Ergebnis vorwegnehmend kann ich sagen, dass sich die verbreitete Auffassung, Normen seien etwas Sprachliches oder entstünden aus etwas Sprachlichem, als nicht haltbar erwiesen hat. Sie scheitert genauso wie die Willenstheorie.

4. Normen, etwas Behaviorales?

Eine dritte, vor allem in den Sozialwissenschaften weithin akzeptierte Auffassung besagt, Normen seien etwas Behaviorales, also ein bestimmtes Verhalten. Diese Konzeption entspringt noch deutlicher als die beiden zuvor untersuchten Auffassungen dem Bemühen, das Phänomen der Norm durch möglichst äußerliche und der Beobachtung ohne weiteres zugängliche Merkmale zu bestimmen. Wie die Menschen sich verhalten, ist zu einem großen Teil durch Beobachtung gut festzustellen. Eine behaviorale Definition von Normen macht sie also, entgegen ihrem Ruf, ontologisch schwer fassbar zu sein, zu einem klar umrissenen Gegenstand der sozialen Welt. Für eine behaviorale Definition spricht außerdem, dass es, wenn man herausfinden wollte, welche Normen in einer Gesellschaft gelten, wohl das Beste wäre, zu beobachten, wie sich die Menschen, die in dieser Gesellschaft leben, verhalten.

Die einfachste behaviorale Definition wäre es, eine Norm als eine (weitgehende) Verhaltensregularität in einer sozialen Gruppe zu bestimmen. Wenn sich die Mitglieder einer Gruppe in gleichartigen Situationen konvergierend verhalten, liegt, das wäre die These, eine Norm vor. Nun liegt es auf der Hand, dass solche Verhaltensregularitäten mit einer Norm nichts zu tun haben müssen. Die Menschen können in ihrem Verhalten konvergieren, weil es für jeden von ihnen vernünftig ist, sich so zu verhalten. Oder sie können sich so verhalten, weil sie es übereinstimmend so gewohnt sind. In beiden Fällen hat die Regularität im Verhalten mit einer Norm nichts zu tun. Häufig gehen die beiden Möglichkeiten zusammen: Wenn sich in einer Gesellschaft wie der unsrigen die meisten morgens die Zähne putzen, ist das etwas Vernünftiges, und es ist auch eine Gewohnheit. Aber es gibt keine Norm, die dazu nötigt.

Aus diesem Grunde umfasst die behaviorale Standarddefinition einer Norm zwei Elemente: erstens eine Verhaltensregularität und zweitens eine Sanktionspraxis im Falle des Abweichens von der Regularität. Es muss also dafür, dass eine Norm gegeben ist, einen Druck geben, sich so zu verhalten, wie es der Regularität entspricht. Und dieser Druck kommt aus Sanktionen. H. Popitz bestimmt Normen in diesem Sinne durch „die Merkmale ,Verhaltensregelmäßigkeiten' und ,Sanktionen'".[23] Ausformuliert lautet seine Definition: „Soziale Normen nennen wir soziale Verhaltensregelmäßigkeiten, die in Fällen abweichenden Verhaltens durch negative Sanktionen bekräftigt werden."[24] Ganz ähnlich definiert R. Axelrod: „A norm exists in a given social setting to the extent that individuals usually act in a certain way and are often punished when seen not to be acting in this way."[25] – Diese Art der Definition ist in mehreren Hinsichten überzeugend. Sie erfasst die Normativität einer Norm, und sie gibt an, woraus die *necessitatio* entsteht: aus der Verknüpfung abweichenden Verhaltens mit Sanktionen. Außerdem entspricht diese Definition dem, was man tut, wenn man erkunden will, welche Normen in einer Gesellschaft gelten. Es wäre wenig erfolgversprechend, wenn man nach Normautoren Ausschau hielte und herauszufinden versuchte, was sie wollen. Es wäre auch keine gute Strategie, Normautoren zu suchen und zu sehen, ob sie imperative Sprechakte vollziehen und, wenn ja, welche. Man würde vielmehr nach Verhaltensregularitäten schauen und sehen, ob ein von ihnen abweichendes Verhalten in irgendeiner Form mit negativen Konsequenzen belegt wird. Man würde also genau die Merkmale zum Kriterium machen, die Popitz, Axelrod und andere als die eine Norm definierenden Merkmale nennen.

Trotz dieser Vorzüge kann die vorgeschlagene Definition nicht vollständig überzeugen. Das zeigt folgende Überlegung. Wenn man

---

[23] H. Popitz: *Die normative Konstruktion von Gesellschaft* (Tübingen 1980) 12.

[24] Ebd. 21.

[25] R. Axelrod: An Evolutionary Approach to Norms. *American Political Science Review* 80 (1986) 1095–1111, 1097; dt.: Normen unter evolutionärer Perspektive, in: U. Mueller (Hg.): *Evolution und Spieltheorie* (München 1990) 105–128, 107.

eine Gesellschaft auf ihre Normen hin untersucht, beginnt man, wie gesagt, vernünftigerweise mit der Registrierung der Verhaltensregularitäten. Stößt man auf eine solche Regularität, ist die nächste Frage, ob die Gleichförmigkeit des Verhaltens die Wirkung einer Norm ist. Man fragt also, ob die Verhaltensregularität durch eine Norm entsteht, und dies setzt voraus, dass sie nicht die Norm ist, sie ist allenfalls die Wirkung einer Norm. Die Verhaltensregularität kann folglich nicht Teil der Normdefinition sein. – Was ist dann die Norm, das, was die Regularität des Verhaltens bewirkt? Es ist der generelle Sanktionsmechanismus, von dem Popitz und Axelrod im zweiten Teil ihrer Definitionen sprechen. Wenn es in einer Gesellschaft so ist, dass, wer die Handlung *x* tut, sanktioniert wird, existiert eine Norm, und sie bewirkt, vorausgesetzt, die Sanktion ist hinreichend stark, eine Verhaltensregularität. Die Verhaltensregularität ist also nicht die Norm (oder Teil der Norm), sie ist die Wirkung der Norm.

Die Diskussion der behavioralen Normdefinition führt uns, wie sich zeigt, zurück zu der Auffassung, dass eine Norm ein allgemeines sanktionskonstituiertes Müssen ist. Der Sanktionsmechanismus ist es, der die Norm ausmacht. Man könnte hier vielleicht auch von einer behavioralen Konzeption sprechen, weil das Sanktionieren natürlich ein Verhalten ist. Aber der tatsächliche Vollzug der Sanktionierung ist für die Existenz einer Norm nicht nötig. Das Entscheidende ist die Verknüpfung von bestimmten Handlungen mit Sanktionen. Dieser Mechanismus, der bestimmte Handlungen und negative Reaktionen verbindet, konstituiert die Norm.

5. Die Existenz von Normen

Im folgenden soll diese Konzeption weiter entfaltet und erläutert werden. – Vorab sei eine ihrer Konsequenzen ausdrücklich herausgestellt: Eine Handlung ist allein dadurch (durch eine Norm) verboten, dass, sie zu tun, mit einer Sanktion verknüpft ist. Es gibt keine der Sanktion vorausgehende Norm, und die Sanktion ist nicht die nachträgliche Strafe für etwas, was bereits unabhängig von ihr verboten ist. Eine Handlung wird also nicht sanktioniert, weil sie verboten ist, sie ist vielmehr verboten, weil sie sanktioniert wird. Die Norm ist nicht das

Weswegen der Sanktionierung, das Weswegen der Sanktionierung ist das Wollen des Normautors. Er will, dass andere sich in bestimmter Weise verhalten, dass sie sich so verhalten müssen, und um dieses Müssen in die Welt zu bringen, schafft er den Sanktionsmechanismus. Die gängige und immer wieder artikulierte Vorstellung, dass zunächst die Norm existiert und dann, um sie wirksam zu machen, eine Sanktionspraxis etabliert wird, trifft also nicht die Sache. Wer diese Auffassung vertritt, muss sagen, was die Norm und ihr Müssen unabhängig von der Sanktion konstituiert.

Eine Frage, die die vorgeschlagene Konzeption auf sich zieht und hinter der oft eine Skepsis ihr gegenüber steht, ist, was es für die Existenz einer Norm bedeutet, wenn in einzelnen Fällen eines ihrer beiden Elemente, entweder das Müssen der notwendigen Bedingung oder das Wollen auf Seiten der Adressaten, nicht gegeben ist. Was ist, wenn die Konsequenz, die als Sanktion fungieren soll und im allgemeinen auch fungiert, für einzelne Adressaten kein Übel ist und es ihnen nichts ausmacht, sie hinzunehmen? Und was ist – eine Frage, die sich viele Leser wahrscheinlich schon gestellt haben –, wenn der Sanktionsmechanismus gar nicht so strikt ist, wie bisher immer getan wurde? Jeder weiß doch, dass keineswegs jedes normwidrige Verhalten tatsächlich sanktioniert wird. Wenn die Sanktionierung nicht stattfindet, muss aber niemand etwas dafür tun, ihr zu entgehen. Das eine Element der Norm, das Müssen der notwendigen Bedingung, besteht also in diesen Fällen gar nicht. Was bedeutet das für die Existenz der Norm?

Beginnen wir mit der ersten Frage. Es lassen sich leicht Umstände denken, in denen eine künstlich an eine Handlung geheftete Konsequenz zwar im allgemeinen, aber nicht in jedem Einzelfall als Übel betrachtet wird. Der Normautor wünscht sich natürlich, dass die Sanktion, die er ja mit Bedacht wählt, für alle Adressaten eine negative Konsequenz ist. Aber selbst wenn wir an die einschneidende rechtliche Sanktion des Freiheitsentzugs denken, kann man sich Lebensverhältnisse vorstellen, in denen jemand das Leben in einem Gefängnis, das immerhin ein Dach über dem Kopf und beheizte Räume bietet, allen anderen Möglichkeiten, die ihm offen stehen, vorzieht. Wir brauchen der Frage, wie wahrscheinlich solche Fälle sind, nicht nachzugehen; wir können davon ausgehen, dass es sie gibt. Stellen

wir uns also vor, in einer sozialen Gruppe von hundert Personen gilt
eine Norm, die verbietet, x zu tun. Die Sanktion ist die Zufügung von
s. Zweien der Hundert macht es jedoch nichts, wenn ihnen s zugefügt
wird. Es scheint klar zu sein, dass dieser Umstand kein Grund ist, zu
sagen, die Norm existiere nicht. Es ist aber auch klar, dass die Norm
die zwei nicht erreicht. Für sie gilt zwar auch, dass sie das x-Tun
unterlassen müssen dafür, dass ihnen s nicht zugefügt wird. Dieses
Müssen der notwendigen Bedingung existiert, es ist Teil ihrer Welt.
Aber es hat für sie nicht die Eigenschaft der Normativität, weil das
zweite für Normativität konstitutive Element fehlt: das Wollen. Es
fehlt das Vermeiden-Wollen von s. Die Norm existiert folglich nur
für die große Majorität der 98, aber nicht für die zwei, die anders
sind. Sie sind *intendierte*, aber keine *tatsächlichen* Adressaten der
Norm. Auch für das normgenerierte Müssen bestätigt sich also, was
für das normative Müssen insgesamt gilt: Keine Normativität ohne
ein Wollen dessen, der muss.

Dies bedeutet, dass eine Norm, obwohl an eine Allgemeinheit
gerichtet, individuell ist. Die Allgemeinheit ist nur das Aggregat der
Individuen, und das generelle Müssen einer Norm ist nur das Aggregat des einzelnen individuellen Müssens. Ob eine Norm existiert,
hängt also von dem Wollen der einzelnen möglichen Adressaten ab.
Man könnte durch diese Einsicht versucht sein, einzuwenden, wenn
es so sei, könne man doch jede Norm für sich zum Verschwinden
bringen, indem man das für die Norm konstitutive eigene Wollen
fallen lasse. Das ist im Prinzip richtig. In der Realität lässt es sich
aber nur in sehr begrenztem Maße verwirklichen. Man kann, dass
man nicht eingesperrt, nicht getötet, sozial nicht geächtet werden will,
nicht fallen lassen. Dieses Wollen ist zu elementar, als dass es zur
Disposition stehen könnte. Vielleicht kann man die Empfindlichkeit
etwa informellen sozialen Sanktionen gegenüber reduzieren, aber den
Wunsch, dazuzugehören, können wir nicht loswerden. Akzeptanz ist
ein elementares Ziel der Menschen, und wir können uns nicht dahin
bringen, dass uns, wie andere zu uns stehen, wirklich gleichgültig ist.
Weil dies so ist, sind die genannten elementaren Wünsche und weitere
Wünsche dieser Art die wie dafür geschaffenen Andockstellen, die ein
Normautor anzielen muss, wenn er eine erfolgreiche Norm schaffen
will. Weil es diese Andockstellen gibt, wird die Inkongruenz des

intendierten und des tatsächlichen Adressatenkreises einer Norm in aller Regel sehr begrenzt sein. Und die Möglichkeit einer solchen Inkongruenz ist nichts, was gegen die Wirksamkeit und Nützlichkeit von Normen spräche. Normen sind sehr effektive Instrumente der Handlungssteuerung, aber sie können niemals sichern, dass sie alle intendierten Adressaten erreichen und schon gar nicht dass alle Adressaten normkonform handeln.

Wenn es so ist, dass ein konstitutives Element einer Norm ein Wollen auf Seiten der Adressaten ist, ergibt sich daraus auch, dass ein und dieselbe Norm für verschiedene Adressaten verschieden stark sein kann. Normen haben, wie alle Handlungsgründe, ein bestimmtes Gewicht oder eine bestimmte Stärke. Und welches Gewicht eine Norm hat, hängt von der Stärke des Wollens bei den jeweiligen Adressaten ab. Wenn es für *a* eine Katastrophe wäre, eingesperrt zu werden, für *b* hingegen zwar auch etwas Unangenehmes, aber doch schon Gewohntes, ist die mit einer Freiheitsstrafe sanktionierte Norm für *a* und *b* von verschiedenem Gewicht.

Kommen wir jetzt zu der zweiten Frage: Was ist, wenn die Sanktion in einzelnen Fällen dem verbotenen Verhalten nicht folgt, der Sanktionsmechanismus also nicht immer besteht? Ich habe oben gesagt, die künstliche Verknüpfung von Handlung und Sanktion imitiere die natürliche, durch Naturgesetze determinierte Verbindung von Ereignissen und ihren notwendigen Folgen. Aber das ist nur die grundsätzliche Idee. In der Realität erweist sich die strikte, möglichst in jedem einzelnen Fall realisierte Verbindung von Handlung und Sanktion häufig als nicht praktikabel und auch nicht als die beste Strategie. Das deutsche Strafgesetzbuch formuliert die Strafgesetze ganz im Sinne der grundsätzlichen Idee. „Wer", so heißt es z. B. in § 242 StGB, „eine fremde bewegliche Sache einem anderen in der Absicht wegnimmt, dieselbe sich rechtswidrig zuzueignen, wird mit Freiheitsstrafe bis zu fünf Jahren oder mit Geldstrafe bestraft." Das ist so formuliert, als sei der Zusammenhang von verbotenem Verhalten und Sanktion strikt, als folge das eine wie naturgesetzlich determiniert auf das andere. Aber jeder weiß, dass nicht jeder Diebstahl entdeckt und bestraft wird. Jeder weiß, dass nicht jeder, der bei „rot" über die Kreuzung fährt, sanktioniert wird. Die Verknüpfung von verbotenem Tun und Sanktion ist also in Wahrheit in vielen Fällen nicht strikt, sondern, wie ich sagen werde, porös. Was bedeutet das für die Existenz der Norm? Existiert sie nur in den Fällen, in denen tatsächlich sanktioniert wird, in den anderen aber nicht? Dafür spricht, dass, wenn die Sanktion fehlt, niemand etwas dafür tun muss, sie zu vermeiden. Es scheint also, als sei die Norm auf die Fälle der tatsächlichen Sanktionierung begrenzt. Doch dieser Schein trügt.

Zwei Sachverhalte sind hier wichtig. Angenommen, bei einem Diebstahl wird nur in 50 Prozent der Fälle wirklich sanktioniert. Ein strikter Sanktionsmechanismus ist also eine Fiktion. Wenn ich einem Freund gegenüber erwähne, dass ich einen Diebstahl erwäge, und er mir sagt: „Lass' das! Du weißt, dass du dann empfindlich bestraft wirst", kann ich also entgegnen, dass das nicht stimmt, dass das im Durchschnitt nur bei jedem zweiten Fall so ist. Mein Freund müsste das einräumen, aber er könnte sagen: „Wenn du einen Diebstahl begehst, läufst du Gefahr, empfindlich bestraft zu werden. Und diese Gefahr ist etwas, was du nicht willst. Deshalb musst du die Finger davon lassen." Genau so ist es. Ich möchte nicht in Gefahr geraten, bestraft zu werden. Deshalb muss ich den Diebstahl unterlassen. Es besteht hier also offensichtlich ein normatives Müssen. Die primäre Sanktion, die tatsächliche Strafe, generiert eine derivative Sanktion: die Gefahr, bestraft zu werden. Der primäre Sanktionsmechanismus, der porös ist und nur in 50 Prozent der Fälle funktioniert, generiert einen derivativen Sanktionsmechanismus, der strikt ist und in (annähernd) 100 Prozent der Fälle existiert. Jeder Diebstahl ist also Gegenstand eines Müssens. Man muss ihn unterlassen, wenn man die *mögliche* primäre Sanktion vermeiden will, und das heißt: wenn man die Gefahr, primär sanktioniert zu werden, vermeiden will. Eine Sanktion wirkt, wie sich zeigt, nicht nur direkt, sondern auch indirekt; und die indirekte Wirkung ergibt sich von selbst aus der direkten. Die primäre Sanktion hat gleichsam ein zweites Leben in Form der derivativen Sanktion. Diesen Umstand machen sich der Normautor und die Sanktionsinstanz gerne zunutze. Sie müssen nicht tun, was sie in vielen Fällen aus Kostengründen wie auch aus anderen Gründen ohnehin nicht können: flächendeckend primär sanktionieren.

Dies ist der erste relevante Sachverhalt. Der zweite ist der, dass man Normen gewöhnlich internalisiert. Wenn, etwas zu tun, verboten ist, reagiert man, wenn man es dennoch tut, häufig mit einem inneren

Unbehagen. Man reagiert mit einem inneren Zwiespalt darauf, dass man etwas Verbotenes tut. Der eine Teil des Ichs handelt normwidrig, und der andere Teil des Ichs reagiert darauf mit affektivem Widerstand. Die äußeren Sanktionen wandern im Zuge der Internalisierung gewissermaßen nach innen und generieren auf diese Weise eine andere Art von derivativen Sanktionen, die man meistens „innere" Sanktionen nennt. Diese innere Ablehnung ist eine spontane Reaktion; dennoch ist es richtig, hier von Sanktionen zu sprechen. Denn die Reaktion des Über-Ichs, wie es Freud genannt hat, ist das Ergebnis der äußeren Sanktionen. Durch die äußeren Sanktionen entstehen die inneren, sie sind ebenfalls Derivate der primären Sanktionen. Und sie stellen sich, das ist ganz wichtig, in der Regel auch dann ein, wenn das normwidrige Verhalten unentdeckt bleibt und die äußeren Sanktionen folglich nicht greifen.

Mit den inneren Sanktionen entsteht auch ein normatives Müssen: Man muss, wenn man nicht mit sich selbst in Zwiespalt geraten will, die fraglichen Handlungen unterlassen. Die inneren Sanktionen kommen gewöhnlich zu den primären Sanktionen und den derivativen Sanktionen der ersten Art hinzu; sie ergänzen und verstärken sie. Es kann aber Situationen geben, in denen sich der, der vorhat, einen Diebstahl zu begehen, sicher ist und auch sicher sein kann, nicht entdeckt zu werden. In solchen Situationen existiert weder der primäre noch der derivative Sanktionsmechanismus, weil nicht einmal die Gefahr besteht, bestraft zu werden. Es existiert aber, die Internalisierung vorausgesetzt, der Mechanismus der inneren Sanktionen. Hier, wo die anderen Sanktionen nicht hinreichen, übernehmen die inneren Sanktionen die Aufgabe, ein normatives Müssen zu konstituieren. Die primären Sanktionen wirken also noch auf eine zweite Weise indirekt, über die inneren Sanktionen. Eine primäre Sanktion hat noch ein drittes Leben in Form der inneren Sanktion.

Eine Norm ist, wenn der Mechanismus der primären Sanktionierung strikt ist, ein relativ einfaches Gebilde. Sie wird ein kompliziertes Gebilde, wenn dieser Mechanismus porös ist: Wo die primären Sanktionen fehlen, übernehmen die derivativen (äußeren) Sanktionen ihre Funktion. Und wo auch diese fehlen, übernehmen die inneren Sanktionen die Aufgabe, ein Müssen zu konstituieren. Durch diese gestufte Substitution entsteht *summa summarum* ein strikter oder annähernd strikter Sanktionsmechanismus. – Wenn man sich die Dinge so weit klargemacht hat, kann man kurz und knapp sagen: Eine Norm existiert, wenn das von den Mitgliedern einer Gruppe nicht-gewollte Verhalten (strikt oder porös) primär sanktioniert wird. Die primäre Sanktionierung setzt von sich aus die derivativen Sanktionierungen in Gang, so dass eine Norm gewöhnlich auf die eine oder andere Weise im Prinzip für alle in allen Situationen existiert.

Die Grenze ihrer Existenz ist allein da gegeben, wo alle drei Sanktionstypen, also auch die inneren Sanktionen, ausfallen. Wo dies der Fall ist, existiert keine Norm, da eines der beiden konstitutiven Elemente, das Müssen der notwendigen Bedingung, nicht vorhanden ist. Wo dies der Fall ist, sind die betreffenden Handlungen folglich auch nicht wirklich verboten. Der Normautor hat zwar intendiert, zumindest gewünscht, dass die Norm in möglichst allen Situationen existiert und die Handlung, die die Norm zum Gegenstand hat, in allen Situationen verboten ist. Aber dieses Ziel hat er nicht erreicht. Das *intendierte* Verbot kommt also mit dem *tatsächlichen* Verbot nicht vollständig zur Deckung. – Die inneren Sanktionen, das sei noch notiert, fallen vor allem dann aus, wenn Adressaten die betreffende Norm ablehnen, sie für unvernünftig oder unmoralisch halten. Wer eine Norm für ungerecht hält, wird, wenn keine äußeren Sanktionen drohen, mit einiger Wahrscheinlichkeit nicht von inneren Widerständen davon abgehalten, gegen die Norm zu handeln.

Ich kann das Ergebnis der vorangegangenen Überlegungen jetzt auf einfache Weise formulieren. Eine Norm existiert *erstens* da nicht, wo eine Konsequenz, die als Sanktion dienen soll, von einzelnen Adressaten nicht als etwas Negatives betrachtet und folglich nicht gefürchtet wird. Hier fehlt das Wollen (bzw. Nicht-Wollen), das eine der beiden Bauelemente einer Norm. Und eine Norm existiert *zweitens* da nicht, wo der Handlung, auf die die Norm zielt, keine Sanktion, weder eine primäre noch eine derivative, folgt. Hier fehlt das Müssen der notwendigen Bedingung, das andere konstitutive Element einer Norm.

6. Existenz und Wirksamkeit

In der Diskussion über die Existenz von Normen spielen traditionell, vor allem in der Rechtsphilosophie, zwei Elemente eine bedeutende Rolle: die Wirksamkeit und die Geltung einer Norm. Wie stehen die Existenz einer Norm und ihre Wirksamkeit zueinander? Und wie sind die Existenz und die Geltung einer Norm aufeinander bezogen? Was ist überhaupt die Geltung einer Norm? Man sticht mit diesen Fragen in ein Nest von Unklarheiten, in denen sich die Unsicherheit über den Normbegriff und die Ontologie der Normen zeigt. Ich werde auf die Diskussion nicht im einzelnen eingehen, vielmehr von der Sache ausgehen, um so, was über die Existenz von Normen bereits gesagt wurde, weiter zu präzisieren.

Beginnen wir mit der Wirksamkeit. Eine Norm hat, wenn sie ein allgemeiner Sanktionsmechanismus ist, *eo ipso* ein motivationales Potential. Es resultiert aus dem für die Norm konstitutiven Vermeiden-Wollen der Sanktion. Es sei noch einmal betont, dass der Sanktionsmechanismus die Norm *ist*, er wird der Norm nicht als etwas von ihr Unterschiedenes hinzugefügt, um sie wirksam zu machen. Eben deshalb besitzt eine Norm aus sich heraus motivationales Potential. – Aber nur ein *Potential*. Wir haben gesehen, dass zwischen einem normativen Müssen und dem tatsächlichen Vollzug der „gemussten" Handlung eine Lücke liegt. Dies gilt auch für das normgenerierte Müssen. Auch zwischen der Existenz einer Norm und dem tatsächlichen normkonformen und von der Norm geleiteten Handeln liegt eine, genauer betrachtet dreifache, Lücke: Es kann *erstens* sein, dass eine Norm existiert, dass sie aber nicht epistemisch präsent ist. Dann hat sie natürlich keine motivierende Wirkung. Dies ist die erste Lücke. Es kann *zweitens* sein, dass eine Norm existiert, dass der Adressat weiß, dass es sie gibt, dass er auch weiß, dass er sie eigentlich im Zuge seines eigenen Wollens befolgen müsste, dass er das aber nicht wahrhaben will. Er ignoriert den Handlungsgrund, von dem er sieht, dass er ihn hat, und macht ihn auf diese Weise motivational unwirksam. Dies ist die zweite Lücke. Und es kann *drittens* sein, dass eine Norm existiert, dass man erkennt, dass sie existiert, dass man die entsprechende Handlungsabsicht ausbildet und dann doch – aus Willensschwäche oder weggerissen von einem starken Affekt – anders handelt. Auch in diesem Fall kommen die Existenz der Norm und das tatsächliche normbestimmte Handeln nicht zusammen. Dies ist die dritte Lücke.

Jede einzelne dieser Lücken reicht aus, um zu zeigen, dass die Existenz einer Norm und ihre Wirksamkeit zwei verschiedene Dinge sind. Die Existenz ist offenkundig unabhängig von der Wirksamkeit. Schon der Hinweis auf die Lücken zeigt also, dass die Auffassung, die Wirksamkeit einer Norm sei ihre Existenz, falsch ist. Hinter dieser Auffassung steht auch das Bestreben, die Existenz der Normen an etwas Empirisches zu binden. Dieser Impuls gegen die Vorstellung, Normen seien etwas Überempirisches, sie seien ontologisch im Reich des Sollens und nicht im Reich des Seins angesiedelt[26], ist ganz richtig. Aber er wird auf falsche Weise befriedigt, wenn man meint, die Wirksamkeit sei es, die die Existenz einer Norm ausmacht.

Es kommt ein weiterer Aspekt hinzu, der in dieselbe Richtung weist: Eine Norm ist zunächst immer nur ein *pro-tanto*-Müssen. Es kann sein, dass jemand die Norm mental repräsentiert, die Einsicht in die Existenz der Norm angemessen in seine Überlegung einbezieht und schließlich auch von seiner Überlegung bestimmt handelt – aber dennoch nicht normgemäß handelt. Dies, weil andere Gewichte auf der Waage der Überlegung stärker waren als das Gewicht der Norm. Hier ist die Norm durchaus wirksam, sie geht mit ihrem Gewicht in die Überlegung ein, und gäbe es die konträren Gewichte nicht, würde sie das Handeln bestimmen. Aber so wie die Dinge liegen, handelt der Betreffende doch gegen die Norm. Die Norm setzt sich nicht durch, sie wird nicht handlungswirksam. Auch dies demonstriert, dass die Existenz der Norm und ihre motivationale Effektivität verschiedene Dinge sind.

Man könnte von diesen Überlegungen sagen, dass sie völlig zutreffend sind, dass sie aber nur Einzelfälle betreffen. Im großen und ganzen ist eine Norm epistemisch präsent, im großen und ganzen bildet man die entsprechende Handlungsabsicht aus, und im großen und ganzen handelt man geleitet von seiner Überlegung und tut das „Gemusste". Willensschwäche und querlaufende Affekte sind eher

---

[26] So Kelsen, *Reine Rechtslehre*, 9 ff.

Ausnahmen. Und im allgemeinen ist das normgenerierte Müssen auch stark genug, um sich durchzusetzen. Eine Norm und ihre Wirksamkeit kommen also in den allermeisten Fällen zusammen. Und wenn eine Norm nicht im großen und ganzen wirksam ist, existiert sie nicht. Dies sei die eigentlich gemeinte These, nicht dass eine Norm in jedem einzelnen Fall handlungswirksam ist. Niemand würde das ernsthaft behaupten. – Diese Sicht der Dinge wirkt plausibel. Zumal es so aussieht, als definiere sie die Existenz einer Norm nicht durch ihre Wirksamkeit, sondern betrachte sie nur als eine mit der Existenz der Norm verbundene Folge. Dass eine Norm im großen und ganzen handlungswirksam ist, ist, so könnte man noch anfügen, kein Wunder, wenn man realisiert, dass sie ein Sanktionsmechanismus ist und deshalb aus sich heraus ein motivationales Potential hat.

Dennoch ist diese Auffassung falsch. Sie übersieht einen entscheidenden Unterschied, den Unterschied zwischen der Wirksamkeit einer Norm und der Tatsache normkonformen Verhaltens. In Deutschland gilt wie in anderen Ländern auch das rechtliche Verbot, andere Menschen zu töten. Aber natürlich ist es nicht so, dass die Bürger Tötungshandlungen wegen dieser Norm unterlassen. Sie unterlassen sie, weil die Tötung eines Menschen gar nicht erst zu einer Option in ihren Überlegungen wird. Sie handeln also zwar normkonform, aber *normunabhängig* normkonform.[27] Die Norm spielt in ihrem Verhalten gar keine Rolle, sie würden sich genauso verhalten, wenn es die Norm nicht gäbe. Die Norm ist hier also nicht wirksam. Sie fungiert nur als ein Reservegrund und als ein Reservemotiv für die außergewöhnlichen Fälle, in denen die Tötung eines Menschen für jemanden zu einer Option wird und alle anderen Gründe, die Tötungshandlung zu unterlassen, auszufallen drohen.[28] Im großen und ganzen aber ist die Norm gerade nicht wirksam. Dennoch existiert sie ohne

---

[27] Vgl. zur Unterscheidung normabhängiger und normunabhängiger Normkonformität Vf.: Moral, künstliche Gründe und moralische Motivation, in: H. F. Klemme/M. Kühn/D. Schönecker (Hg.): *Moralische Motivation. Kant und die Alternativen* (Hamburg 2006) 329–342, 336 ff.

[28] Der Ausdruck „Reservemotiv" stammt von G. Patzig. Vgl. G. P.: Moralische Motivation, in: G. P./D. Birnbacher/W. Zimmerli (Hg.): *Die Rationalität der Moral* (Bamberg 1996) 39–55, 51.

Zweifel. Und dennoch verhalten sich die Menschen im allgemeinen normkonform. Eine Norm ist eben nicht schon deshalb wirksam, weil die Normadressaten sich im allgemeinen normkonform verhalten. Es wäre also falsch, die Wirksamkeit zu einer notwendigen Folge einer Norm zu machen und zu sagen, wenn eine Norm nicht im großen und ganzen wirksam sei, existiere sie nicht. Das ist nicht der Fall. Sie existiert, wie gesagt, auch dann, wenn sie im großen und ganzen nicht wirksam ist.

Wir können hiernach zwei Fallgruppen unterscheiden, die Fälle, in denen eine Norm zwar existiert, aber motivational nicht zum Zuge kommt und auch nicht zum Zuge zu kommen braucht, weil andere Handlungsgründe bereits zu demselben Verhalten motivieren. Hier kann man nur sagen, dass die Norm wirksam *wäre*, wenn die anderen Handlungsgründe ausfielen. Und die Fälle, in denen eine Norm der entscheidende Handlungsgrund ist und im allgemeinen das normkonforme Verhalten bewirkt. In beiden Falltypen entspricht der Norm ein normkonformes Verhalten, zumindest im großen und ganzen. So dass man sagen kann: Wo eine Norm, da normalerweise Normkonformität. Nicht die Wirksamkeit ist also das, was mit einer Norm verbunden ist, sondern die Normkonformität des Verhaltens.

Heißt das, dass es keine Normen ohne entsprechende Verhaltensregularität gibt? Gibt es nicht „paper rules", die im Strafgesetzbuch oder in der Abgabenordnung auf dem Papier stehen, die aber niemand oder fast niemand befolgt? – Hierzu ist zu sagen, dass die Existenz einer Norm an der Existenz des Sanktionsmechanismus hängt. Wenn die Sanktionsinstanz aufhört zu sanktionieren, muss niemand mehr etwas tun oder unterlassen, um die Sanktion – oder das Risiko, sanktioniert zu werden – zu vermeiden. Das heißt, die Norm existiert nicht mehr, auch wenn im Gesetzblatt noch steht, dass, wer das-und-das tut, mit der-und-der Sanktion bestraft wird. Nicht das Gesetzblatt konstituiert die Norm. Die Norm existiert nur durch den Sanktionsmechanismus. Und wenn es ihn nicht mehr gibt, gibt es auch die Norm nicht mehr.

Ein in diesem Zusammenhang aufschlussreiches Beispiel ist die derzeitige strafrechtliche Regelung der Abtreibung in Deutschland. Eine Abtreibung ist, wenn sie von einem Arzt in den ersten zwölf Wochen nach der Empfängnis vorgenommen wird und die Schwan-

gere sich vor dem Abbruch beraten lassen hat, rechtswidrig, aber
straffrei. Der Gesetzgeber tut mit dieser Regelung so, als bestünde
hier eine Rechtsnorm, als verzichte er aber aus bestimmten Gründen
auf die Sanktionierung. Tatsächlich muss man sagen, dass keine Norm
besteht, sondern nur behauptet wird, sie bestehe. Es existiert nur
eine Scheinnorm. Denn was passiert, wenn eine Schwangere unter
Beachtung der genannten Kriterien eine Abtreibung vornehmen lässt
und damit rechtswidrig handelt? Es passiert rechtlich gar nichts. Das
heißt aber, dass kein Müssen besteht. Nichts nötigt die Frau, eine
Abtreibung zu unterlassen. Mit der bloßen Feststellung, dass eine
Handlung rechtswidrig ist, schafft man naturgemäß kein Müssen.
Und genau genommen ist diese Feststellung nur ein Bluff. Denn die
Rechtsnorm, durch die eine Abtreibung rechtswidrig würde, existiert
ja gerade nicht. Man kann, was der Gesetzgeber hier faktisch tut,
vielleicht am besten so fassen: Er bekundet, dass eine Abtreibung
rechtlich verboten sein sollte, dass ein solches Verbot seinem Willen
entspräche, dass er aber aus bestimmten Gründen auf die Etablierung
der Norm verzichtet. So dass es sie, das ist in jedem Fall das Ergebnis,
faktisch nicht gibt. Wenn man die Sanktionierung wegnimmt, nimmt
man auch die Norm weg.

Eine Sanktionsinstanz kann zu einem bestimmten Zeitpunkt aufhören zu sanktionieren. Die Norm hört dann auf zu existieren. Eine
Norm kann auch, vor allem wenn sie durch informelle Sanktionen
existiert, in einem schleichenden Prozess verschwinden. Der Prozess
verläuft dann vermutlich so, dass die Sanktionierung zunehmend
poröser wird, um am Ende ganz zu versiegen. Wenn die Sanktionierung porös und poröser wird, werden die Situationen, in denen man
sicher sein kann, dass man nicht sanktioniert wird, immer zahlreicher.
Das heißt, der Bereich, in dem die Norm noch existiert, schmilzt
immer weiter zusammen. Außerdem wird das Risiko, sanktioniert
zu werden, in den Fällen, in denen die Sanktionierung nicht ganz
ausgeschlossen werden kann, immer geringer. Irgendwann kommt es
in diesem Prozess zu dem Punkt, an dem man sagt, dass die Norm
nicht mehr existiert. – Dasselbe gilt entsprechend für das Entstehen
von Normen.

Zusammengenommen lässt sich sagen: Die Existenz und die
Wirksamkeit einer Norm sind verschiedene Dinge. Auch ist die

Wirksamkeit einer Norm keineswegs eine notwendige Folge ihrer Existenz. Nicht die Wirksamkeit geht mit der Existenz einer Norm einher, sondern, zumindest in der Regel, die weitgehende Normkonformität des Verhaltens.

7. Existenz und Geltung

Die Rede von der Geltung einer Norm ist ein Herd von Konfusionen. Der Begriff hat in der Diskussion über die Ontologie und Normativität von Normen nichts geleistet, vielmehr nur Verwirrung gestiftet. Deshalb wäre es ein Fortschritt, wenn man davon, dass etwas gilt, ausschließlich so spräche, wie wir das in der alltäglichen Sprache tun, und auf alle weitergehenden philosophischen Gebrauchsweisen verzichtete. Das Wort „Geltung" wurde erst spät, seit den 70-er Jahren des 19. Jahrhunderts, vor allem unter dem Einfluss der Schriften von H. Lotze zu einem philosophischen Terminus, und zwar in einem ontologischen Kontext. Unter Geltung verstand man einen besonderen ontologischen Modus und stellte die „Welt des Geltenden" der „Welt des Seienden" gegenüber.[29] Die Dinge, die gelten, sind in dieser dualistischen, sich auf die platonische Ideenlehre zurückbeziehenden Konzeption in einer Sphäre der Idealität angesiedelt, die von dem, was ist, das heißt von der natürlichen Wirklichkeit getrennt ist. So verstanden schien der Begriff der Geltung geeignet, die besondere Ontologie einer Norm zu fassen. Die Existenz einer Norm ist keine Seinstatsache, eine Norm gilt vielmehr. „‚Geltung' ist", so schreibt Kelsen, „die spezifische Existenz der Norm, die von der Existenz natürlicher Tatsachen ... unterschieden werden muss."[30] Die „‚Geltung' einer Norm ist ihre spezifische, ideelle Existenz."[31]

Natürlich steht hier die Idee der Trennung von Sein und Sollen im Hintergrund. Wenn eine Norm etwas Seiendes wäre, könnte man, so die Vorstellung, ihre Normativität nicht erklären. Denn etwas,

---

[29] So z. B. E. Lask: Rechtsphilosophie (1905), in: E. L.: *Gesammelte Schriften*, Bd. 1 (Tübingen 1923) 275–331, 319.

[30] Kelsen, *Allgemeine Theorie der Normen*, 2.

[31] Ebd. 22.

was ist, bedeutet niemals, dass etwas getan werden soll oder, wie
man richtiger sagen müsste, dass etwas getan werden muss. Gelten
bedeutet hingegen „Befolgt-werden-Sollen".[32] Lask spricht vom
„Sollenscharakter" des Geltenden[33], und Kelsen, wie nach ihm auch
Habermas, von der „Soll-Geltung" einer Norm.[34] Es ist offenkundig,
dass die Schwierigkeit, die diese dualistischen Theoriestücke hervor-
treibt, darin liegt, zu verstehen, wie etwas, das Teil der natürlichen
Welt ist, normativ sein kann. Das scheint ausgeschlossen zu sein.
Deshalb muss das Normative aus einer anderen ontologischen Sphäre
auf uns herabkommen.

Ich habe in den vorangegangenen Kapiteln bereits mehrfach gesagt, dass die in dieser Weise dualistisch konzipierte Unterscheidung
von Sein und Sollen völlig verfehlt ist. Die Intuition, Sein und Sollen
müssten zwei getrennten ontologischen Sphären angehören, ist eines
der Hauptübel, vielleicht sogar das Hauptübel im Hintergrund der
Diskussion über Normativität. Tatsächlich gibt es Normen nur, wenn
sie Teil der einen Welt sind, in der wir leben. Es ist richtig, dass die
ontologisch objektive, also von uns unabhängige Wirklichkeit nichts
Normatives und auch keine Normen enthält; aber es gibt die ontologisch subjektive, von uns abhängige Wirklichkeit. Zu ihr gehören die
normativen Phänomene und auch die Normen. Eine Norm besteht,
wie wir sahen, aus dem Zusammenkommen zweier nicht-normativer
Bauelemente, einem künstlich geschaffenen Reaktionsmechanismus
und einem Wollen. Wenn diese Elemente zusammenkommen, bedeutet
das, dass eine Gruppe von Menschen etwas tun muss. Eine Norm
ist also ein Teil dessen, was ist, und sie ist dennoch normativ. Die
Normativität einer Norm zwingt uns in keiner Weise, sie ontologisch
in einer anderen, ohnehin nur erträumten Welt anzusiedeln.

Wenn man das philosophisch, näherhin ontologisch aufgeladene
Verständnis von „Geltung" beiseite lässt und beim gewöhnlichen
Sprachgebrauch bleibt, ist es unproblematisch, zu sagen, dass eine

---

[32] Ebd.
[33] Lask, Rechtsphilosophie, 314.
[34] Kelsen, *Allgemeine Theorie der Normen*, 4; J. Habermas: Richtigkeit versus
      Wahrheit. Zum Sinn der Sollgeltung moralischer Urteile und Normen, in:
      J. H.: *Wahrheit und Rechtfertigung* (Frankfurt 1999) 271–318.

Norm gilt. Diese Ausdrucksweise ist Teil der Alltagssprache, und mit ihr wird gesagt, dass es die Norm gibt oder dass sie existiert. Dabei führt die Rede vom „Gelten" Assoziationen mit, die mit der Rede von der Existenz nicht oder nicht so eng verbunden sind. Wenn es heißt, dass eine Norm gilt, fragt man leicht, wo oder für wen sie gilt. Eine Norm gilt hier und woanders nicht, sie gilt für diesen Personenkreis und für jenen nicht. So gelten die Strafgesetze, die in Deutschland gelten, in anderen Ländern nicht. Geltung ist also etwas, was einen Ort und einen Adressatenkreis hat. Man spricht vom „Geltungsbereich". Geltung hat auch zeitlich einen Ort. Das neue Abtreibungsgesetz in Deutschland gilt seit 1995 und wird vielleicht nur noch bis zum nächsten Regierungswechsel gelten. Dieser alltägliche Gebrauch des Wortes „gelten" bringt, wie sich zeigt, eine willkommene Konkretion mit sich. Normen sind als Dinge, die gelten, Phänomene, die an einem bestimmten Ort und in einer bestimmten Zeit existieren und an bestimmte Adressaten gerichtet sind.

Man kann im einzelnen zu klären versuchen, von welchen Dingen man sagt, dass sie gelten, und von welchen man das nicht sagt – und welcher Unterschied in den Dingen dieser Differenzierung zugrundeliegt. Ich lasse diese Frage beiseite. Festhalten will ich nur, dass Dinge, die gelten, immer eine subjektive Ontologie haben, während Dinge, die eine objektive Ontologie haben, nicht gelten.

Nach dieser Klärung können wir zu einem weiteren Punkt kommen, der für das Verständnis der Ontologie und der Normativität von Normen von großer Bedeutung ist und der mit der Frage der Geltung zu tun hat. Man kann eine Norm, die existiert oder die man sich als existierend vorstellt, auf verschiedene Eigenschaften hin prüfen. Man kann untersuchen, ob sie im großen und ganzen wirksam ist oder nicht. Man kann fragen, ob sie von allen oder den meisten Betroffenen akzeptiert wird oder rationalerweise akzeptiert werden könnte. Man kann fragen, ob der Normautor zur Setzung der Norm befugt war oder ob er mit der Normsetzung nur seine Macht ausgespielt hat. Man kann prüfen, ob eine Norm, etwa eine Rechtsnorm, den moralischen Maßstäben entspricht oder nicht. So kann man Steuergesetze daraufhin befragen, ob sie gerecht sind. Man kann auch prüfen, ob eine Norm kognitiv in Ordnung ist. So würde man wohl sagen, dass eine Norm, die es verbietet, bestimmten Säugetieren Leiden zuzufügen, weil sie heilig sind, auf einer kognitiven Annahme beruht, die sich nicht verteidigen lässt. Man kann auch untersuchen, ob eine Norm, so bei einer Rechtsnorm, in einer Weise zustande gekommen ist, die den von der Verfassung vorgegebenen Verfahrensregeln entspricht.

Alle diese Fragen – und eine Reihe weiterer – interessieren uns in verschiedenen Kontexten. Häufig wird nun das Haben bestimmter der genannten Eigenschaften mit dem Begriff der Geltung verbunden. So wird von einer Norm, die wirksam ist und von allen oder den meisten akzeptiert wird, gesagt, dass sie gilt. Man spricht hier gelegentlich von faktischer Geltung. Oder es wird gesagt, dass eine Norm, die moralisch in Ordnung ist, gilt. Während eine Norm, die die moralischen Maßstäbe verletzt, dann nicht gilt. Dies sei die moralische Geltung. Oder es wird von einer Rechtsnorm, die korrekt zustande gekommen ist, gesagt, dass sie gilt, während eine Rechtsnorm, die diese Eigenschaft nicht hat, dann nicht gilt. Dies sei die juristische Geltung. Oder es wird gesagt, Geltung bedeute bei moralischen Normen „rationale Akzeptabilität"[35], so dass moralische Normen nur dann gelten, wenn sie rational akzeptabel sind.

In all diesen Fällen ist die Rede von „Geltung" verwirrend und stark irreführend. Warum? Weil sie *erstens* – wegen der unlösbaren Verbindung von Geltung und Existenz – suggeriert, dass die Normen, die die fraglichen Eigenschaften nicht haben, gar nicht existieren, dass es sie gar nicht gibt. Und weil sie *zweitens* – wegen der unlösbaren Verbindung von Geltung und Normativität – suggeriert, dass mit der Geltung auch die Normativität an dem Vorliegen der fraglichen Eigenschaften hängt, dass also die Normativität erst mit den betreffenden Eigenschaften entsteht. Mit beiden Annahmen begeht man einen schweren Fehler. Denn die Existenz und die Normativität einer Norm sind von dem Vorliegen oder Nicht-Vorliegen der genannten Eigenschaften ganz und gar unabhängig. Die Normen gelten in dem üblichen Sinne der Existenz unabhängig davon, ob sie eine der genannten Eigenschaften haben oder nicht. Und deshalb provoziert es notwendigerweise Konfusionen, Geltung durch das Vorliegen einer dieser Eigenschaften zu bestimmen.

---

[35] So Habermas, Richtigkeit versus Wahrheit, 283.

Wie wir sahen, existiert eine Norm auch dann, wenn sie im großen und ganzen nicht wirksam ist. Es kann sein, dass der Sanktionsmechanismus existiert, aber nicht zur Anwendung kommt, weil die Betroffenen unabhängig von der Norm das tun, was die Norm will. Genauso existiert eine Rechtsnorm unabhängig von ihrer moralischen Qualität. Steuergesetze, die einer kleinen Bevölkerungsgruppe einen unmäßigen Vorteil verschaffen, können jahrelang existieren, bis die nicht intendierte Begünstigung aufgedeckt wird. Und mit der Aufdeckung der Privilegierung endet noch keineswegs ihre Existenz. Nicht anders ist es bei Rechtsnormen, die nicht korrekt zustande gekommen sind. Selbst wenn das von einzelnen beklagt wird, ist die betreffende Norm in Kraft, und wer die mit ihr gegebenen Sanktionen vermeiden will, muss die Norm befolgen. Vielleicht stellt das Bundesverfassungsgericht eines Tages fest, dass die Norm auf verfassungswidrige Weise zustande gekommen ist. Dann ist die Norm nichtig, sie existiert nicht mehr, das heißt, dass das bis dahin normwidrige Verhalten nicht mehr sanktioniert wird. Auch die Existenz und die Normativität einer moralischen Norm hängt nicht daran, dass sie rational akzeptabel ist. Die Geschichte der Moral kennt viele moralische Normen, die die Eigenschaft der rationalen Akzeptabilität nicht hatten. Aber hat es sie deshalb nicht gegeben? Und haben sich die Menschen dem Druck dieser Normen nicht gebeugt? Die Normen haben existiert, und sie hatten die Eigenschaft der Normativität: Wer sich anders als „gemusst" verhielt, musste mit informellen sozialen Sanktionen rechnen. Es ist aus diesem Grunde äußerst verwirrend, von derartigen Normen zu sagen, dass sie nicht gegolten haben. Hinter dieser Art zu sprechen steht eine falsche Auffassung von der Normativität moralischer Normen (und der Normen insgesamt), nämlich die, dass die Normativität aus der rationalen Akzeptabilität komme, aber nicht aus der Sanktionierung.

Man muss sich hier die einfache Wahrheit vor Augen halten, dass auch eine „schlechte" Norm (eine, die nicht den moralischen Maßstäben entspricht, eine, die nicht auf korrekte Weise zustande gekommen ist, eine, die nicht rational akzeptabel ist) eine Norm ist. Und wer weiß, was eine Norm ist, weiß auch, dass man die Eigenschaft der Normativität von ihr nicht ablösen kann. Eine Norm ist *eo ipso* normativ. Und deshalb muss die Normativität einer Norm so erklärt werden, dass selbst eine schlechte Norm normativ ist. Und das heißt, dass die „guten" Eigenschaften (moralische Qualität, Verfahrenskorrektheit, rationale Akzeptabilität etc.) nicht die Quelle der Normativität sein können. – Natürlich ist es für einen Normadressaten ein wichtiger Aspekt, ob er (um dieses Beispiel zu nehmen) eine Norm akzeptiert, ob er es gut findet, dass sie existiert, oder ob er es schlecht findet. Und natürlich hat diese Einschätzung Bedeutung für die Art und Weise, wie er sich angesichts der Norm verhält. Wenn er sie für erpresserisch, für unmoralisch, für verfassungswidrig, für kognitiv defizient hält, wird er keine innere Bindung an die Norm ausbilden, er wird versuchen, sich von ihr so wenig beeinflussen zu lassen wie möglich; er wird auf den Makel der Norm hinweisen und sich möglicherweise für ihre Abschaffung engagieren. Vielleicht wird er sogar so weit gehen, offen gegen die Norm zu handeln und die fälligen Sanktionen hinzunehmen. All dies ist möglich, aber es kann nicht darüber hinwegtäuschen, dass die Norm existiert und dass sie eine normative Kraft hat. Die Norm gilt, und nur weil es so ist, kann man versuchen, es zu ändern. Aber von ihr zu sagen, dass sie, weil sie die entsprechende „gute" Eigenschaft nicht hat, gar nicht gilt, hilft nicht weiter. Es verwirrt nur die Geister.

Ich kann jetzt noch einmal sagen: Man sollte, wenn es um die Geltung von Normen geht, „Geltung" im Sinne von „Existenz" verstehen, wie wir es in der Alltagssprache ohnehin tun. Man sollte alle dualistischen Intentionen fernhalten. Und man sollte den Begriff der Geltung nicht mit „guten" Eigenschaften verbinden, die Normen haben können, aber auch nicht haben können, weil es sonst fast notwendig zu Konfusionen bei der Frage kommt, was die Existenz und die Normativität einer Norm konstituiert.

8. Existenz und Motivation

Zum Abschluss dieses Kapitels möchte ich auf einen Einwand eingehen, der bisweilen gegen eine sanktionistische Theorie der Normen vorgebracht wird und der einen generellen Vorbehalt artikuliert. Eine solche Konzeption kann, so wird gesagt, nicht zutreffend sein, weil, wenn wir uns entscheiden, normkonform zu handeln, der Blick auf

die Sanktion nur ganz selten eine Rolle spielt. Selbst wenn wir im
Blick auf die Norm normkonform handeln, tun wir dies, einfach weil
es die Norm gibt oder weil wir sie vernünftig finden, aber nicht weil
wir im Falle des Anders-Handelns eine Sanktion hinnehmen müssten.
Sanktionen kommen in dem Pro und Contra des praktischen Überlegens in diesen Situationen kaum vor. Und deshalb kann es nicht richtig
sein, Normen als Sanktionsmechanismen zu bestimmen. – Ich lasse es
offen, ob die hier gegebene Phänomenbeschreibung überzeugend ist
und Sanktionen wirklich nur ganz selten eine Rolle bei der Handlungswahl spielen. Man darf jedenfalls nicht die verschiedenen derivativen
Sanktionen übersehen. Man unterlässt manches, weil man sonst Gefahr
liefe, sanktioniert zu werden. Und man unterlässt auch manches, weil
man es sonst mit einem Unbehagen und einem inneren Widerstand
seinem eigenen Handeln gegenüber zu tun bekäme. Vor allem aber
darf man nicht die äußerst subtile und feingesponnene, häufig ohne
weiteres gar nicht sichtbare Wirksamkeit der informellen sozialen
Sanktionen übersehen. Diese Sanktionen spielen oft untergründig, uns
selbst kaum bewusst und uns selbst kaum eingestanden, bei unseren
Handlungsentscheidungen eine wesentliche Rolle. Ihre Wirksamkeit ist
erheblich, weil unsere Empfindlichkeit diesen Sanktionen gegenüber,
ob wir es wollen oder nicht, erheblich ist.

Grundsätzlich ist zu dem Einwand zu sagen, dass er nicht in hinrei-
chender Weise die Frage, was eine Norm und ihr Müssen konstituiert,
und die Frage, warum man sich normkonform verhält, auseinanderhält.
Die Frage der Ontologie nach den Existenzbedingungen einer Norm
und die nach der Motivation zum normkonformen Verhalten sind
jedoch zwei sehr verschiedene Fragen. Und wer der Auffassung ist,
das normgenerierte Müssen sei sanktionskonstituiert, muss deshalb
nicht behaupten, dass derjenige, der sich normkonform verhält, dies
im Blick auf die Sanktion tut. Dies ist nur eine Möglichkeit, neben
der es eine Reihe anderer Möglichkeiten gibt. Es ist durchaus richtig,
dass man sich häufig normkonform verhält, ohne dass die Sanktion
dabei eine Rolle spielt. Aber das erlaubt nicht den Rückschluss, dass
die sanktionistische Theorie darüber, was eine Norm ist und was ihre
Normativität ausmacht, falsch ist.

Überlegen wir kurz, warum die Menschen normkonform handeln.
Wie bereits erläutert, handelt man in vielen Fällen normunabhängig

normkonform. Es gibt die Norm, aber sie kommt bei der Handlungswahl gar nicht zum Zuge, weil man andere Gründe hat, so zu handeln, und deshalb auch so handeln würde, wenn es die Norm gar nicht gäbe. Zum Beispiel handelt jemand, der geliehenes Geld zurückgibt, damit der entsprechenden moralischen Norm gemäß. Aber er kann so handeln, weil es unter dem Gesichtspunkt der Reziprozität klug ist. Würde er das Geld nicht zurückgeben, müsste er damit rechnen, dass der andere in Zukunft genauso verfährt und so für beide nützliche Leihgeschäfte unmöglich werden. Wer so handelt, handelt also normunabhängig normkonform. Dasselbe, wenn jemand einem anderen aus Mitleid in einer Notsituation hilft. Auch er handelt normunabhängig normkonform. Auch er würde genauso handeln, wenn es die moralische Norm, anderen in Notsituationen zu helfen, nicht gäbe. Es gibt, wie diese und tausend andere Beispiele zeigen, eine Reihe von Motiven, normkonform zu handeln, die mit der Norm nichts zu tun haben. Schon dieser Befund erklärt, dass man sich häufig normkonform verhält, ohne dass eine Sanktion im Blick ist. In all diesen Fällen ist nicht einmal die Norm im Blick.

Wenn wir zu dem normabhängigen normkonformen Verhalten kommen, kann man verschiedene Fälle unterscheiden. Ich möchte vier signifikante Falltypen anführen. Wir verhalten uns – das ist der erste Fall – ohne Zweifel häufig normkonform, einfach weil es die Norm gibt und es uns selbstverständlich ist, die geltenden Normen zu befolgen. Die Tatsache, dass eine Norm existiert, ist in diesem Fall bereits ein hinlänglicher Grund, entsprechend zu handeln. Man muss sich hier daran erinnern, dass unser Hineinwachsen in die Welt zu einem großen Teil darin besteht, Regeln und Normen zu lernen. Wir nehmen deshalb, dass es Normen gibt und dass man ihnen folgt, zunächst als etwas Selbstverständliches und Unproblematisches hin. Von dieser grundsätzlich ungebrochenen Haltung profitieren die Normen, sie haben einen Kredit. Und sie brauchen, wenn ihnen die Menschen in dieser Haltung begegnen, ihren harten Kern des Müssens gar nicht zur Geltung zu bringen. – Es liegt auf der Hand, dass die Tatsache, dass Menschen sich in dieser Weise verhalten, nichts darüber impliziert, was das Müssen einer Norm ausmacht.

Ein anderer Fall liegt vor, wenn man normgemäß handelt, um dem Normautor (etwa den Eltern) zu gefallen, um sich ihm dankbar zu erweisen, um ihn nicht zu enttäuschen etc. Man sieht dann in der Norm nur das Wollen des Normautors, und sein Wollen ist schon Grund genug, das Gewollte zu tun und damit normkonform zu handeln. Auch in diesem Fall bleibt das Müssen, das mit der Norm gegeben ist, ausgeblendet. Es spielt bei der Handlungswahl keine Rolle. Dennoch handelt es sich um ein normabhängiges normkonformes Verhalten. Denn der maßgebliche Wille manifestiert sich in einer Norm.

Ein weiterer Fall liegt vor, wenn man normgemäß handelt, weil man die Norm für vernünftig hält. Auch hier spielt der Blick auf die Sanktion keine Rolle. Ich übersetze, ohne auf Details einzugehen, die Aussage, dass jemand eine Norm für vernünftig hält, in die Aussage, dass er es gut findet, dass es die Norm gibt, dass er eine Welt mit dieser Norm einer Welt ohne sie vorzieht. Die Gründe, aus denen man eine Norm für gut hält, können sehr verschieden sein: Weil die Gesellschaft, wenn alle oder fast alle das von der Norm Geforderte tun, sich in eine Richtung entwickelt, die den eigenen Vorstellungen entspricht. Weil die Norm dazu führt, dass sich die anderen einem gegenüber in einer Weise verhalten, an der einem elementar gelegen ist. Weil bestimmte in der Vergangenheit immer wieder zu verzeichnende Verhaltensauswüchse durch die Norm wahrscheinlich verhindert, zumindest seltener werden. Das sind einige der vielen möglichen Gründe. Es ist nun kein Zweifel, dass für viele die Tatsache, dass sie eine Norm gut finden, ein ausreichender Grund ist, sich normkonform zu verhalten. Auch hier brauchen die Normen, damit es zum normkonformen Handeln kommt, ihren Kern des Müssens nicht zur Geltung zu bringen.

Beim vierten Typus ist die Wirkung der Norm kaum sichtbar, aber gleichwohl vorhanden. Wir werden gewöhnlich entlang den geltenden Normen sozialisiert und bilden infolgedessen Handlungs- und Verhaltensdispositionen aus, die dazu führen, dass wir uns in Situationen, die durch eine Norm bestimmt sind, normkonform verhalten, ohne auch nur einen Moment an die Norm oder eine mögliche Sanktionierung zu denken. Wir handeln so, weil es uns aufgrund unserer Dispositionen einfach selbstverständlich ist, weil wir gar nicht auf die Idee kommen, dass man anders handeln könnte. Die Wirkung einer Norm ist in dieser Situation nicht sichtbar; dennoch gibt es sie, freilich nur vermittelt über die Sozialisation und die Ausbildung der Handlungsdisposition, die in der Vergangenheit im Blick auf die Norm erfolgt ist und nun bewirkt, dass man selbstverständlich so handelt, wie es der Norm entspricht.

Man kann sich diese Form der Wirksamkeit von Normen an folgendem Beispiel verdeutlichen. Beim Fußballspiel ist es verboten, den Ball mit der Hand zu spielen. Wer es tut, wird mit einem Freistoß für die gegnerische Mannschaft und mit einer Verwarnung bestraft. Nun dürfte es kaum einen gut ausgebildeten Spieler geben, der es unterlässt, mit der Hand zu spielen, weil er an das Verbot denkt und die drohende Sanktion vermeiden will. Die Spieler entwickeln vielmehr im Laufe ihrer Ausbildung Bewegungsdispositionen, die das Spiel des Balles mit der Hand praktisch ausschließen. Sie gehen von vornherein so an den Ball heran, dass es nicht zum Handspiel kommt. Und es wäre ganz abwegig, zu sagen, ein Spieler habe ein Handspiel erwogen, es dann aber im Blick auf die drohende Sanktion unterlassen. Das Verbot und die Sanktion spielen also in der konkreten Situation überhaupt keine Rolle. Dennoch gibt es eine Wirksamkeit der Norm. Denn die Spieler haben die Bewegungsdispositionen, die ein Handspiel ausschließen, ausgebildet, *weil* es verboten ist, mit der Hand zu spielen.

Wir haben jetzt vier verschiedene Typen normabhängigen normkonformen Verhaltens beschrieben, deren Gemeinsamkeit darin liegt, dass die Sanktion bei der Handlungswahl keine Rolle spielt. Es ist interessant zu sehen, auf wie vielfältige Weise die Existenz einer Norm auf die Handlungswahl einwirkt, ohne dass ihr eigentlicher Kern, der Sanktionsmechanismus, überhaupt ins Spiel kommt. Wie ist das möglich? Es ist möglich, weil die Menschen, die in den verschiedenen Beispielsituationen normkonform handeln, alle bereits in bestimmter Weise präpariert sind, wenn sie auf die Norm stoßen. Jede dieser Präparationen generiert ein Motiv, sich normkonform zu verhalten, aber keines dieser Motive kommt aus der Norm selbst. Alle diese Motive kommen vielmehr aus dem Plus einer Vorab-Disposition oder einer so-oder-so qualifizierten Haltung der Norm gegenüber. Nur für den, der ohne einen solchen Puffer auf die Norm stößt, muss das Motiv, sich normkonform zu verhalten, aus der Norm selbst kommen. Für ihn kann der verbleibende Motivator nur das normgenerierte Müssen selbst sein: Er sieht, dass er so handeln muss, wie es die

Norm verlangt, weil er sonst eine Sanktion hinnehmen muss. Hier, in dieser Situation ohne alle begünstigenden Vorabeinstellungen, liefert die Norm aus sich selbst, und das heißt: liefert der Sanktionsmechanismus das Motiv zum normkonformen Handeln. Wer in dieser Situation normabhängig normkonform handelt, tut es im Blick auf die Sanktion und das durch sie konstituierte Müssen.

Man kann jetzt deutlich sehen, warum die Menschen häufig normkonform handeln, ohne auf die Sanktion zu blicken: weil sie gewöhnlich bereits bestimmte Haltungen der Norm gegenüber mitbringen, die Motive enthalten, sich normgemäß zu verhalten. Und außerdem natürlich weil sie normunabhängig normgemäß handeln. Dass die Sanktion häufig keine Rolle spielt, hat seinen Grund folglich nicht darin, dass Normen nicht sanktionskonstituiert sind, sondern darin, dass andere motivationale Ressourcen vorhanden sind, so dass der Motivator, der bleibt, wenn man der Norm ohne solche Ressourcen begegnet, gar nicht zum Zuge kommt. Ich kann den Einwand, die sanktionistische Theorie der Normen könne nicht richtig sein, weil die Sanktion bei der Entscheidung für die normkonforme Handlung einfach zu selten eine Rolle spiele, also zurückweisen. Die Tatsache, auf die hier verwiesen wird, impliziert keineswegs, dass Normen nicht durch Sanktionen konstituiert sind. Man muss die Frage, was eine Norm und ihr Müssen konstituiert, und die Frage, warum man normgemäß handelt, auseinanderhalten.

§ 9 Konventionen und Standards

Normen sind soziale Regeln, die durch Sanktionen konstituiert sind. Es gibt sie nur, wo es eine Sanktionsinstanz gibt, die Sanktionen anzudrohen und zu verhängen vermag. Die Konstitution durch Sanktionen unterscheidet Normen von den verwandten, aber andersartigen Phänomenen der Konventionen und Standards. Das Müssen der notwendigen Bedingung, das mit Konventionen und Standards entsteht, ist nicht sanktionskonstituiert, aber doch von Menschen gemacht. Konventionen und Standards sind für die Organisation des menschlichen Zusammenlebens nicht weniger wichtig als Normen, sie sind sogar noch wichtiger. Sie spielen eine zentrale Rolle im Aufbau der normativen Wirklichkeit, unter anderem deswegen, weil es eine Sprache wie die unsrige ohne sie nicht geben kann. Es ist deshalb im Rahmen dieser Untersuchung sehr wichtig, zu klären, was Konventionen und Standards sind, welche Formen von Normativität mit ihnen verbunden sind und wie sich die verschiedenen normativen Phänomene unterscheiden. Dies ist die Aufgabe dieses Kapitels. Ich beginne mit den Konventionen.

1. Konventionen und konventionelle Regeln

Denken wir uns ein Land, in dem einige Zeit nach der Erfindung des Autos der Autoverkehr mehr und mehr anwächst, in dem es aber noch keine Straßenverkehrsordnung gibt. Die Straßen sind oft schmal, und wenn sich zwei Autos entgegenkommen, kommt es immer wieder zu brenzligen Situationen und nicht selten zu Kollisionen. Um zu passieren, zieht der eine Fahrer den Wagen nach links, der andere nach rechts (oder umgekehrt), und schon kommt es zu einem Zusammenstoß oder einem Stopp im letzten Moment. Dieser Zustand ist mehr als misslich und ruft nach einer Koordination des Verhaltens. Deshalb wird sich bald ganz von selbst, ohne Eingriff einer normierenden Instanz, eine gemeinsame Praxis ausbilden, die entweder so aussieht, dass alle rechts fahren oder alle links. Beide Verhaltensweisen lösen das Problem gleich gut. Welche sich herausbildet, mag von Zufällen abhängen, oder von externen Faktoren. So kann sich die Praxis, rechts zu fahren, durchsetzen, weil fast alle Autos aus einem Land importiert werden, in dem sich das Rechtsfahren schon früher etabliert hat und in dem die Autos deshalb mit dem Steuer auf der linken Seite gebaut werden. Solche externen Faktoren können von Land zu Land variieren, so dass es dazu kommen kann (wie es ja auch in Wirklichkeit ist), dass man in dem einen Land rechts fährt und in einem anderen links. – Weil die Autofahrer, wenn sich die gemeinsame Praxis herausbildet, rechts zu fahren, in diesem Punkt in ihrem Verhalten übereinkommen (oder konvenieren), spricht man gewöhnlich davon, dass sich eine *Konvention* herausbildet, die Konvention, rechts zu fahren. Eine Konvention ist also ein Übereinkommen im Verhalten, das aus dem gemeinsamen Interesse einer Gruppe an der Koordination ihres Verhaltens entsteht. Dabei ist die faktisch entstandene Konvention eine von mehreren möglichen. In unserem Fall würde, wie gesagt, die Konvention, links zu fahren, dieselbe Funktion erfüllen.

Wenn sich die Konvention, rechts zu fahren, herausgebildet hat, existiert – infolge dieser Konvention – ein normatives Müssen. Es besagt, dass sich alle Autofahrer auf den Straßen des Landes der Konvention entsprechend verhalten müssen. Denn wenn alle oder auch nur die meisten rechts fahren, ist es mit erheblichen Gefahren verbunden, links zu fahren. Jeder hat, mit anderen Worten, einen Grund, rechts zu fahren, und zwar einen starken Grund, weil jeder stark daran interessiert ist, sich und andere nicht zu gefährden. Dieses normative Müssen, das zum Rechtsfahren nötigt, ist offensichtlich in doppelter Weise generell: Es richtet sich an alle Autofahrer, und es hat alle einschlägigen Situationen zum Gegenstand. Ein solches Müssen ist eine soziale Regel, und da diese Regel aufgrund einer Konvention existiert, werde ich von einer konventionellen Regel sprechen.

Was das Müssen der konventionellen Regel konstituiert, ist leicht zu sagen: Jeder Autofahrer will den Zustand des unkoordinierten Verkehrs, gewissermaßen den Naturzustand auf der Straße, überwinden. Er muss folglich eine Koordination des Verhaltens, sprich:

eine Konvention wollen, und wenn sie gefunden ist, muss er sich der Konvention entsprechend verhalten. Nur so erreicht er sein Ziel, sicher und ohne unnötige Stopps zu fahren. Das normative Müssen, das wir hier vor uns haben, hat offenkundig die Grundstruktur allen normativen Müssens: Es besteht aus einem Wollen und einem Müssen der notwendigen Bedingung. Dabei existiert für jeden einzelnen Autofahrer dasselbe Müssen, und die soziale Regel ist deshalb nichts anderes als das Aggregat dieses individuellen Müssens.

Das Besondere des Müssens einer konventionellen Regel liegt darin, dass seine Existenz von einer bestimmten sozialen Interaktion abhängig ist. Es muss eine Koordination des Verhaltens, also eine Konvention geben. Wenn es sie nicht gibt, kann niemand sein Ziel erreichen, indem er dieses oder jenes tut. Das Müssen einer konventionellen Regel ist in diesem Sinne ein konditioniertes Müssen. Dadurch unterscheidet es sich von den anderen Arten des normativen Müssens, die wir bisher betrachtet haben. Wenn jemand dafür, wieder fit zu werden, eine Gymnastik machen muss, existiert dieses Müssen natürlich völlig unabhängig von dem Verhalten anderer und von jeder Form sozialer Interaktion.

Wenn die Beschaffenheit konventioneller Regeln so weit geklärt ist, ist deutlich zu sehen, dass sie von Normen zu unterscheiden sind. Denn sie sind nicht sanktionskonstituiert. Wenn in einem Land die Konvention existiert, rechts zu fahren, ist damit bereits eine Situation gegeben, in der jeder Autofahrer rechts fahren muss, weil er ansonsten Gefahr läuft, mit einem entgegenkommenden Auto zu kollidieren. Es gibt keine Instanz, die die negative Konsequenz künstlich mit dem Anders-Handeln verknüpft, um auf diese Weise das Rechtsfahren zu einem „Muss" zu machen. Eines solchen künstlichen Arrangements bedarf es hier nicht. Eine konventionelle Regel ist mithin, obwohl sie wie eine Norm ein allgemeines normatives Müssen und eine soziale Regel ist und obwohl sie deshalb leicht mit einer Norm verwechselt werden kann, ein normatives Phänomen anderer Art. Der Unterschied spiegelt sich auch darin, dass das Müssen einer konventionellen Regel ein konditioniertes Müssen ist. Man muss so-und-so handeln, vorausgesetzt die anderen verhalten sich in bestimmter Weise. Das Müssen einer Norm ist hingegen keineswegs konditioniert. Es existiert unabhängig von irgendeiner sozialen Interaktion der Normadressaten.

Ein weiterer Unterschied liegt darin, dass die Existenz einer konventionellen Regel für die Betroffenen von Vorteil ist. Die Situation mit der Regel ist besser als die Situation ohne sie. Das gilt selbst dann, wenn die möglichen Konventionen, mit denen man ein Koordinationsproblem lösen kann, nicht alle gleich gut sind und sich eine suboptimale Konvention herausgebildet hat. Auch diese Konvention und die entsprechende Regel bedeuten gegenüber dem Zustand unkoordinierten Verhaltens für die Beteiligten einen Fortschritt. Normen hingegen sind keineswegs immer im Interesse der Betroffenen. Sie können es sein, müssen es aber nicht. Wenn ein Tyrann denen, die seiner Macht unterstehen, so sonderbare Dinge verbietet wie, Bohnen zu essen, ist das Leben mit dieser Norm aus der Perspektive der Betroffenen keineswegs besser als das ohne diese Norm. Die Norm ist hier nur ein Machtinstrument einer äußeren Instanz, sie kommt nicht aus den Interessen der Betroffenen.

Wir stoßen mit den konventionellen Regeln, wie sich zeigt, auf einen eigenen Typus von sozialen Regeln neben den Normen. Sie entstehen mit der Herausbildung von Konventionen von selbst und sind Teil einer spontanen Ordnung, die sich aus dem Naturzustand heraus entwickelt. In allen Bereichen, in denen Menschen miteinander zu tun haben, regulieren Regeln dieser Art das Verhalten. Sie sind sehr effiziente Instrumente der Kooperation und der Konfliktvermeidung. Ein Beispiel, das dies besonders eindrucksvoll zeigt und auf das ich noch kommen werde, ist das Funktionieren einer Sprache. Der Gebrauch der Wörter folgt konventionellen Regeln, und eine Sprache ist ein riesiges Geflecht von konventionellen Regeln. Aber auch wenn wir bei unserem Eingangsbeispiel, dem Straßenverkehr, bleiben, ist offenkundig, dass hier eine große Zahl von konventionellen Regeln zusammenkommen. Natürlich entsteht in der Zeit des aufkommenden Autoverkehrs nicht nur die eine Regel, die bestimmt, auf welcher Seite der Straße man fahren muss.

Häufig wird gesagt, Konventionen seien „sich selbst durchsetzend" (self-enforcing). Damit ist gemeint, dass, wenn eine Konvention besteht, jeder einen Grund hat, entsprechend zu handeln. Und dass es, anders als bei Normen, keiner Sanktionierung bedarf, die erst das konforme Verhalten erzwingt. Eine Konvention geht, wie wir sahen, immer mit einer konventionellen Regel einher, und diese nötigt dazu, der Konvention entsprechend zu handeln. Deshalb ist es hier so, dass, wie es Thomas C. Schelling gesagt hat, „non-compliance carries its own penalty."[1] Gelegentlich wird diese Eigenschaft so verstanden, als gebe es bei Konventionen grundsätzlich keinen Anreiz, sich anders zu verhalten.[2] Das ist jedoch nicht zutreffend. Man denke an die Regel, an einer Kreuzung dem von rechts kommenden Fahrzeug die Vorfahrt zu geben. Natürlich bietet mir diese Regel einen Grund, mich entsprechend zu verhalten. Doch wenn ich es eilig habe, möchte ich lieber durchfahren, und es kann durchaus sein, dass ich es auch tue und mir die Vorfahrt erzwinge. Und wenn die Regel das Rechtsfahren vorschreibt, kann es dennoch sein, dass ich in einer langen Linkskurve links fahre, um schneller zu sein, auch auf die Gefahr hin, in eine gefährliche Situation zu geraten. In diesen Fällen gibt es offenkundig einen Anreiz, sich regelwidrig zu verhalten.[3]

Diese Beispiele zeigen, dass konventionelle Regeln keineswegs, genauso wenig wie Normen, Garanten dafür sind, dass sich tatsächlich alle Betroffenen in allen Situationen regelkonform verhalten. Denn – erstens – gibt es auch hier wie bei jedem normativen Müssen die Lücke zwischen dem Müssen einerseits und dem tatsächlichen Tun andererseits. Und natürlich ist – zweitens – auch das Müssen einer konventionellen Regel nur ein *pro-tanto*-Müssen, ein Müssen mit einem bestimmten Gewicht, das durch andere Gewichte aufgewogen oder überwogen werden kann. Eine konventionelle Regel ist also keineswegs so gegen abweichendes Verhalten immunisiert, wie das die Rede von der Selbst-Durchsetzung vielleicht suggeriert.

---

[1] Th. C. Schelling: *Micromotives and Macrobehavior* (New York 1978) 120 f. (Ich habe die zitierte Formulierung vom Präteritum ins Präsens gebracht.)

[2] So z. B. B. Lahno: *Versprechen. Überlegungen zu einer künstlichen Tugend* (München 1995) 155: „Eine Konvention ist wesentlich dadurch gekennzeichnet, daß keiner … einen Anreiz hat, sie zu brechen."

[3] Dass es durchaus im Interesse einer Person sein kann, von einer Konvention abzuweichen, betont auch R. Sugden: *The Economics of Rights, Co-operation and Welfare*, 2nd ed. (New York 2004, zuerst 1986) 152. Siehe auch ders.: Normative Expectations: The Simultaneous Evolution of Institutions and Norms, in: A. Ben-Ner/L. Putterman (eds.): *Economics, Values, and Organization* (Cambridge 1998) 73–100, 74, 82 f.

Hierin liegt auch der Grund dafür, dass konventionelle Regeln da, wo es nötig scheint, durch inhaltsgleiche Normen verstärkt werden. Wie wir wissen, sind die konventionellen Regeln, die im Straßenverkehr zunächst ohne äußere Normautorität entstanden sind, im Laufe der Zeit auch zu Normen in den staatlichen Verkehrsordnungen geworden. So dass es heute auch eine Norm ist, rechts zu fahren und dem von rechts Kommenden Vorfahrt zu gewähren. Wer sich anders verhält, läuft nicht nur Gefahr, in einen Unfall verwickelt zu werden, er läuft auch Gefahr, vom Staat und seinen Organen in der vorgesehenen Weise bestraft zu werden. – Ich werde auf diesen Prozess der Normierung konventioneller Regeln (unter 2.) noch genauer eingehen.

Zunächst möchte ich noch auf eine weitere Gemeinsamkeit von konventionellen Regeln und Normen aufmerksam machen. Normen können, wie wir sahen, verschiedene „gute" Eigenschaften haben: Sie können den moralischen Maßstäben entsprechen, sie können den Interessen aller Betroffenen entsprechen, sie können kognitiv in Ordnung sein etc. In all diesen Fällen hängt ihre Existenz und ihre Normativität nicht an dem Vorliegen dieser Eigenschaften. Auch „schlechte" Normen sind Normen und als solche normativ. Dasselbe gilt für konventionelle Regeln. Auch hier gibt es gute und schlechte Eigenschaften. Und auch hier ist die Normativität einer Regel unabhängig von dem Vorliegen oder Nicht-Vorliegen dieser Eigenschaften. Auch wenn man es schlecht findet, dass sich in einer Situation mit einem Koordinationsproblem gerade diese bestimmte Konvention ausgebildet hat, und man es lieber sähe, dass eine andere Konvention entstanden wäre, bleibt die schlechte konventionelle Regel normativ. Man muss ihr folgen, weil, anders zu handeln, bedeutete, in den Naturzustand, also in einen Zustand ohne jede Form von Koordination zurückzufallen. Ich möchte diesen Sachverhalt anhand zweier Beispiele – erneut aus dem Feld des Straßenverkehrs – verdeutlichen.

Nehmen wir zunächst an, auf vielbefahrenen Plätzen kommt es zu einem Kreisverkehr. Der Kreisverkehr benötigt eine Vorfahrtsregelung, und hier sind wiederum mehrere Varianten möglich. Man kann darin übereinkommen, dass der, der von rechts kommt, Vorfahrt hat, oder auch darin, dass der, der im Kreis ist, grundsätzlich Vorfahrt hat. Beide Konventionen lösen das Koordinationsproblem. In unserem

Fall ist die Konvention entstanden, auch im Kreis dem von rechts
Kommenden Vorfahrt zu geben. Doch im Laufe der Zeit stellt sich,
so nehme ich an, heraus, dass diese Konvention schlechter ist als
die andere, die dem im Kreis Fahrenden die Vorfahrt gewährt. Denn
es kommt zu Staus im Kreis, zu Auffahrunfällen und zu Blockaden
an den weiteren Einfahrten in den Kreis. Es wäre also besser, die
andere Regelung zu haben. Aber das ändert nichts daran, dass die
bestehende Regel normativ ist, dass sie normative Kraft hat und dass
es für alle Verkehrsteilnehmer, wollen sie nicht Gefahr laufen, durch
konventionswidriges Verhalten eine Kollision zu verursachen, ein
„Muss" ist, sich so zu verhalten, wie es die Konvention ist. Dies
erklärt auch, warum es – ohne eine äußere, normstatuierende Instanz
– so schwer ist, eine als schlecht erkannte Konvention durch eine
bessere zu ersetzen.

Das zweite Beispiel zeigt eine konventionelle Regel, die moralisch
nicht in Ordnung ist. Angenommen, in einer Gesellschaft, in der
Weiße und Schwarze zusammenleben, ist eine soziale Vorrangstellung
der Weißen fest verankert und allgemein akzeptiert. Das geht so
weit, dass sich im Straßenverkehr die Konvention herausgebildet
hat, dass, wenn an einer Kreuzung ein Weißer und ein Schwarzer
um die Vorfahrt konkurrieren, der Weiße Vorfahrt hat und dass nur
in Fällen, in denen zwei Weiße oder zwei Schwarze zusammen-
treffen, der von rechts Kommende Vorfahrt hat. Auch eine solche
Konvention löst das Koordinationsproblem. Die Regel ist freilich
nicht nur diskriminierend, sondern auch, wegen der eingebauten
Falldifferenzierung, unpraktisch. Aber es sei angenommen, dass sie
in dieser Weise existiert. Natürlich hat diese Regel normative Kraft,
und natürlich beeinflusst sie das Verhalten der Betroffenen. Daran
ändert sich auch nichts, wenn sie nach einiger Zeit von einzelnen als
diskriminierend und als moralisch unerträglich empfunden wird. Die
Regel übt auch unter diesen Umständen normativen Druck aus. Denn
solange die Konvention existiert, muss man ihr entsprechen, wenn
man nicht in Zusammenstöße verwickelt werden will. Es mag sein,
dass einzelne das angesichts der Diskriminierung in Kauf nehmen.
Aber das heißt nicht, dass die Regel nicht mehr existiert oder dass sie
nicht mehr normativ ist, es zeigt nur, dass das Gewicht, das sie auf
die Waage bringt, in Einzelfällen durch andere Gewichte überwogen

wird. Auch dieses Beispiel lässt erkennen, warum es – ohne eine
äußere normsetzende Instanz – so schwierig ist, eine einmal etablierte
konventionelle Regel wieder loszuwerden. Ihre Normativität wirkt
unabhängig davon, ob die Betroffenen sie gut finden oder nicht.
Einfach wäre es, wenn alle *gleichzeitig* die schlechte Konvention
fahren ließen und unmittelbar zu einer neuen fänden. Aber zu dieser
Gleichzeitigkeit kommt es äußerst selten.

2. *Konventionelle Regeln und Normen*

Eine Konvention generiert, so das bisherige Ergebnis, immer eine
konventionelle Regel. Diese ist keine Norm, ihre Existenz und ihre
Normativität sind nicht durch Sanktionen konstituiert. Dies ist indes
nur der erste Teil der Geschichte. Eine Konvention zieht, das ist
der andere Teil, gewöhnlich eine Norm nach sich. Diese Norm ist
informeller Art, und sie hat denselben Inhalt wie die konventionelle
Regel. Zu dem Müssen der konventionellen Regel kommt also ein
inhaltsgleiches normgeneriertes Müssen hinzu, so dass insgesamt ein
zweietagiger Bau des Müssens entsteht: Das Müssen der konventionellen Regel bildet die erste Etage, das Müssen der Norm die zweite
Etage. Dieses bemerkenswerte, aber wegen der Inhaltsgleichheit
leicht zu übersehende Phänomen des doppelten Müssens erklärt sich,
wie wir sehen werden, aus der Konfiguration der zugrundeliegenden
gemeinsamen Interessen. Es sind dies zum einen die Interessen, die
zur Ausbildung einer Konvention geführt haben, und zum anderen die
Interessen, die dann mit der Evolution einer bestimmten Konvention
entstehen.

Wie also kommt es zu dem zusätzlichen normgenerierten Müssen?
Nehmen wir wieder an, es existiert die konventionelle Regel, rechts
zu fahren. Und es passiert, dass jemand auf einer befahrenen Straße in
einer langen Linkskurve links fährt, weil er es eilig hat und abkürzen
will. Er verursacht damit einen Beinahe-Zusammenstoß mit einem
entgegenkommenden Auto. Das Erschrecken ist groß; niemand hatte
mehr damit gerechnet, dass es noch ohne schweren Zusammenprall
abgehen würde. Die Insassen des entgegenkommenden Wagens
werden sich (soweit sie dazu in der Lage sind) aggressiv gegen

den Linksfahrer wenden, genauso alle, die den Vorfall beobachtet haben. Sie regen sich auf, sind zornig, beschimpfen den Übeltäter und machen ihm Vorhaltungen. Der Übeltäter zieht also eine ganze Palette von aggressiven Gegen-Reaktionen auf sich. Und man kann sich ausmalen, womit er zu rechnen hätte, wenn es tatsächlich zu einem Unfall mit Verletzten und vielleicht sogar Toten gekommen wäre.

Auch wenn es nicht zu einer gefährlichen Situation kommt, stellen sich die anderen vermutlich gegen den, der die konventionellen Regeln des Verkehrs nicht beachtet. Er setzt sich und vor allem andere leichtsinnig einem Risiko aus. Zudem stellt er sich gegen eine gemeinsame Sache. Die gefundenen Konventionen sind ein *bonum commune*: Sie sind für alle von Vorteil. Sie leben aber davon, dass alle sie stützen und sich entsprechend verhalten. Wer dies nicht tut, ist ein unsicherer Kantonist. Und das provoziert Protest und Widerstand.

Es kommt hinzu, dass auch hier der soziale Druck, mit dem bei Regelverstößen zu rechnen ist, normalerweise internalisiert wird. Man reagiert auf eine eigene Handlung, die nicht den Konventionen entspricht, mit einem unguten Gefühl, man reagiert selbst negativ auf das, was man tut. Dies sogar dann, wenn die Handlung und der Regelverstoß von den anderen gar nicht bemerkt wird und der Druck von außen folglich ausbleibt. Es reicht, dass es sich um eine Handlung handelt, die die anderen, würden sie sie registrieren, missbilligen würden. Wer sich regelwidrig verhält, zieht also wahrscheinlich nicht nur die Gegen-Reaktionen der anderen auf sich, er tut auch etwas, was er selbst, mit einem Teil seines Ichs, missbilligt.

Wie sich zeigt, steht ein Autofahrer nicht nur unter einem „Muss", sondern unter zweien. Er muss die Regeln – erstens – beachten, weil er sich und andere nicht gefährden und möglichst sicher und zügig fahren will. Dies ist das ursprüngliche Interesse, aus dem der Wunsch nach einer Koordination im Verhalten entstanden ist. Und er muss die Regeln – zweitens – beachten, weil er die anderen (und auch sich selbst) nicht gegen sich aufbringen will. Die Situation ist auch durch auf ihn gerichtete Interessen und Erwartungen der anderen bestimmt, und das kann er nicht übergehen.

Die Reaktionen der anderen im Falle des Anders-Handelns sind zunächst ohne Zweifel spontane Emotionen und unabhängig von irgendwelchen Absichten. Sie wirken jedoch, als seien sie das Ergebnis einer Überlegung und als verfolge man mit ihnen das Ziel, das Verhalten des anderen zu beeinflussen. Außerdem mischt sich in sie der Wunsch, den anderen durch die Reaktion einzuschüchtern und ihm zuzusetzen. Und natürlich kann man sein künftiges Verhalten ihm gegenüber verändern und ganz bewusst auf Distanz gehen. Das Spektrum der möglichen Gegen-Reaktionen enthält also nicht nur spontane, sondern auch eine Vielzahl von absichtlichen Elementen. Man wird deshalb, auch wenn nicht genau zu entscheiden ist, wo die Sanktionsabsicht schon vorliegt und wo noch nicht, sagen können, dass in den Gegen-Reaktionen immer ein sanktionierendes Element enthalten ist.

Weil es so ist, ist das zweite Müssen ein sanktionskonstituiertes Müssen. Und weil es sich an alle in allen einschlägigen Situationen richtet, handelt es sich um eine Norm. Es existiert also nicht nur die konventionelle Regel, rechts zu fahren, es existiert daneben auch eine Norm gleichen Inhalts. Dabei könnte die konventionelle Regel durchaus für sich existieren. Sie bedarf der Norm nicht. Dennoch tritt die Norm verstärkend hinzu, aufgrund des Interessenfeldes, aus dem eine Konvention entsteht. Die Norm ist informeller Art. Es gibt keine zentrale Instanz, die kodifiziert, für welches Verhalten welche Sanktionen vorgesehen sind. Es gibt keinen zentralen Stab, der Normverstöße autoritativ feststellt und die Sanktionierung vornimmt oder an andere Instanzen delegiert.

Eine Gemeinschaft kann natürlich den letzten Schritt tun und die informellen Sanktionen durch formelle ergänzen und weiter verstärken. Dies geschieht in manchen, aber keineswegs in allen Fällen. Im Falle der Verkehrsregeln wurden solche formellen Normen geschaffen, in Form der Straßenverkehrsordnungen, die bei einem Verstoß eine staatliche Sanktion vorsehen. Diese Ordnungen sind in ihren Inhalten den konventionellen Regeln und informellen Normen gefolgt. Das Gesetz folgt hier der bereits vorhandenen informellen Ordnung: Wo sich die Konvention des Rechtsfahrens herausgebildet hatte, schreibt das staatliche Gesetz das Rechtsfahren vor, und wo sich das Linksfahren etabliert hatte, schreibt es das Linksfahren vor. Der bereits zweietagige Bau des Müssens wird auf diese Weise um eine weitere Etage aufgestockt. Wir stehen vor dem eindrucksvollen normativen Gebäude eines dreifachen inhaltsgleichen Müssens. Die Inhaltsgleichheit bringt es mit sich, dass die formelle Norm (wie übrigens auch die informelle) die guten und schlechten Eigenschaften der konventionellen Regel erbt. Wenn die konventionelle Regel im Vergleich zu einer möglichen Alternative die schlechtere Variante ist, übernimmt die Norm diesen Makel.

Wie wir sahen, ist der formelle Sanktionsmechanismus bei Verstößen gegen die Straßenverkehrsordnung gewöhnlich ziemlich porös. Die Gefahr, wirklich sanktioniert zu werden, ist gering. Es wurden bereits verschiedene Gründe genannt, warum sich der Staat in diesem Fall mit einem so porösen Sanktionsmechanismus begnügen kann. Den wichtigsten Grund können wir aber erst jetzt, nach den Überlegungen dieses Kapitels, erkennen. Er liegt darin, dass die formelle Norm hier nur ein Aufbau auf dem bereits vorhandenen Unterbau der konventionellen Regel und der informellen Norm ist. Und das heißt, dass jeder, unabhängig von einer formellen Sanktionierung, bereits zwei Gründe hat, sich regelkonform zu verhalten. Vor allem aus diesem Grund kann der Sanktionsmechanismus so porös sein, wie er faktisch ist.

3. Sprachliche Konventionen

Ein besonders eindrucksvolles Beispiel für die elementare Bedeutung konventioneller Regeln in unserem Leben ist das Funktionieren einer Sprache. Eine Sprache ist ein ungemein komplexes Gewebe konventioneller Regeln, und eine Sprache zu sprechen, bedeutet, konventionellen Regeln zu folgen. Dies ist eine offensichtliche Wahrheit, und tatsächlich ist, seitdem man über die Sprache nachdenkt, stets ihre Konventionalität betont worden. Dennoch lohnt es sich, wenigstens kurz einen Blick auf die Aspekte zu werfen, die im Kontext der jetzigen Überlegungen von besonderem Interesse sind. Zunächst ist bedeutsam, dass die Ausgangssituation, aus der heraus die sprachlichen Konventionen entstehen, auch eine Situation ist, in der von allen eine Koordination des Verhaltens gewünscht wird. Die Menschen wollen und müssen sich über die Welt, in der sie leben, verständigen, sie müssen Informationen und Gedanken austauschen, um ihre Lebensbedingungen zu verbessern. Dazu brauchen sie ein System von Symbolen, die bestimmte Gegenstände oder Sachverhalte repräsentieren oder, ganz allgemein gesagt, die etwas bedeuten. Diese Symbole können nur physische Phänomene sein und die, die dafür am besten in Frage kommen, sind Töne oder Laute. Die Menschen müssen also Lauten und Lautfolgen die Funktion zuweisen, bestimmte Elemente in der Welt zu repräsentieren. Und natürlich müssen sie, damit es zu einer funktionierenden Kommunikation kommt, alle denselben Lauten dieselben Bedeutungen zuweisen. Und schließlich müssen sie darin übereinkommen, die Laute und Lautfolgen mit der kollektiv zugewiesenen Bedeutung zu gebrauchen.

Aufgrund der Beschaffenheit unserer Sprechorgane können wir praktisch unendlich viele verschiedene Laute und Lautfolgen produzieren. Und jeder dieser Laute kann im Prinzip jedes beliebige Phänomen repräsentieren. Es gibt hier folglich nicht eine Hand voll Möglichkeiten, das Koordinationsproblem zu lösen, sondern unendlich viele. Es gibt eine unendliche Zahl von möglichen Konventionen, von denen dann aber nur eine entsteht. Es kann hier offen bleiben, wie es die Menschen geschafft haben, in allen Fällen jeweils zu einer bestimmten Konvention zu kommen. Sie haben es geschafft, und sie haben es nicht nur einmal geschafft, sondern viele Male, weil es ja nicht nur eine, sondern viele Sprachen gibt.

Die sprachliche Konvention, einen Laut oder eine längere Lautfolge in einer bestimmten Bedeutung zu gebrauchen, ist eine besondere Konvention, sie unterscheidet sich wesentlich etwa von der Konvention, rechts zu fahren. Die Besonderheit liegt darin, dass man übereinkommt, eine Funktion zuzuweisen: Man weist einem physikalischen Gegenstand eine Funktion zu, und zwar eine Funktion, die von den physikalischen Eigenschaften des Gegenstandes völlig unabhängig ist. Eine Funktionszuweisung dieser Art enthält, genau betrachtet, zwei konventionelle Elemente. Man muss zunächst – das ist das erste Element – übereinkommen, genau diesem Laut eine Bedeutung zuzuweisen. Schon hier ist es so, dass nichts an diesem Laut ihn zu dieser Aufgabe prädestiniert. Wenn man dem Laut „rund" eine Bedeutung zuweist, hätte es ebenso auch der Laut „sund" sein können. Dass man den einen Laut nimmt und nicht einen anderen, ist eine reine Konvention. Und man muss dann – das ist das zweite konventionelle Element – übereinkommen, dem Wort „rund" genau diese und keine andere Bedeutung zuzuweisen. Hier ist es ebenfalls so, dass nichts an dem Laut ihn für diese Funktion prädestiniert. Er hätte genauso die Bedeutung der Wörter „Zebra", „Baum" oder „eckig" bekommen können. Er hat seine Funktion also allein aufgrund einer Konvention und nicht aufgrund seiner physischen Beschaffenheit. Wenn man hingegen einen im Wald aufgelesenen Stock dazu gebraucht, etwas vom Boden eines Teiches heranzuziehen, hat der Stock die Funktion, die er erfüllt, aufgrund seiner physischen Eigenschaften. Er verlängert den Arm, und das tut er nicht aufgrund einer Konvention, sondern aufgrund seiner Form. Searle hat die speziellen Funktionen, die Gegenstände ausschließlich aufgrund von Konventionen erfüllen, (aus Gründen, auf die ich nicht eingehe) „Statusfunktionen" genannt.[4] Und er hat zusätzlich die These vertreten, nur Menschen hätten die Fähigkeit, Statusfunktionen zuzuweisen, Tiere hätten diese Fähigkeit nicht. Und genau deshalb verfügten die Tiere auch nicht über eine Sprache, zumindest nicht über eine, die der menschlichen in ihren Bauprinzipien gleicht. Ich lasse dies offen. Wichtig ist hier nur, dass sprachliche Konventionen ungleich komplexer sind und „mehr" Konventionalität enthalten als Konventionen von der Art des Rechtsfahrens im Straßenverkehr. Und dass ihre Entstehung vermutlich deutlich entwickeltere intellektuelle Fähigkeiten voraussetzt als die Herausbildung gewöhnlicher Konventionen.

Auch mit der Herausbildung einer sprachlichen Konvention entsteht eine entsprechende konventionelle Regel und damit ein normatives Müssen. Man muss die Laute in den-und-den Bedeutungen verwenden, wenn man sein Ziel, sich verständlich zu machen, erreichen will. Dieses Müssen ist klarerweise nicht sanktionskonstituiert. Es ergibt sich aus der Situation, zu der ein eigenes Wollen und ein Müssen der notwendigen Bedingung gehört.

Entstehen mit sprachlichen Konventionen auch inhaltsgleiche informelle Normen? Entsteht also auch in diesem Fall der zweietagige Bau des Müssens? Auch hier entstehen diese Normen. Denn gelingende Kommunikation schließt das Verstehen des anderen mit

---

4 Searle, *The Construction of Social Reality*, 39 ff.; dt. 49 ff.

ein. Und deshalb erwartet man von ihm, dass er die sprachlichen Symbole in der konventionellen Weise gebraucht. Je mehr man auf die Information des anderen angewiesen ist, umso negativer reagiert man, wenn er nicht den Konventionen folgt. Man stelle sich, um ein extremes Beispiel zu nehmen, vor, dass ein Soldat im Krieg die verwandte Geheimsprache nicht in der festgelegten Weise gebraucht und damit andere Soldaten in Gefahr bringt. Er wird erhebliche negative Reaktionen auf sich ziehen.

Man muss hier allerdings sagen, dass dieses zweite, sanktions-konstituierte Müssen bei sprachlichen Konventionen eine ungleich geringere Rolle spielt als etwa bei den Konventionen des Verkehrs. Wer gegen eine sprachliche Regel verstößt, bringt normalerweise weder sich noch andere in Lebensgefahr. Außerdem scheint es bei sprachlichen Konventionen keinen Anreiz zu geben, von der Regel abzuweichen. Warum sollte jemand versucht sein, von einer sprach-lichen Konvention abzuweichen?

4. Konventionen anderer Art

Bisher wurden Konventionen als Lösungen von Koordinationsproble-men behandelt, wie es sie im Straßenverkehr oder bei der Verwendung sprachlicher Zeichen gibt. Es gibt indessen nicht nur diesen Typus von Interaktionsproblemen, es gibt auch andere Arten. Die verschiedenen Typen unterscheiden sich dadurch, dass die Interessen der Beteilig-ten auf verschiedene Weise konfigurieren.[5] Es stellt sich deshalb die Frage, ob Konventionen nicht auch bei anderen Problemlagen Lösungen sind. D. Lewis hatte Konventionen ausschließlich an Koordinationsprobleme gebunden; andere Autoren, vor allem R. Sugden, haben im Rückgriff auf Hume gezeigt, dass Konventionen auch bei anderen Arten von Interaktionsproblemen eine wichtige Rolle spielen können und tatsächlich spielen.[6] Es ist hier nicht der

[5] Vgl. hierzu die knappe Übersicht in S. P. Hargreaves Heap/Y. Varoufakis: *Game Theory*, 2nd edition (London 2004) 36 ff.
[6] Vgl. D. Lewis: *Convention* (Oxford 2002, zuerst 1969); dt.: *Konventionen* (Berlin 1975); Sugden, *The Economics of Rights, Co-operation and Welfare*.

Ort, diese Frage ausführlich zu untersuchen. Wichtig aber ist, sich wenigstens an einem Beispiel klarzumachen, dass Konventionen auch außerhalb von Koordinationsproblemen eine soziale Funktion haben und wie sie in diesen Fällen konkret funktionieren.

Betrachten wir eine Gruppe von nur fünf Personen. Sie leben im Naturzustand, kennen also noch keine moralische und rechtliche Ordnung. Es kommt in ihrem Zusammenleben immer wieder vor, dass jemand seine Interessen mit Gewalt durchzusetzen versucht und dabei einen anderen verletzt. Natürlich will jeder der fünf von den anderen nicht verletzt werden. Das ist ein gemeinsames Interesse. Und vielleicht ist es auch so, dass es jedem von ihnen wichtiger ist, nicht verletzt zu werden, als selbst die Möglichkeit zu haben, andere zu verletzen. Wenn die Interessenlage bei allen von dieser Art ist, wäre es für alle von Vorteil, wenn sich die Konvention herausbildete, auf Gewaltanwendung und Verletzungshandlungen zu verzichten. Das Leben mit dieser Konvention wäre für jeden besser als das Leben ohne sie. Jeder könnte zu der Konvention „ja" sagen. Sie bedeutet zwar, selbst auf eine Handlungsmöglichkeit zu verzichten, aber eben auch, dass im Gegenzug auch die anderen auf diese Möglichkeit verzichten. Und hieran liegt jedem vorrangig.

Die Konvention setzt hier offenbar so etwas wie einen Tausch voraus. Man bekommt etwas und muss dafür etwas geben. Sich der Konvention entsprechend zu verhalten, ist ein Preis, den man entrichtet, um sich das konventionelle Verhalten der anderen zu sichern. Aus der Perspektive jedes einzelnen wäre es deshalb das Ideale, nur zu bekommen und nicht zu geben. Aber das ist angesichts der Interessen der anderen nicht zu erreichen. Durch ihren Tauschcharakter unterscheidet sich die Konvention, Verletzungshandlungen zu unterlassen, deutlich von Konventionen in Koordinationssituationen. Wer ohne großes Unfallrisiko Auto fahren will, ist von vornherein daran interessiert, sein Verhalten mit dem der anderen abzustimmen und sich mit ihnen auf eine gemeinsame Linie einzuschwingen. Wer nicht

– Zur Anknüpfung an Hume P. Vanderschraaf: The Informal Game Theory in Hume's Account of Convention. *Econcomics and Philosophy* 14 (1998) 215–247.

verletzt werden will, ist hingegen zunächst nur daran interessiert, dass sich *die anderen* in bestimmter Weise verhalten. Wenn sie dies tun, hat er sein Ziel schon erreicht. Und nur weil ein bestimmtes Verhalten seinerseits die Bedingung dafür ist, dass die anderen das Gewollte tun, muss er selbst etwas tun. Man kann das kurz so fassen: Im ersten Fall ist die übereinkommende Praxis aus der Perspektive jedes einzelnen das Beste, im zweiten Fall aber nur das Zweit-Beste. Das Beste wäre eben, nur zu bekommen und selbst nicht zu geben.

Man kann diese Differenz zu Konventionen in Koordinationssituationen verdeutlichen, indem man genau bestimmt, was hier wie dort das Müssen der konventionellen Regel konstituiert. Wenn es die Konvention ist, rechts zu fahren, muss man rechts fahren, weil man sonst Gefahr läuft, einen Unfall zu verursachen. Und wenn es die Konvention ist, „rund" zur Bezeichnung des Rundseins zu verwenden, muss man das Wort in dieser Bedeutung verwenden, weil man sich sonst nicht verständlich macht. In beiden Fällen schneidet man sich mit dem abweichenden Verhalten unmittelbar ins eigene Fleisch, man erreicht nicht, was man will, und frustriert gerade das Interesse, um dessentwillen es die jeweilige Konvention gibt. Und dies auch dann, wenn die anderen ungerührt vom eigenen abweichenden Verhalten weiter der Konvention folgen. Auch dann treten diese negativen Konsequenzen ein. Anders bei der Konvention, Verletzungshandlungen zu unterlassen. Wenn man hier abweicht, tritt, wenn die anderen unbeirrt weiter der Konvention folgen, überhaupt keine negative Konsequenz ein. Und man frustriert keineswegs sein ursprüngliches Interesse, nicht verletzt zu werden. Dies bedeutet, dass unter der genannten Bedingung: der Konventionstreue der anderen, kein „Muss" besteht, der Konvention zu folgen. Dieses normative Müssen entsteht nur, wenn die eigene Befolgung der Konvention die *conditio* für das von den anderen gewollte Verhalten ist. Nur wenn die anderen allein dann bereit sind, sich konventionell zu verhalten, wenn jeder andere sich so verhält, entsteht also die konventionelle Regel, die alle nötigt, der Konvention zu folgen. Die Existenz des Müssens verlangt in diesem Fall also ein zusätzliches Element der Interdependenz. Es muss eine zusätzliche Existenzbedingung erfüllt sein.

Wenn sie erfüllt ist, was bei einer Gruppe von nur fünf Personen wahrscheinlich ist, wird, wenn jemand sich abweichend verhält, die Konvention zerbrechen. Denn die anderen werden sich nicht mehr der Konvention entsprechend verhalten. Man fällt also in den Naturzustand zurück und verspielt den erreichten Fortschritt wieder. Damit ist erneut die Gefahr des Verletztwerdens gegeben, so dass die mittelbare Folge abweichenden Verhaltens durchaus darin liegt, das nicht zu erreichen, was man erreichen will.

Natürlich werden sich die anderen gegen den stellen, der gegen die Konvention handelt und damit zum Schaden aller die erreichte Verbesserung der Situation wieder zunichte macht. Diese Reaktion war vorauszusehen; die Drohung, abweichendes Verhalten zu bestrafen, lag gewissermaßen in der Luft. Die Bestrafung wird auch im Blick auf etwaige zukünftige Versuche, wieder zu einer Konvention zu finden, vollzogen. Wer erwägt, anders zu handeln, muss also auch in diesem Fall mit negativen Sanktionen rechnen. Das Müssen der konventionellen Regel wird auch hier durch ein zweites, sanktionskonstituiertes Müssen ergänzt und verstärkt.

Es ist instruktiv, noch einen Blick auf die Situation zu werfen, in der es nicht in einer Mini-Gruppe, sondern in einer großen Gemeinschaft zu der Konvention kommt, andere nicht zu verletzen. In einer großen Gemeinschaft ist es offenkundig nicht so, dass alle aufhören, konventionell zu handeln, wenn einer abweichend handelt. Zum einen erfahren die meisten nichts davon, und zum anderen verzichten sie nicht auf die Vorteile der Konvention, nur weil punktuell jemand anders handelt. Sich so zu verhalten, wie es die Konvention ist, ist hier also nicht eine notwendige Bedingung dafür, dass alle anderen auch so handeln. Es kann aber sein, dass die, die mit dem Übeltäter direkt zu tun haben, ihm gegenüber ihren Verzicht auf Verletzungshandlungen aufkündigen. Wo eine Ordnung durch eine Konvention bereits erreicht war, zieht dann lokal, in bestimmten Beziehungen wieder der Naturzustand ein. Die Situation enthält dann nichts grundsätzlich Neues.

Dieses genau adressierte Aussetzen des konventionellen Verhaltens ist aber nicht so leicht zu praktizieren. Und außerdem ist es, wie es scheint, auch nicht die beste Strategie. Verhaltensweisen verfestigen sich zu Dispositionen, und das führt dazu, dass man sich unkonditioniert: also gegenüber jedermann der Konvention entsprechend verhält. Wenn es so ist, kann man die Aufgabe, vom devianten

Verhalten abzuhalten, ganz den informellen und gegebenenfalls auch
formellen Normen überlassen. Man sanktioniert das abweichende
Verhalten, verhält sich aber wie immer konventionell und hofft,
auf diese Weise zu erreichen, dass der, der anders gehandelt hat,
unter dem Eindruck der Sanktionen zum konventionellen Verhalten
zurückfindet. Wählt man diese Strategie, gibt es das konventionelle
Müssen, die konventionelle Regel nicht mehr. Denn man muss sich
nicht so-und-so verhalten, damit die anderen sich genauso verhalten.
Das bedeutet, dass das sanktionskonstituierte Müssen der Norm das
konventionelle Müssen nicht ergänzt und verstärkt, sondern, und das
ist etwas grundsätzlich Neues, *ersetzt.* Das eine Müssen ersetzt das
andere. Das ist möglich, weil beide inhaltsgleich sind. Es gibt also die
Möglichkeit, die Reaktion, die erst das konventionelle Müssen generiert, zu unterlassen und an die Stelle des konventionellen Müssens
das inhaltsgleiche sanktionskonstituierte Müssen der Norm zu setzen.
Auf diese Weise versucht man, die erreichte Ordnung, den Zustand
gemeinsamen Freiheitsverzichts zugunsten aller zu stabilisieren und
nicht, auch nicht lokal, in den Naturzustand zurückzufallen.

5. Standards

Es gibt nicht nur Normen und konventionelle Regeln, sondern auch
Standards. Sie sind ein weiteres zentrales Element in der Architektur
der normativen Wirklichkeit. Ein Standard ist ein Richtmaß, eine
Richtschnur, ein Maßstab: etwas, wonach man sich richten muss. Die
Griechen gebrauchten, wie bereits erwähnt, um von einem Standard zu
sprechen, das Wort *kanōn* (κανών). *kanōn* ist semitischen Ursprungs
und bedeutet ursprünglich Rohr, Schilfrohr. Die hervorstechende
Eigenschaft des Rohrs ist seine völlige Geradheit. Deshalb sind in
Griechenland und wohl schon früher in Asien Rohre als Maßstäbe
für das Geradesein von etwas verwandt worden.[7] Eine Mauer, die
gerade sein sollte, musste wie ein Rohr sein. Auf diese Weise wuchs

---

[7]   Vgl. hierzu H. Oppel: KANΩN. *Zur Bedeutungsgeschichte des Wortes und
seiner lateinischen Entsprechungen* (Leipzig 1937) 1 f.

kanōn die Bedeutung Maßstab und Standard zu. Das Rohr ist der Standard für Geradheit, und nach ihm muss sich richten, wer z. B. eine gerade Mauer bauen will.

Wir können, wenn wir genauer bestimmen wollen, was ein Standard ist, zunächst sagen: Ein Standard ist immer ein Standard *für etwas*, nämlich dafür, eine bestimmte Eigenschaft zu haben oder von einer bestimmten Art zu sein. Diese beiden Varianten zusammenfassend werde ich sagen: dafür, eine bestimmte Beschaffenheit zu haben. Dafür, diese Beschaffenheit zu haben, müssen die fraglichen Dinge dem Standard entsprechen, sie müssen so sein wie der Standard. Dieses Müssen, das aus der Existenz eines Standards resultiert, ist ein Müssen der notwendigen Bedingung. Wo ein Standard, da also ein Müssen der notwendigen Bedingung. Genauer betrachtet ist, zu sein wie der Standard, nicht nur eine notwendige, sondern auch eine hinreichende Bedingung. Und in vielen Fällen kommt eine weitere, wichtige Spezifikation hinzu: Zu sein wie der Standard, ist *konstitutiv* für das Haben der Beschaffenheit, für die der Standard der Maßstab ist. Etwas hat diese Beschaffenheit *dadurch, dass* es dem Standard entspricht. Dieses „dadurch, dass" bringt nicht eine kausale, sondern eine konstitutive Beziehung zum Ausdruck. Zu sein wie der Standard, ist also eine notwendige, eine hinreichende und in vielen Fällen auch eine konstitutive Bedingung für das Haben einer bestimmten Beschaffenheit.

Dass das Wofür des Müssens eine Beschaffenheit oder, anders gesagt, ein Sein ist – und nicht etwas, was passiert (oder unterbleibt), ist für das Müssen, das mit einem Standard gegeben ist, charakteristisch. Eine Mauer muss dafür, dass sie gerade *ist*, sein wie ein Rohr. Wenn man eine Gymnastik machen muss dafür, wieder gesund zu werden, ist das Wofür des Müssens hingegen etwas, was passiert: Man wird wieder gesund. Genauso bei einem sanktionskonstituierten Müssen: Man muss etwas dafür tun, dass etwas passiert oder nicht passiert.

Es dürfte klar sein, dass es Standards nicht in der von uns unabhängigen Welt gibt. Das Rohr existiert zwar unabhängig von uns, es ist Teil der ontologisch objektiven Wirklichkeit. Aber dass es ein Standard ist, ist eine ontologisch subjektive Tatsache. Wir gebrauchen das Rohr als Standard, weil wir gerade Gegenstände herstellen wollen und dafür ein Richtmaß benötigen. Standards sind Hervorbringungen der Menschen. Und deshalb ist das Müssen, das mit einem Standard entsteht, ontologisch subjektiv.

Ein Müssen der notwendigen Bedingung ist als solches nicht normativ. Das gilt auch für das Müssen, das mit einem Standard gegeben ist. Normativität braucht ein Wollen. Nun ist, wenn wir bei dem Beispiel bleiben, offensichtlich, dass eine Mauer nichts wollen kann und dass sie nicht der Adressat eines normativen Müssens sein kann. Ein Standard steht allerdings immer in einem praktischen Kontext. So gibt es einen Standard für das Geradesein von Mauern, weil Menschen Mauern bauen und weil sie wollen, dass sie gerade sind. In diesem Kontext entsteht mit dem Standard ein normatives Müssen: Wenn der Maurer will, dass die Mauer am Ende gerade ist, muss er dafür sorgen, dass sie dem Standard entspricht. Dieses Müssen ist normativ, es ist wollensrelativ, und es richtet sich darauf, zu bewirken, dass die Mauer dem Standard entspricht. Und sein Adressat ist natürlich nicht die Mauer, sondern der Maurer, der will, dass die Mauer gerade ist. Dieses normative Müssen setzt offenkundig die Existenz des Standards und des mit ihm gegebenen Müssens der notwendigen Bedingung voraus. Es ist, so kann man formulieren, ein standard-bezogenes normatives Müssen. Ich habe gesagt, ein Standard sei etwas, wonach man sich richten muss. Dieses Sich-richten-Müssen ist genau das jetzt beschriebene standard-bezogene normative Müssen.

Es ist Zeit, das Gesagte durch weitere Beispiele zu verdeutlichen. Angenommen, ein Produkt wird in unterschiedlichen Qualitäten von einer Reihe von Herstellern zum Kauf angeboten. Nach einiger Zeit kommt es, vielleicht aufgrund von Informationen über die Umweltverträglichkeit der verwandten Materialien, dazu, dass es sich in minderer Qualität nicht mehr verkaufen lässt. Es muss von nun an einen bestimmten Standard erfüllen dafür, verkaufbar zu sein. Eine bestimmte Qualität wird hier zum Standard für Verkaufbarkeit. Und jeder Anbieter muss infolgedessen, wenn er erfolgreich sein will, das Produkt in einer Qualität herstellen, die dem Standard entspricht. Dieses Müssen ist ein normatives, standard-bezogenes Müssen.

In diesem Beispiel bildet sich der Standard durch das Kaufverhalten der Leute von selbst heraus. Niemand hat ihn erlassen oder verordnet. Aber natürlich kann ein Standard auch gesetzt werden. So hat die Europäische Union Handels- oder Güteklassen für landwirtschaftliche

Erzeugnisse festgelegt, damit sich die Verbraucher über die Qualität der Lebensmittel informieren können. Ein Beispiel sind die Güteklassen für Eier. Ein Ei muss dafür, ein Ei der Güteklasse I zu sein, die-und-die Eigenschaften haben. Der Weltfußballverband (FIFA) legt in seinen Regeln einen Standard für die Größe eines Spielfeldes fest. Spielfelder, auf denen auch internationale Spiele stattfinden können, müssen zwischen 100 und 110 m lang und zwischen 64 und 75 m breit sein. Jeder Verein, der ein neues Spielfeld anlegen lässt, auf dem auch internationale Spiele ausgetragen werden sollen, muss folglich ein Spielfeld bauen, das diesem Standard entspricht. Die negative Konsequenz, die eintritt, wenn man anders handelt, ist, dass die Approbation des Spielfeldes durch die FIFA nicht erfolgt und deshalb keine internationalen Spiele auf dem Feld ausgetragen werden können. Man erreicht also nicht, was man will. Die negative Konsequenz ist hier keine Sanktion. Die FIFA will mit dieser negativen Konsequenz nicht für zukünftige Fälle von bestimmten Verhaltensweisen abschrecken; und sie hat nichts dagegen, dass Vereine Spielfelder bauen, die für den normalen Spielbetrieb taugen, aber den Standard für internationale Spiele nicht erfüllen.

Von der Möglichkeit der Standardsetzung macht auch die Rechtsordnung Gebrauch. Ein gutes Beispiel sind die Regelungen für ein Testament. Eine letztwillige Verfügung für den Todesfall muss eine bestimmte Form haben, sie muss einem bestimmten Standard genügen dafür, rechtliche Anerkennung zu finden. Eine Verfügung, die dem Standard nicht entspricht, ist kein Testament; und es entstehen nicht die Rechtsfolgen, die mit einem Testament verbunden sind. Die Rechtsordnung schafft, indem sie diesen Standard setzt, ein Müssen der notwendigen Bedingung. Und die Beziehung zwischen dem Notwendigen und dem, wofür es notwendig ist, ist in diesem Fall offenkundig konstitutiv: Die Verfügung ist *dadurch, dass* sie dem Standard genügt, ein Testament. Das Dem-Standard-Genügen konstituiert das Ein-Testament-Sein. Aus dem Standard ergibt sich ein normatives Müssen: Jeder, der seinen letzten Willen rechtsverbindlich zum Ausdruck bringen will, muss dafür sorgen, dass seine Verfügung dem festgesetzten Standard entspricht. Wer anders verfährt, muss die negative Konsequenz hinnehmen, dass seine Verfügung kein Testament ist, also rechtlich nichtig ist.

Auch dieses normative Müssen ist nicht sanktionskonstituiert. Das Ausbleiben der rechtlichen Anerkennung ist eine negative Konsequenz, aber keine Sanktion. Das normative Müssen ist folglich keine Norm. Dies zeigt sich sehr deutlich daran, dass der Staat, der die Rechtsordnung trägt, uninteressiert reagiert, wenn jemand von vornherein eine rechtsförmige Verfügung gar nicht anstrebt oder sie, wenn er sie anstrebt, verfehlt. Das ist nichts, worauf der Staat negativ reagiert; er tut nichts, um seine Bürger davon abzuhalten oder um sie zu bestrafen, wenn sie sich so verhalten. Sie machen einfach – gewollt oder ungewollt – von einer Möglichkeit, die das Recht ihnen bietet, keinen Gebrauch. Die Setzung des Standards dient eindeutig nicht dazu, zu bestimmten Handlungen zu nötigen, sie dient dazu, rechtlich anerkannte Verfügungen des letzten Willens zu ermöglichen. Wer die Setzung eines Standards an die Schaffung einer Norm angleichen wollte, würde sehr unterschiedliche Leistungen, die die Rechtsordnung erbringt, vermengen.[8]

Tatsächlich sind Standardsetzungen ein bedeutender Teil einer Rechtsordnung. Man denke nur an die Regelungen über die Gültigkeit eines Vertrages. Eine Vereinbarung muss bestimmte Bedingungen erfüllen dafür, dass sie ein Vertrag ist und die entsprechenden Rechtsfolgen generiert. Vor allem aber schafft eine Rechtsordnung Standards, indem sie sogenannte Tatbestandsmerkmale festlegt. So muss eine Tötungshandlung nach deutschem Strafrecht (StGB § 211) dafür, ein Mord zu sein, erstens „aus Mordlust, zur Befriedigung des Geschlechtstriebs, aus Habgier oder sonst aus niedrigen Beweggründen" und zweitens „heimtückisch oder grausam oder mit gemeingefährlichen Mitteln oder, um eine andere Straftat zu ermöglichen oder zu verdecken," getan werden. Auch hier ist das eine die notwendige Bedingung für das andere; und auch hier ist das Bedingungsgefüge offensichtlich konstitutiv: Eine Tötungshandlung ist dadurch, dass sie diese Merkmale aufweist, ein Mord. Man kann auch sagen: Ein Mord ist durch die rechtliche Regelung als eine Tötungshandlung mit diesen Merkmalen *definiert*.

---

[8]   Vgl. hierzu sehr deutlich Hart, *The Concept of Law*, 27 f., 33 ff.

Diese Überlegungen zeigen, dass es ganz falsch wäre, zu meinen, eine Rechtsordnung bestehe ausschließlich aus Normen, also aus sanktionskonstituierten Regeln. Man kann versucht sein, in diese Richtung zu gehen. Und einige Juristen und Philosophen sind dieser Versuchung erlegen. Aber sie zeichnen ein zu einfaches Bild. Eine Rechtsordnung schafft durch die Etablierung von Sanktionsmechanismen Normen, aber eine weitere wesentliche Leistung einer Rechtsordnung ist die Setzung von Standards. Ich werde, um das zu fassen, sagen, dass eine Rechtsordnung normierende und definierende Elemente enthält. „Definierend", weil, einen Standard zu setzen, in den Fällen, in denen die notwendige Bedingung auch konstitutiv ist, bedeutet, das zu definieren, wofür der Standard der Maßstab ist. Einen Standard für ein Testament zu setzen, bedeutet, zu definieren, was ein Testament ist.

6. Standards und Normen. Kombinationen

Obwohl Standards und Normen deutlich verschiedene Dinge sind, können sie kombiniert werden; genauso können Standards und konventionelle Regeln kombiniert werden, und all dies auf eine erstaunlich vielfältige Weise. Durch diese Kombinationen entstehen neue normative Phänomene, und die normative Wirklichkeit gewinnt an Komplexität und Funktionalität. Ich möchte auf drei Kombinationen von Standards und Normen hinweisen.

(i) Auf den vielleicht einfachsten Fall sind wir schon gestoßen: Eine Rechtsordnung schafft die Norm, die Mord verbietet. Diese Norm setzt voraus, dass es einen Standard dafür gibt, ein Mord zu sein. Diesen Standard muss die Rechtsordnung auch setzen. Dabei sind die Schaffung der Norm und die Setzung des Standards zwar aufeinander bezogen, aber doch unterschiedliche Akte.

(ii) Anders ist es, wenn eine Instanz einen Standard setzt, *indem* sie eine Norm schafft. Die Norm selbst kreiert dann einen Standard. Wie geschieht das? Wenn es in einem Land Sicherheitsstandards für Elektrogeräte gibt, müssen die Geräte diese Standards erfüllen dafür, verkauft werden zu dürfen. Es handelt sich hier also nicht um

Standards dafür, verkaufbar zu sein, sondern dafür, verkauft werden zu *dürfen*. Wer dennoch Geräte verkauft, die den Standards nicht entsprechen, wird bestraft, mit einer Geldstrafe oder dem Verlust der Konzession. Die normative Struktur dieser Situation lässt sich so beschreiben: Die zuständige Behörde schafft eine Norm, die besagt, dass jeder, der Elektrogeräte in den Handel bringt, dafür sorgen muss, dass sie bestimmte Eigenschaften haben. Mit dieser Norm entsteht, ohne dass noch etwas anderes geschieht, ein Standard, nämlich der Standard, den Elektrogeräte erfüllen müssen dafür, verkauft werden zu dürfen. Die Behörde setzt den Standard also, *indem* sie die Norm schafft, und die Norm schafft sie selbstverständlich, indem sie einen Sanktionsmechanismus schafft. In einer Norm, mit der ein Standard entsteht, spielen immer die Eigenschaften eines Gegenstandes oder eines Typs von Gegenständen eine Rolle: Es ist nur erlaubt, Elektrogeräte, die *die-und-die Eigenschaften haben*, zu verkaufen. Dadurch wird das Vorhandensein dieser Eigenschaften zum Standard für das Verkauft-werden-Dürfen. Es gibt, wie sich zeigt, besondere Normen, solche, die Standards schaffen, und folglich besondere Standards, solche, die durch Normen geschaffen werden.

(iii) Eine weitere Kombination von Standards und Normen ergibt sich, wenn man die Normbefolgung zum Standard dafür macht, dass jemand die-und-die Eigenschaft hat. So liegt es nahe, den Standard dafür, moralisch gut zu sein, darin zu sehen, dass man verlässlich die moralischen Normen befolgt. Schon in der Antike bezeichnete man die Gesetze als *kanones* (κανόνες)[9]: So wie sich an der Übereinstimmung mit dem Schilfrohr entscheidet, ob eine Mauer gerade ist, entscheidet sich an der Übereinstimmung des Verhaltens mit den Gesetzen, ob eine Person gesetzestreu, gerecht, gut ist. Wenn man eine solche Person sein will, muss man folglich die Gesetze befolgen. Dieses Müssen ist klarerweise normativ, es ist ein standard-bezogenes normatives Müssen. Es ist nicht normgeneriert und nicht sanktionskonstituiert. Dies, obwohl hier natürlich auch

---

[9]   Vgl. hierzu Oppel, KANΩN. *Zur Bedeutungsgeschichte des Wortes*, 51 ff., 55 f., 58 f.

ein inhaltsgleiches normgeneriertes Müssen existiert. Das Gesetz
nötigt ja aufgrund des mit ihm gegebenen Sanktionsmechanismus
ganz unabhängig von dem Wunsch, eine gesetzestreue Person zu
sein, dazu, gesetzeskonform zu handeln. Wir haben hier erneut ein
doppeltes Müssen mit gleichem Inhalt: ein standard-bezogenes und
ein normgeneriertes Müssen.

7. *Spielregeln*

Nach den erreichten Klärungen über Standards ist es möglich, einige
Bemerkungen zu der Frage zu machen, was Spielregeln sind und welche Art des Müssens mit ihnen gegeben ist. Dies genau zu bestimmen,
ist schwerer als vielleicht vermutet. Man muss verschiedene Typen
von Spielregeln unterscheiden. Eine erste Art ist leicht einzuordnen.
Die Regeln sind hier gewöhnliche Normen. So ist es den Spielern beim
Fußball verboten, den Ball mit der Hand zu spielen, mit Ausnahme
des Torwarts, der in einem Teil des Feldes auch mit der Hand spielen
kann. Ein anderer Typus von Spielregel liegt vor, wenn – ebenfalls
für das Fußballspiel – bestimmt wird, dass das Spielfeld rechtwinklig
sein muss und die Länge der Seitenlinien die Länge der Torlinien
übertreffen muss. Regelungen dieser Art sind keine Normen, mit
ihnen wird vielmehr ein Standard gesetzt. Ein Spielfeld muss diesem
Standard entsprechen dafür, ein (vom Fußballverband anerkanntes)
Fußballfeld zu sein. – Es zeigt sich hier bereits, dass die Rede von
Regeln sehr weit gefasst ist, wenn man von Spielregeln spricht. Alle
für ein Spiel nötigen Festlegungen werden „Spielregeln" genannt.
Obwohl diese Festlegungen, nicht anders als eine Rechtsordnung,
normierende wie auch definierende Elemente enthalten.

Wie ist es, wenn die Regeln des Schachspiels besagen, dass
der Läufer nur auf ein beliebiges anderes Feld entlang einer der
Diagonalen, auf denen er steht, ziehen darf? Und ein Turm nur auf
ein beliebiges anderes Feld entlang der Linie oder der Reihe, auf
der er steht? Alle anderen Züge sind unmöglich. Läufer und Turm
müssen in der festgelegten Weise ziehen. Auch diese Regelungen
setzen Standards, sie fixieren ein Schema möglicher Züge, und ein
Zug muss diesem Schema entsprechen dafür, überhaupt ein Zug in

224 Konventionen und Standards

einem Schachspiel zu sein. Ein Zug eines Läufers oder eines Turms, der dem Schema nicht entspricht, ist nicht Teil des Schachspiels. Deshalb muss, wenn während einer Partie ein Zug erfolgt, der im Schachspiel nicht möglich ist, die Stellung vor diesem Zug wiederhergestellt werden. Das standard-gegebene Müssen ist auch hier ein bloßes Müssen der notwendigen Bedingung, es ist nicht normativ. Von ihm leitet sich aber ein normatives Müssen ab: Es ist adressiert an die Schachspieler, die dieses Spiel spielen wollen und dann natürlich dafür sorgen müssen, dass die Züge dem vorgegebenen Schema entsprechen. Dieses Müssen ist ein standard-bezogenes normatives Müssen. Wer anders handelt, erreicht nicht, was er will, er spielt nicht Schach.

Da sich dieses Müssen an alle Schachspieler richtet und zudem nicht nur bestimmte einzelne Züge, sondern generell alle Züge zum Gegenstand hat, passt es hier gut, von einer „Regel" zu sprechen. Es ist eine Regel für Schachspieler, mit den Figuren so zu ziehen, dass die Züge den vorgegebenen Schemata entsprechen. Wer anders zieht, spielt nicht mehr Schach, er hat gewissermaßen das Terrain des Schachspiels verlassen. – Diese Regel, das ist wichtig zu sehen, ist keine Norm. Es gibt hier keine Sanktion. Das Müssen ergibt sich einfach dadurch, dass die Spieler Schach spielen wollen und dass sie dies nicht tun, wenn sie anders ziehen als vorgegeben.

Man kann die Frage aufwerfen, ob diese Regeln für die Schachspieler streng genommen zu den Spielregeln gehören oder ob sie nur Handlungsregeln sind, die sich aus den Spielregeln ergeben. Die Frage wirkt vielleicht spitzfindig. Man könnte sagen, dass es sich ohnehin gleich bleibe, ob die Spielregeln festlegen, dass ein Läufer so-und-so ziehen muss, oder ob sie festlegen, dass die Spieler mit ihrem Läufer so-und-so ziehen müssen. Das könne man so und ebenso gut auch so fassen. Eine Schachfigur sei schließlich kein Selbst-Beweger. Deshalb sei ihr Ziehen immer ein Gezogen-werden, und derjenige, der zieht, sei der Spieler. Folglich seien die Festlegungen über die möglichen Züge der Figuren de facto Regeln für die Spieler. Und deshalb seien die hier entwickelten Differenzierungen ohne Bedeutung. – Diese Überlegung ist durchaus plausibel; gewöhnlich brauchen wir diese Unterscheidungen nicht. In einer Analyse der normativen Wirklichkeit sind sie aber von Bedeutung. Das nicht-normative mit einem Standard gegebene Müssen und das normative, standard-bezogene und an bestimmte Personen adressierte Müssen sind verschiedene Arten des Müssens. Diesen Unterschied muss man festhalten. Und es ist durchaus bemerkenswert, dass die Rechtsordnung bestimmt, wie eine letztwillige Verfügung sein muss, damit sie ein Testament ist, sich aber nicht an Personen richtet, die ihren letzten Willen festlegen wollen. Obwohl es auch hier so ist, dass letztwillige Verfügungen nicht selbst ihre Form fixieren. Genauso ist es bei den Fußballregeln. Sie bestimmen, wie ein Spielfeld sein muss, richten sich aber an niemanden, obwohl auch Fußballfelder nicht selbst ihre Form und Größe bewirken. Und genauso ist es auch bei den Schachregeln. Sie bestimmen, wie die Züge der Figuren sein müssen, sie richten sich in diesem Punkt nicht an die Spieler. Das personen-adressierte normative Müssen ist in all diesen Fällen ein abgeleitetes Müssen, das sich aus dem mit dem Standard gegebenen Müssen ergibt, das aber nicht selbst Teil der Rechts- bzw. Spielordnungen ist. Man sollte klar sehen, dass das Setzen von Standards eine eigene, separate Leistung neben anderen Leistungen ist, die Rechts- und Spielordnungen erbringen. Diese Leistung sollte in ihrer Eigenart nicht verwischt und nicht mit anderen Leistungen verwechselt oder an sie angeglichen werden. Wenn man dies realisiert, kann man in den Fällen, in denen das abgeleitete Müssen die Form einer an die Spieler adressierten Handlungsregel hat, auch ohne Schaden von Spielregeln sprechen.

Es ist jetzt noch eine weitere Komplizierung zu berücksichtigen. Wenn jemand in einem Spiel einen Zug tut, der nicht möglich ist, kann er das versehentlich tun; er kann es aber auch absichtlich tun, um sich einen Vorteil zu verschaffen, in der Hoffnung, dass der andere den falschen Zug nicht bemerkt. Im zweiten Fall handelt es sich um einen Täuschungsversuch, und deshalb hat man das Gefühl, es sollte innerhalb des Spiels eine Strafe geben. Das bloße Zurückgehen in die Stellung zuvor wäre keine Strafe. Es ist nun aufschlussreich, dass die offiziellen Schachregeln tatsächlich eine Regel enthalten, die besagt, dass, wer einen Zug tut, der nicht möglich ist, bestraft wird, beim ersten und zweiten Mal dadurch, dass die Bedenkzeit für den Gegner verlängert wird, beim dritten Mal dadurch, dass die Partie als für ihn verloren gewertet wird. Durch diese Sanktionen entsteht jetzt doch noch eine Norm, die die Spieler dazu nötigt, nur Züge zu machen, die den vorgegebenen Zugschemata entsprechen. Aufgrund dieser Norm kann man jetzt auch sagen, es sei *verboten*, mit einem Turm diagonal zu ziehen, es sei nicht *erlaubt*, mit einem Läufer horizontal zu ziehen, etc. Diese Norm ist inhaltsgleich mit der bereits erörterten Handlungs-regel. Beide besagen, dass die Schachspieler so ziehen müssen, wie es den Zugschemata entspricht. Aber das standard-bezogene Müssen der Regel ist, wie gesagt, nicht sanktionskonstituiert, während die Norm natürlich durch die genannten Sanktionen konstituiert ist. Hier existiert erneut ein zweietagiger Bau des Müssens.

Wenn man die Analyse der Spielregeln und ihres Müssens so weit überblickt, kann man drei verschiedene Fälle unterscheiden: *Erstens* die definierenden Spielregeln, die Standards setzen und dadurch ein Müssen der notwendigen Bedingung schaffen. Dieses Müssen ist nicht normativ. *Zweitens* die normierenden Spielregeln, die etwas gebieten oder verbieten und für den Fall des Anders-Handelns eine Sanktionierung innerhalb des Spiels vorsehen. Diese Regeln sind Normen, adressiert an die Spieler. Und *drittens*, gleichsam zwischen den beiden ersten Fällen angesiedelt, das normative standard-bezogene Müssen, das sich in einem entsprechenden Kontext aus dem ersten Müssen ableitet. Dieses Müssen ist normativ, aber nicht sanktionskonstituiert. Es kann an die Spieler adressiert sein, es kann aber auch an Leute adressiert sein, die mit dem Spiel direkt nichts zu tun haben, die nur Spielfelder oder anderes, was zum Spiel gebraucht wird, errichten oder herstellen. Wenn es an die Spieler adressiert ist, ist es naheliegend, es selbst zu den Spielregeln zu zählen. Die eigentlichen Spielregeln sind jedoch die Fixierungen der Standards und die Spielnormen.

8. Regulative und konstitutive Regeln?

Viele Autoren operieren, wenn es um die Analyse von Spielregeln geht, mit der Unterscheidung von regulativen und konstitutiven Regeln. Searle hat diese Unterscheidung besonders wirkungsvoll zur Geltung gebracht. Regulative Regeln regeln, so sagt er, Formen des Verhaltens, die es unabhängig von den Regeln und ihnen vorausgehend gibt.[10] Ein Beispiel sind die Normen der Straßenverkehrsordnung. Sie regeln u. a. den Autoverkehr; man könnte aber auch ohne diese Regeln Auto fahren. Auto fahren ist eine Handlung, die nicht von der Existenz irgendwelcher Regeln abhängig ist. Anders ist es, so Searle, bei konstitutiven Regeln. Sie „kreieren" Formen des Verhaltens, die es ohne die Regeln gar nicht geben kann.[11] Konstitutive Regeln schaffen die Möglichkeit ganz neuer Verhaltensweisen. So kreieren Spielregeln erst die Möglichkeit, die jeweiligen Spiele zu spielen. Schach kann man nur spielen, wenn es Schachregeln gibt. Und dasselbe gilt für die einzelnen Züge. Man kann nur jemanden Schachmatt setzen innerhalb des durch die Regeln geschaffenen Schachspiels. Und man kann nur einen Elfmeter schießen, wenn es Fußballregeln gibt, die entsprechende Festlegungen enthalten.

Wie erklärt Searle die Leistung dieser Regeln? In welcher Weise sind sie konstitutiv? Die Handlungen werden, so sagt er, konstituiert durch die Übereinstimmung mit den Regeln. Regelkonformität konstituiert die Handlungen.[12] Ein Zug mit dem Läufer ist eben nur dadurch ein Schachzug, dass er den Regeln entspricht. Entspräche er nicht den Regeln, wäre er gar kein Zug im Schachspiel. Bei den regulativen Regeln, die das Autofahren regeln, ist hingegen auch das normwidrige Autofahren noch ein Autofahren. Hier ist die Regelkonformität keineswegs konstitutiv für die Handlung.

Searles Unterscheidung hat ohne Zweifel intuitive Plausibilität. Sie zielt einen Unterschied an, den es wirklich gibt. Die Frage ist freilich, ob sie ihn in angemessener Weise erfasst. Eine genauere Analyse zeigt, wie ich meine, dass dies nicht der Fall ist. Die Unterscheidung verzerrt die Phänomene, sie verdunkelt mehr, als sie erhellt, und tatsächlich ist sie konfus. Ich versuche, das zu zeigen, indem ich Searles Unterscheidung mit den Überlegungen zusammenbringe, die ich über Standards und im speziellen über Spielregeln entwickelt habe.

---

[10] J. R. Searle: *Speech Acts* (Cambridge 1969) 33; dt.: *Sprechakte* (Frankfurt 1971) 54.
[11] Ebd.
[12] Ebd. 33 f.; dt. 54.

Eine Rechtsordnung kennt, wie wir fanden, neben den normierenden Elementen definierende Elemente: Sie setzt Standards, zum
Beispiel für Testamente und Verträge. Mit den Standards entstehen
konstitutive Beziehungen. So konstituiert im Falle einer letztwilligen
Verfügung das Dem-Standard-Entsprechen das Ein-Testament-Sein.
Hier fällt also auch das Wort „konstituieren". Liegt hier eine konstitutive Regel im Sinne Searles vor? Keineswegs. Das entscheidende
Phänomen ist hier der Standard. Indem die Rechtsordnung Standards
setzt, schafft sie die Möglichkeit neuer Dinge, z. B. die Möglichkeit
von Testamenten und Verträgen. Ohne den entsprechenden rechtlichen
Standard kann es ein Testament nicht geben. Es kann nur eine letztwillige Verfügung geben, die aber nicht den rechtlichen Status hat,
den ein Testament hat. Wenn es ohne den Standard kein Testament
geben kann, kann es ohne ihn natürlich auch nicht die Handlung
‚ein Testament machen' geben. Nur dadurch, dass die letztwillige
Verfügung, die man trifft, dem Standard für ein Testament entspricht,
ist das, was man tut, die Handlung ‚ein Testament machen'. Diese
Handlung unterscheidet sich also in der Tat von solchen Handlungen
wie dem Autofahren dadurch, dass es sie nur geben kann, wenn es
eine bestimmte soziale Institution gibt. Aber diese Institution ist
offenkundig nicht eine besondere, ganz andersartige Regel, sondern
ein Standard.

Man könnte versuchen, die Sachlage im Sinne Searles anders zu
fassen. Von dem Standard leitet sich ein standard-bezogenes Müssen
ab: Alle, die ein Testament machen wollen, müssen bestimmte Dinge
beachten. Dieses Müssen ist normativ und generell, also eine Regel.
Und jeder, der sich an diese Regel hält, macht ein Testament, und
wer sich nicht daran hält, macht kein Testament. Also ist die Regel,
so scheint es, konstitutiv im Sinne Searles: Die Regelkonformität
des Handelns konstituiert offenkundig die Handlung ‚ein Testament
machen'. Und genau dies war nach Searle das Definiens einer konstitutiven Regel. Die Unterscheidung scheint also aufzugehen. – Doch
tatsächlich ist diese Analyse oberflächlich. Denn man befolgt eine
von einem Standard abgeleitete Regel, indem man mit dem, was man
tut, den Standard erfüllt. So befolgt man die Regel, die sich von dem
Standard für ein Testament ableitet, indem man die letztwillige Verfügung so gestaltet, dass sie dem Standard entspricht. Und das, was man

tut, ist genau dadurch die Handlung ‚ein Testament machen', dass die
Verfügung dem Standard entspricht. Nicht die Regel ist konstitutiv,
der Standard ist konstitutiv. An ihm entscheidet sich, ob etwas ein
Testament ist, und an ihm entscheidet sich, ob das, was man tut, die
Handlung ‚ein Testament machen' ist. Die Regel ist nur etwas vom
Standard Abgeleitetes, aber nicht das primäre Phänomen. Primär ist
der Standard. Searle hat das zentrale Phänomen des Standards völlig
übersehen und stattdessen einen neuen Typus von Regel erfunden.
In Wahrheit gibt es diesen zweiten Typ von Regel nicht. Es gibt
nur regulative Regeln (wobei man das Beiwort „regulativ" dann
weglassen kann).

Man muss hier anmerken, dass Searle die konstitutiven Regeln
zwar als wirkliche Regeln einführt, er sagt von ihnen, und das ist
die Gemeinsamkeit mit den regulativen Regeln, dass sie Handlungen
„regulieren" („regulate").[13] Aber schon bald erklärt er sehr zur Über-
raschung seiner Leser, dass es konstitutive Regeln gibt, die nicht von
dieser Art sind, die nicht, wie er sagt, die Form „Tue X", sondern die
Form „X zählt als Y" haben.[14] Diese Formel kann man aufgreifen
und sagen, was die Rechtsordnung bezüglich eines Testaments fixiere,
sei genau, dass eine letztwillige Verfügung, wenn sie dem-und-dem
Standard entspricht, als Testament zählt. Aber welchen Sinn hat es,
hier von einer Regel zu sprechen? Hier existiert nicht eine Regel,
vielmehr setzt die Rechtsordnung einen Standard. Und es ist äußerst
verwirrend, diese verschiedenen Dinge unter einen Begriff zwingen
zu wollen. Und worin besteht, wenn man hier statt von einem
Standard von einer Regel spricht, noch die Gemeinsamkeit mit den
regulativen Regeln, die doch unterstellt ist, wenn man hier wie dort
von „Regeln" spricht? Jedenfalls nicht darin, dass sie in demselben
Sinn Regeln sind.[15]

---

[13] Searle, *Speech Acts*, 33; dt. 54.
[14] Ebd. 34; dt. 55.
[15] Angesichts dieser Fragen ist es nicht verwunderlich, dass Searle gleich bei
der Einführung der Unterscheidung von regulativen und konstitutiven Regeln
notiert: „I am fairly confident about the distinction, but do not find it easy to
clarify." (ebd. 33; dt. 54).

Es ist jetzt nicht schwer, die erreichten Ergebnisse auf Spielregeln zu übertragen. Sie sollen ja die paradigmatischen konstitutiven Regeln sein. Die Idee ist wieder, dass eine Regel den Schachspielern vorgibt, mit einem Läufer nur diagonal zu ziehen. Wer anders zieht, tut überhaupt keinen Zug innerhalb des Schachspiels. Regelkonformität ist also konstitutiv dafür, überhaupt einen Schachzug zu tun. Dies zeigt, so die Annahme, dass die Regel hier von anderer Art ist, dass sie eben eine konstitutive Regel ist. Doch auch hier ist das eigentliche Kernphänomen die Existenz eines Standards. Es gibt, das ist der Kern der Sache, einen Standard für einen Zug eines Läufers: Er muss diesem Standard entsprechen dafür, ein Zug im Schachspiel zu sein. Folglich ist das, was ein Spieler mit dem Läufer tut, nur dann die Handlung ‚einen Zug im Schachspiel machen', wenn sein Zug dem vorgegebenen Schema entspricht. Aus dieser Sachlage ergibt sich erneut eine an den Spieler adressierte Regel, nämlich so zu ziehen, wie es dem Zugschema für einen Läufer entspricht. Wer dies nicht tut, erreicht nicht, was er will: er spielt nicht Schach. Die Regel ist auch hier vom Standard abgeleitet, sie ist nur ein Derivat, und das, was tatsächlich die Möglichkeit, einen Zug im Schachspiel zu machen, „kreiert", ist der Standard für einen solchen Zug. – Wenn man realisiert, dass Spielregeln nicht nur Normen schaffen, sondern auch Standards setzen und dass dies zwei verschiedene Dinge sind, kann man, wie sich zeigt, die fraglichen Phänomene ohne große Mühe aufhellen. Und es zeigt sich dann sehr deutlich, dass es die behauptete besondere Art von Regeln, eben die konstitutiven Regeln, nicht gibt. Wer sie einführt, verzeichnet die Phänomene. Es ist stattdessen wichtig, die Bedeutung der Standards zu erkennen und sie adäquat zu analysieren.

9. Standards im Denken und Sprechen

Zum Schluss dieses Kapitels möchte ich noch darauf hinweisen, dass Standards und das standard-gegebene Müssen im Denken und Sprechen der Menschen eine ganz und gar elementare Rolle spielen. – Es wurde bereits gesagt, eine Sprache zu sprechen, bedeute, konventionellen Regeln zu folgen. Wir weisen Lauten und Lautfolgen kollektiv

Bedeutungen zu und gebrauchen die Symbole übereinkommend in diesen Bedeutungen. Dies tun wir auf verschiedenen Ebenen, wir weisen einzelnen Wörtern Bedeutungen zu, wir weisen aber auch bestimmten Lautfolgen, wie man manchmal sagt, strukturelle oder grammatische Bedeutungen zu. Etwa die, ein Satz oder speziell ein Aussagesatz, Frage- oder Befehlssatz zu sein. Bei diesen Konventionen spielen, wie man sich leicht klarmachen kann, Standards eine Rolle: Eine Lautfolge muss einem bestimmten Standard, einem bestimmten Schema entsprechen dafür, ein Satz zu sein. Nicht jede Verbindung von Wörtern ist ein Satz. Und eine Lautfolge muss einem spezielleren Schema entsprechen dafür, ein Aussagesatz zu sein, und einem anderen Schema dafür, ein Befehlssatz zu sein. Hier sind für den Sprecher einer Sprache überall Standards zu beachten. Wer die Sprache beherrscht, tut dies, ohne sich dessen bewusst zu sein.

Auch auf der Ebene der (lexikalischen) Bedeutung einzelner Wörter sind Standards von entscheidender Bedeutung. Wenn man sich das vor Augen bringt, blickt man zugleich auf ein grundlegendes Strukturelement unseres Denkens. Und man kann überlegen, ob die Tatsache, dass Tiere über keine Sprache (in unserem Sinne) verfügen, damit zusammenhängt, dass sie nicht in der Lage sind, mit Standards zu operieren, und ihnen deshalb bestimmte Formen des Denkens nicht offen stehen. – Bei Wörtern gibt es verschiedene Weisen, eine Bedeutung zu haben. Der Laut „Sokrates" repräsentiert eine konkrete Person, der Laut „Baum" steht hingegen nicht für einen einzelnen Gegenstand, sondern für ein allgemeines Muster oder ein Schema, das konkrete Gegenstände aufweisen können. „Baum" steht, wie man auch etwas undeutlich sagt, für einen Begriff. Wörter mit der Funktion, wie sie „Sokrates" hat, werden in der Semantik „singuläre Termini" genannt, Wörter mit der Funktion wie „Baum" „generelle Termini". Es ist nun aufschlussreich zu sehen, dass dadurch, dass wir Lauten die Funktion eines generellen Terminus zuweisen, Standards in die Welt kommen.

Betrachten wir, um ein besonders einfaches Beispiel zu nehmen, das Wort „Quadrat". „Quadrat" hat die Funktion eines generellen Terminus; das Wort steht also für ein Schema von Gegenständen. Dieses Schema ist durch vier Elemente definiert: (1) geschlossene Figur, (2) vier Seiten, (3) gleich lange Seiten und (4) gleiche Winkel.

Man kann auch sagen, das Wort „Quadrat" stehe für den Begriff des Quadrates und dieser sei durch die vier genannten Elemente definiert. Wie immer man formuliert, es ist klar, dass durch die Zuweisung dieser Bedeutung an den Laut „Quadrat" ein Standard geschaffen ist dafür, ein Quadrat zu sein. Konkrete Gegenstände müssen geschlossene Figuren sein und vier gleich lange Seiten und vier gleiche Winkel haben dafür, ein Quadrat zu sein. Dieses Müssen ist ein Müssen der notwendigen Bedingung. Es resultiert aus einer konzeptuellen Festlegung. Dabei ist die Bedingung nicht nur notwendig, sondern auch hinreichend, und zudem ist das Bedingungsgefüge konstitutiv: Ein Gegenstand ist *dadurch, dass* er dem Standard genügt, ein Quadrat. Natürlich ist das standard-gegebene Müssen auch hier nicht normativ, es ist ein bloßes Müssen der notwendigen Bedingung ohne die Eigenschaft der Normativität.

Wie sich zeigt, existieren, wo es generelle Termini und Begriffe gibt, Standards. Diese, wie ich sagen werde, begrifflichen Standards sind für unser Denken und unsere Art, sich die Welt epistemisch anzueignen, basal. Es gehört zu den elementarsten Handlungen, die wir vollziehen, Gegenstände als zu der-und-der Art gehörig zu klassifizieren und sie als so-und-so beschaffen zu charakterisieren. In beiden Fällen operieren wir mit Standards. Man prüft, ob ein Gegenstand den Standard erfüllt, der mit dem betreffenden Begriff gegeben ist; man prüft, ob der Gegenstand die Merkmale hat, die er haben muss dafür, unter den Begriff zu fallen.

Wir sind auf diese Funktionsweise von Standards bereits gestoßen, als wir sahen, dass eine Rechtsordnung Tatbestandsmerkmale definiert und damit Standards schafft. Das Strafgesetzbuch bindet den Begriff des Mordes an bestimmte Tatbestandsmerkmale: Eine Tötungshandlung muss die-und-die Merkmale haben dafür, ein Mord zu sein. Damit gibt es einen Standard dafür, ein Mord zu sein, wie es einen Standard dafür gibt, ein Quadrat zu sein. Im Falle der Rechtsordnung wird die Bedeutung von „Mord" allerdings autoritativ festgelegt, während die Bedeutungen von Wörtern üblicherweise auf dem Wege der Konventionsbildung, also gewissermaßen „von unten" entstehen.

Es ist klar, dass nicht alle Schemata oder Begriffe so genau definiert sind wie das geometrische Schema des Quadrats. Aber das ändert nichts grundsätzlich. Es bedeutet nur, dass es einen Streifen von Fällen gibt, bei denen unklar ist, ob sie dem Standard genügen oder nicht – und zwar nicht, weil man nicht genug über diese Fälle weiß, sondern weil der Standard nicht genau genug fixiert ist. Es ist auch klar, dass die Definientien eines Schemas häufig nur mit großer Mühe und gelegentlich vielleicht gar nicht explizit zur Sprache gebracht werden können. Aber das muss man gewöhnlich auch nicht. Man operiert mit den Standards, aber man thematisiert sie nicht. Das eine verlangt das andere nicht. Platon hat diesen Sachverhalt in seinen Dialogen immer wieder herausgestellt. Die Menschen charakterisieren Personen und Handlungsweisen als gerecht, tapfer, besonnen und operieren dabei mit den entsprechenden Standards, aber sie können nicht sagen, was die zugrundegelegten Standards sind. Sie explizit zu machen, erfordert eine eigene Anstrengung, deren es im Alltag des Urteilens, Klassifizierens und Charakterisierens nur ausnahmsweise bedarf.

Auch bei den begrifflichen Standards ist es so, dass die Phäno-mene häufig auf eine irritierende und irreführende Weise beschrieben werden. Vor allem deshalb, weil man die Funktion der Standards nicht sieht. Im Anschluss an Wittgenstein hat man den Begriff der Bedeutung mit dem der Regel assoziiert. Die Bedeutung eines gene-rellen Terminus zu kennen oder, anders gesagt, über einen Begriff zu verfügen und mit ihm zu operieren, bedeutet hiernach, einer Regel zu folgen, nämlich der Regel, die bestimmt, in welchen Fällen es korrekt ist, den Begriff zu applizieren, und in welchen Fällen es inkorrekt ist. Die Bedeutung eines generellen Terminus zu kennen, bedeutet also, eine Verwendungsregel zu kennen, anhand deren die Verwendungsweise des Terminus als korrekt oder inkorrekt beurteilt werden kann.[16] Hier taucht also wieder der dehnbare Begriff der Regel auf. Aufgrund der Verbindung von Bedeutung, Regel und Korrektheit hat man dann, vor allem durch S. Kripkes Buch über Regeln bei Wittgenstein inspiriert[17], davon gesprochen, dass Bedeutung normativ

---

[16] Siehe z. B. E. Tugendhat: *Vorlesungen zur Einführung in die sprachanalytische Philosophie* (Frankfurt 1976) 181, 188.

[17] S. Kripke: *Wittgenstein on Rules and Private Language* (Oxford 1982) bes. 37; dt.: *Wittgenstein über Regeln und Privatsprache* (Frankfurt 1987) 52 f.

sei, Bedeutung selbst etwas Normatives sei. Ich gehe auf diese These
und ihre verschiedenen Interpretationen nicht direkt ein. Ich nehme
sie nur zum Anlass, darzulegen, was es, wenn es um die Bedeutung
genereller Termini geht, meiner Meinung nach mit der Normativität
auf sich hat: wo sie zu finden ist und was sie konstituiert.

Zwei Dinge lassen sich zunächst festhalten:

1. Mit der Herausbildung einer begrifflichen Bedeutung entsteht
ein Standard. Damit liegt fest, welche Merkmale ein Gegenstand
haben muss dafür, sagen wir, ein Baum zu sein. Dieses standard-
gegebene Müssen entsteht mit der Bedeutung. Es ist aber, wie schon
gesagt, nicht normativ. Und es wäre meines Erachtens außerordentlich
irreführend, an dieser Stelle in irgendeiner Form von einer Regel
oder gar von einer Norm (einer Gegenstandsnorm) zu sprechen. Es
liegt ein Müssen der notwendigen Bedingung vor, das sich aus einer
konzeptuellen Festlegung ergibt und das nicht normativ ist.

2. Wenn es die Konvention gibt, ein Wort so-und-so zu gebrauchen,
ergibt sich hieraus ein normatives Müssen, nämlich eine konventionelle
Regel, sich der Konvention entsprechend zu verhalten. Wenn man
anders handelt, macht man sich nicht verständlich. Dieses normative
Müssen entsteht infolge der Konvention, nicht anders als infolge
der Konvention, im Straßenverkehr rechts zu fahren, das normative
„Muss" entsteht, rechts zu fahren. Dieses Müssen hat folglich nichts
damit zu tun, dass es im jetzigen Fall um eine sprachliche Konvention
geht, um die Konvention, ein Wort mit einer bestimmten Bedeutung
zu gebrauchen. Dass dieses normative Müssen entsteht, ist ganz
unabhängig von dem speziellen Inhalt der Konvention.

Wenn man im Blick auf die sprachlichen konventionellen Regeln
von Verwendungsregeln spricht, muss man sich also darüber im
Klaren sein, dass die Normativität dieser Regeln die einer jeden
konventionellen Regel ist. Sie hat, wie gesagt, nichts mit dem speziellen Inhalt der Konvention zu tun. Aus jeder Konvention ergibt sich
das „Muss", sich so zu verhalten, wie es die Konvention will. Und
wenn die Konvention die Verwendung eines Wortes betrifft, nötigt
die konventionelle Regel eben dazu, das Wort in einer bestimmten
Weise zu gebrauchen.

In dieser Analyse stoßen wir auf zwei Müssen: das eine richtet sich
auf Gegenstände und ist nicht normativ, das andere richtet sich an die

Mitglieder der Sprachgemeinschaft und ist normativ, aber unabhängig von dem speziellen Inhalt der Konvention. Bisher finden wir also keine Normativität, die speziell mit dem Phänomen der Bedeutung in die Welt kommt und die die Rede von der „Normativität der Bedeutung" rechtfertigen würde.

Aber, so kann man einwenden, wir sprechen doch davon, dass jemand ein Wort korrekt oder inkorrekt verwendet und z. B. von einem Gegenstand korrekter- oder inkorrekterweise sagt, er sei ein Baum. Setzt dies nicht eine Regel voraus, die speziell mit der Bedeutung gegeben ist und relativ auf die man erst von „korrekt" und „inkorrekt" sprechen kann? – Sehen wir, was es mit der Rede von „korrekt" und „inkorrekt" auf sich hat. Zwei Fälle sind hier zu unterscheiden. Der erste: Jemand weiß, wie der Begriff des Baumes bestimmt ist, er weiß, welchem Standard ein Gegenstand genügen muss dafür, ein Baum zu sein. Aber er täuscht sich über die Beschaffenheit des fraglichen Gegenstandes. Er glaubt, er weise die relevanten Merkmale auf, obwohl dies nicht der Fall ist. Hier liegt einfach ein Faktenirrtum vor. Aufgrund dieses Irrtums ist die Aussage (oder die Meinung), der Gegenstand sei ein Baum, inkorrekt. Wobei „inkorrekt" bedeutet, dass die Aussage falsch ist, sie trifft nicht die Wirklichkeit. Die Verwendung des Wortes „Baum" entspricht hier hingegen voll und ganz der Konvention.

Anders ist es im zweiten Fall. Hier weiß jemand nicht genau genug, wie der Begriff des Baumes bestimmt ist, er hat deshalb nur ein vages oder falsches Bild davon, was der Standard dafür ist, ein Baum zu sein. Hier liegt ein sprachliches Defizit vor. Der Betreffende weiß nicht, was die sprachliche Konvention ist. Und deshalb bezeichnet er etwas als Baum, was gar kein Baum ist. Auch hier kommt es also zu einer inkorrekten Aussage, aber die Quelle der Inkorrektheit ist nicht ein Irrtum über die Beschaffenheit des Gegenstandes, sondern eine abweichende Verwendung des Wortes „Baum". Wer diesen Fehler begeht, handelt gegen die konventionelle Regel, die sagt, dass man das Wort so-und-so verwenden muss. Es liegt nahe, ich erörtere das nicht näher, statt von einer abweichenden auch von einer inkorrekten Verwendung zu sprechen. Dann ist die inkorrekte Aussage über den Gegenstand das Ergebnis einer inkorrekten im Sinne einer von der Konvention abweichenden Wortverwendung.

Wie immer man das fasst, es ist offenkundig, dass es, um all dies zu
klären, keiner zusätzlichen normativen Phänomene bedarf. Wer so
wie beschrieben handelt, handelt gegen ein normatives Müssen, das
sich aus der Konvention ergibt, das aber, wie gezeigt, unabhängig
von dem speziellen Inhalt der Konvention ist.

Diese Überlegungen zeigen, dass man keine neuen normativen
Phänomene, keine speziell mit der Bedeutung gegebene Normativität
annehmen muss, um erklären zu können, wie es zu korrekten und
inkorrekten Klassifikationen kommt. Es bleibt also bei dem Befund,
dass man, wenn man die Bedeutung genereller Termini untersucht,
auf keine Normativität stößt, die speziell mit dem Phänomen der
Bedeutung entsteht. Es spricht deshalb, so meine ich, nichts dafür,
von der Normativität der Bedeutung zu sprechen. Wer so spricht,
analysiert die fraglichen Phänomene nicht hinreichend genau, oder
er operiert mit einem ungeklärten Begriff von Normativität. Das
Spezifische genereller Termini liegt darin, dass mit ihnen Standards in
die Welt kommen. Standards spielen, wie an diesem Beispiel gezeigt,
in der Sprache eine zentrale, aber häufig übergangene oder nicht
adäquat erfasste Rolle.

§ 10 Normen, normative Status, Macht

Durch Normen, Konventionen und Standards kommen eine Vielzahl normativer Phänomene in die Welt. Besonders produktiv, weit produktiver als bisher dargestellt sind in dieser Hinsicht Normen. Mit Normen kann man, weil sie zwar einfache, aber sehr variable Instrumente der Handlungssteuerung sind, komplexe und zugleich in sich differenzierte normative Gebilde schaffen. Und es ist faszinierend zu sehen, wie durch einen primitiven Mechanismus, durch das künstliche Anhängen von negativen (oder positiven) Konsequenzen an bestimmte Handlungen, plötzlich ein ganzer Kosmos neuer Phänomene entsteht. In diesem Kapitel soll diese produktive Seite der Normen genauer beleuchtet werden. Und es soll die Genese und die Ontologie der durch sie geschaffenen normativen Wirklichkeit untersucht werden.

1. Normen und normative Status

Man kann hier ganz einfach beginnen. Durch Normen sind bestimmte Handlungen *verboten* oder *geboten*. Durch Normen wachsen ihnen diese neuen Eigenschaften zu. Sie haben jetzt einen „normativen Status".[1] Man könnte daran denken, für die Handlung x unter dem Aspekt ihres Verbotenseins einen eigenen Terminus einzuführen, einen Terminus, der dann schon inkludiert, dass man mit dem x-Tun etwas Verbotenes tut. Gelegentlich führen wir solche Termini ein, so zum Beispiel, wenn wir eine in bestimmter Weise motivierte Tötungshandlung einen Mord nennen. Jemanden zu ermorden, ist immer eine Handlung, die normwidrig, also verboten ist. Ein anderes Beispiel ist, dass das Strecken des Beines von Lizarazu in der 69. Minute

---

[1] So, eher beiläufig, v. Wright, *Norm and Action*, 86; dt. 93 f.

des Spiels gegen Real Madrid ein Foul war. Die Beinbewegung hat
hier einen normativen Status, den des Verbotenseins. Eben deshalb
ist sie ein Foul.

Eine Norm schafft nicht nur neue Tatsachen hinsichtlich der Handlungen, auf die sie sich bezieht, sondern auch hinsichtlich der von ihr
betroffenen Personen oder Lebewesen. Eine Norm hat Adressaten,
und sie hat (in aller Regel) Begünstigte. Wenn eine Norm verbietet,
zu stehlen, sind einige die Adressaten der Norm, sie sind die, die
etwas nicht tun dürfen, und einige sind die Begünstigten der Norm,
sie sind die, denen gegenüber etwas nicht getan werden darf. Das
eine wie das andere ist, so werde ich auch hier sagen, ein normativer
Status. Die Gruppe der Adressaten und die der Begünstigten können
zusammenfallen. Eine konkrete Person hat dann zwei verschiedene
normative Status oder einen komplexen normativen Status. Im Fall
des Diebstahlverbots ist es so, dass die Adressaten und die Begünstigten dieselben Personen sind. Wenn hingegen eine Norm verlangt,
Tiere nicht zu quälen, fallen die Adressaten und die Begünstigten
auseinander.

Es ist klar, dass die Tiere diesen Status nicht aufgrund ihrer
natürlichen Beschaffenheit, nicht aufgrund ihrer biologischen Eigenschaften haben. Dass ihnen der Status vielmehr, um ein traditionelles
Wort zu verwenden, „imponiert" wird. Sie haben den Status aufgrund
einer „impositio", und der Status ist ein, wie Pufendorf gesagt hat,
„superadditum", etwas, was zu ihrer natürlichen Ausstattung hinzukommt.[2] Die „impositio" vollzieht sich durch die Etablierung der
Norm. Und wenn die Norm verschwindet, verschwindet auch der
Status. Der Status ist also nichts Unabhängiges oder Eigenes neben
der Norm, er ist nur das Ergebnis der Norm. Die harte Realität des
Status der Tiere ist, das folgt daraus, ein Sanktionsmechanismus. Dass
die Tiere diesen normativen Status haben, bedeutet, dass jemand, der
ein Tier quält, eine Sanktion hinnehmen muss.

Natürlich ist, dass Tiere (wenn es die entsprechende Norm gibt)
einen normativen Status haben, eine ontologisch subjektive Tatsache.

---

[2]   S. Pufendorf, *De jure naturae et gentium*, I, i, § 3, ed. F. Böhling, Bd. 1,
14.

Deshalb kann man auch nicht sehen, dass sie diesen Status haben. Searle hat, wie bereits erwähnt, von einer „invisible ontology" gesprochen.[3] Hierin liegt auch der Grund, warum normative Status nicht Gegenstand der Biologie sind. Die Biologie und die anderen Naturwissenschaften sind systematisch blind für Tatsachen dieser Art. Ihr Gegenstand sind die ontologisch objektiven Tatsachen über Tiere und andere Naturdinge. Hieraus zu schließen, dass es normative Status und die entsprechenden Tatsachen eigentlich gar nicht gibt, dass wir es hier nur mit einer *façon de parler* zu tun haben oder dass diese Tatsachen weniger wirklich sind als die ontologisch objektiven Tatsachen, wäre ein großer Fehler. Jede dieser Annahmen ist aussichtslos. Dass Tiere (wenn es die Norm gibt) einen normativen Status haben, ist genauso eine Tatsache wie, dass sie die Fähigkeit zur Selbstbewegung haben. Das eine ist so wirklich wie das andere.

Einige Autoren, vor allem Searle, haben unterschieden zwischen „brute facts" und „institutional facts", und sie würden sagen, eine Tatsache wie die, dass Tiere einen normativen Status haben, sei keine „rohe" (oder natürliche) Tatsache, sondern eine institutionelle.[4] Ich kann diese Ausdrucksweise aufgreifen (ohne damit Searles Analyse einer Institution in allen Punkten zuzustimmen[5]). Der vor allem in den Sozialwissenschaften beheimatete Begriff der Institution ist allerdings wenig distinkt. Man kann sich behelfen, indem man von der Wortbedeutung ausgeht: Eine *institutio* ist eine Einrichtung, und zwar eine soziale oder politische Einrichtung mit dem Zweck, das Zusammenleben der Menschen zu organisieren und zu steuern. Recht, Moral und Sprache sind Standardbeispiele für Institutionen in diesem Sinne. Und auch eine Norm ist in diesem Sinne eine Institution, sie ist eine Einrichtung, die intendiert, das gemeinsame Leben zu strukturieren und zu regeln. Eine Tatsache, die es nur infolge einer Norm gibt, wie die, dass Tiere einen bestimmten normativen Status haben, kann man deshalb eine institutionelle Tatsache nennen. Man darf

---

[3] Searle, *The Construction of Social Reality*, 3; dt. 13.
[4] Searle, *Speech Acts*, 50–53; dt. 78–83; *The Construction of Social Reality*, 2, 27, 34, 55 f.; dt. 11 f., 37 f., 44 f., 65 f.
[5] Vgl. hierzu J. R. Searle: What is an Institution? *Journal of Institutional Economics* 1 (2005) 1–22.

freilich die Unterscheidung von „brute facts" und „institutional facts" nicht für eine vollständige Disjunktion halten. Es gibt offenkundig normative Tatsachen, die keine institutionellen Tatsachen sind, so zum Beispiel die Tatsachen, dass man eine Gymnastik machen muss, um wieder gesund zu werden, oder dass man einen Knopf an der Waschmaschine drücken muss, um sie zu starten. Die institutionellen Tatsachen sind also nur ein Teil der normativen Wirklichkeit.

Man kann, so habe ich gesagt, nicht sehen, dass Tiere (oder andere Lebewesen) einen normativen Status haben. Man kann ihre Biologie noch so sehr untersuchen, man wird niemals auf den normativen Status stoßen. Dies ist richtig. Dennoch bedarf diese Feststellung noch der Ergänzung. Der Status der Tiere ist das Ergebnis und nur das Ergebnis einer Norm. Eine Norm ist aber, wie schon gezeigt wurde, ein empirisches Phänomen.[6] Ihre beiden konstitutiven Elemente sind grundsätzlich empirisch fassbar, sowohl der künstlich geschaffene Nexus von Handlung und Konsequenz, aus dem das Müssen der notwendigen Bedingung resultiert, wie auch das Wollen, wenngleich das Wollen als etwas Mentales nicht ohne weiteres der Beobachtung zugänglich ist. Man kann demnach einen normativen Status nicht sehen, indem man auf seinen Träger schaut, aber man kann durchaus durch Beobachtung der sozialen Gruppe, in der die Norm existiert, herausfinden, dass es ihn gibt. Man kann sehr wohl durch Beobachtung herausfinden, dass in einer Gemeinschaft die Tiere oder bestimmte Tiere den Status genießen, dass ihnen gegenüber bestimmte Handlungen nicht getan werden dürfen. Man beobachtet, dass Tierquälerei die-und-die Konsequenzen nach sich zieht. Und dass die Mitglieder der Gruppe, weil sie diese Konsequenzen nicht wollen, einem Druck ausgesetzt sind, das Quälen von Tieren zu unterlassen. Und darin, dass sie unter diesem Druck stehen, besteht gerade der Status der Tiere.

Ich habe wiederholt darauf hingewiesen, dass der Versuch, die normative Wirklichkeit zu begreifen, nur dann sein Ziel erreicht, wenn es gelingt, sie als Teil der einen Welt, in der wir leben, zu erweisen. Normen sind Teil dieser Welt. Und mit ihnen sind auch normative

---

[6] Siehe oben § 8, S. 160.

Status und die institutionelle Wirklichkeit Teil dieser Welt. Wäre es anders, bliebe die institutionelle Wirklichkeit unverständlich.

2. *Erlaubnisnormen und normative Status*

Es gibt spezielle Verbotsnormen, die Erlaubnisnormen. Sie nehmen bestimmte Personen oder bestimmte Situationen von einem Verbot aus. Wenn der Zutritt zum Reaktorraum allen Werksangehörigen mit Ausnahme der diensthabenden Direktoren verboten ist, ist es den diensthabenden Direktoren erlaubt, den Reaktorraum zu betreten. Es ist offenkundig, dass mit solchen Erlaubnisnormen besondere normative Status geschaffen werden. Die diensthabenden Direktoren haben aufgrund dieser Norm einen besonderen, herausgehobenen Status: Sie dürfen etwas tun, was alle anderen nicht tun dürfen. Sie sind zu etwas befugt oder, in einer anderen Formulierung, zu etwas berechtigt. Ihr normativer Status unterscheidet sich damit deutlich von dem des Begünstigtseins. Das Begünstigtsein ist ein passiver Status: Die anderen müssen einem gegenüber etwas unterlassen oder tun. Das Befugtsein ist hingegen ein aktiver Status: man ist zu bestimmten Handlungen befugt. Durch Erlaubnisnormen kommt also ein neuartiger normativer Status in die Welt.

Ein anderes Beispiel für eine Erlaubnisnorm und ihre statusschaffende Wirkung ist die Fußballregel, die allen Spielern verbietet, den Ball mit der Hand zu spielen, mit Ausnahme eines Spielers, der den Ball in einem Teil des Spielfeldes mit der Hand spielen darf. Auch hiermit ist eine bestimmte normative Position geschaffen. Der eine Spieler hat die Befugnis, mit der Hand zu spielen, und er hat aufgrund dieser Befugnis eine herausgehobene Position in der Mannschaft. Der Spieler in dieser Position hat eine eigene Bezeichnung, er ist der Torwart. Er wird damit nicht direkt nach seiner normativen Position benannt, sondern danach, was er im Spiel tut. Aber dass das Hüten des Tores seine Aufgabe ist, ist die unmittelbare Wirkung seiner normativen Position: Er hat diese Aufgabe, *weil* er befugt ist, den Ball mit der Hand zu spielen. Natürlich kann man einem Spieler seine normative Position nicht ansehen. So wenig wie den Tieren im obigen Beispiel. Deshalb muss man sie eigens anzeigen: Der

Torwart muss eine andersfarbige Sportkleidung tragen und sich so von den Feldspielern abheben. Das Spiel verlangt einen Statusindikator, der den unsichtbaren Status sichtbar macht.[7] Genauso wird in einer Bibliothek der normative Status der Bibliotheksangestellten durch ein Ansteckschild mit dem offiziellen Emblem der Bibliothek und dem Namen der Angestellten angezeigt.

Die Erlaubnisnorm schafft die Position des Torwarts, aber sie besetzt sie nicht. Welche konkrete Person die normative Position einnimmt, ist nicht Sache der Norm. Man kann hier zwischen normativer Position und normativem Status unterscheiden. Die Norm schafft eine normative Position, und wer diese Position einnimmt, hat einen bestimmten normativen Status. Die Position ist so etwas wie eine Leerstelle, die mit verschiedenen Personen besetzt werden kann. Wenn in einem Spiel ein Torwart aufgrund einer Verletzung ausfällt und es nicht mehr möglich ist, einen Spieler auszuwechseln, tauscht ein Feldspieler sein Trikot gegen den Torwartpullover. Und mit dem Wechsel der Bekleidung wechselt er auch seinen normativen Status. Er kann jetzt Dinge tun, die er vorher nicht tun konnte. Er hat jetzt neue Handlungsmöglichkeiten. Der Spieler ist dieselbe Person, an seiner Biologie und seinen natürlichen Eigenschaften hat sich nichts geändert, und doch ist er jetzt etwas, was er vorher nicht war. Seine Situation hat sich entscheidend verändert, eben weil er einen normativen Status gegen einen anderen getauscht hat.

Angenommen, es ist Josef Hintermaier, der die Position des Feldspielers mit der des Torwarts vertauscht. Dann ist er, das ist das Ergebnis dieser Transformation, der Torwart der Mannschaft. Searle empfiehlt als Formel für die logische Struktur einer institutionellen Tatsache: Etwas zählt („counts") als etwas. x zählt als y.[8] Demnach müsste man sagen, dass Hintermaier jetzt als Torwart zählt. In dieser Formulierung schwingt die Vorstellung mit, die Searle auch explizit vertritt, dass x in den Augen der anderen als y zählt, dass die anderen x als y betrachten und ihn dadurch zu y machen. Auf unseren Fall

---

[7] Siehe zu Statusindikatoren Searle, *The Construction of Social Reality*, 85, 119 f.; dt. 95, 129 f.

[8] Searle, *The Construction of Social Reality*, 40, 43–46; dt. 51, 54 ff.

angewandt bedeutet das, dass Hintermaier in den Augen der anderen als Torwart zählt, die anderen ihn als Torwart betrachten und ihn dadurch zum Torwart machen. Demgegenüber muss man deutlich betonen: Hintermaier zählt nicht als Torwart, er *ist* der Torwart. Er tritt an die Position, die die Erlaubnisnorm geschaffen hat, und dadurch ist er der Torwart der Mannschaft, und nicht dadurch, dass andere ihn als Torwart betrachten.

Bei Searle entspringt die Formel: „*x* zählt als *y*" der Auffassung, dass ein normativer Status kollektiv zugewiesen wird und nur durch kollektive Akzeptanz existiert. „Collective assignment", „collective recognition", „collective acceptance", „collective agreement" sind zentrale Begriffe seiner Konzeption.[9] Dabei ist der normative Status, so Searle, mit einer bestimmten „deontischen Macht", in unserem Fall: einer Befugnis verbunden.[10] Status und deontische Macht existieren nur durch ihre kollektive Akzeptanz: „… there are things that exist only because we believe them to exist."[11] Wenn wir auf unseren Beispielfall schauen, ergibt sich, zumindest für diesen und verwandte Fälle, ein ganz anderes Bild. Nicht durch kollektive Zuweisung und kollektive Akzeptanz existiert der normative Status eines Torwarts, sondern durch eine Erlaubnisnorm. Und die Realität dieser Norm ist ein Sanktionsmechanismus: Wer den Ball mit der Hand spielt, wird bestraft, nur der Torwart wird nicht bestraft. Searle übersieht die Norm und ihre konstitutive Rolle für den normativen Status ganz. Normative Status entstehen, zumindest in den Fällen, die bisher untersucht wurden, durch Normen. Und wer normative Status schaffen will, muss Normen schaffen. Der Status des Torwarts besteht ja gerade darin, dass es ein Müssen gibt, von dem er ausgenommen ist. Die Ausnahme-Position kann es nur geben, wenn es das Müssen gibt, und das Müssen gibt es durch den Sanktionsmechanismus. – Es kommt hinzu, dass die normative Position, nachdem sie durch die Norm geschaffen ist, auch nicht in jedem Fall durch eine kollektive

---

[9]   Vgl. z. B. ebd. 1, 39, 40, 41, 69, 96, 104, 111; dt. 11, 49, 50, 51, 79, 106, 114, 120.

[10]   Ebd. 95, 100 f.; dt. 105, 110 f.

[11]   Ebd. 1; dt. 11; vgl. auch 94; dt. 104: „… status-functions exist only because they are believed to exist …"

Zuweisung mit einer bestimmten Person besetzt wird. Hintermaier nimmt diese Position vielleicht aufgrund einer Anweisung seines Trainers ein – oder aufgrund einer Aufforderung eines Mitspielers oder weil er einfach kurzentschlossen den Torwartpullover überzieht.

Es ist eine alltägliche und doch höchst erstaunliche Tatsache, dass das Leben vieler Menschen ganz von der normativen Position, die sie innehaben, bestimmt ist. Und dass wir sie häufig gerade unter dem Aspekt ihres normativen Status identifizieren. Wenn ich in einem Gasthaus in der Nähe von München Oliver Kahn sähe, würde ich vermutlich zu meiner Frau sagen: „Da sitzt der Torwart von Bayern München." Die Person ist für uns, und vielleicht sogar für sich selbst, vor allem eins: der Torwart einer bestimmten Fußballmannschaft. Ebenso alltäglich und doch höchst erstaunlich ist es, dass viele Kinder und Jugendliche danach streben und über Jahre dafür trainieren, eines Tages genau diese Position des Torwarts in einem bekannten Verein zu übernehmen. Und dass Vereine unter Umständen Unsummen dafür ausgeben, eine bestimmte Person für diese Position zu verpflichten. Alle diese Aktivitäten könnte es nicht geben, wenn es diesen speziellen normativen Status nicht gäbe. Es gibt ihn, und dass es ihn gibt, bringt viel in Gang.

3. Ermächtigungen und institutionelle Macht

Bisher wurden nur einfache Verbots-, Gebots- und Erlaubnisnormen betrachtet. Es gibt kompliziertere Normen und infolgedessen komplexere und wesentlich komplexere normative Gebilde. Ich möchte wenigstens einige dieser komplexeren Elemente der institutionellen Wirklichkeit zur Sprache bringen. Nehmen wir an, eine Norm gebietet den Mitgliedern einer Gruppe nicht, eine bestimmte Handlung zu tun, sondern das zu tun, was eine bestimmte Person will, wobei offen bleibt, was sie will. Die Norm enthält gewissermaßen eine Variable, und sie ermächtigt eine Person, für diese Variable ihr Wollen einzusetzen. Das Wollen dieser Person wird auf diese Weise zu einem „Muss" für die Adressaten. Ich habe diese Art von Norm schon behandelt und von einer Rahmensanktionsregelung gesprochen. Die Norm schafft einen Rahmen, den die dazu bestimmte Person im Laufe der Zeit durch ihr konkretes Wollen ausfüllt.

Mit einer solchen Norm entsteht offenkundig eine besondere normative Position und ein besonderer normativer Status. Die Person, die diese Position innehat, hat nicht nur wie die Direktoren im Kraftwerk oder der Torwart auf dem Fußballfeld eine Befugnis, etwas zu tun, was die anderen nicht tun dürfen. Sie hat durch die Norm vielmehr Macht über andere Personen. Sie kann bestimmen, was andere tun müssen. Denn ihr Wollen ist für andere verbindlich. Wer diese Macht hat, hat sie nicht aufgrund seiner natürlichen Eigenschaften, vielmehr durch die normative Position, die er einnimmt. Seine Macht ist keine rohe, physische Macht, sondern eine normgegebene, institutionelle Macht. Die Norm, die diese Macht verleiht, ist eine Ermächtigungsnorm. Eine Ermächtigungsnorm ist eine spezielle Art einer Gebotsnorm. Sie gebietet in diesem Fall, dem Wollen eines anderen zu folgen. Dass die institutionelle Macht keine natürliche, sondern eine verliehene, eine „imponierte" Macht ist, bedeutet nicht, dass sie keine wirkliche Macht ist. Sie ist von höchst handfester Realität. Wer sie ignoriert, wird in kurzer Zeit deutlich spürbare negative Konsequenzen hinnehmen müssen.

Es ist vielleicht nützlich, noch einmal herauszustellen: die beschriebene normative Position entsteht durch eine entsprechende Sanktionspraxis. Wenn die Mitglieder einer Gemeinschaft sanktioniert werden, falls sie nicht tun, was die Person *a* von ihnen will, gibt es in dieser Gemeinschaft die beschriebene Machtposition und dann hat die Person *a* diese Position inne. Wenn auch eine andere Person diese Position einnehmen kann und z. B. *b* sie von *a* übernimmt, bedeutet das, dass die – strukturell unveränderte – Sanktionspraxis sich auf diese Person ausrichtet. Sanktioniert wird jetzt, wer gegen den Willen von *b* handelt; das Wollen von *a* ist hingegen nicht mehr verbindlich. Dass es die normative Position gibt, ist, so zeigt sich auch hier, das Ergebnis und nur das Ergebnis einer Sanktionspraxis. Durch die normative Position kommt nichts Zusätzliches in die Welt.

Da man nicht sehen kann, dass jemand eine Machtposition innehat, bedarf es eines Terminus, mit dem man den Status sprachlich repräsentiert. In den verschiedenen Lebensbereichen wird der, dessen Wollen für andere ein „Muss" ist, als Hauptmann, als Meister, Vorgesetzter,

Direktor etc. bezeichnet. Bräuchte man einen allgemeinen Terminus, könnte man vielleicht „Vorgesetzter" oder „Superior" wählen. Wenn alle tun müssen, was *a* will, ist *a* ihnen gegenüber in der Position des Vorgesetzten oder Superiors.

Es versteht sich, dass die Macht des Superiors begrenzt ist. Sein Wollen ist nur innerhalb bestimmter Grenzen verbindlich. So ist die Macht eines Hauptmanns auf militärische Angelegenheiten begrenzt und hier auch auf ein bestimmtes Segment. Ein Hauptmann kann einem Soldaten seiner Kompanie befehlen, den Wachposten abzulösen, aber nicht, am Samstag Nachmittag das Auto seiner Frau zu waschen. Er kann wollen, dass der Soldat das Auto wäscht. Aber dieses Wollen ist nicht verbindlich. Es kann sein, dass der Hauptmann so tut, als sei sein Wollen auch in diesem Punkt ein Befehl. Aber das ist nur ein Bluff. Dass sein Wollen in dieser Sache nicht verbindlich ist, zeigt sich daran, dass nichts passiert, wenn der Soldat es dabei belässt, dass der Hauptmann es will. Ihn trifft keine Sanktion, während er selbstverständlich sanktioniert wird, wenn er dem Befehl, den Wachposten abzulösen, nicht nachkommt.

Die Ermächtigungen, die bisher betrachtet wurden, ermächtigen zu punktuellen Anweisungen oder punktuellen Befehlen. Es ist aber auch möglich, dass eine Norm dazu ermächtigt, selbst Normen zu setzen. Wenn der Superior nicht nur zu einem bestimmten Zeitpunkt von einer bestimmten Person eine bestimmte Handlung will, sondern von allen einer Gruppe will, dass sie generell bestimmte Handlungen tun oder unterlassen, ist dieses Wollen für die anderen eine Norm. Der Superior hat dann infolge der Ermächtigungsnorm selbst eine Normsetzungsmacht. Auch diese Macht ist eine institutionelle Macht. Es gibt also eine institutionelle Macht zur Normsetzung. Natürlich lebt diese Macht von der Sanktionspraxis, die die Ermächtigungsnorm konstituiert. Der Superior schafft Normen nicht dadurch, dass er selbst Sanktionsmechanismen etabliert. Er bekommt die zu seinem Wollen passenden Sanktionsmechanismen gleichsam geliehen. Der Superior will nur bestimmte Dinge, sein Wollen wird aber durch die Sanktionsregelungen, die eine andere Instanz zur Verfügung stellt, zu einer Norm. Der Superior legt durch sein Wollen fest, *was* getan werden muss; aber *dass* es getan werden muss, resultiert nicht aus seinem Wollen, sondern aus dem Sanktionsmechanismus. Hierin gründet auch die Abhängigkeit seiner institutionellen Macht. Es ist eine Macht, die ihm von außen verliehen ist und die ihm auf demselben Wege auch entzogen werden kann.

Mit Ermächtigungsnormen entstehen Hierarchien. Der Superior steht in einem hierarchischen Verhältnis zu den Adressaten der Norm. Mit Ermächtigungsnormen kann man selbstverständlich auch mehrstufige Hierarchien schaffen. Man muss nur den Sanktionsmechanismus entsprechend differenziert ausgestalten. Es gibt nicht nur die normative Position eines Hauptmanns, es gibt auch die eines Obersts und die eines Generals. Ein Oberst kann Dinge befehlen, die ein Hauptmann nicht befehlen kann. Und vor allem ist ein Hauptmann selbst den Befehlen eines Obersts unterworfen. Es gibt also mehrstufige Hierarchien normativer Positionen und damit normativer Status. Solche Statushierarchien gibt es nicht nur in einer Armee, sondern überall, wo Menschen ihr Zusammenleben organisieren.

Auf ein interessantes Phänomen stößt man, wenn man sich fragt, wie ein Hauptmann bestraft wird, wenn er sich einem Befehl eines Obersts widersetzt. Eine mögliche Strafe ist die Degradierung zum Oberleutnant. Man sanktioniert ihn dann damit, dass man seinen normativen Status verändert. Diese Möglichkeit zeigt ein weiteres Mal, wie wir mit der institutionellen Wirklichkeit unsere Handlungsmöglichkeiten erweitern. Mit der Schaffung institutioneller Macht und mehrstufiger Hierarchien entstehen neue Sanktionsmöglichkeiten. Man kann jetzt jemanden bestrafen, indem man seine normative Position verändert, und das heißt, indem man ihm institutionelle Macht wegnimmt.[12] Man kann von einer institutionellen Sanktion sprechen. Solche Sanktionen können mehr schmerzen als etwa eine Geldstrafe. Das zeigt, wie konkret und manifest die normative Wirklichkeit ist und wie abwegig es ist, sie aus ontologischer Hilflosigkeit in eine höhere, ideelle Welt umzutheoretisieren.

Eine zentrale Frage ist natürlich, wer bestimmt, wer die Position des Superiors einnimmt. Die Position ist eine Machtposition.

---

[12] Auf diese Möglichkeit hat bereits R. B. Brandom aufmerksam gemacht; vgl. R. B. Brandom: *Making It Explicit* (Cambridge, Mass. 1994) 42 f.; dt.: *Expressive Vernunft* (Frankfurt 2000) 89 f.

Folglich ist, wer über ihre Besetzung bestimmt, selbst in einer
Machtposition. Innerhalb von institutionellen Hierarchien ist es häufig
so, dass der nächsthöhere Superior die Macht hat, zu bestimmen,
wer der Superior auf der unteren Stufe wird. Der Höhere kann den
Niederen ernennen. Dieser Vorgang der Ernennung wird häufig als
etwas Geheimnisvolles dargestellt. Gerade war Herr Schmidt noch
jemand, der nichts zu sagen hatte, und jetzt ist sein Wollen für andere
ein „Muss". Und dazwischen liegt nur ein Satz: „Ich ernenne Sie
hiermit zum Hauptmann, zum Vorsitzenden, zum Gruppenleiter."
In Sätze dieser Art wird viel hineingeheimnist, so als könne eine
Äußerung eines solchen Satzes einen normativen Status und die mit
ihm gegebene institutionelle Macht schaffen. So wie Gott das Licht
schaffen konnte, indem er sagte: „Es werde Licht." Gewiss ist die
Verwandlung von Herrn Schmidt vom Nobody ohne institutionelle
Macht in jemanden, der etwas zu sagen hat, dadurch, dass jemand
einen bestimmten, formelhaften Satz äußert, ein bemerkenswertes
Phänomen. Die Verwandlung ist nicht sichtbar, an Herrn Schmidt und
seinen natürlichen Eigenschaften ändert sich nichts, dennoch findet
die Transformation statt, und sie hat höchst reale Konsequenzen.
Schmidt hat jetzt Macht und Einfluss, seine Untergebenen müssen
sich an ihm und dem, was er will, orientieren. So bemerkenswert
dieses Phänomen ist: Man muss sich hüten, der institutionellen Wirklichkeit Geheimnisse anzudichten, die es gar nicht gibt. Man muss
klar sehen, was wirklich passiert und was die eigentliche Realität der
institutionellen Veränderungen ist.

Wenn eine Ermächtigungsnorm bestimmt, dass ihre Adressaten tun
müssen, was derjenige will, der die Position des Superiors innehat, und
wenn sie zusätzlich bestimmt, dass der nächsthöhere Superior durch
das Äußern einer festgelegten Formel bestimmt, wer die Position des
Superiors einnimmt, dann bedeutet das, dass, wenn der Superior auf
der höheren Stufe in der entsprechenden Form sagt, Herr Schmidt sei
der Superior auf der unteren Stufe, derjenige sanktioniert wird, der
nicht tut, was Herr Schmidt will. Wenn der höhere Superior gesagt
hätte, Herr Müller sei der Superior auf der unteren Stufe, würde hingegen derjenige sanktioniert, der gegen den Willen von Herrn Müller
handelt. Und wenn nicht der höhere Superior, sagen wir, es ist Person
a, sondern eine andere Person, Person b, die diesen Status nicht hat,

gesagt hätte, Schmidt nehme von nun an die Position des Superiors auf der unteren Stufe ein, würde dies überhaupt nichts bedeuten. Das Wollen von Schmidt würde hierdurch in keiner Weise verbindlich. Wenn sich jemand anders verhält, als Schmidt es will, würde nicht sanktioniert. Person *b* hat sich die Position nur angemaßt, tatsächlich hat sie nicht die Macht, jemanden zu ernennen. Was sie tut, findet in der Sanktionspraxis keinen Widerhall. Während, wenn Person *a* Herrn Schmidt ernennt, dies auf die Sanktionspraxis wirkt. Darin, dass die Sanktionspraxis sich in Reaktion auf das Verhalten von *a* auf Herrn Schmidt ausrichtet, zeigt sich, dass *a* die Ernennungsmacht und den entsprechenden normativen Status hat. Dass die Sanktionspraxis so reagiert, gibt ihm gerade die Macht, jemanden zu ernennen. Und dass sie so reagiert, macht das Äußern der entsprechenden Formel durch *a* zu einem Ernennen. Das Äußern der Formel durch diese bestimmte Person hat also selbst einen normativen Status, eben den des Ernennens. Damit zeigt sich auch, dass das Äußern der Ernennungsformel seine Wirkung keineswegs aus sich heraus hat, das wäre in der Tat mysteriös, es hat sie vielmehr aufgrund der institutionellen Macht dessen, der die Äußerung tut. Und diese Macht ist, wie gesehen, wiederum das Ergebnis einer bestimmten Sanktionspraxis.

Diese Überlegung stößt uns auf einen weiteren wichtigen Aspekt der institutionellen Wirklichkeit, der bisher noch nicht ausdrücklich zur Sprache kam. Mit den institutionellen Strukturen entstehen nicht nur neue Handlungsmöglichkeiten, es entstehen nicht nur neue Sanktionsmöglichkeiten, es entstehen auch neue Kausalbeziehungen.[13] Wenn jemand den Mund aufmacht und einige Geräusche produziert, bewirkt das nicht, dass eine andere Person eine Macht hat, die sie zuvor nicht hatte. Das wäre ein Wunder. Und auch in einer Welt, in der die Geräusche schon Bedeutungen haben, in der es aber noch keine Normen und keine durch sie konstituierte institutionelle Wirklichkeit gibt, kann jemand nicht dadurch, dass er etwas sagt,

---

[13] Vgl. hierzu auch Searle, *The Construction of Social Reality*, wo Searle an einer Stelle (94; dt. 104) von „new causal structures" spricht. Etwas ausführlicher, aber auch nicht ins Einzelne gehend: J. R. Searle: *Mind, Language and Society* (New York 1998) 114 f., 132 f.; dt.: *Geist, Sprache und Gesellschaft* (Frankfurt 2001) 137 f., 158 f.

bewirken, dass ein anderer eine Macht hat, die er zuvor nicht hatte. Das wäre auch ein Wunder. In einer Welt mit den relativ komplizierten Ermächtigungsnormen, die beschrieben wurden, kann jemand hingegen dadurch, dass er etwas sagt, bewirken, dass ein anderer eine Macht bekommt, die er zuvor nicht hatte. Denn in einer Welt dieser Art ist eine Sanktionspraxis möglich, die, wenn eine bestimmte Person etwas sagt, reagiert und sich in bestimmter Weise ausrichtet. Wenn eine solche Sanktionspraxis existiert, bewirkt die Person dadurch, dass sie etwas sagt, eine spezielle Ausrichtung des Sanktionsmechanismus, und dadurch entsteht für einen anderen eine Machtposition. Die Wirkung, die die Person und eine Äußerung von ihr auf die Sanktionspraxis hat, ist ihr, das ist wichtig zu sehen, von dieser selbst eingeräumt worden. Die Sanktionsregelung hat der Person diese Macht gegeben, indem sie sich selbst darauf festlegt, in bestimmter Weise zu reagieren, wenn die Person das-und-das tut. – Es ist klar, dass die kausale Wirkung der Äußerung außerhalb des entsprechenden institutionellen Umfeldes unmöglich wäre. Bestimmte Sprechakte, unter ihnen der des Ernennens, sind nur innerhalb eines institutionellen Rahmens möglich. Im Naturzustand, der noch keine normgegebenen Institutionen kennt, kann es diese Sprechakte gar nicht geben.

Die jetzt untersuchten Ermächtigungsnormen sind gemessen an einfachen Ge- und Verboten relativ kompliziert, gemessen an komplizierten Normensystemen wie modernen Rechtsordnungen sind sie relativ einfach. Wir haben nur einen kleinen, wenngleich elementaren Teil der neuen Wirklichkeit betrachtet, die durch Normen entsteht oder entstehen kann. Und es bedarf keiner großen Phantasie, um sich auszumalen, wie sich aus den dargestellten Anfängen ein wesentlich komplizierteres Normensystem entwickeln kann. So wird es, wo es eine Ernennungsmacht gibt, vermutlich auch eine Abberufungsmacht geben. Diese kann dem verliehen werden, der die Macht zu ernennen hat, oder auch einer anderen Instanz, oder aber den beiden Instanzen zusammen, so dass sie sich „ins Benehmen" setzen müssen. Generell gilt, dass institutionelle Macht kumuliert und auf wenige normative Positionen konzentriert werden kann oder aber dissoziiert und auf viele Instanzen, die ihrerseits untereinander normativ vernetzt sind, verteilt werden kann. Die Besetzung einer normativen Position kann – ein weiteres Element – an bestimmte Voraussetzungen gebunden werden. Nur wer bestimmte Kriterien erfüllt, kommt für eine Position in Frage. Auf diese Weise werden Standards eingeführt. Die Standards können natürliche sein: Intelligenz oder Körperkraft, sie können aber auch selbst normativ und institutionell sein: man darf nicht vorbestraft sein, man muss eine Fahrerlaubnis haben, man muss aus Wahlen mit den meisten Stimmen hervorgegangen sein. Es können Sanktionsstäbe eingerichtet werden. Sie sind berechtigt, Strafen zu verhängen, und sie müssen es tun. Wenn sie es nicht tun, werden sie selbst sanktioniert. Es kann eine Hierarchie von Sanktionsstäben geben, deren Sanktionsmacht unterschiedlich groß ist. Und so weiter.

Die normativen Systeme können so komplex werden, dass man schließlich schriftlich fixieren muss, welche Normen es gibt, welche normativen Status und Positionen es gibt, was die, die sie innehaben, dürfen, was sie nicht dürfen und was sie tun müssen. Man muss das Regelwerk in schriftliche Form bringen, damit klar und klärbar bleibt, wie die normative Ordnung beschaffen ist. Die Dichte der Regelungen kann so groß sein, dass der, der einen normativen Status hat, selbst immer wieder in der Dokumentation nachschlagen muss, um sich zu vergewissern, wie weit seine Macht reicht, was er tun muss und was er nicht tun darf. Und gewiss werden sich bald Experten einstellen, die das Normensystem in seinen Verästelungen studiert haben und in Zweifelsfällen klären können, wer wofür zuständig ist und wer womit gegen eine Norm verstößt.

Es bedarf hier nicht einer ausgreifenden Untersuchung komplexer Normensysteme. Es kommt hier darauf an, zu verstehen, dass der vielfältigen Wirklichkeit der normativen Status und Positionen immer ein und dasselbe primitive Element zugrundeliegt, nämlich die künstliche und in handlungssteuernder Absicht vorgenommene Verknüpfung einer Handlung mit einer negativen (oder auch positiven) Konsequenz. Der Grundbaustein der institutionellen Wirklichkeit ist ein einfacher Sanktionsmechanismus. Durch Variation, Komplexion und Iteration entsteht aus diesem Grundelement die vielteilige Struktur einer normativen Ordnung, die normative Positionen verschiedener Art, normative Hierarchien und auch Sprechakte, die einen normativen Status haben, kennt.

Dies vor Augen kann ich nun auch für die normativen Status, die aus Ermächtigungsnormen resultieren, festhalten, was zuvor schon über die durch Erlaubnisnormen geschaffenen normativen Status gesagt wurde: Diese Status existieren nicht, wie Searle und andere Autoren meinen[14], durch kollektive Zuweisung und kollektive Akzeptanz, sie existieren durch Normen. Und die Realität dieser Normen ist jeweils ein Sanktionsmechanismus. Searle übersieht in seiner Analyse normativer Status, wie schon gesagt, die konstitutive Rolle der Normen für die Existenz dieser Status. Er sieht zwar, dass die normativen Status mit, wie er sagt, „deontic powers" verbunden sind, also mit verschiedenen Konstellationen normativen Müssens, aber die Quelle dieses Müssens ist nach ihm wiederum die kollektive Akzeptanz. Das Kollektiv akzeptiert, dass jemand einen normativen Status hat, und damit akzeptiert es auch, dass er über die deontische Macht verfügt, die mit dem Status verbunden ist. Die deontische Macht eines Superiors besteht aber darin, dass andere das tun müssen, was er will. Und dieses Müssen entsteht nicht durch die kollektive Akzeptanz eines Status, sondern dadurch, dass der, der anders handelt, eine negative Konsequenz hinnehmen muss.

4. Die Sanktionsmacht

Das Bild, das in den vorangegangenen Abschnitten von der durch Normen entstehenden institutionellen Wirklichkeit gezeichnet wurde, hat noch einen größeren weißen Fleck. Hinter den Normen steht eine Sanktionsmacht, die die künstlichen Verbindungen von bestimmten Handlungen mit negativen (oder positiven) Konsequenzen schafft und zur Geltung bringt. Was es mit dieser Sanktionsmacht auf sich hat, ist bisher noch offen geblieben. Dazu jetzt einige Überlegungen.

Es ist naheliegend, sich die Sanktionsmacht zunächst als externe Instanz zu denken, die außerhalb der Normenordnung steht und ihr gleichsam von außen das Leben einhaucht. Sie verfügt über rohe, physische Macht und ist deshalb in der Lage, das Sanktions- und

---

[14]   Vgl. zu Searle die oben in Anm. 9 und 11 genannten Belege. Wie Searle z. B. auch D. Bloor: *Wittgenstein, Rules and Institutions* (London 1997) bes. 29 ff.

Normengefüge zu schaffen und es durch kontinuierliches Sanktionieren normwidrigen Verhaltens zu erhalten. Wenn das Normensystem Ermächtigungsnormen enthält, gibt die Sanktionsinstanz Macht ab. Sie schafft institutionelle Macht und verwandelt damit ihre eigene rohe Macht in institutionelle Macht anderer. Sie transferiert auf diese Weise externe Macht in das System, verwandelt also externe in interne Macht. Rohe und institutionelle Macht stehen dann nebeneinander, wobei die institutionelle Macht allerdings von der externen Sanktionsmacht abhängig bleibt.

In diesem Szenario steht die Machtinstanz am Anfang des Geschehens, es ist aber auch möglich, dass sie an dessen Ende steht. Die Dinge können, mit anderen Worten, genau andersherum ablaufen. Ich hatte gesagt, dass es, wenn Normensysteme sehr kompliziert werden, die normativen Positionen mit vielfältiger, aber auch vielfältig restringierter Macht ausgestattet sind, wenn es feingliedrige Machtdistributionen gibt und differenzierte Statushierarchien, dass es dann nötig wird, die einzelnen Regelungen schriftlich zu fixieren, damit klar bleibt, welche Normen existieren, welche Ermächtigungen es gibt, was die, die bestimmte Status haben, dürfen, was sie nicht dürfen und was sie tun müssen. Das Buch der Normen steht hier am Ende des Prozesses, der von der rohen Macht ausgeht. Die Verkehrung dieser Reihenfolge besteht nun darin, zuerst das Buch der Normen zu verfassen und dann die Macht zu schaffen, die nötig ist, um das Niedergeschriebene in die Realität zu bringen. Wie ist das möglich?

Stellen wir uns eine größere Gruppe von Menschen vor, die noch ohne Rechtsordnung zusammenleben, die aber nach und nach erkennen, dass ihr Zusammenleben wesentlich besser funktionierte, wenn sie eine normative Ordnung hätten, die auch hierarchische Elemente enthält, also Machtpositionen, die einzelne Personen innehaben. Die Gruppe überträgt es einer Untergruppe, eine solche Verfassung für das Zusammenleben auszuarbeiten und die Regelungen detailliert schriftlich festzuhalten. Dies geschieht, das Buch der Normen, die Bauzeichnung für die künftige normative Ordnung liegt also vor. Aber damit existiert diese Ordnung noch nicht. Es fehlt das Entscheidende: die Macht, durch die die Normen und mit ihnen das gesamte Normensystem erst existieren können. Es muss dazu kommen, dass man dem Wollen derer, die bestimmte Positionen innehaben, auch folgen muss. Nur wenn es dieses Müssen gibt, gibt es die intendierte institutionelle Macht. Dieses Müssen gibt es aber nur, wenn es einen entsprechenden Sanktionsmechanismus gibt, und den kann es nur geben, wenn es eine Machtinstanz gibt, die ihn zu schaffen und einzusetzen vermag. In der besagten Gesellschaft gibt es eine solche Machtinstanz freilich nicht. Deshalb muss man sie, will man die entworfene Verfassung realisieren, schaffen. Die Gemeinschaft muss eine Gruppe von Personen mit physischen Machtmitteln ausstatten und sie beauftragen, die Sanktionsarbeit im Namen der Gemeinschaft zu verrichten. Dieser Sanktionsstab greift ein, wenn jemand normwidrig handelt, und verhängt die vorgesehenen Sanktionen. Er ist dazu, notfalls auch gegen den Widerstand der Betroffenen, in der Lage, weil er exklusiv über ausreichende physische Machtmittel verfügt. Die so geschaffene Machtinstanz ist keine externe Instanz, sondern Teil der Gesellschaft und von ihr gewollt; ihre Macht ist allerdings rohe, physische Macht.

Mit der Einrichtung des Sanktionsstabs hat die Gemeinschaft, wie es scheint, ihr Ziel erreicht. In Wahrheit hat sie jedoch ein sehr zweischneidiges Instrument geschaffen. Sie hat einen exklusiven, sich auf physische Machtmittel stützenden Machtpol eingerichtet, der sich leicht verselbständigen kann. Wer sagt denn, dass die Mitglieder dieses Stabs ihre Macht wirklich nur im Sinne der vorab fixierten Normenordnung einsetzen? Sie können mit ihr im Prinzip machen, was sie wollen. Man muss deshalb versuchen, ihre Macht zu begrenzen und zu normieren. Sie dürfen eben nur gemäß der Normenordnung operieren. Sie können nicht nach eigenem Gutdünken sanktionieren, sie müssen das sanktionieren, was dafür vorgesehen ist, und sie müssen es in dem Maße tun, wie es vorgesehen ist.

Wie aber kann man dieses Wollen der Gemeinschaft zu einem Müssen für den Sanktionsstab machen? Wie also kann man seine Handlungsmöglichkeiten normieren? Man bräuchte dazu eine höhere, wiederum überlegene Sanktionsmacht, die man aber nicht hat. Deshalb gibt es nicht die einfache, durchschlagende Lösung. Man muss sich raffiniertere Instrumente ausdenken, um den selbst geschaffenen Leviathan an die Normenordnung zu binden. Ein geeignetes Mittel ist, den Sanktionsstab zu hierarchisieren und ihm so eine institutionelle Struktur zu geben. Auf diese Weise teilt und distribuiert man die

Macht des Sanktionsstabs. Wer auf einer der unteren Ebenen der Hierarchie steht, darf zwar die physischen Machtmittel des Sanktionsstabs einsetzen, er ist dabei aber an die Befehle und Anweisungen von oben gebunden. Seine physische Macht ist also institutionell beschnitten und reglementiert. Missbraucht er seine Machtmöglichkeiten, verstößt er selbst gegen eine Norm und wird bestraft. Hinter dieser und anderen Normen, die eigens für die Angehörigen des Sanktionsstabs gelten, steht nicht eine Instanz außerhalb des Stabs, sondern die Mehrheit derer, die ihm angehören. Die Mehrheit stellt sich gegen den einzelnen, der sich normwidrig verhält, wenn nötig, auch mit den physischen Machtmitteln, über die sie verfügt. Und wenn ein einzelner die Sanktionierung unterlässt, wird er seinerseits von der Mehrheit sanktioniert. Normierung und Sanktionierung erfolgen hier innerhalb des Sanktionsstabs.

Offenkundig hilft diese Strategie nicht, wenn sich der Sanktionsstab geschlossen und gleichzeitig über die Normenordnung hinwegsetzt und seine Macht für eigene Ziele einsetzt. Es gibt gewiss weitere wirkungsvolle Instrumente, um diese Gefahr zu verkleinern, aber zum Verschwinden bringen kann man sie wohl nicht. Wenn es dazu kommt, dass die Angehörigen des Sanktionsstabs sich mehrheitlich und gleichzeitig nicht mehr an die Normenordnung gebunden fühlen und ihre Macht für andere Zwecke einsetzen, hat die Gemeinschaft dem nichts mehr entgegenzusetzen. Deshalb kommt es, wie immer sie ihr Zusammenleben im einzelnen organisieren wird, entscheidend darauf an, dass sich die Angehörigen des Sanktionsstabs in ihrer Mehrheit aus Gründen an die Normenordnung binden, die mit drohenden Sanktionen nichts zu tun haben. Am besten ist es, wenn sie sich an die Ordnung halten, weil sie sie gut finden, weil sie sie bejahen und weil sie ihre Arbeit deswegen als einen Dienst an der *res publica* verstehen. – Diese Überlegung zeigt, dass eine äußerst wichtige Bedingung für das Funktionieren des gemeinsamen Lebens und der Stabilität der normativen Ordnung darin besteht, eine Ordnung zu schaffen, die gut ist und die deshalb von möglichst vielen und auch von möglichst vielen aus dem Sanktionsstab als vernünftig und stützenswert angesehen werden kann.

§ 11 Pflichten und Rechte

Normen sind, so haben wir gesehen, generelle Sanktionsmechanismen. Man schafft sie, um andere zu bestimmten Verhaltensweisen zu nötigen. Mit Normen kommen, so haben wir weiterhin gesehen, normative Status in die Welt. Handlungen haben den Status des Verbotenseins, Personen den des Normadressaten oder des durch die Norm Begünstigten. Wie sind die Begriffe der Pflicht und des (subjektiven) Rechts auf dieses Phänomenfeld zu beziehen? Welche normativen Phänomene werden mit ihnen ausgegrenzt und erfasst? Was ist die Funktion dieser Begriffe? Dies ist das Thema dieses Kapitels.

Zunächst stellen sich hier zwei – gegenläufige – Intuitionen ein. Zum einen scheint es so, als werde mit diesen Begriffen nichts Neues eingeführt, keine neuen normativen Phänomene und auch keine weitergehende Differenzierung in den schon betrachteten Phänomenen. Denn wenn eine Norm verbietet, zu foltern, könne man von den Adressaten auch sagen, sie seien verpflichtet, es sei ihre Pflicht, Folterhandlungen zu unterlassen. Und von den Begünstigten der Norm könne man auch sagen, sie hätten das Recht, nicht gefoltert zu werden. Mit diesen Formulierungen würden demnach keine neuen Phänomene zur Sprache gebracht. Adressat einer Norm zu sein und verpflichtet zu sein, sei dasselbe. Und ebenso sei, der Begünstigte einer Norm zu sein und ein Recht zu haben, dasselbe. Mit den Begriffen der Pflicht und des Rechts werde also nur eine alternative Redeweise eingeführt, eine Redeweise, die sich einer überkommenen Terminologie bedient und diese konserviert.

Die andere Intuition besagt, dass eine sanktionstheoretische Konzeption von Normen, wie sie in § 8 entwickelt wurde, überhaupt keinen Platz für diese Begriffe lasse. Eine solche Konzeption entziehe der Rede von Pflichten und Rechten gerade den Boden. Denn der Adressat einer Norm muss doch tun, was die Norm verlangt, weil er sonst sanktioniert wird. Wenn das Müssen aber in nichts anderem als der Unausweichlichkeit der Sanktionen besteht, welchen Sinn soll es dann noch haben, zu sagen, die betreffende Person sei verpflichtet, entsprechend zu handeln? Es ist für sie aufgrund der Sanktionen ein „Muss", so zu handeln. Das ist alles. Die Idee der Verpflichtung ist hier, so diese Intuition, gerade aufgegeben. Verpflichtet zu sein, heiße mehr als, durch Sanktionen genötigt zu sein, etwas zu tun. Und für dieses „Mehr" sei in einer sanktionstheoretischen Konzeption kein Platz. Dasselbe gelte entsprechend für subjektive Rechte: Der Begünstigte einer Norm kann aufgrund des Sanktionsmechanismus darauf setzen, dass ihm bestimmte Dinge nicht angetan werden. Aber ein Recht darauf zu haben, dass sie ihm nicht angetan werden, ist mehr. Und auch für dieses „Mehr" ist in dieser Konzeption gerade kein Platz. Eine Normentheorie wie die hier entwickelte muss deshalb die Begriffe der Pflicht und des Rechts fallen lassen, sie kann in ihnen nur Relikte einer verfehlten Theoriebildung sehen.

Beide Intuitionen gehen in die Irre. Es ist falsch, anzunehmen, mit Normen kämen ohne weiteres Pflichten und Rechte in die Welt. Und es ist auch falsch, anzunehmen, in einer sanktionstheoretischen Konzeption des normgenerierten Müssens sei kein Platz für diese Begriffe. Tatsächlich haben diese Begriffe eine wesentliche und unverzichtbare Funktion. Sie markieren einen elementaren, uns sehr wichtigen Unterschied im Feld der normativen Phänomene, einen Unterschied, den wir bisher noch nicht thematisiert haben. Es ist also, wenn man sich über die Begriffe der Pflicht und des Rechts und die mit ihnen bezeichneten normativen Phänomene klar werden will, nötig, den Unterschied zu identifizieren, der die Rede von Pflichten und Rechten erst erlaubt und den sichtbar und fassbar zu machen, gerade die Funktion dieser Begriffe ist.

1. Der Begriff der Pflicht

Zunächst zum Begriff der Pflicht. – Eine Norm ist, aus der Sicht der Adressaten, etwas, was einen zwingt, Dinge zu tun, die man möglicherweise nicht tun will. Der Normautor, der die Norm eingerichtet hat, nötigt einen, das zu tun, was *er* will, was man selbst aber möglicherweise nicht will. Eine Norm schränkt offensichtlich die eigene Freiheit ein. Man kann zwar normwidrig handeln, muss dann aber die für diesen Fall vorgesehenen Sanktionen hinnehmen. Eben deshalb ist man in der Wahl seiner Handlungen nicht mehr frei. Eine Norm ist folglich aus der Sicht ihrer Adressaten immer etwas Schlechtes, ein Übel, zumindest ein *pro-tanto*-Übel. Um dies zu sagen, muss man nicht, wie es die Tradition häufig getan hat, annehmen, der Mensch sei von Natur aus frei oder er habe kraft seines Menschseins das Recht, sein eigener Herr zu sein. Es genügt das einfache Faktum, dass die Menschen frei sein wollen, sie wollen nicht, auch nicht partiell, der Sklave eines anderen sein. Sie wollen ihre Handlungen aus eigenem Überlegen und eigenem Empfinden wählen und nicht etwas tun müssen, von dem andere wollen, dass sie es tun. Eine Norm ist immer eine Schranke, man stößt mit ihr auf die Macht eines anderen.

Aber Normen sind nicht nur etwas Schlechtes (in dem erläuterten Sinn), sie sind auch moralisch problematisch. Denn die Ausübung von Macht und Zwang ist moralisch fragwürdig. Sie ist im Prinzip unmoralisch und nur in besonderen Fällen gerechtfertigt und legitim, das heißt: moralisch in Ordnung. Wo Menschen über Menschen Macht ausüben, stehen sie deshalb vor der Frage, ob sie das gerechtfertigterweise tun oder ob sie nur ihre Macht ausspielen. Auch der, der durch die Setzung von Normen andere zu bestimmten Handlungen nötigt, steht vor dieser Frage. Kann er, was er tut, rechtfertigen, kann er zeigen, dass es moralisch in Ordnung ist, oder zwingt er anderen nur seinen Willen auf? Normen sind in einer Welt, in der es unmoralisch ist, andere zu unterdrücken, rechtfertigungs- und legitimationsbedürftig. Und dies ist, das wird oft nicht deutlich genug gesehen, ein moralisches Erfordernis.

Wir unterscheiden, das zeigen diese Überlegungen, legitime und nicht legitime Normen, und damit Normen, die moralisch in Ordnung sind, und solche, die dies nicht sind. Genauer müsste man sagen: Wir unterscheiden, ob die Einrichtung und Durchsetzung einer Norm legitim ist oder nicht. Ich werde nicht immer so präzise formulieren. Aber es ist klar, dass die Rede von legitimen Normen in diesem Sinne zu verstehen ist. – Es ist wichtig, den Aspekt der Legitimität oder Rechtfertigung und die moralische Beurteilung von Normen nicht mit anderen Aspekten, unter denen man Normen beurteilt, zu verwechseln oder in eins zu setzen. So ist die moralische Beurteilung von einer Beurteilung unter kognitiven Aspekten zu unterscheiden. Wie schon gesagt, beruht eine Norm, die es verbietet, bestimmten Säugetieren Leiden zuzufügen, weil sie heilig sind, auf einer kognitiven Prämisse, die sich nicht verteidigen lässt. Diese Norm ist deshalb kognitiv nicht in Ordnung. Genauso würde eine Norm, die es verbietet, Bohnen zu essen, weil man damit die Götter beleidige, auf einem Aberglauben beruhen, den man fallen lassen sollte. Auch diese Norm wäre kognitiv korrupt. Es ist offenkundig, dass diese kognitive Beurteilung von Normen etwas anderes ist als ihre Beurteilung unter dem moralischen Gesichtspunkt der Legitimität.

Man darf die Frage nach dem Gerechtfertigtsein einer Normsetzung auch nicht mit der Frage nach der Begründung vermengen. Das geschieht oft, ist aber ein Fehler, der erhebliche Konfusionen nach sich zieht. Eine Norm ist begründet, wenn es einen Grund gibt, wenn etwas dafür spricht, dass es sie gibt. Da Gründe wollens- und folglich personenrelativ sind, kann das aus der Perspektive des Normautors ganz anders aussehen als aus der Perspektive des Normadressaten. Es kann für den Normautor sehr viel dafür sprechen, dass es eine bestimmte Norm gibt, während für die Adressaten gar nichts dafür spricht. Auch hier dürfte klar sein, dass die Frage, ob eine Norm im Interesse dieser oder jener Personen liegt und die Betreffenden deshalb Gründe haben, die Norm zu wollen, von der Frage nach der Legitimität der Normsetzung (wie auch von der Frage, ob die Norm kognitiv in Ordnung ist) zu unterscheiden ist. Man kann die These vertreten, dass die Setzung und Durchsetzung einer Norm dann legitim ist, wenn sie im Interesse aller Adressaten liegt, wenn also alle Adressaten einen Grund haben, ihre Existenz zu wollen und zu bejahen. Dies ist freilich nur eine von mehreren Legitimitätskonzeptionen, die vertreten wurden und werden. Aber auch durch diese Konzeption wird der relevante Unterschied nicht verwischt. Es ist das eine, von einer Norm zu sagen, dass sie für alle, die von ihr betroffen sind, begründet ist. Und es ist etwas Zweites, etwas Hinzukommendes, zu sagen, dass die Norm gerade aufgrund dieser Eigenschaft gerechtfertigt ist und der Normautor mit ihrer Durchsetzung nichts moralisch Unrechtes tut.

Nach diesen Klärungen sind wir in der Lage, die Funktion des Pflichtbegriffs zu bestimmen: Der Begriff der Pflicht hat die

Funktion, Normen, deren Einrichtung und Durchsetzung legitim ist, von Normen zu unterscheiden, bei denen das nicht der Fall ist. Die einen Normen sind verpflichtend, die anderen sind erpresserisch. Das zu tun, was eine legitime Norm gebietet, ist eine Pflicht. Das zu tun, was eine erpresserische Norm gebietet, ist – im Blick auf die Sanktionen – wahrscheinlich klug, aber keine Pflicht. Wenn ein Gewaltregime der Bevölkerung durch rigide Sanktionsregelungen bestimmte Handlungen abpresst, sind die Betroffenen gezwungen, entsprechend zu handeln. Aber sie sind nicht verpflichtet, es zu tun. Sie beugen sich nur nackter Macht.

Die Anwendung des Pflichtbegriffs ist nicht, wie bisher suggeriert, auf Normen beschränkt. Nicht nur ein generelles, auch ein partikulares sanktionskonstituiertes Müssen kann verpflichtend oder erpresserisch sein. Wir haben schon das Beispiel des Straßenräubers angeführt, der von einem Passanten unter Verweis auf seine Pistole die Herausgabe der Geldbörse verlangt. Angesichts der drohenden Konsequenzen ist der Passant genötigt, das Geld herauszugeben. Aber er ist in keiner Weise dazu verpflichtet. Denn der Forderung des Straßenräubers fehlt jegliche Legitimation. Der Zwang, den er ausübt, ist erpresserisch und damit moralisch verwerflich.

Das eigentliche *genus proximum*, innerhalb dessen das verpflichtende Müssen auszugrenzen ist, ist also nicht das normgenerierte Müssen, sondern allgemein das sanktionskonstituierte Müssen. Dieses Müssen kann erpresserisch sein, und es kann nicht erpresserisch sein. In letzterem Fall ist es verpflichtend. Das verpflichtende Müssen ist also ein spezifisches sanktionskonstituiertes Müssen. Und die Differenz von erpresserisch und verpflichtend ist der Unterschied, auf den es ankommt. Der Pflichtbegriff dient der Abgrenzung gegenüber dem Erpresserischen. Dies ist seine Funktion. Und in dieser Funktion ist er über Jahrhunderte verwandt worden. Und in dieser Funktion ist er nach wie vor unverzichtbar. Denn die Differenz, die er markiert, ist für uns sehr wichtig: Wir wollen wissen, ob ein Müssen, das uns betrifft, nur Ergebnis nackten Machtgebrauchs ist, ob es uns ohne Legitimation etwas abpresst, oder ob die Machtinstanz, die das Müssen schafft, dazu berechtigt ist und sein Verhalten moralisch in Ordnung ist. Der Begriff der Pflicht ist, so wie er jetzt bestimmt wurde, analytisch mit dem der Legitimation verknüpft. Er steht damit

von vorneherein in einem moralischen Kontext. In einer Welt ohne
Moral oder einer Welt, in der es nicht unmoralisch wäre, andere zu
unterdrücken, hätte er keinen Ort.

Es ist an dieser Stelle hilfreich, wenigstens einen kurzen Blick
in die Geschichte der Philosophie zu werfen. Ich kann das Gesagte
so verdeutlichen und bekräftigen. Besonders aufschlussreich ist hier
die neuzeitliche Moralphilosophie, speziell die moderne Naturrechtstheorie, wie sie, ausgehend von Suárez, von Grotius, von Hobbes,
Pufendorf und Locke bis hin zu Christian Thomasius und vielen
anderen vertreten wurde. Kant hat diese Tradition fortgeführt, er hat
an ihrer Begrifflichkeit und der Architektur ihres Theoriegebäudes
festgehalten und sie zugleich, innerhalb dieses Rahmens, zutiefst
umgestaltet.[1] Die Vertreter dieser Tradition glaubten, die Kernele-
mente einer Theorie der Moral müssten die Begriffe des moralischen
Gesetzes und der moralischen Verpflichtung sein. Um diese Begriffe
herum haben sie ihre Theorien entwickelt. Hinter einem Gesetz steht,
so die übereinstimmende Auffassung, ein Wollen, und zwar das Wollen
eines Höheren. Für die meisten war das Gott. Der Höhere macht das
von ihm Gewollte zu einem Müssen für die anderen, also zu einem
Gesetz, indem er die gewollten bzw. nicht gewollten Handlungen
mit positiven oder negativen Sanktionen verknüpft. Das moralische,
gesetzesgegebene Müssen wird hier deutlich als sanktionskonstituiertes Müssen verstanden. Verpflichtend ist dieses Müssen indessen
nur, wenn der Höhere berechtigt ist, anderen Gesetze zu geben, wenn
er es legitimerweise tut. Der Begriff der Verpflichtung ist hier also
genau durch die beiden folgenden Elemente bestimmt: Das verpflichtende Müssen ist – erstens – ein durch Sanktionen konstituiertes
Müssen, und es ist – zweitens – nur dadurch verpflichtend, dass die
Machtinstanz, die es setzt, dazu berechtigt ist, ihre Machtausübung
also moralisch in Ordnung ist.

J. B. Schneewind, der gegenwärtig vielleicht beste Kenner der
Moralphilosophie des 17. und 18. Jahrhunderts, fasst die Konzeption
von Francisco Suárez, wie dieser sie in *De Legibus ac Deo legislatore*

---

[1]   Vgl. hierzu besonders J. B. Schneewind: Kant and Natural Law Ethics. *Ethics*
       104 (1993) 53–74.

(1612) entfaltet, so zusammen: „Morality ... requires obedience to law, and law must reflect the will of a lawgiver, and be backed by sanctions. We are obligated when we have to act in certain ways because a legitimate ruler makes us do so. It is through sanctions that the ruler makes it necessary for us to act as he directs. The sanctions are thus the source of obligation."[2] Hier finden sich genau die genannten Elemente. Das verpflichtende Müssen, das mit einem Gesetz entsteht, ist ein von einer Person gesetztes, sanktionskonstituiertes Müssen. Und es ist nur dann verpflichtend, wenn der Gesetzgeber ein, wie es heißt, „*legitimate* ruler" ist. Ganz ähnlich erklärt Pufendorf, dass ein Gesetz durch Sanktionen konstituiert wird.[3] Der, der andere verpflichtet, braucht aber nicht nur die Macht, andere durch Sanktionen zu nötigen, er braucht auch, wie Pufendorf sagt, „justae causae", „gerechte Gründe" dafür, „dass er fordern kann, dass wir die Freiheit unseres Willens nach seinem Belieben einschränken".[4] Der Höhere braucht, so heißt es wenig später, ein „Recht" („jus"), „einem anderen etwas zu befehlen und ihm Gesetze vorzuschreiben".[5] Jemandem etwas abzuzwingen („cogere") und jemanden zu etwas zu verpflichten („obligare"), sind, so Pufendorf, zwei verschiedene Dinge; jenes kann man allein aufgrund natürlicher Kräfte, dieses nicht.[6] Verpflichten kann nicht nackte Macht, sondern nur, wer das „jus imperandi" hat, und dieses Recht ist nicht einfach Ausfluss überlegener Macht. – Es ist nicht nötig, auf die Frage einzugehen, was die „justae causae" sind. Es handelt sich offenbar um Gründe, die die Forderung des Höheren und ihre Durchsetzung legitimieren.[7] Es ist auch nicht nötig, im einzelnen zu bestimmen, was Pufendorf meint, wenn er vom

---

[2] J. B. Schneewind: History of Western Ethics: Seventeenth and Eighteenth Centuries, in: L. C. Becker/Ch. B. Becker (eds.): *Encyclopedia of Ethics*, 2nd ed., vol. 2 (New York 2001) 730–739, 731 f.

[3] Vgl. Pufendorf, *De jure naturae et gentium*, I, vi, § 9; I, vi, § 14, ed. Böhling, Bd. 1, 75, 81 ff.

[4] Ebd. I, vi, § 9, p. 75.

[5] Ebd.

[6] Ebd. I, vi, § 10, p. 76.

[7] M. J. Seidler: S. Pufendorf, *The Political Writings*, ed. C. L. Carr, transl. M. J. S. (New York 1994) 123 übersetzt entsprechend mit „legitimate reasons". Und B. J. Bruxvoort Lipscomb: Power and Authority in Pufendorf. *History*

„jus imperandi" spricht. Klar ist, dass die Machtausübung dessen, der dieses Recht hat, legitim ist, dass sie moralisch in Ordnung ist. Sie kollidiert nicht mit dem Unterdrückungsverbot der Moral.[8] Pufendorf ist also deutlich der Auffassung, dass die Verpflichtung und das Verpflichtetsein an die Legitimität des mit der Gesetzgebung vollzogenen Machtgebrauchs gebunden ist. Nur wenn der, der diese Macht ausübt, auch das Recht dazu hat, ist das Müssen, das er setzt, verpflichtend. Ansonsten handelt es sich um bloßen Zwang, um die Ausübung nackter Macht.

Sehr klar ist in diesen Punkten auch die Theorie von Locke. Locke entwickelt, wie wir schon sahen, eine theonome Moralkonzeption. Gott gibt den Menschen moralische Gesetze, er ist der „supremus legislator", der höchste Gesetzgeber.[9] Sein Wollen nimmt die Form von Gesetzen dadurch an, dass er die gewollten Handlungen mit positiven Konsequenzen, die nicht gewollten mit negativen Konsequenzen verknüpft. Locke hebt ausdrücklich hervor, dass diese Konsequenzen keine natürlichen Konsequenzen der jeweiligen Handlungen sind, sie werden ihnen vielmehr künstlich, „by the intervention of that power" angeheftet.[10] Sie sind, mit anderen Worten, Sanktionen.[11]

---

of Philosophy Quarterly 22 (2005) 201–219, 205 spricht explizierend von „the 'causes' that legitimate coercive power".

8 K. Olivecrona hat im Blick auf Grotius und Pufendorf die hier einschlägige Verwendung von „jus" sehr gut erläutert. „The concept of a right is defined by means of the concept of *iustum*. Since *iustum* merely signifies what is not *iniustum*, the concept of a right is also negatively defined. Having a right only means possessing something or doing something without inflicting injury on others. Absence of injury to others is the essence of a right." Vgl. K. O.: The Concept of a Right according to Grotius and Pufendorf, in: P. Noll/G. Stratenwerth (Hg.): *Rechtsfindung. Festschrift für O. A. Germann* (Bern 1969) 175–197, 177.

9 Locke, *Essays on the Law of Nature*, ed. v. Leyden (im folgenden: *Essays*), 110.

10 Locke, *An Essay Concerning Human Understanding* (im folgenden: *An Essay*), II, xxviii, § 6, p. 352; vgl. auch die deutliche Äußerung in der Notiz „Of Ethic in General", in: J. L., *Political Essays*, 297–304, 301.

11 Vgl. *An Essay*, I, iii, § 12, p. 74; II, xxviii, § 6, p. 351; siehe auch *Essays*, 174.

Gott muss, um die Menschen in dieser Weise unter Druck setzen zu können, offensichtlich Macht haben.[12] Und die Frage ist, von welcher Art seine Machtausübung ist. Steht er den Menschen wie ein Straßenräuber gegenüber, der ihnen allein aufgrund seiner Macht die Dinge abpresst, die er will? Und sind die Menschen ihm gegenüber in einer Situation wie Räubern oder Piraten gegenüber? Oder ist seine und ihre Position eine andere? Locke stellt diese Frage ausdrücklich.[13] Und seine Antwort ist, dass Gott nicht nur die Macht hat, die Menschen zu nötigen, sondern auch ein Recht („jus") dazu.[14] Er hat, wie es auch heißt, eine „rechtmäßige Macht" („justa potestas")[15], und die, die ihr unterworfen sind, sind ihr „rechtmäßig" („jure") unterworfen.[16] Gott ist also legitimiert, von den Menschen bestimmte Verhaltensweisen zu fordern, und dies bedeutet wiederum, dass die Menschen verpflichtet sind, zu tun, was er will.[17] Der Begriff der Pflicht ist hier erneut an den der Legitimation gebunden.

Es bleibt natürlich die Frage, was Gott berechtigt, die Menschen zu nötigen. Locke betont hier zunächst – mit Pufendorf und übrigens auch mit Hobbes –, die Berechtigung sei nicht einfach Ausfluss der überlegenen göttlichen Macht. Macht werde nicht aus sich heraus zu rechtmäßiger Macht. Die Berechtigung sei vielmehr Ergebnis der Tatsache, dass Gott die Menschen geschaffen hat. Die Menschen sind sein Eigentum, sie gehören ihm.[18] Und dies ist es, was ihn legitimiert, sie zu bestimmten Handlungen zu nötigen. Eine Idee und Formulierung Calvins aufgreifend spricht Locke vom „jus creationis", dem Recht, das aus der Tatsache der Schöpfung resultiert.[19] Das „jus creationis" ist der Schlussstein der Locke'schen Moralphilosophie.

---

[12] Vgl. *An Essay*, p. 351 f.
[13] *Essays*, 184.
[14] Ebd. 184; siehe auch *An Essay*, II, xxviii, § 8, p. 352. Hier heißt es: „He has a Right to do it …"
[15] *Essays*, 186. – v. Leyden übersetzt mit „rightful power" (ebd. 187).
[16] Ebd. 150; vgl. auch 184.
[17] Vgl. ebd. 186.
[18] *Essays*, 152, 184, 186; *An Essay*, II, xxviii, § 8, p. 352; siehe auch *Two Treatises of Government*, ed. P. Laslett (Cambridge 1960) II, § 6, p. 271.
[19] *Essays*, 184, auch 182; vgl. zu Calvin: *Institutio religionis christianae* (1559), lib. I, cap. II, 2. Opera Omnia, ed. G. Baum, E. Cunitz, E. Reuss, II, 35.

Nur weil Gott neben und unabhängig von seiner Macht dieses Recht hat, gibt es Pflichten; ohne dieses Recht gäbe es nur den nackten Zwang der Macht.

Lockes Konzeption ist in ihrer klaren Systematik beeindruckend. Ob es (innerhalb der theistischen Konzeption) einleuchtet, dass Gottes Macht über die Menschen rechtmäßig ist, weil er sie geschaffen hat, kann hier offen bleiben. Der Punkt, auf den es ankommt, ist vollkommen klar: Der Begriff der Verpflichtung ist verknüpft mit dem der Rechtmäßigkeit – der Rechtmäßigkeit der Macht, die derjenige ausübt, der Sanktionsregelungen schafft und damit andere nötigt, bestimmte Dinge zu tun und zu lassen. Durch die Rechtmäßigkeit der Machtausübung ist das mit den Sanktionen entstehende Müssen verpflichtend und nicht erpresserisch.

Die Theorien von Suárez, Pufendorf und Locke zeigen sehr deutlich, dass der Begriff der Pflicht der Abgrenzung gegenüber dem Erpresserischen diente. Und sie zeigen auch, dass eine sanktionstheoretische Konzeption von Normen oder, in der älteren Sprache, von Gesetzen sehr wohl mit der Idee der Verpflichtung zusammengeht. Niemand wäre auf die Idee gekommen, das eine schließe das andere aus. Erst Kant glaubte, das verpflichtende Müssen könne, obwohl es auch nach ihm ein durch ein Gesetz generiertes Müssen ist, nicht sanktionskonstituiert sein. Es müsse ein Müssen ohne jeden Wollensbezug, also ein kategorisches Müssen sein. Damit, zu zeigen, dass es ein solches Müssen gibt, hat er sich allerdings eine Aufgabe gestellt, die er nicht erfüllen konnte. Denn es gibt kein normatives Müssen, das nicht wollensrelativ ist. Deshalb ist auch das verpflichtende Müssen, ganz so wie es die Vertreter der modernen Naturrechtstheorie annahmen, ein wollensrelatives Müssen. Auch dieses Müssen besteht aus den beiden Grundelementen, aus denen jedes normative Müssen besteht: aus einem Müssen der notwendigen Bedingung und einem Wollen.

2. Weitere Klärungen

Nach der grundsätzlichen Bestimmung des Pflichtbegriffs kann ich einige Überlegungen anfügen, die sich aus dem Gesagten ergeben und es ergänzen.

(i) Das Verpflichtetsein steht, das ist eine erste wichtige Konsequenz, immer in einem persönlichen Kontext. Es ist immer eine Person oder eine Personengruppe, die eine Verpflichtung schafft und durch die man verpflichtet ist. Dies folgt unmittelbar aus dem Umstand, dass das verpflichtende Müssen durch Sanktionen entsteht. Ein normatives Müssen, das sich aus der Konstellation der Umstände „von selbst" ergibt, das also nicht durch absichtsvolles Handeln erst hervorgebracht worden ist, kann folglich nicht verpflichtend sein. Wenn jemand dafür, wieder fit zu werden, eine Gymnastik machen muss, ist er nicht verpflichtet, dies zu tun. Wenn er es nicht tut, verhält er sich unklug, er handelt gegen seinen eigenen Vorteil. Aber er verletzt keine Pflicht, er tut nichts Verbotenes und nichts Unrechtes.

(ii) Eine zweite und sehr bedeutsame Konsequenz ist diese: Der normative Druck, der mit einer Verpflichtung einhergeht, resultiert aus dem Zusammenkommen eines künstlich geschaffenen Müssens der notwendigen Bedingung und eines Wollens – und aus nichts anderem. Wer verpflichtet ist, etwas zu tun, muss es tun, weil ihn sonst eine nicht-gewollte Konsequenz trifft. Dieses Müssen unterscheidet sich, was seine Normativität angeht, in nichts von jedem anderen sanktionskonstituierten Müssen. Was es verpflichtend macht, ist allein, dass der, der dieses Müssen geschaffen hat, dies legitimerweise getan hat. Aus dieser Legitimität entspringt aber nicht so etwas wie eine zusätzliche bindende Kraft, eine zusätzliche, zweite Normativität eigener Art. Dem normativen Müssen, das aus den Sanktionen kommt, wird nicht ein zweites, spezifisch verpflichtendes Müssen hinzugefügt. Das sanktionskonstituierte Müssen *ist* vielmehr – dadurch, dass die Sanktionierung legitim ist – das verpflichtende Müssen. Wir stoßen mit dem verpflichtenden Müssen also nicht auf einen neuen Typus von Normativität.

Man hat oft nach dieser vermeintlichen zweiten, spezifisch verpflichtenden Normativität gesucht. Doch ohne Erfolg. Man hat sie nicht gefunden. Man glaubte deshalb, man könne sie sich nur als eine geheimnisvolle übernatürliche Kraft vorstellen. Da es eine solche Kraft aber nicht gebe, müsse man die Idee der Verpflichtung fallen lassen. Das Ganze sei eine Illusion. Diese Schlussfolgerung ist jedoch übereilt. Man muss in der Tat den Mythos einer eigenen, spezifisch verpflichtenden Normativität aufgeben. Aber das bedeutet nicht, den Pflichtbegriff selbst aufzugeben. Das haben die bisherigen Überlegungen und auch die historischen Ausführungen zu Suárez und seinen Nachfolgern gezeigt. Tatsächlich hat der Pflichtbegriff eine unverzichtbare Funktion.

Es ist aber doch richtig, so könnte jemand einwerfen, dass man einem verpflichtenden Müssen anders gegenübersteht als einem erpresserischen. Daran kann die Aussage, der normative Druck sei in beiden Fällen derselbe, nichts ändern. – Daran will sie auch nichts ändern. Natürlich stehen wir einem verpflichtenden Müssen anders gegenüber als einem erpresserischen. Bei einem erpresserischen Müssen gibt es einen erheblichen inneren Widerstand, sich dem Druck zu beugen. Der Widerstand kann so groß sein, dass man sich dem Druck nicht beugt und lieber die Sanktion in Kauf nimmt. Man kann auch sagen: Der Handlungsgrund, der mit einem erpresserischen Müssen gegeben ist, kämpft immer mit einem gegenläufigen Grund, dem, dass man sich nicht unterdrücken lassen will und, das „Gemusste" zu tun, eben hieße, sich unterdrücken zu lassen. Bei einem verpflichtenden Müssen kann sich der Betroffene hingegen klarmachen, dass die Machtausübung des oder der anderen in Ordnung ist. Es mag ihm schwer fallen, seine Pflicht zu tun, es mag sogar sehr hart sein, aber er kann mit der Situation, in der er ist, einverstanden sein. Er kann die Macht, der er ausgesetzt ist, als legitim anerkennen und einsehen, dass es in Ordnung ist, dass dies seine Pflicht ist. Natürlich bedeutet dieser Unterschied etwas für die Motivation, aber er ändert – das ist das Entscheidende – nichts daran, dass auch die verpflichtende Normativität durch Sanktionen konstituiert ist.

(iii) Auch für das verpflichtende Müssen gilt, dass die Frage, was das Müssen konstituiert, und die Frage, warum man wie „gemusst" handelt, zu unterscheiden sind. Dass das verpflichtende Müssen sanktionskonstituiert ist, bedeutet nicht, dass man im Blick auf die Sanktionen pflichtgemäß handelt. Man kann aus sehr verschiedenen Motiven seine Pflicht tun. Einige haben mit der Pflicht gar nichts zu tun, während andere daraus resultieren, dass speziell ein verpflichtendes Müssen vorliegt. So kann man seine Pflicht tun, weil man es für selbstverständlich hält, man kann es, wie immer man das genau versteht, aus Pflichtgefühl tun, man kann es tun, weil man die pflichtsetzende Autorität anerkennt oder weil man es vernünftig findet, dass es diese Pflicht gibt. In all diesen Fällen handelt man pflichtgemäß, ohne dass das Müssen und seine Sanktionen motivational zum Tragen kommen. Dass sie in der Motivation keine Rolle spielen, hat seinen Grund aber nicht darin, dass das Verpflichtetsein nicht sanktionskonstituiert ist. Man muss, wie gesagt, die Frage, was die Normativität konstituiert, und die Frage der Handlungsmotivation auseinanderhalten.

Kant hat in einer Vorlesung, die er 1784 über Naturrecht hielt, gesagt: „Unser Autor [das ist Gottfried Achenwall, dessen Lehrbuch zum Naturrecht Kant zugrundelegte] und andre reden von der obligatio per poenas, so auch Baumgarten. Aber durch Poenas und Praemia einen verbinden ist contradictio in adjecto; denn da bewege ich ihn zu Handlungen, die er nicht aus Verbindlichkeit sondern aus Furcht und Neigung thut."[20] Kant dringt hier darauf, eine Verpflichtung von einem durch Sanktionen: durch Strafen und Belohnungen konstituierten Müssen abzusetzen. Einem solchen Müssen, so seine Begründung, folge man aus Furcht und Neigung, aber nicht aus Verbindlichkeit. Dieses Argument ist jedoch verfehlt. Denn Kant unterscheidet an dieser Stelle gerade nicht, was man unterscheiden muss: die Frage, was eine Verpflichtung und ihr Müssen konstituiert, und die Frage, aus welchen Motiven man sich pflichtgemäß verhält. Er schiebt diese Fragen vielmehr ineinander.

(iv) Als eine weitere Konsequenz aus der vorgetragenen Analyse des Pflichtbegriffs ergibt sich, dass auch das verpflichtende Müssen zunächst immer nur ein *pro-tanto*-Müssen ist. Das Müssen hat eine bestimmte Kraft, die durch die Härte der Sanktionen und die Intensität des entsprechenden Vermeiden-Wollens bestimmt ist. Aber es kann immer gegenläufige Gründe geben, die – einzeln oder kumulativ – stärker sind und sich „unter dem Strich" durchsetzen und handlungsleitend werden. Wobei diese Gegengründe konkurrierende Pflichten sein können, aber auch andere Gründe, die nicht verpflichtend sind.

---

[20] I. Kant: *Naturrecht Feyerabend* (Nachschrift), Akademie-Ausgabe, Bd. XXVII, 2, 2, S. 1326.

Ein verpflichtendes Müssen schlägt also nicht durch irgendeine geheimnisvolle Kraft eo ipso alle gegenläufigen Gründe aus dem Feld.
– Natürlich gibt es Menschen, für die, ihre moralische und rechtliche Pflicht zu tun, ein vorrangiges Ziel in ihrem Leben ist. Moralische und rechtliche Verpflichtungen haben deshalb für sie grundsätzlich ein stärkeres Gewicht als alle anderen Gründe. Aber diese Priorität verdankt sich offenkundig einer speziellen Lebensgestaltung, einem hinzukommenden Wollen, aber nicht der Eigenart des verpflichtenden Müssens selbst.

(v) Wenn man sich die Funktion des Pflichtbegriffs verdeutlicht hat, kann keine Rede mehr davon sein, dass jede Norm (oder jedes Gesetz) verpflichtend ist. Normen können verpflichtend, aber auch erpresserisch sein. Dennoch wird häufig unterstellt, Normen seien als solche verpflichtend. Diese Intuition hat vermutlich folgenden Hintergrund. Wenn man von Normen spricht, denkt man vor allem an rechtliche und moralische Normen (vorausgesetzt, man versteht eine Moral als ein System von Normen). Es ist nun ein wesentliches Charakteristikum moralischer Normen, dass sie den Anspruch erheben, legitime Normen und nicht bloße Machtnormen zu sein. Wer eine moralische Norm zur Geltung bringt und ihre Befolgung fordert, geht davon aus, dass es legitim ist, dies zu tun. Es ist legitim, die anderen mit der Moral unter Druck zu setzen. Und wenn es legitim ist, sind die anderen verpflichtet, die Normen zu befolgen. Natürlich kann dieser Anspruch auf Legitimität unbegründet sein, er kann in Frage gestellt, zurückgewiesen und als unhaltbar erwiesen werden. Die Norm entpuppt sich dann als nur vermeintliche oder nur vorgebliche moralische Norm, und die Pflicht erweist sich ebenfalls als nur vermeintliche Pflicht. In jedem Fall aber tritt die Moral als etwas Verpflichtendes an uns heran.

Dasselbe gilt für das Recht. Auch rechtliche Normen beanspruchen, legitime Normen und nicht bloße Zwangs- und Machtnormen zu sein. Wer eine rechtliche Norm zur Geltung bringt, sei es ein Polizist oder ein Richter, geht davon aus, dass es legitim ist, dies zu tun. Folglich wird auch im Recht von Pflichten, von Rechtspflichten gesprochen. Rechtliche Normen sind ihrem Anspruch nach verpflichtende Normen. Auch das Recht grenzt sich also vom Erpresserischen ab. Natürlich kann dieser Anspruch auch hier unbegründet sein. Vorgebliche Rechtsnormen können in Wahrheit bloße Zwangsnormen sein.

Der Begriff des Rechts ist also wie der der Moral an die Idee der Legitimität gebunden. Und da Legitimität eine moralische Eigenschaft ist, ist das Recht an dieser Stelle mit der Moral verklammert. Eine Rechtsordnung beansprucht, damit, dass sie die Rechtsadressaten zu bestimmten Verhaltensweisen nötigt, kein moralisches Unrecht zu tun. Das, was sie tut, ist moralisch in Ordnung, sie verletzt nicht das Unterdrückungsverbot.

Der Eindruck, Normen seien als solche verpflichtend, kann, so also die Vermutung, entstehen, weil sowohl moralische als auch rechtliche Normen den Anspruch erheben, verpflichtend zu sein. Es bedarf deshalb einer eigenen Reflexion, um sich bewusst zu machen, dass Normen verpflichtend, aber auch erpresserisch sein können. Nur weil es so ist und uns dieser Unterschied wichtig ist, haben wir den Begriff der Pflicht.

3. Rechte

Wenn so weit geklärt ist, was Pflichten sind, ist damit indirekt auch geklärt, was Rechte sind. Wenn es eine legitime Norm gibt, die es verbietet, x zu tun, haben die Adressaten die Pflicht, x nicht zu tun. Und die durch die Norm Begünstigten haben ein Recht, x nicht zu erleiden. Ein Recht zu haben, bedeutet also, in einer Position zu sein, in der andere einem gegenüber zu etwas verpflichtet sind. Wo Rechte, da Pflichten. Rechte in diesem Sinne werden (aus einem Grund, auf den ich noch komme) häufig „Anspruchsrechte" (claim-rights) genannt. Wenn man von „Pflichten und Rechten" spricht, sind immer diese Anspruchsrechte gemeint. Wenn hingegen, wie wir es bei Pufendorf und Locke fanden, gesagt wird, jemand habe das Recht, Befehle zu geben, oder Gott habe das Recht, die Menschen zu bestimmten Handlungen zu nötigen, wird „Recht" in einem anderen Sinn verwandt. Ein solches Recht zu haben, bedeutet keineswegs, dass andere einem gegenüber zu etwas verpflichtet sind. Rechte dieser Art sind Befugnisse oder Berechtigungen; im Englischen spricht man häufig von „power-rights". – Hier geht es um Anspruchsrechte, und im folgenden ist von Rechten in diesem Sinne die Rede.

Rechte entstehen wie Pflichten durch legitime Normen. Auch hier müsste man genauer sagen, sie entstehen durch legitime generelle *oder partikulare* Sanktionsmechanismen. Ich werde von dieser Differenzierung absehen und der Einfachheit halber von generellen Sanktionsmechanismen, also von Normen ausgehen. Ein Recht zu haben, ist demnach wie verpflichtet zu sein, ein normativer Status, der durch eine Norm in die Welt kommt. Dabei sind Rechte und Pflichten gleichursprünglich. Sie erblicken genau in demselben Moment das Licht der Welt. Ihre Existenz beginnt mit der Existenz der Norm. Die Rechte gehen den Pflichten also nicht voraus, sie fundieren und begründen nicht die Pflichten. Man hat nicht eine Pflicht, weil ein anderer ein entsprechendes Recht hat. Dass er dieses Recht hat, *bedeutet* vielmehr, dass man die Pflicht hat. Und dass man die Pflicht hat, *bedeutet* umgekehrt, dass er das Recht hat. Das eine fügt dem anderen nichts hinzu.

Eine Intuition, die schon zur Sprache kam, besagt, die Träger eines Rechts seien nicht einfach Begünstigte einer Norm. Ein Recht zu haben, sei mehr. Dies ist richtig. Nehmen wir an, eine organisierte Bande (wie etwa die Mafia) verlangt von den *f*s, den *g*s regelmäßig 20 Prozent ihres Einkommens zu geben. Diese Norm ist von empörender Willkürlichkeit, sie ist völlig ungerechtfertigt, aber sie wird mit Gewalt durchgesetzt. Und tatsächlich verhalten sich die *f*s aus Angst vor den Repressalien normkonform. Die *g*s sind die Nutznießer dieser Norm, aber sie profitieren von einem Machtgebrauch, der erpresserisch und moralisch verwerflich ist. Sie sind also Profiteure eines moralischen Unrechts, so wie die *f*s die Opfer dieses Unrechts sind. Und wie die *f*s aufgrund dieses Umstandes nicht verpflichtet sind, das Geld zu bezahlen, so haben die *g*s nicht ein Recht darauf, dass ihnen das Geld gegeben wird. Sie können wegen des starken Sanktionsdrucks damit rechnen, dass das Geld gezahlt wird, aber ein Recht darauf haben sie, so scheint es, nicht. Ganz anders ist ihre Situation, wenn sie Begünstigte einer legitimen Norm sind. In diesem Fall können sie die für sie vorteilhafte Position ohne Skrupel einnehmen und zur Geltung bringen. Jetzt sind sie nicht mehr nur Begünstigte einer Norm, sie sind – aufgrund der Legitimität der

Norm – Träger eines Rechts. Und diesem Recht korreliert die Pflicht der anderen. – Wir sehen, auch der Begriff des Rechts ist an den der Legitimität gebunden. Ein Recht zu haben, ist wie, verpflichtet zu sein, ein spezifischer normativer Status, der nicht durch irgendwelche Normen, sondern nur durch legitime Normen entsteht.

Zu dem Status eines Rechtsträgers gehört es, dass er von den anderen, den Rechtsadressaten, *fordern* kann, dass sie sich rechts- und pflichtkonform verhalten. Dies ist der Grund, warum man von „claim-rights" spricht. Da eine Forderung ausgesprochen oder stillschweigend die Androhung eines Übels für den Fall des Zuwider-Handelns enthält, kann nur derjenige etwas fordern, der über entsprechende Machtmittel verfügt. Über welche Machtmittel verfügt ein Rechtsträger, womit kann er drohen? Er droht damit, dass den Rechtsadressaten, wenn er das Recht verletzt, die für diesen Fall vorgesehenen Sanktionen treffen werden. Diese Sanktionen verhängt die Sanktionsinstanz, von sich aus oder von dem Rechtsträger mobilisiert. Die Macht des Rechtsträgers besteht also darin, dass er die Sanktionsmacht auf seiner Seite hat. Sie tritt für ihn ein, sie sichert und garantiert sein Recht. Deshalb hat der, der gegen eine Pflicht verstößt und das Recht eines anderen verletzt, nicht nur das Opfer, den Rechtsträger, gegen sich, sondern vor allem die Sanktionsinstanz, die die Norm geschaffen hat und sie in der Existenz hält, indem sie normwidriges Verhalten kontinuierlich sanktioniert.

Wenn es um Rechte und ihre Existenzbedingungen geht, ist es vielleicht nötig, ausdrücklich zu sagen, dass Rechte wie Pflichten, da sie Ergebnisse von Normen sind, von Menschen geschaffen werden. Es gibt, anders als häufig angenommen, keine natürlichen Rechte. Die Menschen haben nicht einfach aufgrund ihrer Natur oder ihres Menschseins irgendwelche Rechte. Auch die Tatsachen, dass sie leidensfähige Wesen sind, dass sie jeder für sich ein einzigartiges Individuum sind, dass sie bestimmte basale Bedürfnisse und Interessen haben, generieren nicht aus sich heraus irgendwelche Rechte. Ein Recht zu haben, ist ein „imponierter" Status und nichts Natürliches. Dass jemand dieses oder jenes Recht hat, ist immer eine ontologisch subjektive Tatsache. Und niemals eine Tatsache, die vom menschlichen Wollen und Handeln unabhängig ist. Rechte sind also immer gesetzte, positive Rechte. Dies gilt auch für moralische Rechte.

274 Pflichten und Rechte

Auch sie sind positive Rechte. Und ihnen gehen genauso wenig wie allen anderen Rechten natürliche Rechte voraus, die ihnen als Vorlage oder Maßstab dienen könnten.

Aus dieser grundlegenden Einsicht ergibt sich ein anderer wesentlicher Punkt: Daraus, dass man es wünschenswert oder vernünftig findet, dass alle Menschen oder eine Gruppe die-und-die Rechte haben, folgt nicht, dass sie diese Rechte tatsächlich haben. Rechte müssen, da sie nicht natürlich sind, hervorgebracht werden. Eine Instanz, die dazu in der Lage – und dazu legitimiert ist, muss die entsprechenden Normen, und das heißt: die entsprechende Sanktionspraxis etablieren. Gibt es diese Sanktionspraxis nicht, existieren auch die Rechte und die korrelierenden Pflichten nicht. Rechte sind also an eine bestimmte empirisch fassbare Realität gebunden. Sie sind nicht „Vernunftkonstrukte", nicht zeitlose Entitäten in einem Reich der Vernunft, sondern kontingente Phänomene, die zu einer bestimmten Zeit an einem bestimmten Ort aufgrund konkreter Umstände entstehen und die natürlich infolge sich ändernder Umstände auch wieder vergehen können.

4. Legitimität

Die Frage, was eine Nötigung durch Sanktionen und den entsprechenden Machtgebrauch legitimiert, ist bisher offen geblieben, und ich werde sie auch nicht erörtern. Ich möchte nur einige Bemerkungen machen, die zumindest erkennen lassen, was die Grundidee ist. Wie also kann es legitim sein, Menschen unter Druck zu setzen und zu etwas zu zwingen? Was ist es, was diese Machtausübung rechtfertigt? Was nimmt ihr das Unmoralische?

In der Geschichte des Denkens waren es vor allem zwei Legitimitätskonzeptionen, die überzeugt haben. Die eine war religiös: Locke hat, wie wir sahen, eine solche religiöse Konzeption vertreten. Gott ist nach dieser Vorstellung aufgrund seiner wesensmäßigen Überlegenheit berechtigt, die Menschen zu bestimmten Verhaltensweisen zu nötigen. Außerdem hat er die Menschen geschaffen, wir sind seine Kreaturen. Außerdem will er nur das Gute. So dass er auch mit seinen moralischen Geboten für die Menschen nur das Gute will. Und er

weiß naturgemäß besser als die Menschen selbst, was für sie das
Beste ist. Gott ist also kein Tyrann, der den Menschen bestimmte
Handlungen abpresst, sondern ihr Wohltäter und Führer, der sie zu
ihrem eigenen Besten dazu bringt, das Richtige zu tun und zu lassen.
Wie immer man dieses Vorstellungsgefüge im einzelnen ausgestaltet
und es mit der Idee der Legitimität verbindet, es leuchtet im Rahmen
dieser Annahmen ein, dass Gott nichts Unrechtes tut, wenn er die
Menschen unter moralische Gesetze stellt und ihnen für den Fall des
Zuwider-Handelns diesseitige oder jenseitige Strafen androht.

Doch selbst wenn man annimmt, einige Normen seien göttlichen
Ursprungs, kommen nicht alle Normen von Gott. Schon aus diesem
Grunde bedarf es einer zweiten, alternativen Legitimitätskonzeption.
Der eigentliche Grund aber ist, dass eine religiöse Konzeption nach
dem intellektuellen Zusammenbruch der theozentrischen Weltsicht
unmöglich ist. In einer posttheozentrischen Welt lautet die Frage:
Wodurch ist es legitim, wenn Menschen über Menschen Macht
ausüben? Die Antwort ist im Grundsatz einfach: Die Ausübung von
Macht ist dann legitim, wenn der Betroffene damit einverstanden
ist. Eine Nötigung, der ich ausgesetzt bin, kann nicht erpresserisch
sein, wenn sie in meinem Sinne ist. Sie kann mir nicht gegen meinen
Willen einen Teil meiner Freiheit nehmen, wenn ich selbst will, dass
es sie gibt. Die Grundidee ist also, dass die Ausübung von Macht
dann legitim und nicht unmoralisch ist – und die gesetzten Normen
verpflichtend, wenn die Betroffenen einverstanden sind und die *necessitatio* gutheißen: *volenti non fit inuria*. Die Legitimation kommt
hier „von unten“, aus der Zustimmung der Betroffenen. Diese Idee
speist in ihren verschiedenen Ausformungen einen breiten Strom der
modernen politischen Philosophie wie auch eine freilich deutlich
schmalere Strömung innerhalb der Moralphilosophie. Hobbes hat
den entscheidenden Punkt kurz und prägnant formuliert: „there being
no Obligation on any men, which ariseth not from some Act of his
own." Denn, so seine Begründung, „all men equally, are by Nature
Free."[21] Kant teilt diese Idee, er macht sie auch zum Prinzip seiner
Moralphilosophie. „... niemand ist obligirt", so sagt er, „ausser durch

---

[21] Th. Hobbes: *Leviathan*, ed. R. Tuck (Cambridge 1996) ch. 21, p. 150.

seine Einstimmung."[22] Und: „Der Wille wird also nicht lediglich dem
Gesetze unterworfen, sondern so unterworfen, daß er auch *als selbst-
gesetzgebend* und eben um deswillen allererst dem Gesetze (davon
er selbst sich als Urheber betrachten kann) unterworfen angesehen
werden muß."[23] Das moralische Gesetz, die moralischen Normen
dürfen, so auch hier die leitende Vorstellung, nicht erpresserisch, nicht
heteronom sein, und sie sind dies, so Kant, nur dann nicht, wenn die
Betroffenen sich diese Gesetze selbst geben oder sich zumindest als
deren Urheber betrachten können.

Auf den ersten Blick erscheint die Idee einer Legitimation „von
unten" zweifellos paradox. Man soll ein Müssen, das einen zwingt,
etwas zu tun, was man möglicherweise nicht tun will, selbst wollen
und gutheißen? Warum sollte man das tun? Man soll, dass jemand
Normen etabliert und damit die eigene Freiheit einschränkt, gut finden
und damit einverstanden sein? Warum sollte man das tun? Doch der
Eindruck des Paradoxen verflüchtigt sich schnell. Es ist nicht schwer
einzusehen, warum es vernünftig ist, Normen zu wollen, die einen
selbst betreffen und die eigene Freiheit begrenzen. Normen, die mit
konventionellen Regeln einhergehen, sind hier gute Beispiele. So
dient die Norm, im Straßenverkehr rechts zu fahren, offenkundig den
Interessen der Betroffenen. Sie dient dem ursprünglichen Interesse,
das am Anfang der Konventions- und Normenbildung steht, dem
Interesse, möglichst zügig und möglichst gefahrlos zu fahren. Die
Norm schränkt die Freiheit eines jeden ein, aber dieser Nachteil wird
durch den Vorteil, den sie bietet, überwogen. So dass die Norm „unter
dem Strich" im Interesse aller Betroffenen liegt und in diesem Sinne
„autonom" ist. Sie kann den Betroffenen nicht gegen ihren Willen
einen Teil ihrer Freiheit nehmen, weil sie wollen, dass es sie gibt. Es
ist also eine legitime und damit verpflichtende Norm.

Oder nehmen wir, um noch ein anderes Beispiel anzuführen, das
Verletzungsverbot. Wenn jeder der Betroffenen nicht verletzt werden
will und wenn es zusätzlich jedem wichtiger ist, nicht verletzt zu

---

[22] I. Kant: *Reflexionen*, Nr. 6645, Akademie-Ausgabe, Bd. XIX, 123.
[23] Kant, *Grundlegung zur Metaphysik der Sitten*, IV, 431 (Hervorhebung von
Kant).

werden, als die Möglichkeit zu haben, selbst zu verletzen, liegt die Norm im Interesse eines jeden. Sie ist zwar für jeden von Nachteil, weil sie ein Stück Freiheit nimmt, aber größer als dieser Nachteil ist bei der gegebenen Interessenkonfiguration der Vorteil, der mit ihr verbunden ist. Man tauscht den eigenen Freiheitsverlust gegen den Freiheitsverlust der anderen. Und den der anderen zu bekommen, ist einem wichtiger als, den eigenen zu vermeiden. Die Norm hat eine „do, ut des"-Struktur, und sie entspricht deshalb „unter dem Strich" dem Wollen der Betroffenen. Die Norm ist wiederum eine autonome Norm, deren Durchsetzung ganz und gar legitim und keineswegs etwas Unrechtes ist. Jeder hat daher die Pflicht, Verletzungshandlungen zu unterlassen, und jeder hat genauso das Recht, von anderen nicht verletzt zu werden. Auch hier haben wir also eine „von unten" gewollte Norm, und es zeigt sich erneut, dass die Idee einer Legitimation „von unten" keineswegs paradox ist, sie ist vielmehr eine vollkommen überzeugende Konzeption legitimen Machtgebrauchs.

Ich stelle hier nur die Grundidee einer Legitimation „von unten" dar und sehe von allen konkreten Ausgestaltungen ab. Man muss nicht lange überlegen, um zu erkennen, dass die Kernidee in verschiedenen Bereichen auf verschiedene Weise konkretisiert und aus pragmatischen Gründen auch eingeschränkt werden muss. So kennt die Politik in Demokratien das Mehrheitsprinzip und in repräsentativen Demokratien so etwas wie eine Blanko-Autorisierung: Der Gesetzgeber wird autorisiert, im Rahmen der Verfassung die Normen zu setzen, die er für vernünftig hält. Und wenn er dann einzelne Normen schafft, die den Betroffenen oder einem Teil von ihnen nicht gefällt, heißt das nicht, dass er nicht legitimiert ist, dies zu tun.

Noch eine letzte Überlegung. Wer legitimiert ist, Normen zu setzen und durchzusetzen, hat ein Recht dazu, ein Recht im Sinne einer Befugnis oder Berechtigung. Ein solches Recht zu haben, bedeutet, einen normativen Status zu haben. Im einfachsten Fall hat man diesen Status, wenn die Normen dem Wollen der Betroffenen entsprechen. Wenn es so ist, scheint das einem wichtigen Resultat aus § 10 zu widersprechen. Denn dort wurde gesagt, dass man einen normativen Status immer aufgrund einer Sanktionsregelung hat. Die handfeste Realität einer normativen Position ist immer eine in bestimmter Weise ausgestaltete Sanktionsregelung. Diese scheint es aber im Falle der Befugnis, Normen zu setzen, nicht zu geben. Wie also ist das zusammenzubringen? Bei näherem Hinsehen zeigt sich, dass hier kein Widerspruch besteht und sich an dem in § 10 erreichten Ergebnis nichts ändert. Denken wir an die Fußballregel, die es verbietet, den Ball mit der Hand zu spielen, es dem Torwart aber erlaubt. Der Torwart ist befugt, den Ball mit der Hand zu spielen. Wenn er es tut, trifft ihn folglich keine Sanktion, im Unterschied zu allen anderen Spielern. Ganz ähnlich ist es im Fall der Normsetzung. Es ist moralisch verboten, Menschen zu nötigen und sie mit Hilfe geeigneter Machtmittel dem eigenen Wollen zu unterwerfen. Setzen wir wieder voraus, dass eine Moral ein Set informeller Normen und das moralische Müssen folglich auch sanktionskonstituiert ist. Dann muss, wer andere nötigt, mit den Sanktionen der Moral rechnen. Doch auch hier gibt es eine Ausnahme. Unter einer bestimmten Bedingung ist es erlaubt, andere Menschen zu nötigen. Es ist dann erlaubt, wenn die Normen dem Wollen der Betroffenen entsprechen, wenn sie selbst daran interessiert sind, dass es diese Normen gibt. Wie ein Torwart befugt ist, den Ball mit der Hand zu spielen, so ist auch ein Normsetzer befugt, andere zu nötigen, wenn seine Normen der genannten Bedingung genügen. Eine Befugnis oder ein Recht in diesem Sinne ist, wie sich zeigt, auch hier ein Ausnahme- oder Erlaubnistatbestand. Im Prinzip ist etwas verboten, aber unter einer besonderen Bedingung doch erlaubt und damit von der Sanktionierung ausgenommen. Auch hier ist die Realität des normativen Status also eine in bestimmter Weise ausgestaltete Sanktionsregelung.

Diese Überlegung zeigt, dass die Begriffe der Pflicht und des Rechts (im Sinne des Anspruchsrechts) eine relativ komplizierte normative Struktur voraussetzen. Sie setzen zwei Ebenen, auf denen Normen zur Anwendung kommen, voraus. Angenommen, a schafft eine Norm, die es verbietet, x zu tun. Die Sanktionsregelung, die so entsteht, ist auf der unteren Ebene angesiedelt. Das Müssen, das a schafft, kann aber nur verpflichtend sein, wenn das, was er tut, selbst zum Gegenstand einer normativen Bewertung wird. Es muss also auch auf der höheren Ebene eine Norm zur Anwendung kommen, und zwar die Norm, die Nötigungshandlungen verbietet, ausgenommen solche, die eine bestimmte Eigenschaft haben. Wenn die Nötigungshandlung, die a vornimmt, diese Eigenschaft hat, er also befugt ist, so zu handeln, ist die von ihm auf der unteren Ebene geschaffene Norm verpflichtend. Ihre Adressaten haben dann die Pflicht, x zu unterlassen, und die durch sie Begünstigten das Recht, x nicht zu erleiden.[24]

---

[24] Ich komme auf diese Überlegung zur Zweistufigkeit der normativen Bewertung noch einmal zurück; vgl. § 12, S. 316 f.

§ 12 Das moralische Müssen

1. Vorbemerkungen. Sollen und Müssen

Das normative Müssen, das in der Geschichte der Philosophie am meisten Aufmerksamkeit gefunden hat, in dessen Bestimmung und Analyse die meiste Arbeit investiert wurde und das auch die meisten Kontroversen auf sich gezogen hat, ist ohne Zweifel das moralische Müssen. Man muss, so verlangt es die Moral, bestimmte Dinge tun und andere lassen. Jede Moralphilosophie von Rang muss klar sagen, von welcher Art dieses Müssen der Moral ist, was seine Existenzbedingungen sind und was den mit ihm gegebenen Handlungsdruck erzeugt. Die größte Gefahr liegt darin, sich dieser Aufgabe durch Oberflächlichkeit und undeutliches Reden zu entziehen. Wenn man die bisherigen Diskussionen überschaut, wird man sagen müssen, dass die moralische Normativität trotz aller Bemühungen bis heute ein Rätsel ist. Es ist nach wie vor dunkel, wovon man spricht, wenn man sagt, dass jemand moralischerweise etwas tun oder unterlassen muss. Auch im Alltag wissen wir im Grunde nicht, was wir mit einem Satz wie: „Du musst dein Versprechen halten" eigentlich sagen. Das „müssen" sagt, dass man nicht anders kann, dass es keine andere Möglichkeit gibt. Aber damit stößt man sogleich auf das Paradox des normativen Müssens: Man muss, man kann nicht anders, aber jeder weiß, dass man sehr wohl anders kann, dass man sehr wohl ein Versprechen auch nicht halten kann. Was ist das für ein eigentümliches Müssen? Dieses Paradox tritt im Falle der Moral besonders hervor und wirkt hier besonders irritierend. Es zeigt uns, dass uns die Natur des moralischen Müssens zutiefst unklar ist. Wir wissen nicht, wie es in die Welt kommt und was eigentlich seine Realität ausmacht. Mit dem moralischen Müssen ist uns die Moral, wie es scheint, selbst ein Rätsel. Wir haben kein Bild davon, wie sie wirkt und was sie eigentlich ist. Wir leben hier in einer sonderbaren Unwissenheit. Wir verstehen etwas nicht, das uns ganz nahe und zugleich sehr wichtig ist. Wie wichtig, zeigt sich daran, dass wir uns aufregen, wenn sich jemand unmoralisch verhält. Wir regen uns auf, weil wir das Gefühl haben, dass etwas Schlimmes passiert ist, etwas, das den Boden, auf dem wir stehen, erschüttert und ins Rutschen bringt.

Der Eindruck, mit dem moralischen Müssen müsse es etwas Besonderes auf sich haben, speist sich auch aus der vertrauten Vorstellung, dass das, was man moralischerweise tun muss, möglicherweise gegen das steht, was man tun muss, um seine eigenen Interessen, Ziele und sein eigenes Glück zu befördern. Die antike eudaimonistische Ethik hat versucht, zu zeigen, dass dieser Konflikt nur ein scheinbarer Konflikt ist, den es in Wahrheit nicht gibt. In Wahrheit ist moralisches Verhalten glückszuträglich, Moral und Glück liegen auf einer Linie. Um das zu sehen, muss man freilich wissen, was das menschliche Glück eigentlich ist und dass es keineswegs das ist, wofür es viele halten. Auch für den christlichen, auf das jenseitige Heil gerichteten Eudaimonismus war es eine grundlegende Gewissheit, dass moralisches Verhalten und persönliches Wohlergehen letztlich zusammengehen – nicht unbedingt in diesem Leben, aber dann auf jeden Fall im jenseitigen. Alles andere wäre mit der Gerechtigkeit Gottes nicht vereinbar. Erst seit der frühen Neuzeit gewann die Vorstellung, Moral und eigene Interessen stünden gegeneinander und dies sei nicht nur ein scheinbarer oder vorläufiger Antagonismus, wieder zunehmend Plausibilität und Evidenz. Je stärker man die Moral aber in einem Konflikt mit den Interessen und dem Glücksstreben des einzelnen sieht, umso mehr scheint sich das moralische Müssen dem Verständnis zu entziehen. Denn wenn es gegen die eigenen Interessen steht, muss es ja eine ganz eigene, wie es scheint, von den Interessen unabhängige und zudem äußerst starke Kraft haben. Nur so kann es sich gegen die Interessen durchsetzen und sie beiseite drücken. Kant war es, der, beeindruckt von dem Auseinandertreten von Moral und Glück, den kühnsten Versuch unternahm, die Einzigartigkeit und Besonderheit des moralischen Müssens, wie er sie sah, herauszuarbeiten. Das moralische Müssen ist, so lehrte er, ein Müssen *sui generis*, das von allen Interessen, von allem Wollen und Glücksstreben unabhängig ist und sich dadurch von allen anderen Arten des normativen Müssens grundsätzlich unterscheidet. Diese Idee eines kategorischen Müssens war ungeheuer wirkungsvoll, und sie lebt bis heute in vielen

Theorien als explizit formulierte Annahme oder als kaum bewusste, aber dennoch leitende Hintergrundüberzeugung fort. Dies, obwohl diese aus der Not geborene Konzeption völlig aussichtslos ist, weil es, wie schon gesagt, dieses ganz andersartige, wollensunabhängige Müssen nicht gibt.

Bevor ich zur Analyse des moralischen Müssens komme, bedarf es noch zweier Vorbemerkungen. Die erste: Wer vom moralischen Müssen spricht, geht davon aus, dass die Moral eine imperative Form hat. Dass sie also überhaupt etwas mit einem Müssen zu tun hat. Dem kann man, wie es Schopenhauer getan hat, entgegenhalten, Moral finde man da, wo jemand aus Mitleid, aus Mitgefühl, aus Menschenliebe oder allgemein aus altruistischer Gesinnung etwas zugunsten anderer tue. Und da finde man kein Müssen und keinen Handlungsdruck, sondern ein Handeln aus bestimmten auf den anderen gerichteten Gefühlen und Einstellungen. Wer, wenn er von der Moral spricht, an ein Müssen denke, habe schon einen entscheidenden Fehler gemacht und das Phänomen verfehlt.

Die Bedeutung des Wortes „Moral" ist nicht genau fixiert, und es ist müßig, darüber zu streiten, was seine richtige oder eigentliche Bedeutung ist. Wenn man vom faktischen Sprachgebrauch ausgeht, kann man meines Erachtens zwei Assoziationskerne identifizieren: Moralisches Handeln ist *erstens* ein Handeln zugunsten anderer; man verhält sich, wenn man sich moralisch verhält, gut zu anderen, nimmt Rücksicht etc. Und *zweitens* ist moralisches Verhalten ein Verhalten, bei dem man sich so verhalten muss. Dies liegt schon in der Idee der moralischen Pflicht. Moralisch verpflichtet zu sein, bedeutet, so handeln zu müssen, es bedeutet, unter einem Druck zu stehen, so zu handeln. Man kann sicherlich den normativen Charakter der Moral abblenden, zum Beispiel weil eine Welt, in der das Handeln der Menschen durch Mitgefühl, Menschenliebe und altruistische Gesinnung bestimmt ist, eher den eigenen Wünschen und Idealen entspricht als eine Welt, in der man Dinge tun muss, die man vielleicht gar nicht tun will. Aber man blendet dann etwas ab, was wesentlich zu unserem Moralbegriff gehört. Und es gehört nicht nur zu unserem Moralbegriff, es bestimmt auch auf elementare Weise unsere moralische Praxis. Wir sprechen nicht nur vom moralischen Verpflichtetsein, wir fordern auch von den anderen, dass sie sich moralisch verhalten, wir stoßen

sie darauf, dass sie so handeln müssen. Und wir empören uns, wenn
sie unmoralisch handeln. In der Empörung liegt aber das Urteil, dass
sie so nicht hätten handeln dürfen, dass sie anders hätten handeln
müssen. Und natürlich bringen wir unseren Kindern bei, dass sie
ein gegebenes Versprechen halten müssen, dass sie anderen Kindern
nichts wegnehmen dürfen etc. Wer die normative Seite der Moral
bestreitet, hat folglich nicht nur einen revisionären Moralbegriff, er
hat auch ein falsches Bild von der moralischen Praxis. Die moralische
Praxis ist durch und durch von der Idee bestimmt, dass das moralische
Handeln ein „Muss" ist und nicht etwas, was in das Belieben des
einzelnen gestellt ist und je nach Gefühl und Gesinnung erfolgt oder
nicht erfolgt.

Man muss die Verwendung des Wortes „Moral" nicht auf den
Bereich des Müssens beschränken. Oft zählt man auch supereroga-
torische Handlungen zu den moralischen Handlungen, obwohl sie
per definitionem gerade jenseits des moralisch „Gemussten" liegen.
Man spricht hier von Moral, weil es sich um Handlungen zugunsten
anderer handelt. An diesem erweiterten Gebrauch von „Moral"
muss man nichts ändern, aber er ändert auch nichts daran, dass es
im Kernbereich der Moral um Handlungen geht, die man tun oder
unterlassen muss. [1]

Genauso will ich nicht ausschließen, dass die Moral auch Pflichten
gegenüber sich selbst kennt und nicht nur Rücksicht anderer gegenüber fordert. Aber selbst wenn es so sein sollte, änderte das nichts
daran, dass es im Kernbereich der Moral um Handlungen zugunsten
anderer geht.

Die zweite Vorbemerkung betrifft einen anderen Einwand. Die
Moral hat, so lautet er, ohne Zweifel den beschriebenen normativen
Charakter, aber es geht in ihr nicht um ein Müssen, sondern um

---

[1] Ich habe in *Handeln zugunsten anderer*, 295 f. dafür plädiert, den Unterschied
    zwischen dem Handeln zugunsten anderer, das Gegenstand des moralischen
    Müssens ist, und dem Handeln zugunsten anderer, das dies nicht ist, auch
    terminologisch deutlich zu markieren, und habe „moralisches Handeln" nur
    das erste, das zweite hingegen „altruistisches Handeln" genannt. Das Super-
    erogatorische ist dann Teil nicht des moralischen, sondern des altruistischen
    Handelns.

ein Sollen. Die für die Moral typische normative Situation ist eine Situation des Sollens, nicht des Müssens. – In dieser verbreiteten und verfestigten Auffassung liegt eine wesentliche Ursache dafür, dass man die moralische Normativität nicht versteht. Die Orientierung am Sollen ist eine Verkehrtheit, die die Diskussion seit langem verwirrt und irreführt. Und es wäre viel gewonnen, wenn es gelänge, zu zeigen, dass die Fixierung auf das Sollen falsch ist und das Phänomen, um das es geht, verkennt. Erst wenn man sich von dieser Fixierung löst, kann man, so meine ich, zu einem richtigen Verständnis der moralischen Normativität gelangen.

Zunächst ist hier ein Hinweis auf den tatsächlichen Sprachgebrauch hilfreich. Wir greifen in der Alltagssprache, wenn es um moralische Belange geht, normalerweise zum „müssen", nicht zum „sollen".[2] Wir sagen, dass man ein gegebenes Versprechen halten muss, dass man geliehene Dinge zurückgeben muss, dass man die Wahrheit sagen muss, dass man anderen in Not helfen muss. Wir gebrauchen hier das „müssen" genauso, wie wenn wir sagen, dass man bei „rot" an der Ampel halten muss, dass man dem von rechts Kommenden die Vorfahrt lassen muss etc. Hier wie dort würde man nicht vom Sollen sprechen. Wenn man etwas unterlassen muss, entspricht der „muss"-Formulierung die negative Formulierung mit „nicht können": „Man kann einen Menschen nicht foltern", „Man kann ein gegebenes Versprechen nicht brechen", „Man kann Tiere nicht quälen." Während der „muss"-Satz sagt, dass es nicht möglich ist, x nicht zu tun, sagt der Satz mit „nicht können", dass es nicht möglich ist, x zu tun. Wir gebrauchen solche Sätze mit „nicht können", aber man stößt mit ihnen sehr hart auf das Paradox des normativen Müssens. Es ist verwirrend, zu sagen, dass man ein Versprechen nicht brechen kann, wenn man es doch offensichtlich brechen kann. Dies dürfte ein Grund dafür sein, dass wir gewöhnlich ausweichen und die Formulierung „nicht dürfen" wählen. „Man darf", so sagen wir, „ein gegebenes Versprechen nicht brechen, man darf Menschen nicht foltern, Tiere nicht quälen." Etwas nicht tun zu dürfen, heißt, dass es nicht erlaubt

---

[2]   Dies betont auch H.-U. Hoche: *Elemente einer Anatomie der Verpflichtung* (Freiburg 1992) 300–303.

ist, dass es also verboten ist. Und dass es verboten ist, heißt wiederum, dass man es unterlassen muss. Man landet hier also wieder beim Müssen, allerdings bei einem speziellen, nämlich einem durch ein Verbot generierten Müssen. Mit dem Wechsel zur Formulierung „nicht dürfen" vollzieht sich folglich unter der Hand eine Engführung. Mit dieser Formulierung wird das moralische Müssen bereits als normgeneriertes Müssen interpretiert. Natürlich sind wir uns dessen normalerweise nicht bewusst und gebrauchen die Formulierung, ohne damit theoretische Festlegungen zu verbinden.

Nicht nur in der Alltagssprache gebrauchen wir gewöhnlich „müssen", auch in der Theorie sprach man lange selbstverständlich vom Müssen. In den lateinischen Texten gebrauchte man bis ins 18. Jahrhundert hinein das Wort „debere", das Äquivalent des deutschen „müssen", und das Nomen „debitum", das „Gemusste". Ebenso sprach man von der „necessitas moralis": es ist eine Notwendigkeit, ein „Muss", das Moralische zu tun. Mit dieser Notwendigkeit verband sich der Begriff der Pflicht, der „obligatio". Und es war eine selbstverständliche Vorstellung, dass man, wenn man verpflichtet ist, etwas zu tun, es tun muss. „Eine Pflicht ... ist", so hat Crusius es dann im Deutschen gesagt, „ein Thun oder Lassen, darzu eine moralische Nothwendigkeit vorhanden ist."[3]

Alle diese auf das moralische Müssen zentrierten Formulierungen finden sich auch in den Schriften Kants. Die Imperative, von denen er spricht, sowohl die moralischen wie auch die nicht-moralischen, bringen, wie er sagt, eine „praktische Notwendigkeit" zum Ausdruck; das heißt: sie sagen, dass man etwas tun muss.[4] Die hypothetischen Imperative sagen, dass man, wenn man etwas erreichen will, dafür dieses oder jenes tun muss: „willst du einen Thurm messen, so mußt du so und so machen."[5] Und die kategorischen, das sind die moralischen Imperative sagen, dass man etwas tun muss, unabhängig von

---

[3]   Chr. A. Crusius: *Anweisung vernünftig zu leben* (Leipzig 1744, ND Hildesheim 1969) 199.

[4]   Kant, *Grundlegung zur Metaphysik der Sitten*, IV, 414, 415, 416, 418; vgl. auch Kant, *Moral Mrongovius II* (Nachschrift), Akademie-Ausgabe, Bd. XXIX, 598.

[5]   Kant, *Moral Mrongovius II* (Nachschrift), XXIX, 606.

jeglichem Wollen: „... die Moral sagt aber: Du mußt das thun ohne
eine Bedingung und Ausnahme."[6] Die moralische Notwendigkeit ist
also eine Spezies der praktischen Notwendigkeit. Auch für Kant ist
es selbstverständlich, den Pflichtbegriff mit dem der Notwendigkeit
zu verbinden. Wer verpflichtet ist, steht unter einer Notwendigkeit.[7]
Dabei steht Kant klar vor Augen, dass die moralische Notwendigkeit
keine physische, naturgesetzliche Notwendigkeit ist. Obwohl es
moralisch notwendig ist, ein Versprechen zu halten, ist es „physisch"
möglich, es zu brechen. Gerade weil die Menschen frei sind, auch
das Unmoralische zu tun, bedarf es, wie Kant sich ausdrückt, der
„Nothwendigmachung einer freyen Handlung", es bedarf einer
„praktischen Neceßitation"[8]: Die freie Handlung wird durch die
Imperative der Moral zu einer notwendigen, zu einer „gemussten"
Handlung.

Untersucht man die Semantik von „müssen" und „sollen", zeigt
sich schnell, wie unterschiedlich die Bedeutungen von „muss"- und
„soll"-Sätzen sind.[9] Praktische „muss"-Sätze konstatieren eine Unausweichlichkeit einer Handlung, ein Nicht-anders-Können. Praktische „soll"-Sätze verweisen hingegen auf das Wollen eines anderen:
wo ein Sollen, da das Wollen eines anderen.[10] Wenn Anne die Tür
zumachen soll, bedeutet das, dass jemand von Anne will, dass sie
die Tür zumacht. Das Sollen ist nur die andere Seite des Wollens.
Das zeigt auch ein anderes Beispiel, das ebenfalls nichts mit der
Moral zu tun hat: Wenn ich beim Tennis einen knappen Ball gespielt
habe und der Gegenspieler ruft: „Der war noch gut", könnte ich
zurückrufen: „Das sollte er auch." Das bedeutet, dass jemand wollte,
te, dass er gut ist, und dieser jemand bin in diesem Fall ich. Ich
wollte, dass der Ball gut ist, und deshalb kann man über den Ball
sagen, dass er gut sein sollte. Das Sollen ist hier wiederum nur die
andere Seite des Wollens. – Wenn es in der Moral um ein Sollen

6 Ebd. 599.
7 Kant, *Grundlegung zur Metaphysik der Sitten*, IV, 389, 425.
8 Kant: *Moral Mrongovius* (Nachschrift), Akademie-Ausgabe, Bd. XXVII, 2,
   2, 1407.
9 Vgl. hierzu ausführlich Vf., *Handeln zugunsten anderer*, § 3.
10 Vgl. oben § 4, S. 46 f.

ginge und man zum Beispiel sagen würde, dass man ein gegebenes
Versprechen halten soll, würde man damit zu verstehen geben, dass
es jemanden gibt, der will, dass man das tut. Das ist jedoch nicht
das, was wir in der Moral sagen wollen. Wir wollen nicht sagen,
dass das Wollen eines anderen im Raum steht, sondern dass jemand
etwas tun muss oder etwas nicht tun darf. Oder dass er verpflichtet
ist, so zu handeln.

Man könnte meinen, dass zumindest im Kontext einer theonomen
Moralvorstellung die Rede vom Sollen angemessen sei und gut passe.
Man verweise in diesem Rahmen mit dem „sollen" auf das Wollen
Gottes, der von den Menschen will, dass sie sich so-und-so verhalten,
und die sich deshalb so verhalten sollen. Und wenn Gott direkt zu
den Menschen spricht und sagt: „Ihr sollt das und das tun und jenes
nicht tun", bedeute das so viel wie: „Ich will, dass ihr dieses tut und
jenes nicht tut." Das Sollen ist auch hier der Reflex des Wollens
eines anderen; und das entspreche auch genau dem, was gemeint
sei. – Doch in Wahrheit trifft das „sollen" auch in diesem Rahmen
nicht das Phänomen, um das es geht. Denn Gottes Wollen nötigt die
Menschen nicht, sich entsprechend zu verhalten. Wir haben das schon
gesehen. Gott muss, um sein Wollen für die Menschen verbindlich zu
machen, noch etwas Zusätzliches tun, er muss die gewollten und nicht-
gewollten Handlungen mit positiven und negativen Konsequenzen
verknüpfen. Erst so entsteht ein „Muss", das von Gott Gewollte zu
tun. Erst so entsteht eine Moral mit ihren Verpflichtungen und ein
normativer Druck, entsprechend zu handeln.

Wir stoßen hier erneut auf die elementare Einsicht, dass das
Wollen eines anderen grundsätzlich keine Normativität konstituiert.
Ein fremdes auf mich gerichtetes Wollen bedeutet, dass ich etwas tun
soll, aber nicht dass ich etwas tun muss. Das Sollen ist kein Müssen,
und zwischen dem Sollen und dem Müssen liegt der entscheidende
Schritt zur Normativität. Eine Situation des Sollens ist also gar keine
normative Situation.

Wenn es so ist und man sich deshalb, wenn es um die Aufhellung
der moralischen Normativität geht, nicht am Sollen orientieren kann,
– wie kommt es dann, dass die Moralphilosophie genau dies seit
längerem tut? Es hat zwar vereinzelt Stimmen gegeben, die – freilich
eher nebenbei – darauf hingewiesen haben, dass die Orientierung am

Sollen ein Fehlweg sei[11], aber das hat nichts geändert. Nach wie vor
ist man in der Moralphilosophie auf das Sollen fixiert. Warum? Es
gibt, soweit ich sehe, keine Untersuchung, die der Frage nachgeht,
wie das Sollen in die Moralphilosophie gekommen ist. Ich kann
deshalb nur einige Vermutungen äußern. Es ist wohl auch hier Kant,
der eine Schlüsselstellung einnimmt und die Sicht der Dinge für
lange Zeit geprägt hat. Bei Kant finden sich, wie erwähnt, alle auf
das Müssen zentrierten Formulierungen der Tradition. Aber daneben
redet er vom Sollen. Und in vielen Fällen gebraucht er in denselben
Kontexten einmal „müssen" und ein anderes Mal „sollen". So sagt
er nicht nur, Imperative „stellten" eine praktische Notwendigkeit,
sprich: ein Müssen „vor", sondern auch, Imperative würden „durch
ein *Sollen* ausgedrückt."[12] Man gewinnt so leicht den Eindruck,
dass er „sollen" und „müssen" unterschiedslos verwendet. Aber das
ist nicht der Fall. Er kann, wo er vom „sollen" spricht, auch vom
„müssen" sprechen (aber nicht umgekehrt), weil das Sollen für ihn
eine besondere Art des Müssens ist. „Nun drückt jedes Sollen", so
heißt es ausdrücklich, „eine Nothwendigkeit der Handlung aus …"[13]
Das Sollen ist ein Müssen, aber ein spezifisches Müssen. Die Frage
ist deshalb, welche Art des Müssens gemeint ist und von welchen
anderen Arten des Müssens sie abgegrenzt wird. Es sind, so scheint
es, zwei Überlegungen, die für Kant in diesem Kontext eine besondere
Rolle gespielt haben.

Die *erste*: Wenn man von der moralischen Notwendigkeit spricht,
muss man diese von der physischen, naturgesetzlichen Notwendigkeit
unterscheiden. Und der Unterschied, der als erstes ins Auge springt
und auf den immer wieder, auch von Kant, hingewiesen wurde, ist,
dass die Ereignisse in der Natur nicht anders geschehen können als

---

[11] Vgl. R. Wertheimer: *The Significance of Sense. Meaning, Modality, and
      Morality* (Ithaca 1972) 117; Mackie, *Ethics*, 64; dt. 79 f.; Hoche, *Elemente
      einer Anatomie der Verpflichtung*, 301; Tugendhat, *Vorlesungen über Ethik*,
      36
[12] Kant, *Grundlegung zur Metaphysik der Sitten*, IV, 413 f.
[13] I. Kant: *Untersuchung über die Deutlichkeit der Grundsätze der natürlichen
      Theologie und der Moral* (1764), Akademie-Ausgabe, Bd. II, 298; siehe auch
      Kritik der reinen Vernunft, B 575.

von den Naturgesetzen bestimmt, während Menschen gegen die
moralischen Gesetze, denen sie unterliegen, verstoßen und anders
handeln können. Das moralische Müssen ist, wie das normative Müssen insgesamt, kein determinierendes Müssen, ganz anders als das
naturgesetzliche Müssen. Um dieses nicht-determinierende normative
Müssen von der mit den Naturgesetzen gegebenen Notwendigkeit
terminologisch abzuheben, gebraucht Kant das Wort „sollen". So
dass bei Kant „Sollen" der Terminus ist, an dessen Stelle man heute
von „Normativität" spricht. Es gibt, so sagt Kant, „Gesetze, welche
Imperativen ... sind, und welche sagen, was geschehen soll, ob es
gleich vielleicht nie geschieht, und sich darin von Naturgesetzen,
die nur von dem handeln, was geschieht, unterscheiden ..."[14] Kant
hält indes daran fest, dass das Sollen eine Notwendigkeit ist, aber
eine Notwendigkeit, die in der Natur nicht vorkommt. Im Blick auf
„den Lauf der Natur" kann man, so sagt er, gar nicht fragen, was
geschehen soll. Die Frage hat hier keine Bedeutung.[15]

„Sollen" ist, so wie Kant das Wort gebraucht, offensichtlich ein
Kunstwort, dessen Bedeutung explizit durch die Theorie bestimmt ist
und nicht durch die gewöhnliche Verwendung in der Alltagssprache.
Kant hat keine semantischen Analysen angestellt und die Alltagssprache nicht befragt, und er denkt, wenn er vom Sollen spricht, gewiss
nicht an das Wollen eines anderen. Dies heißt freilich nicht, dass die
Wahl dieses Wortes nicht von Assoziationen bestimmt war, die aus
der Alltagssprache kamen. Kant meinte vermutlich, mit dem „sollen",
vor allem mit dem Gebrauch in der 2. Person, würden Imperative
zum Ausdruck gebracht. Und da die Menschen durch das normative
Müssen nicht determiniert werden, sondern anders handeln können,
müsse dieses Müssen etwas Imperatives, Aufforderndes haben, das die
Menschen dazu bringt, wie „gemusst" zu handeln. Mit dem „sollen"
soll also das imperative Element des normativen Müssens besonders
betont werden. Kant hatte sicher (wie die meisten bis heute) Luthers
Übersetzung des Dekalogs mit den wiederkehrenden „du sollst"-
Formulierungen im Ohr. Luther verwendet diese Formulierungen

---

14 Kant, *Kritik der reinen Vernunft*, B 830.
15 Ebd. B 575; vgl. auch *Moral Mrongovius* (Nachschrift), XXVII, 2, 2, 1399.

wie Imperative. Eine genauere sprachliche Analyse zeigt zwar, dass
„soll"-Sätze und Imperative signifikante semantische Unterschiede
aufweisen.[16] Aber das interessierte Kant nicht. In seinem Ohr und
wohl auch im Ohr seiner Leser ist „sollen", das ist für ihn das Entscheidende, mit der Assoziation des Imperativischen verbunden. Das
Sollen ist ein imperativisches Müssen, es ist, mit anderen Worten,
das normative Müssen, das als solches mit einem Handlungsdruck
verbunden ist.

Kants Überlegungen wurden schon bald terminologisch etwas
anders gefasst. Man stellte das „müssen" und das „sollen" jetzt neben-
und gegeneinander und reservierte das „müssen" für die naturgesetzliche Notwendigkeit, das „sollen" für die normative Notwendigkeit.
Wilhelm Traugott Krug, Kants Nachfolger in Königsberg, schrieb:
Die Notwendigkeit, „welche sich als ein Sollen in allen sittlichen
Vorschriften ankündigt, heißt daher selbst die sittliche (necessitas
moralis), zum Unterschiede von der natürlichen Nothwendigkeit,
… deren Ausdruck das Müssen ist."[17] Die Zwiespältigkeit und
Künstlichkeit dieser Ausdrucksweise liegt offen zutage. Krug spricht
einerseits von der moralischen Notwendigkeit, und in der Notwendigkeit steckt das Müssen, und andererseits hält er die Rede vom
„Müssen" fern, weist sie exklusiv der natürlichen Notwendigkeit zu
und spricht stattdessen in Bezug auf die moralische und die normative
Notwendigkeit insgesamt nur vom „Sollen". Diese Zwiespältigkeit
des Sprechens spiegelt die Zwiespältigkeit des normativen Müssens:
Einerseits muss man, andererseits kann man offensichtlich auch anders, muss also nicht. Immerhin hat man jetzt mit dem „Sollen" ein

[16] Vgl. hierzu Vf., *Handeln zugunsten anderer*, 43–48.
[17] Krug, W. T.: *Handbuch der Philosophie und der philosophischen Literatur*
(Leipzig ³1828, ND Düsseldorf 1969) Bd. 2, 276. – Bereits 1795 differenzierte
ein anderer Kantianer: J. Chr. G. Schaumann in seinen *Kritischen Abhandlungen
zur philosophischen Rechtslehre* (Halle 1795, ND Brüssel 1969) 41 f. in
derselben Weise: „Durch die praktische Vernunft wird also unserm Ich eine
bestimmte Handlungsweise … als praktische Nothwendigkeit vorgestellt. Diese
Nothwendigkeit indeß wird … nicht durch ein *Müssen*, sondern durch ein
Sollen gedacht. Das moralische Gesetz kündigt sich unsrem Selbstbewußtseyn
nicht an durch ein *Muß*, weil, demselben zu folgen für unser Ich kein *Muß*
ist: es kündigt sich daher an durch ein *Sollen*…"

Label, um diese unverstandene Art von Notwendigkeit auszugrenzen und zu benennen.

Mit der zum Topos gewordenen Entgegensetzung von Sollen und Müssen war der Weg geebnet für eine Entwicklung, die den Gedanken, dass das Sollen eine Art von Notwendigkeit sei, verlor und das Sollen ganz von der Notwendigkeit und dem Müssen ablöste. Vorwärts getrieben wurde diese Ablösung und Verselbständigung des Sollens durch die Intuition, dass die Rede von „notwendig" und „müssen" gar nicht passe, die Menschen könnten ja anders handeln, als es die Moral verlangt, also sei es kein Müssen, dem sie unterworfen sind. – Man kann angesichts dieser Entwicklung sagen, dass die moralische Normativität und die Normativität insgesamt, je mehr sie sich unter der Verständnis suggerierenden Bezeichnung des „Sollens" von der Vorstellung der Notwendigkeit und des Müssens entfernte, umso mehr ins Unverstandene und Unverständliche abdriftete. Und wer das Sollen dann zurückholen und einem Verständnis zuführen wollte, indem er sich ihm durch eine Analyse der Alltagssprache näherte, war vollends auf einen Holzweg geraten. Denn wer das „sollen" so versteht, wie wir es in der Alltagssprache gebrauchen, stößt, wie wir sahen, gar nicht auf das Phänomen des Normativen. Er stößt auf das Wollen eines anderen, ist dann aber möglicherweise versucht, dieses Wollen für etwas Normatives auszugeben.

Die *zweite* Überlegung Kants, die für seine Rede vom Sollen bedeutsam ist, ist enger an seine eigene Philosophie gebunden. Kant kontrastiert die Menschen, um ihre Eigenart und ihre Stellung in der Welt zu beschreiben, auf der einen Seite mit den Tieren und auf der anderen Seite mit reinen Vernunftwesen. Dabei muss man nicht annehmen, dass es solche reinen Vernunftwesen gibt; sie eignen sich auch als bloß gedachte Wesen gut als Kontrastfolie für die Menschen. Tiere sind keine Vernunftwesen, ihr Verhalten wird durch die Naturgesetze determiniert. Die reinen Vernunftwesen sind, wie ihr Name schon sagt, durch und durch Vernunftwesen, ihr Verhalten wird durch nichts anderes als durch die Vernunft bestimmt. Die Menschen sind hingegen Zwitterwesen in einer mittleren Position zwischen diesen Polen. Sie können ihr Verhalten durch die Vernunft bestimmen, tun es aber nicht notwendigerweise, sie können auch durch ihre Neigungen, Triebe und Begierden bestimmt werden. Für die reinen Vernunftwesen

sind die Gesetze der Vernunft ein „Muss", sie handeln notwendigerweise oder, wie es auch heißt, „unausbleiblich" so, wie es vernünftig
ist.[18] Sie können ihrer Natur nach nicht anders. Für die Menschen ist
das, was vernünftig ist, so Kant, hingegen nur ein „Soll"; sie *sollen*
nach den Gesetzen der Vernunft handeln. Ihnen ist das Vernünftige
ein Gebot, ein Imperativ.[19]

Es ist nicht leicht zu sagen, ein Müssen welcher Art gemeint ist,
wenn Kant sagt, die reinen Vernunftwesen handelten notwendigerweise vernünftig. Es heißt immer wieder, sie handelten so aufgrund
ihrer „Natur" oder aufgrund ihrer „Beschaffenheit".[20] Das lässt an
ein naturgesetzliches Müssen denken. So wie ein Stück Zucker
sich aufgrund seiner Natur notwendigerweise in Wasser auflöst,
so handeln diese Wesen aufgrund ihrer Natur notwendigerweise
vernünftig. Außerdem kann man, wenn man weiß, was die Gesetze
der Vernunft sind, also weiß, was vernünftig ist, das Verhalten der
puren Vernunftwesen sicher vorhersagen, genau wie man, wenn
man die Naturgesetze kennt, die Geschehnisse in der Natur sicher
vorhersagen kann. Aber tatsächlich bilden die reinen Vernunftwesen
gerade den Gegenpol zu den naturgesetzlich determinierten Tieren.
Ihr Handeln ist gerade nicht determiniert, sondern von ihrem Wollen
und der Vernunft bestimmt. Sie agieren in einem Raum der Freiheit,
der gerade dem Raum des Naturgesetzlichen entgegengesetzt ist.
Die Notwendigkeit, der sie unterliegen, zerstört diese Freiheit nicht,
weil sie nichts vom Wollen und von der Vernunft wegnimmt. – Ich
kann die Frage, ob Kant die besondere Art dieser Notwendigkeit zu
klären vermochte, unbeantwortet lassen. Klar ist immerhin, dass es
nicht die Notwendigkeit ist, vor der die Menschen stehen, wenn sie
vernünftigerweise etwas tun müssen. Die Menschen tun eben nicht
aufgrund ihrer Natur notwendigerweise das Vernünftige. Sie müssen
es tun, aber sie können anders. Das Müssen, dem sie unterliegen, ist
ein normatives Müssen. Oder, wie man auch sagen könnte: es ist das
Müssen, das durch das Paradox gekennzeichnet ist, dass man muss,

---

[18] Kant, *Grundlegung zur Metaphysik der Sitten*, IV, 412.
[19] Ebd. 413 f.
[20] Siehe z. B. ebd. 413, 414.

aber auch anders kann. Und es ist auch klar, dass Kant vom „Sollen"
spricht, um dieses normative Müssen, mit dem es die Menschen zu tun
haben, von dem Müssen abzugrenzen, dem die reinen Vernunftwesen
unterliegen und infolge dessen sie immer das Vernünftige tun. Die
Rede vom Sollen erfüllt damit eine doppelte Abgrenzungsfunktion.
Sie grenzt das normative Müssen einerseits von dem naturgesetzlichen
Müssen ab, dem die Tiere unterliegen, und andererseits von dem
andersartigen, aber auch keine Abweichung zulassenden Müssen,
dem die reinen Vernunftwesen unterliegen. Das normative Müssen
ist etwas Eigenes in der Mitte zwischen diesen Polen, und Kant gibt
ihm einen eigenen Namen, eben den des „Sollens".

Aus diesen Ausführungen ergibt sich, dass der, der Kant darin
folgt, die Normativität mit dem Kunstwort als „Sollen" zu bezeich-
nen, leicht in Gefahr gerät, zwei schwerwiegende Fehler zu machen:
Man kann, das ist der erste Fehler, (gegen Kant) dieses Sollen vom
Müssen separieren. Und glauben, ein Müssen finde sich nur da, wo
Naturgesetze Naturgeschehnisse determinieren – und vielleicht auch
da, wo die Vernunft das Verhalten von reinen Vernunftwesen „unausbleiblich" bestimmt. Diese Abgrenzung des Sollens vom Müssen ist
verhängnisvoll, weil sie den Zugang zum Phänomen der Normativität
versperrt und es praktisch unmöglich macht, zu erkennen, dass einer
der Bausteine der Normativität ein Müssen ist, nämlich ein Müssen
der notwendigen Bedingung. Und man kann, das ist der zweite Fehler,
nicht realisieren, dass „sollen" bei Kant ein Kunstwort ist, und es so
verstehen, wie es in der Alltagssprache gebraucht wird. Und glauben,
durch eine Analyse dieses Gebrauchs dem Phänomen der Normativität
auf die Spur zu kommen. Auch mit dieser Strategie verbaut man sich
den Zugang zur Normativität. Denn das „sollen", so verstanden wie
es in der Alltagssprache verwandt wird, verweist, wie gesagt, nur
auf ein fremdes Wollen. Eine Situation des Sollens, in diesem Sinne,
ist überhaupt keine normative Situation. – Es spricht, so zeigt sich,
alles dafür, die Orientierung am Sollen, wenn es um eine Analyse der
Normativität und auch speziell der moralischen Normativität geht,
aufzugeben. Diese Orientierung führt gleich in mehrere Sackgassen.
Wer einem normativen Druck ausgesetzt ist, *muss* etwas tun oder
unterlassen. In unserem alltäglichen Sprechen wissen wir das und formulieren entsprechend. Und auch die ältere philosophische Tradition

hat dies gewusst. Nur über die Analyse dieses Müssens kommt man, das haben die vorangegangenen Untersuchungen gezeigt, zu einer angemessenen Theorie der Normativität. Und nur so kommt man auch zu einer richtigen Theorie der moralischen Normativität.

2. Das moralische Müssen

Wie also ist das moralische Müssen zu verstehen? Was sind seine Existenzbedingungen? Das moralische Müssen ist eine Spezies des normativen Müssens. Und deshalb besteht es, so die Konzeption, die ich im folgenden entwickeln werde, aus genau den Bauelementen, aus denen das normative Müssen generell besteht: aus einem Müssen der notwendigen Bedingung und einem Wollen. Auch das moralische Müssen ist ein Müssen der notwendigen Bedingung, das durch einen hinzukommenden Wollensbezug die Eigenschaft des Normativen hat. Dass man etwas moralischerweise tun muss, heißt, dass man es tun muss dafür, etwas Gewolltes zu erreichen. Dabei ist das Wollen auch hier ein Wollen dessen, der muss. Diese Bestimmung des moralischen Müssens lässt noch ganz offen, was seine spezifische Differenz innerhalb des Genus des normativen Müssens ist. Es sind zwei eng zusammenhängende Fragen, die sich hier stellen. *Erstens*: Von welcher Art ist die Beziehung der notwendigen Bedingung? Ist sie einfach da, als Teil der Welt, als Teil der Situation, oder wird sie künstlich geschaffen? Und *zweitens*: Für welchen Gegenstand des Wollens ist das moralische Handeln eine notwendige Bedingung? Was ist es, wofür man moralisch handeln muss? Wenn diese Fragen beantwortet sind, ist das Wichtigste über das moralische Müssen gesagt.

Mit einer Konzeption dieser Art, selbst wenn sie nur so weit wie bisher fixiert ist, sind bereits zwei in der Geschichte der Moralphilosophie und auch heute noch einflussreiche Konzeptionen des moralischen Müssens ausgeschlossen. Zum einen eine objektivistische Konzeption, die annimmt, es gebe in der Natur, in der von uns unabhängigen Welt und deshalb uns vorgegeben ein moralisches Müssen. Es gebe Handlungen, die unabhängig von uns die normative Eigenschaft haben, getan oder unterlassen werden zu

müssen. Eine solche ontologisch objektive moralische Normativität
ist ein Phantasieprodukt, eine Fiktion. Wir haben, das muss man klar
sehen, keinerlei Vorstellung von ontologisch objektiven normativen
Phänomenen.

Zum anderen wird die Konzeption Kants und seiner Nachfolger
ausgeschlossen. Sie nimmt an, das moralische Müssen sei nicht wie
das normative Müssen sonst auf ein Wollen bezogen, sondern gerade
wollensunabhängig, sprich: kategorisch. Damit verbindet sich, dass
Kant das moralische Müssen nicht als Müssen der notwendigen
Bedingung versteht. Die moralische Handlung ist, wie er sagt, „für
sich selbst" notwendig, nicht in Bezug auf irgendetwas anderes.[21]
Kant greift mit dieser Konzeption ohne Zweifel tief verwurzelte
Annahmen über die Moral auf. Man muss, so die Intuition, nicht
moralisch handeln, um eigene Ziele zu erreichen, man muss es ganz
im Gegenteil unabhängig davon, ob es den eigenen Interessen, dem
eigenen Wollen und dem eigenen Glücksstreben dient. Man muss ein
Versprechen halten, ganz unabhängig vom eigenen Interesse, nöti-
genfalls auch gegen das eigene Interesse. Es ist, wie man einräumen
muss, eine irritierende Vorstellung, dass der Adressat des moralischen
Müssens selbst etwas zu dessen Existenz beitragen soll und dies
ausgerechnet ein Wollen ist. Die Moral ist doch gerade etwas, so
die Intuition, was unter Umständen gegen die eigenen Interessen
steht und sogar erhebliche Opfer verlangt. Doch auch hier muss man
sich – trotz der genannten Intuitionen – eingestehen, dass es dieses
kategorische normative Müssen, von dem Kant spricht, nicht gibt.
Wir haben auch hier keinerlei Vorstellung davon, was ein absolutes,
nicht relatives, nicht auf ein Wollen bezogenes normatives Müssen
sein könnte. Und was es heißen könnte, dass man etwas in dieser
absoluten Weise tun muss. Auch dieses Müssen ist eine Erfindung.[22]
Wenn es so ist, hat es keinen Sinn, doch darauf zu beharren, weil
man glaubt, bestimmte Intuitionen theoretisch anders nicht einholen
zu können. Es geht nicht um die Rechtfertigung mitgebrachter, aus
welchen Quellen auch immer gespeister Intuitionen, es geht um die

---

[21] Vgl. Kant, *Grundlegung zur Metaphysik der Sitten*, IV, 414, 415.
[22] Vgl. hierzu auch Vf., *Handeln zugunsten anderer*, 63–66.

Frage, ob es ein solches Müssen in der Welt gibt oder nicht. Und die Antwort ist hier: nein. Wenn man dies realisiert, bleibt für die eigene Theorie natürlich die Frage, ob und in welcher Weise sie die Vorstellung der Kategorizität des Moralischen aufzugreifen vermag. Dazu später.

Zunächst ist zu klären, von welcher Art im Falle des moralischen Müssens die Beziehung der notwendigen Bedingung ist. Ist diese Beziehung gegeben als Teil der Welt oder als Teil der Situation? So, wie es ist, wenn ich eine Gymnastik machen muss dafür, wieder gesund zu werden. Und wie es ist, wenn ich den 10-Uhr-Zug nehmen muss dafür, am Abend in Zürich zu sein. Oder ist die Notwendigkeitsbeziehung künstlich gemacht, durch Sanktionen, um das Verhalten bestimmter Personen durch normativen Druck zu steuern? – Die erste Auffassung ist in der Geschichte des Denkens in verschiedenen Varianten vertreten worden. Sehr deutlich vertritt die antike eudaimonistische Ethik eine solche Position. Moralisch zu handeln, so soll hier gezeigt werden, ist eine oder sogar die eine notwendige Bedingung des Glücklichseins. Das ist so, die Welt ist gewissermaßen so eingerichtet. Man muss nichts tun, damit es so ist. Es ist eine von uns unabhängige Tatsache, die wir nur erkennen müssen, um uns dementsprechend verhalten zu können. Da nicht nur diese Notwendigkeitsbeziehung besteht, sondern es auch so ist, dass die Menschen glücklich sein wollen, hat das Müssen die Eigenschaft des Normativen. Das moralische Müssen besteht nach dieser Konzeption offenkundig aus den beiden Bausteinen des normativen Müssens: aus einem Müssen der notwendigen Bedingung und einem Wollen dessen, der muss.

Nun ist das Glücklichsein-Wollen nicht irgendein mögliches Wollen, das man haben kann, aber auch nicht haben kann, sondern ein Wollen, das jeder Mensch notwendigerweise hat. Jeder Mensch will glücklich sein. Deshalb kann sich niemand dem – so verstandenen – moralischen Müssen entziehen, indem er dieses Wollen aufgibt und dem Müssen damit die Eigenschaft des Normativen nimmt. Es ist zwar so, dass der Adressat etwas zur Existenz des moralischen Müssens beiträgt: sein Glücklichsein-Wollen, aber das schwächt, anders als häufig angenommen wird, das moralische Müssen nicht. Denn der Adressat kann gar nicht anders, er kann sich gar nicht dafür entscheiden, das für die Existenz des Müssens konstitutive Wollen nicht beizusteuern. Denn er kann sich nicht dafür entscheiden, nicht glücklich sein zu wollen. Dies ist auch der Grund dafür, dass man, wenn es darum geht, ob jemand etwas moralischerweise tun muss, nicht zu fragen braucht, ob er dieses oder jenes will, dieses oder jenes Interesse hat. Man kann vielmehr in jedem Fall annehmen, dass das Wollen, von dem die Existenz des moralischen Müssens abhängt, gegeben ist. Es zeigt sich hier, dass die eudaimonistische Konzeption, die das moralische Müssen, in der Kantischen Sprache gesprochen, eindeutig als hypothetisch versteht, dennoch moralische Intuitionen einzuholen vermag, von denen man häufig annimmt, sie seien an die Idee eines kategorischen Müssens gebunden. Das moralische Müssen wird immer wieder durch seine Unausweichlichkeit („inescapability") ausgezeichnet und vom hypothetischen Müssen abgegrenzt.[23] Tatsächlich kann auch ein hypothetisches Müssen unausweichlich und in diesem Sinne kategorisch sein.

Eine andere Variante der Auffassung, die Notwendigkeitsbeziehung sei gegeben, nicht künstlich arrangiert, bieten *rational-choice*-Theorien der Moral, so etwa die kontraktualistische Theorie, wie sie David Gauthier vertritt.[24] Nach dieser Theorie muss jeder, der von den Vorteilen sozialer Kooperation profitieren will, sich moralisch verhalten und sich zu gewohnheitsmäßigem moralischem Handeln disponieren. Man muss dies allerdings nur tun, wenn die anderen dasselbe tun. Durch diese *conditio* unterscheidet sich Gauthiers Theorie deutlich von der eudaimonistischen Konzeption, nach der man sich unabhängig davon, was die anderen tun, moralisch verhalten muss. Man schaut nur auf sich, auf sein Glücksstreben und die Verhaltensweisen, die zur Erlangung dieses Ziels notwendig sind. Dieser Unterschied macht die Theorie Gauthiers komplexer, aber in ihrer grundlegenden Struktur unterscheidet sie sich nicht von der eudaimonistischen Konzeption. Das Müssen ist erneut ein Müssen

---

[23] Vgl. hierzu Ph. Foot: Morality as a System of Hypothetical Imperatives (1972), in: Ph. F.: *Virtues and Vices* (Oxford 1978) 157–173, 160, 162 f.; dt. in: Ph. F.: *Die Wirklichkeit des Guten* (Frankfurt 1997) 89–107, 92 f., 95 ff.

[24] D. Gauthier: *Morals by Agreement* (Oxford 1986). – Zu nennen ist außerdem vor allem Sugden, *The Economics of Rights, Co-operation and Welfare*.

der notwendigen Bedingung, zu dem ein Wollen, jetzt das Interesse an Kooperationserträgen, hinzukommt. Und die Notwendigkeitsbeziehung zwischen dem moralischen Handeln und dem Erreichen des Gewollten ist nicht gemacht, sie ergibt sich vielmehr aus der, wie Gauthier sagt, „structure of interaction".[25] Wer erfasst, wie die Strukturgesetze der Interaktion beschaffen sind, wird erkennen, dass es dafür, die möglichen Kooperationsgewinne zu erlangen, notwendig ist, sich moralisch zu verhalten, vorausgesetzt, dass die anderen sich auch so verhalten. Es ist einfach so, man muss es nur erkennen. Auch hier muss man sich also, wie in den eudaimonistischen Theorien, nur bestimmte gegebene Tatsachen deutlich vor Augen führen, um zu sehen, dass moralisches Verhalten letzten Endes den eigenen Interessen dient und man deshalb einen Grund hat, sich in dieser Weise zu verhalten.

Es ist nicht die Aufgabe dieser Untersuchung, zu prüfen, ob die eudaimonistische Konzeption in einer ihrer Ausformungen oder die kontraktualistische Theorie Gauthiers oder eine andere *rational-choice*-Theorie der Moral ihr Ziel erreichen und in ihren Konklusionen überzeugen. Es kommt hier zunächst darauf an, sich die Struktur dieser Theorien vor Augen zu bringen und zu sehen, dass das moralische Müssen in ihnen, ohne dass das thematisiert oder ausgesprochen wird, die zwei Konstituenten hat, die das normative Müssen generell hat: ein Müssen der notwendigen Bedingung und ein Wollen. Und dass die Notwendigkeitsbeziehung nicht gemacht, sondern gegeben ist. Ich möchte nur zwei kritische Überlegungen anfügen.

(i) Nach den Theorien dieses Typs ist das moralische Handeln einfach ein Segment des rationalen Handelns. Man hat Ziele, und dann ist es vernünftig, das zur Erlangung dieser Ziele Notwendige zu tun. Und einige der Handlungen, die durch diesen direkten Bezug auf die Interessen vernünftig sind, sind die moralischen Handlungen, mit denen man Rücksicht auf andere nimmt. Man muss demnach moralisch handeln, wie man die Gymnastik machen muss, um wieder fit zu werden. Gauthier hat in aller Deutlichkeit gesagt: „To choose

---

[25] Ebd. 2.

rationally, one must choose morally." Und: „We shall develop a
theory of morals as part of the theory of rational choice."[26] Man soll,
belehrt durch die Theorie, mehr oder weniger verwundert erkennen,
dass, wenn man rational handelt, ein Teil dessen, was man tut, das
moralische Handeln ist.

Es ist nun wichtig, sich daran zu erinnern, dass in einer Situation,
in der ich eine Gymnastik machen muss, um wieder fit zu werden,
eine Reihe von Begriffen keine Anwendung finden. So existiert in
dieser Situation keine Norm, die mir vorschreibt oder gebietet, die
Gymnastik zu machen. Und wo keine Norm, da auch keine Pflichten
und Rechte. Auch für die Begriffe der Pflicht und des Rechts ist
folglich in dieser Situation kein Platz. Und tatsächlich ist sehr klar,
dass ich nicht verpflichtet bin, die Gymnastik zu machen. Und dass
niemand ein Recht darauf hat, dass ich sie mache.

Was für das Gymnastik-Beispiel und sein Müssen gilt, gilt genauso
für das strukturell gleiche moralische Müssen in den diskutierten
Moraltheorien. Diese Theorien haben keinen Platz für den Begriff
der moralischen Norm, den Begriff der moralischen Pflicht und den
des moralischen Rechts und auch nicht für den der moralischen Forderung. Wenn ich mich moralisch verhalten muss dafür, glücklich zu
sein, muss ich das aufgrund des direkten Bezugs auf etwas Gewolltes.
Ich muss es nicht, weil eine Norm es von mir verlangt. Eine Norm ist
hier so wenig vorhanden wie im Gymnastik-Fall. Und deshalb gibt es
auch keine Pflichten und keine Rechte. Wenn ich mich unmoralisch
verhalte, handele ich gegen mein eigenes Interesse, ich verhalte mich
unklug und verhindere oder beschädige mein eigenes Glücklichsein;
aber ich verstoße nicht gegen eine Norm und folglich auch nicht gegen eine Pflicht, und ich verletze auch nicht das Recht eines anderen.
Die eudaimonistische Moralkonzeption kennt kein verpflichtendes
Müssen. Und dasselbe gilt für die verschiedenen Varianten einer
rational-choice-Theorie der Moral. Niemand hat hier Ansprüche
und Rechte. Selbst das Opfer einer unmoralischen Handlung kann
sich nicht auf ein eigenes moralisches Recht berufen, und es kann

---

[26] Ebd. 4, 2 f.

nicht ein anderes Verhalten fordern. Es kann sich über das, was passiert ist, auch nicht empören. Denn in der Empörung liegt, dass der andere gegen eine Pflicht verstoßen hat, dass er etwas unterlassen hat, was zu tun von ihm gefordert ist. Für moralische Forderungen, für das berechtigte an den anderen Herantreten, für ein Recht auf ein bestimmtes Verhalten des anderen ist in Moralkonzeptionen der beschriebenen Art kein Platz. All dies gibt es nicht.

Man sieht hier deutlich, dass die fraglichen Moraltheorien für unser Verständnis einer Moral zentrale Phänomene nicht kennen und nicht einzuholen vermögen. Und es zeigt sich, wie revisionär diese Theorien, gemessen am gewöhnlichen Verständnis der Moral, sind. Wer die Moral als ein Gebilde sozialer Normen, als ein Geflecht von Pflichten und Rechten versteht, würde deshalb meinen, dass die eudaimonistischen Theorien wie auch die *rational-choice*-Theorien eine Moral eigentlich gar nicht kennen und dass es ihrer, wenn alles so ist, wie diese Theorien sagen, auch gar nicht bedarf. Wenn alle auch ohne die Institution einer Moral einen Grund haben, sich zugunsten anderer zu verhalten, warum soll es dann noch dieser Institution bedürfen? Es ist kein historischer Zufall, dass die antike eudaimonistische Ethik, wie wir sie etwa bei Platon und Aristoteles finden, den Begriff der Pflicht und des Rechts nicht kennt. Es ist vielmehr eine logische Konsequenz aus ihrem Verständnis des moralischen Müssens. Ebenso wenig ist es ein Zufall, dass in Gauthiers Theorie die Begriffe der Norm und der Pflicht keine Rolle spielen. Diese Begriffe werden nicht gebraucht. Es bedarf ihrer Einführung nicht; ja sie dürfen gar keine Rolle spielen, weil es in dieser Theorie keinen Ort für sie gibt.[27] – Soweit die erste Überlegung zu den Moraltheorien dieser Art.

(ii) Die zweite Überlegung. Es ist eine einfache Wahrheit, dass jeder, der mit anderen zusammenlebt, ein starkes Interesse daran hat, nicht unmoralisch behandelt zu werden. Niemand möchte belogen und betrogen, niemand will verletzt, gedemütigt, benachteiligt werden.

---

[27] Wo Gauthier dennoch von Pflichten und Rechten spricht, ist das nur eine Übernahme eines traditionellen Sprachgebrauchs. Es ändert nichts daran, dass seine Theorie keinen Platz für diese Begriffe hat und ihrer nicht bedarf.

Und niemand will, dass ihm in einer Notsituation nicht geholfen wird. Jeder möchte so sicher wie möglich sein, dass all dies nicht passiert. Und deshalb hat jeder ein starkes Interesse daran, dass möglichst alle möglichst starke und möglichst offensichtliche Gründe dafür haben, sich moralisch zu verhalten. Je stärker und offensichtlicher die Gründe für die anderen sind, umso sicherer kann man sein, dass sie sich tatsächlich moralisch verhalten.

Nun ist es gewiss so, dass einige eine Vorstellung vom glücklichen Leben haben, nach der, sich moralisch zu verhalten, wesentlich zu einem solchen Leben gehört. Man kann sich nicht vorstellen, sich unmoralisch zu verhalten und doch glücklich zu sein. Aber die Menschen haben sehr unterschiedliche Vorstellungen vom Glück. Es gibt, anders als die Alten annahmen, nicht das eine Glück für alle Menschen. Und deshalb ist es unwahrscheinlich, dass alle Moral und Glück auf einer Linie sehen. Das Glücksstreben ist folglich kein verlässlicher Generator von Gründen für die Moral. Es ist keineswegs sicher, vielmehr eher unwahrscheinlich, dass das Glücksstreben alle oder fast alle dazu bewegt, durchgängig moralisch zu handeln.

Und es ist gewiss auch so, dass sich aus der Rationalität des *tit for tat* eine Praxis der gegenseitigen Rücksichtnahme und der gegenseitigen Hilfeleistung ergibt. Es ist einfach vernünftig, etwas Geliehenes zurückzugeben, wenn man mit dem, von dem man es geliehen hat, in Zukunft noch kooperieren will, auf die Kooperation vielleicht sogar angewiesen ist. Es ist einfach vernünftig, im Zusammenleben mit anderen darin übereinzukommen, bestimmte Dinge zu tun und zu unterlassen. Aber es gibt viele Situationen, in denen, die Interessen der anderen zu berücksichtigen, nicht den eigenen Interessen entspricht. Und es gibt viele Situationen, in denen nicht so klar ist, ob es so ist. Das hängt wesentlich von dem Verhalten der anderen ab. Und es ist nicht immer leicht, ihr Verhalten einzuschätzen und für die Zukunft zu prognostizieren. Das heißt, in vielen Situationen ist kaum zu entscheiden, ob es im kurz- oder langfristigen eigenen Interesse ist, zugunsten der anderen zu handeln und die eigenen Interessen zurückzustellen. Und es gibt viele Situationen, in denen man zwar einen Grund hat, sich kooperativ zu verhalten, in denen dieser Grund aber nicht so stark ist. So dass er möglicherweise: bei stärkeren Gegengründen oder anderen gegenläufigen Impulsen nicht handlungsleitend wird. All dies zeigt, dass auch das Streben nach Kooperation und die „structure of interaction" kein ausreichender Generator von Gründen für die Moral sind. Ein prudentielles System der Kooperation, der Rücksichtnahme und der Hilfeleistung, wie es Gauthier und andere präsentieren, mag überraschend weit reichen. Aber es reicht nicht weit genug, und deshalb wird jede Gesellschaft versuchen, es zu ergänzen und zu verstärken.

Und es ist, das ist hier einzufügen, gewiss auch so, dass viele Menschen aus Mitleid, aus einem Gefühl der Verbundenheit mit allen Menschen, aus Sympathie und Zuneigung das Moralische tun. Natürlich helfen viele anderen in Not, weil sie Mitleid haben, weil sie sich in ihre Lage hineinversetzen, weil sie sich mit ihnen verbunden fühlen. Und natürlich berücksichtigt man die Interessen anderer, weil man ihnen gegenüber Sympathie und Zuneigung empfindet. Auch diese Moventien zum moralischen Handeln mögen erstaunlich weit reichen. Doch auch sie reichen nicht weit genug. Die Menschen unterscheiden sich stark darin, wie sehr sie Mitleid empfinden. Die einen haben das Gefühl kultiviert und eine entsprechende Handlungsdisposition ausgebildet, andere haben es sich, bewusst oder unbewusst, weitgehend abtrainiert. Des einen Mitleid ist im großen und ganzen auf den Kreis der Familie, Freunde und Bekannten beschränkt, bei anderen reicht es weiter. Es ist, ohne dass ich das weiter ausführe, deutlich, dass die genannten Gefühle und Einstellungen partikular sind und dass sie deshalb keine Motivatoren sind, die hinreichend sicherstellen können, dass die Handlungen, die partout nicht getan werden sollen, tatsächlich nicht getan werden und die, die partout getan werden sollen, tatsächlich getan werden.

Und es ist, auch das ist einzufügen, gewiss auch so, dass einige Menschen altruistische Ideale haben, die sie dazu bewegen, die Interessen der anderen zu berücksichtigen und sich gut zu ihnen zu verhalten. Wer das Ideal hat, möglichst in allen Situationen das zu tun, was den meisten nützt oder das Glück der meisten befördert, wird auf die Interessen der anderen achten und versuchen, das zu tun, was ihnen entspricht. Aber es ist auch hier offensichtlich, dass nur wenige dieses oder ähnliche altruistische Ideale haben. Nicht alle, auf deren Rücksichtnahme und Kooperation man angewiesen ist, haben ein solches Ideal. Und deshalb reichen diese Ideale nicht aus, um das hervorzubringen, was jeder will: eine Welt, in der möglichst alle einen möglichst starken und möglichst offensichtlichen Grund haben, sich durchgängig moralisch zu verhalten.

Wir sehen, es gibt eine ganze Reihe von Elementen, die dazu bewegen, sich anderen gegenüber gut zu verhalten: die Rationalität des *tit for tat*, bestimmte Glücksvorstellungen, das Gefühl des Mitleids und andere Gefühle, altruistische Ideale. Diese Elemente ergänzen und verstärken sich und bilden zusammen einen wirkungsvollen Unterbau des moralischen Handelns. Und dennoch verlassen wir uns nicht allein auf diese Antriebskräfte. Sie reichen nicht weit genug, sie sind zum Teil nur partikular, sie werden bisweilen mangels Einsicht nicht aktiviert oder erweisen sich als nicht stark genug. Jeder ist deshalb an einer zusätzlichen Sicherheit interessiert, an einem zusätzlichen Element, das nicht partikular ist, vielmehr für alle wichtig ist, das also gerade nicht besondere Ansprüche an Altruismus und Selbstlosigkeit stellt, vielmehr an etwas anknüpft, das man bei allen voraussetzen kann. Und das zudem möglichst offensichtlich ist und so stark, dass die Wahrscheinlichkeit, dass es handlungsleitend wird, hoch ist. Jeder ist an zusätzlichen Gründen interessiert, und jede Gemeinschaft, in der Menschen zusammenleben, wird deshalb versuchen, solche Gründe für das Moralisch-Handeln künstlich zu schaffen.

Wie eine Gemeinschaft dies tut, lässt sich nach den vorangegangenen Untersuchungen unschwer sagen. Sie muss das Tun der übereinstimmend nicht gewollten Handlungen und das Unterlassen der übereinstimmend gewollten Handlungen mit negativen Konsequenzen verknüpfen. Sie muss feste Sanktionsmechanismen etablieren und damit ein sanktionskonstituiertes Müssen schaffen. Jeder muss dann das Moralische tun dafür, den ansonsten unausweichlichen Sanktionen zu entgehen. Die Sanktionen müssen so gewählt sein, dass sie für möglichst alle negativ sind, also möglichst alle sie vermeiden wollen und der Wille, sie zu vermeiden, bei allen so stark ist, dass ein erheblicher Handlungsdruck entsteht. Mit einem solchen sanktionskonstituierten Müssen entsteht für alle ein zusätzlicher, künstlich geschaffener Grund, sich moralisch zu verhalten. Die Sanktionen sind im Falle der Moral, anders als im Recht, informelle Sanktionen. Die Gemeinschaft und ihre Mitglieder sanktionieren selbst, ohne einen eigens für diesen Zweck eingerichteten Stab. Sie reagieren auf unmoralisches Verhalten mit sozialer Zurückweisung, sozialer Distanzierung und Ausgrenzung.

Erst mit diesem künstlich geschaffenen Müssen und den mit ihm entstehenden Normen entsteht, so meine ich, eine Moral. Erst mit diesem arrangierten zusätzlichen Müssen entsteht die Institution der Moral. Eine Moral ist nicht einfach mit bestimmten Interessen gegeben, sie ist eine Einrichtung, die dazu dient, künstliche Gründe dafür zu schaffen, sich moralisch zu verhalten. Und das spezifisch moralische Müssen ist das künstlich geschaffene, mit der Etablierung einer festen Sanktionspraxis entstehende Müssen. Dieses Müssen ist offenkundig ein Müssen der notwendigen Bedingung, das zudem normativ ist. Man muss moralisch handeln dafür, nicht sanktioniert zu werden. Die Notwendigkeitsbeziehung ist aber nicht gegeben, sondern gemacht. Sie ist gemacht mit der Intention, das Verhalten der Menschen durch normativen Druck zu steuern.

Mit dieser Konzeption des moralischen Müssens stoßen wir auf den zweiten der beiden oben unterschiedenen Theorietypen: Die Notwendigkeitsbeziehung ergibt sich anders als in der eudaimonistischen Ethik und anders als in den *rational-choice*-Theorien der Moral nicht aus der Situation, sie ist vielmehr eigens eingerichtet. Wir haben eine solche Konzeption des moralischen Müssens schon in ihrer theonomen Variante kennengelernt. Da war es Gott, der durch die Etablierung von Sanktionen moralische Normen schafft und damit das von ihm gewollte menschliche Verhalten zu einem „gemussten" Verhalten macht. Wenn man diese Konzeption von ihren religiösen Prämissen löst, ist es nicht Gott, der die Normen schafft, sondern eine Gemeinschaft von Menschen. Sie erhebt sich selbst zu der Machtinstanz, die (informelle) Normen setzt und Normenverstöße sanktioniert. Die Art des Müssens ist in beiden Varianten dieselbe. Es ist in beiden Fällen ein künstlich geschaffenes Müssen, das dazu nötigt, sich moralisch zu verhalten.

3. Die moralischen Sanktionen

Wenn das moralische Müssen von der jetzt beschriebenen Art ist, ist die Frage, wofür man moralisch handeln muss, bereits beantwortet: dafür, den moralischen Sanktionen zu entgehen. Aber warum ist einem das so wichtig? Was sind diese moralischen Sanktionen? Sie sollen etwas sein, was möglichst alle vermeiden wollen. Die Moral muss, soll sie ein effektives Instrument sein, an etwas andocken, was alle Menschen oder möglichst alle sehr stark wollen, unabhängig von individuellen, nicht allgemein geteilten Gesinnungen, Gefühlen, Selbstbildern, unabhängig von individuellen, nur partikularen Glücksvorstellungen und Idealen. Das Recht knüpft, wenn es mit Freiheitsstrafen und in verschiedenen Ländern auch mit der Todesstrafe droht, an sehr basale Interessen der Menschen an. Niemand will getötet werden. Und niemand will eingesperrt werden und einen großen Teil seiner Freiheit verlieren. Die Moral tötet nicht, sie sperrt nicht ein, und sie verhängt auch keine Geldstrafen. Welches elementare Wollen ist es, das sich die Moral zunutze macht?

Einer der elementarsten Wünsche der Menschen ist der Wunsch nach Akzeptanz und Anerkennung durch die anderen. Man will mit dem, was man tut, und dem, wie man ist, nicht auf die Zurückweisung durch die anderen stoßen. Man will dazugehören, und es liegt einem daran, was die anderen über einen denken und wie sie zu einem stehen. Deshalb schaut man auf das, was man tut, immer auch mit den Augen der anderen. Die Menschen können, unabhängig von jedem speziellen Selbstverständnis, gar nicht anders, als das, was sie tun und tun wollen, auch aus der Perspektive der anderen betrachten. Dieses Bedürfnis nach Anerkennung wird häufig verleugnet. Es scheint sich nicht mit dem Ideal der Autonomie zu vertragen, und dies ist gewiss ein Grund, warum es uns schwer fällt, diese Tatsache zu akzeptieren und ihr gerecht zu werden.[28] Dennoch ist der Wille, dazuzugehören,

---

[28] Vgl. jedoch die neueren Arbeiten von A. Honneth: *Kampf um Anerkennung* (Frankfurt 1992); R. H. McAdams: The Origin, Development, and Regulations of Norms. *Michigan Law Review* 96 (1997/98) 338–433; G. Brennan/Ph. Pettit: *The Economy of Esteem* (Oxford 2004) und P. Ricœur: *Parcours de la reconnaissance* (Paris 2004); dt.: *Wege der Anerkennung* (Frankfurt 2006).

eine der stärksten Triebkräfte der Menschen. Und die Moral macht sich genau dieses Wollen zunutze. Sie knüpft mit ihren Sanktionen genau an dieses tiefe Bedürfnis an. Wer sich unmoralisch verhält, dem droht eine Zurückweisung durch die anderen, ihm droht ein Verlust an Akzeptanz und Zugehörigkeit. Dieser soziale Wertverlust trifft einen nicht, weil man in einer bestimmten Rolle oder in einer bestimmten Tätigkeit schlecht gewesen ist. Es geht nicht darum, dass man als Koch oder beim Skifahren oder bei einer handwerklichen Tätigkeit etwas falsch gemacht hat. Man versagt, wenn man unmoralisch handelt, vielmehr als jemand, der mit anderen zusammenlebt und auf dessen Rücksicht und Hilfe die anderen angewiesen sind. Das Versagen auf dieser elementaren Ebene ist der Grund für die Zurückweisung und den Verlust an Akzeptanz.

Das Spektrum der Verhaltensweisen, mit denen man den, der sich unmoralisch verhält, zurückweist, ist groß und äußerst differenziert. Man reagiert affektiv mit Zorn und Empörung: man regt sich auf; man zeigt seinen Unwillen, seine Bestürzung über das, was passiert ist; man tadelt den Übeltäter, stellt ihn zur Rede, weist ihn zurecht; man wird ihm gegenüber argwöhnisch und misstrauisch; man geht auf Distanz, meidet Kontakte, will mit ihm nichts mehr zu tun haben und zeigt ihm das. Und selbst wenn man gar nichts tut, nur schlecht über den anderen denkt und ihn in seinem inneren, mehr oder weniger unbewussten Ranking herabstuft, ist das häufig schon etwas, was er nicht will und zu verhindern sucht. Die Formen der Zurückweisung können grob, laut und direkt, sie können auch subtil, leise und indirekt sein. Wichtig ist, dass nicht nur das Opfer des unmoralischen Handelns, sondern auch die anderen Mitglieder der Gemeinschaft, die Zeugen des Geschehens sind oder von ihm erfahren, zurückweisend reagieren und sich an der Sanktionierung beteiligen. Das Opfer steht also nicht allein, auch die anderen haben ein Interesse an der Sanktionierung. So hat der Übeltäter nicht nur das Opfer gegen sich, er steht vor einer Wand der sozialen Ablehnung und Ausgrenzung.

Man kann hier wiederum einwenden, dass nicht alle genannten negativen Reaktionen Sanktionen seien. Zu einer Sanktion gehöre die Absicht der Handlungssteuerung. Die affektiven Reaktionen seien aber etwas Spontanes, nichts absichtsvoll Gesteuertes. Ich bin darauf

308 Das moralische Müssen

schon eingegangen.[29] Deshalb sei nur daran erinnert, dass es nicht möglich ist, durch das Kontinuum der verschiedenen Reaktionsweisen eine Linie zu ziehen, die spontane und bewusst sanktionierende Reaktionen sauber voneinander trennt. Die Übergänge sind fließend, und das sanktionierende Element reicht weiter als vielleicht vermutet. Auch in die spontanen Reaktionen des Zorns und der Empörung können sanktionierende Elemente einfließen. Und selbst da, wo der Zorn tatsächlich nur eine spontane Reaktion ist, wirkt er, wie schon erwähnt, als entspringe er einer Überlegung und als sei seine Funktion, das Verhalten anderer zu beeinflussen. Er wirkt in seiner scheinbaren Zweckhaftigkeit wie eine Sanktion. Der evolutionäre Prozess der natürlichen Selektion imitiert auch hier das planvolle Handeln eines überlegenden und kalkulierenden Geistes und stattet die Gefühle mit einer Als-ob-Sanktionsabsicht aus. Man kann sich auch leicht vorstellen, dass die ursprünglich bewusste Sanktionierung sich im Laufe der Zeit zu einem starren affektiven Reaktionsmechanismus verfestigt hat, der gar nicht mehr auf die Absicht des Sanktionierens angewiesen ist. Die Sanktionsabsicht ist dann gewissermaßen von dem Reagierenden auf die Reaktion selbst übergegangen.

Um ein adäquates Bild von den moralischen Sanktionen zu gewinnen, muss man erneut berücksichtigen, dass die äußeren Sanktionen, die die anderen zufügen, durch einen Prozess der Internalisierung nach innen wandern und sich in innere Sanktionen verwandeln. Als Ergebnis dieses Prozesses reagiert man auf ein eigenes moralisch anstößiges Verhalten mit einem Gefühl des Unbehagens, mit einem Unwillen gegen sich selbst. In krassen Fällen rebelliert etwas in einem gegen das, was man tut oder zu tun beabsichtigt, in weniger gravierenden Fällen fühlt man sich unwohl und spürt einen inneren Zwiespalt. Die innere Ablehnung dessen, was man tut, ist eine spontane Gegenreaktion; da sie aber ein Reflex der äußeren Sanktionen ist, ist es richtig, hier von Sanktionen zu sprechen.

Wie es zu der Herausbildung innerer Sanktionen kommt, lässt sich ohne Mühe nachvollziehen. Wenn man eine Handlung erwägt, bei der man vorhersehen kann, dass die anderen sie ablehnen und

---

[29] Vgl. § 7, S. 153 f.

auf sie aggressiv reagieren werden, löst das ein ungutes Gefühl aus. Die Handlung ist belastet, mit ihr würde man einen Graben zwischen sich und den anderen aufreißen, und das will man nicht. Die Handlung ist schon, bevor sie getan wird und die antizipierten Gegen-Reaktionen tatsächlich realisiert werden, mit einem Unbehagen und einem inneren Widerstand behaftet. Und es ist anzunehmen, dass sich dieses Unbehagen auch in Zukunft bei Handlungen dieses Typs einstellen wird, schließlich auch dann, wenn man das Verhalten der anderen gar nicht ins Auge fasst und einem Herkunft und Anlass des Unbehagens gar nicht bewusst sind. Das ungute Gefühl, der innere Widerstand verselbständigt sich auf diese Weise, er löst sich gleichsam von seinem Ursprung. Und das Wollen, das jetzt relevant wird und das moralische Müssen mitkonstituiert, ist nicht mehr das Verlangen nach Akzeptanz durch die anderen, sondern das Verlangen nach Akzeptanz durch sich selbst. Man will mit dem, was man tut, nicht auf die Ablehnung durch sich selbst stoßen, man will nicht nur keinen Graben zwischen sich und den anderen, man will auch keinen Graben in sich selbst. Auch das ist ein basales Wollen. Es geht, wie es scheint, allen individuellen Selbstbildern, Glücksvorstellungen, Lebensentwürfen und Idealen voraus, und man kann annehmen, dass es alle Menschen haben. Die Moral dockt, so zeigt sich, auf indirekte Weise an ein zweites elementares Wollen an, an den Wunsch nach Anerkennung und Akzeptanz durch sich selbst.

Diese Verselbständigung der inneren Sanktionen hat zur Folge, dass sich Sanktionen auch dann einstellen, wenn das moralisch anstößige Verhalten vor den anderen verborgen bleibt und die äußeren Sanktionen deshalb nicht greifen. Die inneren Sanktionen sorgen also dafür, dass auch da, wo eine Handlung durch die anderen faktisch nicht sanktioniert wird, sondern nur, wenn die anderen von ihr wüssten, sanktioniert würde, ein moralisches Müssen existiert. Auch in Situationen dieser Art muss man moralisch handeln dafür, den Sanktionen, jetzt allerdings ausschließlich den inneren Sanktionen, zu entgehen.

In die Genese der inneren Ablehnung gehen in vielen Fällen noch andere Faktoren als die Internalisierung des äußeren Widerstandes ein. So die Überzeugung, dass zum Beispiel Verletzungshandlungen, gleichgültig, wer sie begeht, in einer Gesellschaft nicht geduldet werden können. Oder das Gefühl, dass man auf eine Handlung, die man selbst tut, nicht anders reagieren kann, als wenn dieselbe Handlung ein anderer tut. Wenn ein anderer jemanden schädigt und man negativ reagiert, muss man, so das Gefühl, auch negativ reagieren, wenn man selbst so handelt. In diese Haltung geht offensichtlich bereits so etwas wie ein Sinn für Fairness, ein Sinn für Gleichbehandlung ein. Die verschiedenen Elemente, die bei der Herausbildung eines Mechanismus des inneren Widerstandes zusammenkommen können, sind in der Wirklichkeit des Lebens kaum zu unterscheiden und auseinanderzuhalten.

Fassen wir kurz zusammen: Die moralischen Sanktionen, die äußeren und die inneren, docken, um einen künstlichen Grund zugunsten der Moral für möglichst alle zu schaffen, an zwei Wünsche an, die alle oder fast alle Menschen unabhängig von der speziellen Ausformung ihres Lebens haben: den Wunsch, durch die anderen anerkannt und akzeptiert zu werden, und den Wunsch, auch von sich selbst anerkannt und akzeptiert zu werden. Die Sanktionen, die sich diese Wünsche zunutze machen, bringen erst die Moral und das spezifisch moralische Müssen in die Welt.

Wie stark dieses Müssen ist, hängt, das ist klar, davon ab, wie sehr die Menschen die moralischen Sanktionen vermeiden wollen. Zwei grundsätzliche Bemerkungen sind hier von Bedeutung: Auch das moralische Müssen ist, obwohl an eine Allgemeinheit adressiert, strikt individuell. Nicht nur seine Existenz hängt vom einzelnen ab, davon nämlich, dass er das konstitutive Wollen hat, auch seine Stärke hängt vom einzelnen Adressaten ab, davon nämlich, wie stark er die moralischen Sanktionen vermeiden will. Hierin unterscheiden sich die Menschen, und deshalb unterscheidet sich auch die Kraft des moralischen Müssens und der normative Druck, der mit diesem Müssen entsteht.

Als Zweites ist festzuhalten, dass auch das moralische Müssen wie jedes normative Müssen zunächst immer nur ein *pro-tanto*-Müssen ist. Natürlich hoffen die, die dieses Müssen schaffen, dass es in möglichst allen Situationen ausschlaggebend und handlungsbestimmend sein wird. Dennoch kann es Situationen geben, in denen der durch die Sanktionen geschaffene Grund und gegebenenfalls die anderen Gewichte zugunsten der Moral durch gegenläufige Gründe neutralisiert

oder überwogen werden. Die soziale Institution der Moral stößt dann
an ihre Grenzen. Ihre intendierte Wirkung deckt sich dann nicht voll
mit ihrer tatsächlichen Wirkung. Dies zu leugnen, wäre unrealistisch,
und es zeugte zudem von einem falschen Bild von der Moral, ihrem
Sinn und ihrer Wirkungsart. Die Moral setzt uns nicht einen Chip
ein, der uns dazu determiniert, moralisch zu handeln. Die Moral
wirkt durch unseren Kopf hindurch, nicht an unserem Kopf vorbei.
Das heißt, sie bringt ihr spezifisches Gewicht in den Prozess des
Überlegens und Abwägens ein. Und hier hat jedes Gewicht, und
mag es noch so groß sein, ein *bestimmtes* Gewicht und kann deshalb
grundsätzlich durch andere Gewichte überwogen werden. Zu glauben,
es könne ein Gewicht geben, das von prinzipiell anderer Art als alle
anderen Gewichte ist und sie deshalb grundsätzlich aussticht, ist ein
süßer Traum einiger Moralphilosophen. Die Idee, moralische Gründe
seien der Konkurrenz mit anderen Gründen entzogen und deshalb
prinzipiell, gleichgültig, was auf der anderen Seite steht, ausschlaggebend („overriding"), entspricht manchen Wunschvorstellungen,
aber nicht den Tatsachen.

Ein entscheidender Aspekt ist bislang noch unberücksichtigt
geblieben: Die Ablehnung durch die anderen und die Verknüpfung
bestimmter Handlungen mit dieser Ablehnung sind keine Naturereig-
nisse. Es sind Menschen, die die Sanktionen verhängen und damit
Druck ausüben. Und natürlich kann man ihr Verhalten beurteilen, es
richtig und falsch, berechtigt und unberechtigt finden. Und natürlich
hat ein solches Urteil Einfluss auf die Bedeutung, die die Sanktionen
für den einzelnen haben. Eine Moral und moralische Normen erheben,
wie bereits erwähnt, grundsätzlich den Anspruch, gerechtfertigt zu
sein. Moralische Normen sind, wenn sie diesen Namen verdienen,
legitime Normen und nicht bloße Machtnormen. Die Zurückweisung
durch die anderen ist also berechtigt. Man kann auch sagen, die betreffenden Handlungen verdienen die Zurückweisung, die sie faktisch
erfahren. Nur weil die Adressaten des Müssens sich dies bewusst
machen können, können sie sich auch selbst in der Überzeugung,
etwas Legitimes zu tun, an der Sanktionierung anderer beteiligen.
Die Einsicht, dass die Sanktionspraxis der anderen gerechtfertigt ist,
verhindert, wie wir sahen, Widerstände, die wahrscheinlich sind, wenn
man sich einem Druck von außen ausgesetzt sieht, in dem man nur

das Wollen der anderen sieht. Und sie hat erhebliche Folgen für den Prozess der Internalisierung. Sie bewirkt, dass die inneren Sanktionen an Kraft gewinnen. Wenn man den äußeren Druck für gerechtfertigt hält und annimmt, die Handlung verdiene die Zurückweisung, wird der innere Widerstand, falls man moralwidrig handelt oder es erwägt, sehr viel stärker sein, als wenn man den Druck einfach als etwas Gegebenes hinnimmt oder ihm gar das Recht abspricht. – Betrachten wir kurz diesen letzten Fall: Jemand spricht einer moralischen Norm, die in der Gesellschaft, in der er lebt, gilt und allgemein akzeptiert wird, das Recht ab. Wahrscheinlich wird er, wenn er die allgemein als anstößig empfundene Handlung tut oder zu tun erwägt, dennoch ein Unbehagen empfinden. Vermutlich wird der psychische Mechanismus der Internalisierung auch in diesem Fall funktionieren. Aber der Dissident wird diesen Widerstand als einen Eindringling von außen betrachten. Er muss mit diesem Eindringling leben, aber er wird ihm so wenig Einfluss zubilligen wie möglich. Damit verlieren die inneren Sanktionen ganz offenkundig an Gewicht und abschreckender Wirkung.

Ein verändertes Bild ergibt sich, wenn der Dissident nicht eine geltende Norm ablehnt, sondern umgekehrt meint, eine Norm, die es nicht gibt, sollte es geben. Es sollte etwas moralisch verboten sein und moralisch sanktioniert werden, was faktisch nicht verboten ist und nicht sanktioniert wird. Selbstverständlich gibt es in dieser Situation keine äußeren Sanktionen. Es ist nur so, dass es sie, in seinen Augen, geben sollte. Dennoch wird er, wenn er in Versuchung ist, die betreffende Handlung zu tun, mit einem inneren Widerstand zu kämpfen haben und sich unwohl fühlen. Warum? Man könnte sagen, weil er im Begriff ist, etwas zu tun, was er eigentlich nicht will. Aber doch wohl auch, weil er etwas tut, was in einer Welt mit einer besseren Moral von den anderen abgelehnt würde, etwas, weswegen er in der Welt, die er besser fände, ausgegrenzt und sozial geächtet würde. Er tut etwas, was faktisch nicht geächtet wird, aber, wie er meint, Ächtung verdient. Es ist durchaus angebracht, hier von inneren Sanktionen zu sprechen, von faktischen Sanktionen, die bloß imaginierte und für richtig gehaltene äußere Sanktionen reflektieren.

Diese Überlegungen zeigen, dass wir das sanktionierende Verhalten der anderen uns gegenüber nicht einfach wie ein Unwetter hinnehmen. Wir beurteilen es, zumindest wenn wir so selbständig im Denken und Leben sind. Diese Beurteilung nimmt von dem Faktum der Ablehnung nichts weg – und ändert auch nichts an dem Fehlen einer gewünschten Ablehnung. Die sozialen Fakten bleiben. Dennoch verstärkt und schwächt sie den Druck, den die Moral ausübt. Und sehr klar ist auch, dass eine Moral, da sie von dem Engagement der mit ihr Lebenden getragen wird, nur existieren kann, wenn ihr die meisten den Kredit geben, gerechtfertigt zu sein, entweder aufgrund selbständiger Reflexion oder weil sie, ohne groß nachzudenken, diesen Anspruch einfach akzeptieren.

Bisweilen wird gesagt, die äußere Sanktionierung, die Zurückweisung durch die anderen finde doch in einer modernen permissiven Gesellschaft, die zudem durch Anonymität und Mobilität gekennzeichnet sei, gar nicht oder kaum noch statt. Wenn diese Sanktionen für eine Moral konstitutiv seien, dann gebe es dieses Phänomen in einer modernen Gesellschaft praktisch nicht mehr. Eine Moral, wie sie hier skizziert werde, finde man nur in traditionellen Lebensformen und *face-to-face*-Gesellschaften. Dies ist meines Erachtens eine Fehldiagnose. Auch in einer modernen Gesellschaft lebt man, so unterschiedlich die Lebensverhältnisse und Lebensweisen sein mögen, mit anderen zusammen und hat mit anderen zu tun. Und deshalb eckt man auch in einer solchen Gesellschaft an, wenn man ein moralisches Unrecht begeht und sich als moralisch unzuverlässig erweist. Man findet nicht die Akzeptanz und Anerkennung durch die anderen und muss je nach Umständen auch mit anderen ernsten Nachteilen rechnen. Und natürlich hat man auf eine mehr oder weniger untergründige Art auch hier, selbst wenn die Handlung faktisch nicht durch andere beurteilt wird, immer mit der Frage zu tun, wie die anderen auf diese Handlung reagieren würden und ob es eine Handlung ist, die die Ablehnung der anderen verdient.

Eine andere Überlegung kommt hinzu. Man darf, wenn es um ein realistisches Bild von den moralischen Sanktionen geht, das Faktum und die Wirkung der moralischen Erziehung nicht außer Acht lassen. Wenn in einer Generation alles so ist, wie bisher beschrieben, und die äußeren Sanktionen in der dargestellten Weise die inneren generieren, wird diese Generation die nächste Generation von vorneherein entlang den bestehenden Normen und Sanktionspraktiken erziehen und die

Ausbildung entsprechender Handlungsdispositionen anstreben. Die äußeren Sanktionen kommen in diesem Erziehungsprozess gar nicht vor. Man wird den Kindern beibringen, dass sie bestimmte Dinge tun und lassen müssen, und versuchen, dieses Verhalten mit dem Gefühl des eigenen Wertes, des Respekts vor sich selbst zu verbinden. Wer nicht so handelt, wie er muss, soll mit sich selbst ins Unreine kommen, er soll auf sich selbst herabschauen und sich unbehaglich fühlen. Wenn es gelingt, die Kinder zu Personen zu erziehen, die so reagieren, brauchen sie selbst den Prozess der Internalisierung der äußeren Sanktionen gar nicht mehr zu vollziehen, das haben ihre Eltern bereits für sie getan. Die äußeren Sanktionen verlieren so schon in der zweiten Generation an Gewicht und Bedeutung. Es gibt sie noch, und man kann schnell mit ihnen Bekanntschaft machen, aber im Vordergrund stehen die inneren Sanktionen, deren Dependenz von den äußeren gar nicht mehr bewusst ist und die sich auch auf diese Weise verselbständigen.

Noch eine letzte Bemerkung zu den moralischen Sanktionen, näherhin zur Kategorizität des durch sie konstituierten Müssens. Es wurde bereits gesagt, dass das moralische Müssen so wenig wie irgendein anderes normatives Müssen im kantischen Sinne kategorisch sein kann. Das sanktionskonstituierte moralische Müssen ist offensichtlich hypothetisch. Es ist allerdings auf ein Wollen relativ, das jeder hat. Jeder will durch die anderen und durch sich selbst anerkannt werden. Dieses Bedürfnis ist zu elementar, als dass man sich davon freimachen könnte. Es ist nicht möglich, dieses Wollen nicht zu haben, so wie es nicht möglich ist, nicht glücklich sein zu wollen. Das moralische Müssen ist folglich, in kantischen Termini, ein assertorisches, nicht ein problematisches hypothetisches Müssen.[30] Ein Müssen dieser Art hat die Eigenschaft der Unausweichlichkeit. Man kann sich ihm nicht entziehen, indem man das Wollen, auf das es bezogen ist, fallen lässt. Das moralische Müssen existiert also unabhängig von einem Wollen, das man haben kann oder auch nicht haben kann. Und es existiert unabhängig davon, was für eine Glücksvorstellung man hat, welche altruistischen Ideale man hat

---

[30] Vgl. Kant, *Grundlegung zur Metaphysik der Sitten*, IV, 414 ff.

und was für eine Person man ist. Das moralische Müssen ist so konstruiert, dass es unterhalb dieser Unterschiede zwischen den Individuen alle in möglichst allen Situationen erreicht. Und genau hierin liegt seine – anders als bei Kant verstandene – Kategorizität. Das Verständnis des moralischen Müssens, wie es hier entwickelt wird, kann, so zeigt sich, sehr wohl die Vorstellung des Kategorischen aufgreifen und theoretisch einholen. Dies, obwohl es keine Zweifel daran lässt, dass das Müssen der Moral, so wie jedes andere normative Müssen, wollensrelativ ist.

4. Moralische Normen, Pflichten und Rechte

Wenn das moralische Müssen ein sanktionskonstituiertes Müssen ist, und zwar eins, das sich an alle Mitglieder einer Gemeinschaft richtet, besteht eine Moral aus einem Komplex von Normen. Die vorgeschlagene Konzeption des moralischen Müssens kann also den Begriff der moralischen Norm einführen und auf reflektierte Weise verwenden. Viele Autoren sprechen ganz selbstverständlich von moralischen Normen, ohne sich freilich bewusst zu sein, wie weitgehende Festlegungen sie damit eingehen. Wer von moralischen Normen spricht, legt sich auf ein ganz bestimmtes Verständnis des moralischen Müssens und der Moral fest. Wie gezeigt haben eudaimonistische Moralkonzeptionen und *rational-choice*-Theorien der Moral keinen Ort für den Begriff der Norm. Sie verstehen das moralische Müssen zwar auch als ein Müssen der notwendigen Bedingung, aber nicht als sanktionskonstituiert.

Der Begriff der moralischen Norm ist die Brücke zu den Begriffen der moralischen Pflicht und des moralischen Rechts. Nur wo es moralische Normen gibt, kann es moralische Pflichten und moralische Rechte geben. Hinter den moralischen Normen steht eine Sanktionsinstanz. Wenn man von religiösen Konzeptionen absieht, ist dies die moralische Gemeinschaft, die sich zur Sanktionsinstanz macht und bestimmte Sanktionsmechanismen etabliert. Wenn die Macht, die sie damit ausübt, legitim ist, sind die durch die Sanktionen entstehenden Normen verpflichtend. Die Normadressaten haben die Pflicht, entsprechend zu handeln. Und die Begünstigten haben das

Recht, dass die anderen sich ihnen gegenüber normkonform verhalten. Wenn der Machtgebrauch illegitim ist, eine Norm ungerechtfertigterweise allen aufgedrückt wird, ist die Norm gerade nicht verpflichtend, sondern erpresserisch. Die Normadressaten sind nicht verpflichtet, wie „gemusst" zu handeln, und die Begünstigten sind nur die Profiteure eines illegitimen Machtgebrauchs und damit eines moralischen Unrechts. Der Begriff der Pflicht dient, so haben wir gesehen, der Abgrenzung gegenüber dem Erpresserischen. Und er ist analytisch mit dem der Legitimation verknüpft.

Die Frage, wodurch eine moralische Norm legitim ist, wodurch ihr Müssen verpflichtend und nicht erpresserisch ist, führt tief in die Moraltheorie hinein, und es ist nicht die Aufgabe dieser Untersuchung, sie eingehend zu erörtern. Die Grundidee für die Antwort habe ich in § 11.4 dargelegt: Die Durchsetzung einer Norm, auch einer moralischen Norm ist legitim, wenn sie im Interesse der Betroffenen liegt, wenn die Betroffenen ihrer Existenz also, obwohl sie ihnen ein Stück Freiheit nimmt, zustimmen können. Die moralischen Normen müssen, so kann man auch sagen, autonome Normen sein. Und eine Moral eine autonome Moral. Nur wenn eine Norm von dieser Art ist, ist sie moralisch in Ordnung; nur wenn sie von dieser Art ist, begeht die Gemeinschaft, die sie durchsetzt, kein moralisches Unrecht.

Wir stoßen hier wieder darauf, dass der Aspekt der Legitimität Normen selbst einer moralischen Beurteilung unterwirft.[31] Das gilt auch für moralische Normen. Eine moralische Norm muss, um legitim zu sein, selbst einer – offenbar höherstufigen – moralischen Norm genügen, der Norm, die erpresserische Normen verbietet. Zu dieser auf den ersten Blick merkwürdig wirkenden Zweistufigkeit kommt es, weil die Menschen nicht unterdrückt werden wollen, auch nicht durch die Normen der Moral. Und genau dies wird durch die höhere Norm erreicht. Bei näherem Hinsehen zeigt sich, dass die Rede von der Höherstufigkeit zumindest missverständlich ist. Die moralische Norm, die erpresserische moralische Normen verbietet, ist eine Teilnorm des allgemeinen Verbots, andere zu unterdrücken. Und dieses Verbot existiert in der einen oder anderen Weise in jeder Moral.

---

[31] Vgl. hierzu § 11, S. 278 f.

Die höherstufige Norm kommt also nicht als ein neues Element zu den moralischen Normen auf der unteren Ebene hinzu, sie verdankt sich vielmehr nur der Anwendung des Unterdrückungsverbots auf den speziellen Fall der Normdurchsetzung. Und diese Anwendung ist ganz unausweichlich, weil eine Norm ihre Adressaten zu einem bestimmten Verhalten nötigt. [32]

5. Das moralische Müssen, weitere Klärungen

Drei weitere wesentliche Punkte über das moralische Müssen möchte ich zur Sprache bringen.

(i) Das moralische Müssen ist, so hatte ich gesagt, unter anderem deshalb als rätselhaft empfunden worden, weil so offensichtlich ist, dass man ein Versprechen, obwohl man es halten muss, auch brechen kann. Was ist das für ein sonderbares Müssen, wenn man auch anders kann? Doch offenbar kein wirkliches Müssen, eher so etwas wie ein durchlässiges Müssen, gleichsam ein „kleines" Müssen neben dem richtigen naturgesetzlichen Müssen. Terminologisch hob und hebt man dieses „kleine" Müssen dann gerne durch die Rede vom „Sollen" vom wirklichen Müssen ab. Doch tatsächlich ist das moralische Müssen – wie jedes normative Müssen – ein echtes Müssen, ein echtes Nicht-Anders-Können. Das ist nie verstanden worden. Deshalb ist es wichtig, sich klarzumachen, dass es so ist. Man muss sich moralisch verhalten dafür, den moralischen Sanktionen zu entgehen. Eine andere Möglichkeit gibt es nicht. Wenn man anders handelt, ist die unweigerliche Konsequenz, dass einen die Sanktionen treffen. Man kann also anders handeln. Aber dann entgeht man den moralischen Sanktionen nicht. Das Paradox, dass man muss, aber doch anders kann, löst sich auf, wenn man sieht, dass das moralische Müssen wie das normative Müssen generell ein Müssen der notwendigen Bedingung ist: x zu tun, ist die notwendige Bedingung dafür, dass

---

[32] Vgl. zu diesem Thema detaillierter Vf., Die Rechtfertigung moralischer Normen. *Zeitschrift für philosophische Forschung* 58 (2004) 483–508.

s nicht eintritt. Dann ist es unmöglich, dass man *x* nicht tut und *s* doch nicht eintritt. Und deshalb muss man dafür, dass *s* nicht eintritt, *x* tun. Eine andere Möglichkeit gibt es nicht. Es besteht eine echte Optionslosigkeit. Das ändert nichts daran, dass man die Freiheit hat, *x* auch nicht zu tun. Nur dass dann eben *s* eintritt. Das moralische Müssen ist als ein normatives Müssen kein naturgesetzliches Müssen, aber das bedeutet nicht, dass es kein echtes Müssen ist.

(ii) Das moralische Müssen ist sanktions*konstituiert*. Das heißt, dass es ohne Sanktionen kein moralisches Müssen gibt. Das Müssen existiert nur, weil die Sanktionen existieren. Es ist ein wiederkehrendes Missverständnis, anzunehmen, die Sanktion sei etwas Sekundäres, das zu dem moralischen Müssen hinzukommt, um es durchzusetzen und motivational effektiv zu machen. Doch es ist nicht so, dass man eine Handlung moralischerweise tun muss und ihre Unterlassung deshalb sanktioniert wird. Es ist vielmehr so, dass die Unterlassung der Handlung sanktioniert wird und man sie deshalb tun muss. Oder anders formuliert: Eine Handlung wird nicht sanktioniert, weil sie moralisch verboten ist, sondern sie ist moralisch verboten, weil und nur weil sie sanktioniert wird. Diese Umkehrung ist der Kern der Sache, und sie ist eine direkte Konsequenz aus der Einsicht, dass eine Moral wie jede Normenordnung etwas Gemachtes, etwas von Menschen Hervorgebrachtes ist.

Vermutlich wird es nötig sein, auf diese Umkehrung immer wieder aufmerksam zu machen, weil immer wieder die Intuition zur Geltung gebracht werden wird, das Müssen sei das Primäre, die Sanktion nur das Nachfolgende, Sekundäre. Die zeitgenössische Moralphilosophie sieht ihre Aufgabe vielfach darin, eine Konzeption der Moral zu entfalten, die mit unseren moralischen Intuitionen übereinstimmt. Die moralischen Intuitionen, also die vortheoretischen und vorreflexiven Vorstellungen und Urteile über die Moral, sollen der Ausgangspunkt und der Maßstab moralphilosophischer Theoriebildung sein. Eine der zentralen Intuitionen ist aber, dass erst das moralische Müssen existiert und die Sanktionen dann hinzukommen. Das liegt daran, dass uns als Kindern von den Eltern gesagt wird, dies und jenes dürfe man auf keinen Fall tun und anderes müsse man unbedingt tun. Dies wird uns beigebracht, als handele es sich um ontologisch objektive

Tatsachen, und natürlich wird normalerweise nicht die Frage gestellt, was es mit diesem Müssen bzw. Nicht-Dürfen eigentlich auf sich hat. Für ein Kind ist es selbstverständlich, dass es so etwas wie ein moralisches „Muss" gibt. Und wenn es dann die Erfahrung macht, dass es, wenn es unmoralisch handelt, bestraft wird, ist diese Sanktion etwas Hinzukommendes, nichts, was das Müssen erst hervorbringt. Wer diese Perspektive des Kindes bewahrt, wird immer die Intuition haben, dass das Müssen von der Sanktion unabhängig ist und ihr vorausgeht und dass es eine abstruse Idee ist, anzunehmen, das moralische Müssen sei sanktions*konstituiert*.

(iii) Es wäre falsch, zu meinen, das moralische Müssen sei ein rationales Müssen. Wenn die Situation so ist, dass a x tun muss, um den moralischen Sanktionen zu entgehen, dann existiert dieses moralische Müssen unabhängig davon, wie a erkennend und handelnd auf die Situation reagiert. Das Müssen existiert unabhängig von aller Rationalität und allem Rational-sein-Wollen. Die Situation ist aufgrund des etablierten Sanktionsmechanismus einfach so, dass a x tun muss. Es kommt dann hinzu, dass a überlegter-, rationalerweise so handeln muss, wie es die Situation vorgibt. Er muss x tun dafür, in dieser Situation rational zu sein und überlegt zu handeln. Wir haben hier zwei verschiedene Müssen, das eine relativ auf das Vermeiden-Wollen der Sanktionen, das andere relativ auf das Rational-sein- und Überlegt-handeln-Wollen. Beide Müssen haben dieselbe Handlung zum Gegenstand, zumindest in den allermeisten Fällen. Man muss also auch beim moralischen Müssen das objektive normative Müssen und das subjektive Müssen der Rationalität unterscheiden. [33]

---

[33] Vgl. hierzu § 5, S. 60–63.

6. Einwände und Erwiderungen

Die Auffassung, das moralische Müssen sei durch Sanktionen konstituiert, zieht eine Reihe von Einwänden auf sich. Auf vier besonders wichtige oder besonders häufig vorgebrachte möchte ich zum Schluss dieses Kapitels eingehen.

(i) Der erste Einwand wiederholt, jetzt speziell auf die moralischen Normen bezogen, ein Bedenken, das sich gegen die These richtete, Normen seien generell sanktionskonstituiert. Das moralische Müssen kann, so die Überlegung, nicht sanktionskonstituiert sein, weil der Blick auf die Sanktionen nur selten eine Rolle spielt, wenn wir uns entscheiden, moralisch zu handeln. Man handelt moralisch, weil es einem selbstverständlich ist, weil man so disponiert ist, man handelt so aus Mitleid, aus Anteilnahme oder weil es unter dem Gesichtspunkt der Reziprozität klug ist. Sanktionen kommen in all diesen Fällen in den Entscheidungsprozessen nicht vor. Und deshalb kann es nicht richtig sein, dass das moralische Müssen sanktionskonstituiert ist. – Ich habe diesen Einwand in seiner allgemeinen Form bereits ausführlich behandelt und zurückgewiesen.[34] Die angestellten Überlegungen lassen sich ohne Mühe auf moralische Normen übertragen. Ich begnüge mich deshalb mit einigen Bemerkungen.

Zunächst ist keineswegs klar, dass die Phänomenbeschreibung, die dem Einwand zugrunde liegt, zutreffend ist. Nach meinem Urteil spielt bei der Frage, ob man sich moralisch verhalten will, in vielen (gewiss nicht allen) Fällen sehr wohl eine Rolle, dass man, wenn man anders handelte, auf Ablehnung stieße und mit einem Verlust an Ansehen und Akzeptanz zu rechnen hätte. Wir neigen vielleicht dazu, uns das nicht einzugestehen, weil wir uns gerne als starke Personen sehen, die sich in ihrem Handeln nicht zu sehr von den Erwartungen, Einschätzungen und Reaktionen der anderen bestimmen lassen. Aber dies ändert nichts daran, dass es doch so ist. Zudem spielt bei der Entscheidung, ob man moralisch handelt, in vielen (gewiss nicht

---

[34] Vgl. § 8, S. 192–197.

allen) Fällen eine erhebliche Rolle, dass man andernfalls vor sich
selbst nicht bestehen könnte oder sich mit einer solchen Handlung
einfach nicht wohl fühlte.

Aber selbst wenn wir offen lassen, welche Rolle die Sanktionen
bei der Handlungswahl spielen, gilt grundsätzlich, dass man die
Frage, was eine moralische Norm und ihr Müssen konstituiert, und
die Frage, warum man moralisch handelt, auseinanderhalten muss.
Das eine ist eine Frage der Ontologie, die Frage nach den Existenzbedingungen des Müssens, das andere die Frage nach der Motivation. Das sind, wie wir fanden, zwei sehr verschiedene Fragen. Und
wer behauptet, das Müssen sei sanktionskonstituiert, behauptet damit
nicht, dass der, der wie „gemusst" handelt, dies im Blick auf die
Sanktionen tue.

Man kann sich natürlich moralisch verhalten, ohne dass die
entsprechende Norm bei der Handlungswahl eine Rolle spielt. Man
handelt dann wie moralisch „gemusst", aber nicht weil es moralisch
„gemusst" ist. Und man kann auch moralisch handeln, weil es die
Norm so vorschreibt, ohne dass die moralischen Sanktionen dabei
eine Rolle spielen. So wenn man moralisch handelt, weil man es für
selbstverständlich hält, die moralischen Normen zu befolgen, oder
weil man die Normen gut und vernünftig findet. In diesen Fällen
spielt die Norm, aber nicht die Sanktion bei der Handlungswahl
eine Rolle. Der eigentliche Kern der Norm, der Sanktionsmechanismus, kommt gar nicht ins Spiel. Dies ist möglich, weil die, die
so handeln, begünstigende Vorabeinstellungen der Norm gegenüber
mitbringen, so dass die Norm ihren harten Kern, das Müssen, gar
nicht zur Geltung bringen muss. Das normkonforme Verhalten lebt
von motivationalen Ressourcen, die von dem Faktum, dass das
Anders-Handeln sanktioniert wird, unabhängig sind. Erst wenn diese
Ressourcen ausfallen, kommen die Sanktionen als Motivatoren zum
Zuge.

Diese Überlegungen zeigen, dass die Tatsache, dass die moralischen
Normen und ihr Müssen sanktionskonstituiert sind, keineswegs die
These nach sich zieht, das moralische Handeln sei stets durch den
Blick auf die Sanktionen motiviert. Die Vorstellung, eine Theorie,
wie ich sie hier vertrete, konzipiere eine moralische Welt, in der
„nutzenkalkulierende Subjekte ... sich aus reiner Sanktionsfurcht an

die Moral halten"[35], geht also an der Sache vorbei. Die Sanktionstheorie beantwortet – nochmal – die Frage, was das moralische Müssen konstituiert, und damit ist nichts dazu gesagt, aus welchen Motiven die Menschen moralisch handeln.

Mit dieser Feststellung sind auch andere, verwandte Einwände zurückgewiesen. Oft wird gesagt, von moralischem Handeln könne man nur sprechen, wenn man um des anderen willen (oder aus einem anderen „intrinsisch moralischen" Motiv) so handelt, aber nicht wenn man so handelt, um moralisch indifferente Ziele zu realisieren. Und man glaubt, die Sanktionstheorie nehme an, das moralische Handeln habe durchgängig den zweiten Charakter, das Motiv zum moralischen Handeln sei durchgängig die Vermeidung der – inneren oder äußeren – Sanktionen. Das ist aus den genannten Gründen unzutreffend. Es kann hier ganz offen bleiben, ob es sinnvoll ist, vom moralkonformen Handeln ein enger definiertes, an eine bestimmte Motivation gebundenes moralisches Handeln abzuheben. Wenn man es tut und nur dieses moralische Handeln für moralisch wertvoll hält, ändert das nichts daran, dass man die Frage beantworten muss, was das moralische Müssen konstituiert. Moralisches Handeln ist ja nach dieser Sichtweise moralkonformes Handeln aus einem bestimmten Motiv, und moralkonform zu handeln, heißt, so zu handeln, wie es dem moralischen Müssen entspricht. Vorausgesetzt natürlich, man hält überhaupt daran fest, dass es ein solches Müssen gibt, dass die Moral ein System moralischer Pflichten ist und nicht nur das freie Spiel des Altruismus.

Es kommt noch eine etwas anders gelagerte Überlegung hinzu. Wenn jemand eine moralische Handlung tut, die ihm einiges abverlangt, und er auf die Frage, warum er so gehandelt habe, antwortet „weil ich mich sonst hätte verachten müssen", will man dann sagen, dies sei ein moralisch indifferentes Motiv und seine Handlung habe keinen moralischen Wert? Will man seine Handlung in dieser Weise in ihrem Wert zurückstufen? In meinen Augen wäre das unangemessen, es würde die Moral an eine heroische Selbstlosigkeit binden und

---

[35] So R. Forst: Zur Aufklärung der Moral(philosophie). *Deutsche Zeitschrift für Philosophie* 53 (2005) 493–497, 497.

damit ihre Funktion und ihre Wirkungsweise verkennen. Tugendhat hat in diesem Zusammenhang zu Recht von einer „irreal übertriebenen Vorstellung von Selbstlosigkeit" im Christentum und auch bei Kant gesprochen.[36]

(ii) Auch der zweite Einwand überträgt nur ein generelles Bedenken auf den speziellen Fall der moralischen Normen. Er verweist darauf, dass ein unmoralisches Verhalten nicht in jeder Situation tatsächlich sanktioniert wird. Der Sanktionsmechanismus sei nicht strikt, sondern porös. Wenn aber nicht sanktioniert werde, müsse man auch nichts dafür tun, den Sanktionen zu entgehen. Folglich bestehe in diesen Situationen kein moralisches Müssen und kein moralisches Verpflichtetsein. Das könne aber nicht sein. Ob man zu etwas moralisch verpflichtet ist oder nicht, müsse von solchen situativen Zufälligkeiten unabhängig sein. Die Existenz einer moralischen Norm könne also nicht auf die Fälle der tatsächlichen Sanktionierung begrenzt sein. Man denkt hier meistens an Situationen, in denen jemand im Verborgenen ein moralisches Unrecht begeht. Platon hat eine solche Situation bereits in zugespitzter Form in der Geschichte vom Ring des Gyges beschrieben und argumentativ eingesetzt.[37] Gyges findet einen Ring mit einem Stein, und er entdeckt bald, dass der Ring die Besonderheit hat, seinen Träger, wenn dieser den Stein nach innen dreht, unsichtbar zu machen. Gyges erkennt, was das bedeutet, und nützt den Ring zum exzessiven Unrechttun. Er wird dabei von niemandem entdeckt und folglich nicht durch die anderen sanktioniert. Platon fragt nun, ob er nicht doch einen Grund habe, sich moralisch zu verhalten. Gibt es nicht doch ein „Muss", das dazu nötigt, moralisch zu handeln? Platon glaubt zeigen zu können, dass es ein solches Müssen gibt, nämlich ein eudaimonistisches: Gyges muss, wie jeder andere auch, im Blick auf sein Glück und die Verfassung seiner Seele das Moralische tun, unabhängig davon, ob die anderen sein Verhalten beobachten und es gut oder schlecht finden. Das moralische Müssen ist hier also nicht sanktionskonstituiert. K. Bayertz hat die Gyges-Geschichte jüngst

---

[36] E. Tugendhat: Wie sollen wir Moral verstehen (1999), in: E. T.: *Aufsätze 1992–2000* (Frankfurt 2001) 163–184, 175.
[37] Vgl. Platon, *Politeia* II, 359c–360c.

aufgegriffen, um ganz auf der Linie Platons gegen die Sanktionstheorie des moralischen Müssens zu argumentieren. Gyges sei, so
wie ihn Platon schildere, nicht nur gegen äußere Sanktionen immun,
er kenne offenbar auch keine inneren Sanktionen. Dennoch sei klar,
dass er moralisch handeln müsse, dass er, wie Bayertz sagt, nicht
„außerhalb des moralischen Sollens" lebe.[38] (Bayertz spricht vom
moralischen Sollen, nicht vom Müssen.) Was für Platon die große,
den gesamten Argumentationsausgang der *Politeia* tragende Frage
war: ob es, auch wenn die Sanktionen wegfallen, ein moralisches
Müssen gibt, ist für Bayertz einfach klar. „Es gibt", so versichert er,
„nicht den geringsten Grund für die Annahme, das Sollen sei durch
den Ausschluß der Sanktionen aufgehoben."[39]

Ich habe diesen Einwand auch bereits im Rahmen der Untersuchungen über die Existenzbedingungen von Normen ausführlich
behandelt.[40] Die dortigen Überlegungen lassen sich erneut ohne
Schwierigkeiten auf moralische Normen übertragen. Deshalb auch
hier nur kurze Bemerkungen.

Sanktionen wirken, wie gezeigt, nicht nur direkt, sondern auch
indirekt. So besteht, selbst wenn der Sanktionsmechanismus porös ist,
meistens zumindest das Risiko, sanktioniert zu werden. Und dieses
Risiko ist selbst etwas, was man nicht will, wenn man die Sanktion
nicht will. Dieses Risiko ist eine derivative Sanktion, mit der, wer
überlegt, wie er handeln will, zu rechnen hat. Eine andere derivative
Sanktion ist die innere Sanktion, auch sie ist ein Abkömmling der
primären äußeren Sanktion. Die Internalisierung und die Ausbildung
innerer Sanktionen ist bei der moralischen Sanktionierung besonders
stark, weil das Wollen, das sich die Moral zunutze macht, besonders
„existentiell" ist. Weil einem so stark daran liegt, von anderen akzeptiert zu werden, reagiert man selbst stark ablehnend auf Handlungen,
die von den anderen missbilligt werden oder auch nur missbilligt
würden.

---

[38] K. Bayertz: *Warum überhaupt moralisch sein?* (München 2004) 67–70, Zitat: 69.
[39] Ebd. 69 f.
[40] Vgl. § 8, S. 176, 178–181; siehe auch Vf., *Handeln zugunsten anderer*,
      § 6.

Aufgrund dieser derivativen Sanktionen dürfte in den allermeisten Situationen, in denen nicht primär sanktioniert wird, dennoch ein moralisches Müssen existieren. Dies gilt auch für die Situationen, in denen das moralische Unrecht vor den anderen verborgen bleibt und die äußeren Sanktionen folglich ausbleiben. – Und was, wenn man sicher sein kann, dass einen keine äußeren Sanktionen treffen, und wenn man es geschafft hat, keine inneren Sanktionen auszubilden? Was also, wenn – wie bei Gyges – alle Sanktionen ausfallen? Zunächst sei festgehalten, dass es den Ring des Gyges nicht gibt. In der Position des Gyges ist niemand. Und deshalb ist es auch kein beklagenswertes Manko, wenn die Moral jemanden wie ihn nicht erreicht. Ferner dürfte es unwahrscheinlich sein, dass es jemandem gelingt, den Prozess der Internalisierung abzublocken und keine inneren Sanktionen auszubilden. Das kann allenfalls gelingen, wenn man die Sanktionspraxis der anderen als unberechtigt ablehnt und den Druck, den die anderen ausüben, als heteronom und erpresserisch empfindet. Das ist aber bei moralischen Normen nur partiell möglich. Jede Moral kennt Normen, die es verbieten, zu töten, zu verletzen, zu demütigen, zu foltern, Versprechen zu brechen etc. Und bei diesen Normen, die den Kern der Moral ausmachen, kann man nicht umhin, den Widerstand der anderen im Falle eines Verstoßes als berechtigt anzuerkennen. Und deshalb wird es kaum gelingen, das Entstehen innerer Sanktionen abzublocken. Nur jenseits dieser Kernnormen oder bezüglich bestimmter Ausnahmen von ihnen kann es moralische Vorschriften geben, die nicht in Ordnung sind und die die Adressaten oder zumindest ein Teil von ihnen nicht anerkennen können. Hier werden die Betroffenen versuchen, das Gewicht der inneren Sanktionen zu minimieren oder sie vielleicht sogar ganz zum Verschwinden zu bringen.

Und was, wenn es doch gelingt, auch bei berechtigten moralischen Normen die inneren Sanktionen auszuschalten, und man sich sicher sein kann, dass keine äußeren Sanktionen drohen? Wenn es solche Situationen geben sollte, existiert in ihnen, das muss man klar sagen, kein moralisches Müssen. Denn eines der beiden konstitutiven Elemente, das Müssen der notwendigen Bedingung, existiert nicht. In der betreffenden Gesellschaft gilt dann zwar für jeden die moralische Norm. Aber die Norm erreicht nicht in jeder Situation jeden

Normadressaten. Der Kreis der intendierten Normadressaten kommt nicht immer mit dem tatsächlichen Adressatenkreis vollständig zur Deckung.

(iii) Der dritte und untergründig vielleicht wirksamste Einwand hält der Sanktionstheorie des moralischen Müssens entgegen, sie mache die Moral zu einem Instrument der Fremdbestimmung und kehre damit zu einem heteronomen Verständnis der Moral zurück. Es sind, so wird gesagt, die anderen, die bestimmen, was man moralischerweise tun muss. Und auch die so wichtigen inneren Sanktionen sind nur die Reflexe dieser Sanktionen, die die anderen zufügen. Die Moral ist so ein Instrument der Repression des einzelnen durch die Gemeinschaft oder zumindest der Anpassung des einzelnen an die anderen. Wäre die Sanktionstheorie richtig, lebten wir gerade in einem Bereich, der uns besonders wichtig ist, fremdbestimmt und nicht autonom.

Dieser Einwand beruht auf einem Missverständnis. Er greift jedoch verbreitete Vorbehalte auf. Um ihn zurückzuweisen, werde ich noch einmal einige Überlegungen herausstellen, die schon zur Sprache kamen. – Zunächst sei aber gesagt, dass wohl nicht zu bestreiten ist, dass in der Geschichte der Menschen die verschiedenen Moralen immer auch Instrumente der Anpassung an das waren, was die anderen dachten und wollten. Und es ist gewiss auch nicht zu bestreiten, dass auch heute viele sich einfach deshalb moralisch verhalten, weil sie damit den Erwartungen und dem Wollen der anderen entsprechen. Dabei wird diese Anpassung nicht nur durch uns selbst vollzogen, sondern auch und sogar überwiegend durch die, die uns moralisch erzogen haben. Die Menschen stimmen ihr Verhalten mit dem der anderen ab, je unreflektierter sie sind, desto selbstverständlicher. Und von dieser Anpassung profitiert ohne Zweifel die jeweils geltende Moral. Wenn das Verhalten in der Anpassung aufgeht, ist es heteronom, man unterwirft sich, ohne nachzudenken, dem, was die anderen denken und wollen. Aber so einlinig ist das Verhalten wohl nur selten. Gewöhnlich dürfte auch die Annahme wirksam sein, dass die moralischen Regeln, denen man folgt, vernünftig sind und dem gedeihlichen Zusammenleben dienen.

Doch wie immer man die Mischung der verschiedenen motivierenden Elemente im einzelnen einschätzt: aus alledem lässt sich kein

Argument gegen die Auffassung gewinnen, das moralische Müssen sei sanktionskonstituiert. Moralische Normen sind mit dem Anspruch verbunden, verpflichtend zu sein. Wenn dieser Anspruch zu Recht erhoben wird, sind die Normen gerade nicht erpresserisch oder repressiv. Ihre Adressaten können sich davon überzeugen, dass es vernünftig ist, dass es sie gibt, und sie gutheißen. In diesem Sinne handelt es sich, wie gesagt, um autonome und gerade nicht um heteronome Normen.

In der Idee der Verpflichtung liegt bereits die Abgrenzung vom Erpresserischen. Aber auch eine verpflichtende Moralnorm ist eine Norm, und als solche ist sie sanktionskonstituiert. Es ist oberflächlich, anzunehmen, wo Sanktionen, da Heteronomie. Wenn die Mitglieder einer Gemeinschaft ihr Zusammenleben durch moralische Normen regeln wollen, müssen sie, um den gewollten normativen Druck zu schaffen, Sanktionsmechanismen etablieren. Und diese Sanktionen fügen, zumindest primär, die anderen zu. Aber das heißt nicht, dass diese Sanktionsmechanismen nicht von denen gewollt sind, die ihnen unterliegen. Die Betroffenen können die entstandene Sanktionspraxis bejahen, weil sie („unter dem Strich") in ihrem Interesse liegt.

Wenn moralische Normen, entgegen ihrem Anspruch, nicht ver-pflichtend sind, zumindest nicht für alle Adressaten, sind sie so weit heteronom, bloße Machtnormen. Natürlich bleibt es dennoch bei den Sanktionen und wahrscheinlich auch bei den inneren Sanktionen. Aber die Adressaten, für die eine solche Norm heteronom ist, sehen in ihr, wenn sie sich die Sachlage bewusst machen, nur die Macht der anderen, aber nichts, was dem eigenen Wollen entspricht. Deshalb werden sie versuchen, sich der Norm, so gut es geht, zu entziehen. – Eine weitere Art von moralischen Normen sind die, die es faktisch nicht gibt, die es aber, wie einige meinen, geben sollte und die, wenn es sie gäbe, verpflichtend und autonom wären. Weil es diese Normen nicht gibt, kann man natürlich auch nicht sagen, dass die einschlägigen Handlungen moralisch verboten sind. Sie sollten moralisch verboten sein, sind es aber nicht. Dennoch kann, wie schon erwähnt, wer anders handelt, einen inneren Widerstand spüren. Er tut etwas, was in einer besseren Welt von den anderen moralisch sanktioniert würde.

Diese Unterscheidungen zeigen deutlich, dass wir keineswegs einfach der faktisch geltenden Moral ausgesetzt sind. Wir können die existierenden moralischen Normen auf ihre Legitimität hin befragen. Und die Normen, die illegitim sind – oder uns so erscheinen –, lehnen wir ab und versuchen, uns ihnen zu entziehen. Und wir können für moralische Normen eintreten, die es nicht gibt, und schon so handeln, wie es diese bloß gewollten Normen verlangen würden.

(iv) Der vierte Einwand macht geltend, dass die Sanktionstheorie ein moralisches Unrecht zu einer bloßen Irrationalität herabinterpretiert und so nicht zu fassen vermag, dass wir auf ein unmoralisches Verhalten ganz anders reagieren als auf eine unkluge Handlung. Denn nach dieser Theorie handelt der, der etwas Unmoralisches tut, ja nur gegen sein eigenes Interesse, nämlich gegen sein Interesse, nicht sanktioniert zu werden. Er verhält sich damit unklug, irrational. Darauf reagieren wir vielleicht mit dem Rat, sich demnächst im eigenen Interesse anders zu verhalten, vielleicht auch, wenn wir negativ von der Handlung betroffen sind, mit Ärger und Zorn, aber eben nicht so, wie wir auf ein moralisches Unrecht reagieren. Für diese spezifisch moralische Reaktion ist, so der Einwand, in dieser Theorie kein Platz.

Zunächst ist hier zu sagen, dass es kein Spezifikum der Sanktionstheorie ist, anzunehmen, es sei irrational, unmoralisch zu handeln. Dies nehmen auch alle eudaimonistischen Theorien an, genauso alle *rational-choice*-Theorien der Moral. Und auch Kant und seine Nachfolger teilen diese Annahme. Außerdem besagt der Befund, es sei unklug, sich unmoralisch zu verhalten, zunächst nur wenig. Er besagt nur, dass man die Handlung als irrational kritisieren kann. Die Frage ist aber, ob eine Moraltheorie verständlich machen kann, dass man sie tatsächlich nicht als Irrationalität, sondern als moralisches Unrecht kritisiert.

Die Sanktionstheorie kann dies, im Unterschied zu den Theorien, die keine Normen, keine Pflichten und Rechte und deswegen auch nicht das Gefühl der Empörung kennen. Dies zeigt die folgende Überlegung. Wer einen anderen verletzt, tut ihm etwas an, was er nicht will, er tut etwas, was gänzlich gegen die Interessen des anderen geht. Natürlich steht dies für das Opfer im Vordergrund. Dass der Täter mit der Handlung – wegen des bestehenden Sanktionsmechanismus – auch gegen seine eigenen Interessen handelt, interessiert das Opfer hingegen wenig. Deshalb reagiert es auch nicht mit dem

Hinweis, die Handlung sei unklug, der Täter schneide sich mit ihr ins eigene Fleisch, es reagiert vielmehr mit Zorn und einer gegen den Übeltäter gerichteten Aggression. In dieser Reaktion mischen sich verschiedene Elemente, moralunabhängige und moralspezifische.[41] Das Opfer würde auch im Naturzustand, also in einem Zustand noch ohne Moral, mit Zorn und Widerstand reagieren. Diese Reaktion entspringt dem Selbsterhaltungs- und Selbstverteidigungstrieb des Menschen und ist von der Moral unabhängig. Sie bleibt auch in einer Welt, in der es die Institution der Moral gibt, das wesentliche Element in der Reaktion des Opfers. Mit ihr verbindet sich aber ein Element, das die Moral voraussetzt, das Element der Empörung, die die spezifisch moralische Gestalt des Zorns ist. Diese moralische Gestalt gewinnt der Zorn, wenn das Opfer das Verletztwerden als einen Verstoß gegen die Moral, als etwas moralisch Verbotenes versteht. Die moralische Ordnung verschafft ihm wie allen anderen moralische Rechte und damit einen Freiheitsraum, in den niemand hineinhandeln darf. Doch genau dies ist geschehen. Der Täter hat nicht nur seine körperliche, sondern auch seine moralische Integrität verletzt. Und darauf reagiert man mit Empörung. Diese affektive Reaktion ist moralspezifisch; sie setzt die Moral voraus. Das Opfer und vor allem die anderen, die Zeugen des Geschehens sind, regen sich über den Übeltäter auch deswegen auf, weil er sich mit dem, was er getan hat, gegen die Institution stellt, die für alle ein Mindestmaß von Freiheit und Sicherheit garantieren soll und auf deren Funktionieren alle elementar angewiesen sind. Die Moral hat in diesem Fall gerade nicht funktioniert, sie hat ihr Ziel, von bestimmten Handlungen abzuhalten, gerade nicht erreicht. Das löst ein Gefühl latenten Bedrohtseins, ein Gefühl der Unsicherheit aus, das sich dann natürlicherweise gegen den wendet, der das Unrecht getan hat.

Diese Darlegungen zeigen, so glaube ich, hinreichend deutlich, wie verfehlt es ist, der Sanktionstheorie vorzuhalten, sie könne nicht erklären, dass wir auf ein moralisches Unrecht ganz anders reagieren als auf mangelnde Klugheit. Dass das Unmoralisch-Handeln unklug ist, steht für die Opfer und die anderen Mitglieder der moralischen

---

[41] Vgl. hierzu detaillierter Vf., *Handeln zugunsten anderer*, 122–133.

Gemeinschaft überhaupt nicht im Vordergrund. Für sie steht im Vordergrund, dass sie direkt oder indirekt von der Handlung negativ betroffen sind. Und darauf reagieren sie. Dass es wegen der Sanktionen unklug ist, unmoralisch zu handeln, soll für den Handelnden, wenn ihn denn nichts anderes davon abhält, wenn gewissermaßen alle anderen Stricke reißen, der Grund sein, sich gegen das Unrechttun zu entscheiden.

§ 13 Versprechen, Sprechakte, Normativität

1. Versprechen

Nachdem nun dargelegt wurde, von welcher Art das moralische Müssen ist, kann ich zu einer Frage zurückkehren, die schon berührt, deren Beantwortung aber aufgeschoben wurde. In § 8 habe ich zu zeigen versucht, dass die weitverbreitete Auffassung, Normen seien etwas Sprachliches, falsch ist. Und dass imperative Sprechakte weder Normen sind noch aus sich heraus Normen schaffen. Sprechakte dieser Art setzen vielmehr normative Situationen voraus. Nur unter Voraussetzung eines normativen Rahmens sind diese Sprechakte überhaupt möglich. Es ist zwar so, dass Befehle ein Müssen schaffen, aber sie bestimmen, genau besehen, nur, wer etwas tun muss und was er tun muss; dass derjenige das Befohlene tun muss, ist hingegen das Ergebnis einer vorgängigen Rahmensanktionsregelung. Nur durch diese Regelung kommt es dazu, dass der Adressat des Befehls tatsächlich etwas tun muss. Es ist, so hatte ich gesagt, ohnehin eine merkwürdige Idee, dass es möglich sein soll, durch das Äußern eines Satzes ein Müssen zu schaffen. Etwas zu müssen, bedeutet, dass im Falle des Anders-Handelns etwas Negatives passiert. Eine solche Verknüpfung bestimmter Handlungen mit negativen Konsequenzen kann man aber nicht schaffen, indem man etwas sagt. Das wäre Zauberei.

Es gibt allerdings ein sprachliches Phänomen, das zu zeigen scheint, dass man dadurch, dass man etwas sagt, sehr wohl Normativität schaffen kann: das Versprechen. Das Versprechen ist das Paradebeispiel all derer, die die Idee haben, durch den Vollzug eines Sprechaktes könne man Normativität schaffen. Denn wer etwas verspricht, schafft doch ein normatives Müssen, nämlich ein moralisches Müssen, dessen Adressat er selbst ist. Wer etwas verspricht, schafft die moralische Verpflichtung, das Versprochene zu tun. Diese Pflicht gab es vor dem Versprechen nicht. Sie ist erst durch das Versprechen entstanden. Also ist es doch, so die Überlegung, unbestreitbar, dass zumindest ein

Sprechakt, der des Versprechens, aus sich heraus Normativität kreiert. Und diese Normativität ist, so die weitergehende Schlussfolgerung, von prinzipiell anderer Art als die bisher beschriebene. Denn sie ist nicht wollensrelativ. Wer ein Versprechen gibt, schafft damit eine Verpflichtung, für die nichts außer dem Versprechen selbst konstitutiv ist, zu deren Konstituentien also nicht ein hinzukommendes Wollen gehört.[1] – Wäre diese Sicht der Dinge richtig, bedürfte es also einer grundsätzlichen Modifikation der bislang in diesem Buch entfalteten Theorie der Normativität. Umso wichtiger ist es, die Frage sorgfältig zu untersuchen.

Wie also funktioniert ein Versprechen? Wie kommt es zu dem moralischen Müssen, dem derjenige unterliegt, der ein Versprechen gibt? Gibt es hier das Wunder, dadurch, dass man etwas sagt, eine so handfeste Realität zu schaffen wie die, dass man etwas tun muss? Hume hat gesagt, wenn die moralische Verpflichtung, die mit einem Versprechen entsteht, aus dem bloßen Willen zur Verpflichtung entstünde, wäre das „eines der mysteriösesten und unbegreiflichsten Vorgänge", „vergleichbar mit der Transsubstantiation", also der Verwandlung von Wein und Wasser in den Leib und das Blut Christi in der Eucharistie.[2] Nicht weniger unbegreiflich wäre es, wenn dadurch, dass jemand etwas sagt, ein moralisches Müssen entstünde. Denn, wie gesagt: Ein Müssen entsteht durch eine Veränderung in der Welt. Es sind jetzt Handlungen mit negativen Konsequenzen verbunden, die es zuvor nicht waren. Zu einer solchen Veränderung kommt es aber nicht dadurch, dass jemand etwas sagt.

Der Schlüssel zum richtigen Verständnis des Versprechens ist wiederum die Einsicht in die Existenz und die Funktionsweise von Rahmensanktionsregelungen. Ein Versprechen ist auch ein Sprechakt, der nur innerhalb eines solchen bereits vorhandenen, dem Versprechen vorausgehenden normativen Rahmens möglich ist. Die Rahmensanktionsregelung schafft das Müssen, allerdings ein Müssen, bei dem bewusst offen bleibt, wer muss und was er muss. Beide

---

[1] So sehr deutlich Searle, *Rationality in Action*, 193 ff.

[2] Hume, *A Treatise of Human Nature*, III, ii, v, p. 524: "... one of the most mysterious and incomprehensible operations that can possibly be imagin'd, and may even be compar'd to *transubstantiation*, ..."

Leerstellen werden durch den, der ein Versprechen gibt, ausgefüllt.
Der, der das Versprechen gibt, stellt sich selbst an die Stelle dessen,
der muss, und er bestimmt, was der Gegenstand des Müssens ist.
Genau hierin, in dem Sich-selbst-zum-Adressaten-des-Müssens-
Machen und in der Bestimmung dessen, was „gemusst" wird, besteht
das Geben eines Versprechens. Wer ein Versprechen gibt, greift also
auf ein bereits vorhandenes Müssen zurück, das eine andere Instanz
bereitstellt. Er richtet dieses Müssen gleichsam auf sich aus und
bestimmt zudem, was der Gegenstand des Müssens ist.

Betrachten wir das näher. Angenommen, in einer Gesellschaft gibt
es die Institution des Versprechens noch nicht. Es zeigt sich aber, dass
es für das Zusammenleben nützlich wäre, wenn es sie gäbe, wenn es
also die Möglichkeit gäbe, sich auf eine zukünftige Handlung festzulegen, und zwar so, dass ein nötigender Druck entsteht, tatsächlich so
zu handeln, und die anderen sich deshalb darauf verlassen können.
Ich lasse beiseite, welche Erfahrungen und Interessen es im einzelnen
sind, die den Wunsch entstehen lassen, das Versprechen zu erfinden.[3]
Was die Gesellschaft, die diesen Wunsch hat, tun muss, liegt auf der
Hand: Sie muss dafür sorgen, dass derjenige, der sich in dieser Weise
auf eine zukünftige Handlung festlegen will und dies anzeigt, etwas
für ihn Negatives hinnehmen muss, wenn er sich dann doch anders
als angekündigt verhält. Dadurch entsteht für den Betreffenden ein
„Muss", die Handlung, auf die er sich festgelegt hat, auch tatsächlich
zu tun. Die negativen Konsequenzen sind Sanktionen, und zwar
die gewöhnlichen moralischen Sanktionen der sozialen Ablehnung
und Zurückweisung. Die Gesellschaft schafft auf diese Weise eine
moralische Norm, und wer sich dieser Rahmennorm bedient, um einer
Ankündigung Verlässlichkeit zu geben und sich selbst zu binden,
unterwirft sich einem moralischen Müssen.

Jeder kann diese Möglichkeit ergreifen, aber niemand muss es.
Jeder einzelne kann entscheiden, ob er die Position dessen, der muss,
einnimmt oder nicht. Wer es tut, muss es anzeigen. Und er muss
anzeigen, auf welche zukünftige Handlung er sich festlegt. Dies

---

[3] Vgl. hierzu die erhellenden, an Hume anschließenden Untersuchungen von
Lahno, *Versprechen*.

letzte geht nur mit Hilfe der Sprache. Und auch das erste tut man am einfachsten mit Hilfe einer sprachlichen Formel. Im Deutschen gebraucht man die Formel „ich verspreche" und fügt dann an, was man verspricht: „Ich verspreche, dir das Geld zurückzugeben." Stattdessen könnte es üblich sein, ein Versprechen dadurch zu geben, dass man sagt: „Ich werde dir das Geld zurückgeben" und dabei mit einem eigens für diesen Zweck vorgesehenen Stab dreimal auf den Boden stampft. Der Einsatz des Stabes würde anzeigen, dass man nicht nur die Absicht äußert, das Geld zurückzugeben, sondern es verspricht. Praktischer ist es natürlich, einer sprachlichen Formel diese Funktion zuzuweisen.

Das Äußern eines entsprechenden Satzes bewirkt also tatsächlich, dass man die moralische Pflicht hat, die versprochene Handlung zu tun. An dieser Kausalität ist aber nichts mysteriös. Es ist keineswegs so, dass hier das Äußern eines bestimmten Satzes aus sich heraus eine moralische Pflicht generiert. Was passiert tatsächlich? Das Entscheidende ist der Sanktionsmechanismus: Er reagiert, wenn jemand die konventionell festgelegte Äußerung tut, und richtet sich auf die betreffende Person aus und unterwirft sie seinem Müssen. Unterlässt die Person die von ihr angekündigte Handlung, wird sie sanktioniert, während alle anderen sich so verhalten können, ohne sanktioniert zu werden. Wie auch sie selbst nicht sanktioniert würde, wenn sie die einschlägige Äußerung nicht getan hätte. Durch eine derartige Sanktionsregelung gewinnt jeder die Möglichkeit, eine auf ihn bezogene Ausrichtung des Sanktionsmechanismus zu bewirken und sich selbst auf diese Weise zu etwas zu verpflichten.

Es ist damit klar, dass es ein Versprechen nur innerhalb eines Sanktionsrahmens geben kann, den die Gesellschaft vorab geschaffen hat und bereithält. Es gilt also auch für den Sprechakt des Versprechens: Nicht der Sprechakt schafft das Müssen, das vorgängige Müssen schafft vielmehr die Möglichkeit des Sprechaktes. Erst durch die Rahmennorm gewinnt das Äußern des entsprechenden Satzes einen normativen Status, den, ein Versprechen zu sein und eine moralische Verpflichtung zu bewirken.

Wir stoßen mit diesen Überlegungen erneut auf die erstaunliche Plastizität und Produktivität von Normen. Durch die Variation eines einfachen Mechanismus, des künstlichen Anheftens negativer

Konsequenzen an bestimmte Handlungen, entstehen auch im Fall der jetzt untersuchten Rahmennorm neue Tatsachen, neue Handlungsmöglichkeiten und neue Kausalbeziehungen. Dass eine bestimmte sprachliche Äußerung ein Versprechen ist, ist eine Tatsache, die es ohne die Rahmennorm gar nicht geben kann. Und nur durch diese Norm ist es möglich, etwas völlig Neues zu tun: ein Versprechen zu geben und damit zu bewirken, dass man zu etwas verpflichtet ist. Wir sehen hier erneut, dass wir Normen nicht nur dazu verwenden, bestimmte Handlungen zu verbieten oder zu gebieten, sondern auch dazu, bestimmte Handlungen überhaupt erst möglich zu machen.

Die Überlegungen zeigen auch, wie falsch Searle liegt, wenn er meint, der Sprechakt des Versprechens gehöre gerade nicht zu den Sprechakten, die nicht-sprachliche Institutionen voraussetzen. Befehle und Ernennungen sind Beispiele für Sprechakte, die es nur geben kann, wenn bestimmte Rahmeninstitutionen existieren. Für den Sprechakt des Versprechens gilt dies, so Searle, gerade nicht.[4] Searle nimmt an, man äußere einen bestimmten Satz und jeder, der die Regeln der Sprache kenne, wisse, dass damit ein Versprechen gegeben sei. Das Äußern des Satzes zählt als („counts as") ein Versprechen. Doch was als Versprechen zählt, zählt als Übernahme einer moralischen Verpflichtung, es zählt als Sich-zum-Adressaten-einer-Norm-Machen. Diese Norm muss es aber geben. Und sie entsteht weder dadurch, dass jemand einen bestimmten Satz äußert, noch dadurch, dass die Menschen die sprachlichen Regeln kennen und verstehen, dass das Äußern eines Satzes der Form: „Ich verspreche, dass ..." bedeutet, ein Versprechen zu geben und sich unter eine moralische Norm zu stellen. Es bedarf, unabhängig von dem sprachlichen Geschehen, der Rahmennorm. Nur durch sie kommt es dazu, dass, wer ein Versprechen bricht, negative Konsequenzen hinnehmen muss. Nur durch sie kommt es also dazu, dass man ein Versprechen halten *muss*. Searle übersieht, wenn er glaubt, das Versprechen bedürfe keiner nicht-sprachlichen Institution, erneut völlig die Bedeutung

4 Siehe J. R. Searle: A Taxonomy of Illocutionary Acts (1975), in: J. R. S.: *Expression and Meaning* (Cambridge 1979) 1–29, 7; dt. in: J. R. S.: *Ausdruck und Bedeutung* (Frankfurt 1982) 17–50, 24.

der Norm und ihre konstitutive Funktion für die Möglichkeit eines Versprechens.[5] Ein normatives Müssen resultiert auch in diesem Fall nicht aus der kollektiven Akzeptanz eines „x zählt als y". Searle vermag deshalb nicht zu erklären, wie es zu dem Müssen kommt, das mit einem Versprechen entsteht. Da dieses Müssen aber essentiell zum Versprechen gehört, erklärt er nicht, was ein Versprechen ist und wie es funktioniert.

Ich kann, was ich zum Versprechen gesagt habe, jetzt kurz resümieren. Der entscheidende Punkt ist, dass auch ein Versprechen, anders als von vielen behauptet oder nahegelegt, kein Sprechakt ist, der aus sich heraus ein normatives Müssen schafft. Das ist ganz unmöglich. Auch der Sprechakt, bei dem es zweifellos am ehesten so aussieht, vermag dies nicht. Ein Versprechen ist nur möglich, wenn es bereits dieses moralische Müssen – mit den beiden charakteristischen Leerstellen – gibt. Und dieses Müssen ist sanktionskonstituiert und hat damit die Ontologie eines jeden normativen Müssens. Die Analyse des Versprechens zwingt also keineswegs dazu, eine ganz andere Art von Normativität, eine, die nicht wollensrelativ ist, anzunehmen. Wenn auch das Versprechen, der vermeintlich deutlichste Fall, aus sich heraus keine Normativität generiert, bestätigt sich, was die vorgetragenen Analysen ohnehin nahelegen: dass es überhaupt keine Sprechakte gibt, die dies vermögen.

2. Behauptungen

Angesichts dieses Ergebnisses ist es überaus überraschend, dass einige einflussreiche Philosophen die Auffassung vertreten, nicht nur der Sprechakt des Versprechens, sondern jeder oder fast jeder Sprechakt generiere aus sich heraus Normativität. Das Versprechen ist nur das besonders deutliche Muster, es zeigt nur in besonders reiner Ausprägung, was auch für die anderen Sprechakte gilt. Sie alle gleichen dem Versprechen darin, dass mit ihnen Normativität entsteht. „… fast alle Sprechakte enthalten", so sagt Searle, „ein Element

---

[5]   Vgl. hierzu bereits § 10, S. 243, 251 f.

des Versprechens."[6] Denn fast jeder Sprechakt, ausgenommen sind nur bestimmte einfache Expressionen, bringt eine Verpflichtung („obligation") oder eine Festlegung („commitment") mit sich.[7] Das heißt, mit fast jedem Sprechakt geht wie beim Versprechen einher, dass der, der den Sprechakt vollzieht, etwas tun muss oder zu etwas verpflichtet ist. Und dieses Müssen ist, so Searle, wollensunabhängig, es entsteht unmittelbar mit dem Sprechakt, ohne dass noch ein anderes Element hinzukommt.[8] Auch W. P. Alston präsentiert eine Theorie der Sprechakte, die nachdrücklich deren „normativen Charakter" betont. Er entwickelt seine Konzeption ebenfalls von einer Analyse des Versprechens aus.[9] Das Versprechen ist auch hier der Sprechakt, der modellhaft die Züge zeigt, die die Sprechakte insgesamt aufweisen. Auch R. Brandom geht in *Making It Explicit* (1994) in diese Richtung. Alston weist darauf hin, dass sich seine „normative" Konzeption der Sprechakte mit der von Brandom trifft.

Die Annahme, alle Sprechakte seien dem Versprechen darin gleich, dass mit ihnen Normativität entsteht, ist gleich in mehreren Hinsichten irritierend. Zunächst ist, wie gezeigt, zumindest bei Searle das zugrundeliegende Verständnis des Versprechens falsch. Ein Versprechen schafft nicht aus sich heraus Normativität. Auch ist das mit einem Versprechen einhergehende Müssen keineswegs wollensunabhängig. Dann ist es überraschend, dass überhaupt mit praktisch allen Sprechakten ein Müssen verbunden sein soll. Wenn ich jemanden bitte, mir das Salz zu geben, was ist dann das Müssen, das mit diesem Sprechakt entsteht und dem ich unterworfen bin – und das in irgendeiner Weise vergleichbar ist mit dem Müssen, dem ich unterliege, wenn ich etwas verspreche? Das ist schwer zu sehen. Und wo ist ein derartiges Müssen, wenn jemand behauptet, er habe früher volles, welliges Haar gehabt? Was ist es, was er tun muss, weil er diese Behauptung macht? Und schließlich ist es irritierend, dass ausgerechnet der sehr besondere Sprechakt des Versprechens das Muster

---

[6] Searle, *Rationality in Action*, 181: "… almost all speech acts have an element of promising." Siehe auch 147.
[7] Ebd. 147.
[8] Ebd. 147, 174.
[9] W. P. Alston: *Illocutionary Acts and Sentence Meaning* (Ithaca 2000).

für die anderen Sprechakte sein soll. Schon allein deshalb, weil man mit einem Versprechen eine *moralische* Verpflichtung übernimmt. Ein Versprechen hat eine enge Beziehung zur Moral, wie es doch für eine Bitte oder eine Behauptung nicht gilt. Hier Parallelen zu sehen, wirkt bizarr. Searle scheint dies zu spüren. Er versucht, abwegige Schlussfolgerungen zu vermeiden, freilich mit einem Schritt, der nicht weniger abwegig ist: Er leugnet, dass die Verpflichtung, die ein Versprechen schafft, eine moralische Verpflichtung ist. „... there is no special connection between promising and morality ..."[10] Ein Versprechen schaffe eine Verpflichtung, wie man sie auch bei anderen Sprechakten finde, aber keine moralische Verpflichtung.

Betrachten wir als Beispiel den Sprechakt des Behauptens. Mit einer Behauptung, so also die These, entsteht für den, der sie macht, eine Verpflichtung oder, einfacher ausgedrückt, ein Müssen. Ganz so wie beim Versprechen. „Lange Zeit haben Philosophen", so sagt Searle, „versucht, Versprechen als eine Art von Behauptung zu betrachten. Es wäre richtiger, Behauptungen als eine Art von Versprechen zu begreifen ..."[11] Wer ein Versprechen gibt, ist moralisch verpflichtet, die versprochene zukünftige Handlung zu tun. Was entspricht dem bei einer Behauptung? Was ist bei einer Behauptung der Gegenstand des Müssens? Searles Standardantwort lautet: „... etwas zu behaupten, verpflichtet den Sprecher auf die Wahrheit der behaupteten Proposition, ..."[12] Das ist jedoch eine undeutliche Auskunft. Denn man erwartet als Objekt der Verpflichtung etwas, was der Sprecher *tut*. „Auf die Wahrheit verpflichtet zu sein" scheint also eine elliptische Ausdrucksweise zu sein. Wie ist sie zu verstehen?

Wir kommen hier weiter, wenn wir auf das Phänomen selbst schauen. Was tun wir, wenn wir etwas behaupten? Man kann das Behaupten in verschiedener Weise verstehen. Ich möchte einen weiteren, anspruchsloseren und einen engeren, anspruchsvolleren Begriff unterscheiden und zunächst den weiteren erläutern. – Zu behaupten, dass die Tür offen ist, bedeutet hiernach, zu sagen, dass

---

[10] Searle, *Rationality in Action*, 194; ähnlich bereits in *Speech Acts*, 176 f.; dt. 263 f.
[11] Searle, *Rationality in Action*, 181.
[12] Ebd. 147, auch 173, 181, 183, 184.

sie offen ist, und damit als Tatsache hinzustellen, dass sie offen ist. Wer etwas behauptet, stellt als Tatsache hin, dass die Welt in diesem Punkt so-und-so beschaffen ist. Man kann stattdessen auch sagen: Mit einer Behauptung stellt man etwas als wahr hin. Denn wenn es eine Tatsache ist, dass die Tür offen ist, ist die Proposition, dass sie offen ist, wahr. Dies scheint jedoch schon eine indirekte Beschreibung zu sein. Denn mit einer Behauptung zielt man auf die Welt und wie sie ist und nicht auf eine Proposition.

Es ist nun eine einfache Wahrheit, dass es möglich ist, dass die Welt, von der behauptet wird, sie sei so-und-so, nicht so ist. Die Behauptung ist dann falsch. Aber auch eine falsche Behauptung ist eine Behauptung. Und es ist eine zweite einfache Wahrheit, dass man etwas behaupten kann, ohne das Behauptete für wahr zu halten. Wer behauptet, die Tür sei offen, muss nicht der Meinung sein, sie sei offen. Er kann vielleicht sogar wissen, dass sie verschlossen ist. Dennoch stellt er eine Behauptung auf, er stellt etwas als Tatsache hin.[13]

Wenn jemand etwas behauptet und es für wahr hält, sich dann aber herausstellt, dass es doch nicht so ist, hat er sich geirrt und, ohne es zu wollen, etwas Falsches behauptet. Und falls sich jemand aufgrund seiner Behauptung die Meinung gebildet hat, es sei so wie behauptet, hat er sich eine irrige Meinung gebildet. Dem, der die Behauptung gemacht hat, ist in diesem Fall nichts vorzuwerfen. Er kann dem anderen allenfalls sagen, dass es ihm leid tue, dass er sich, veranlasst durch ihn, eine irrige Meinung gebildet hat. Wenn jemand hingegen etwas behauptet und es nicht für wahr hält, sieht die Situation anders aus. Wenn bemerkt wird, dass er das Behauptete gar nicht für wahr hält, wird er sich ertappt fühlen und die anderen werden sich getäuscht fühlen und ihm Vorhaltungen machen. Wie kommt es dazu? Man behauptet in vielen Fällen etwas, um andere über etwas zu informieren. Deshalb nehmen die Adressaten eine Behauptung in der Regel als eine Information. Sie unterstellen, dass

---

[13] Auch diese offensichtliche Wahrheit kann in der philosophischen Theoriebildung verloren gehen; so schreibt Habermas, *Theorie des kommunikativen Handelns*, Bd. 1, 419: „Wenn jemand ‚p' behauptet …, meint oder weiß oder glaubt er zugleich, ‚dass p'."

der Behauptende meint, dass die Dinge so sind, wie er behauptet. Und wenn er es für wahr hält, wird es wohl, so eine weitere Unterstellung, auch wahr sein. Denn er kann es nur für wahr halten, wenn er auch Gründe dafür hat (oder dies zumindest glaubt). Auf dem Boden dieser Unterstellungen kann man andere leicht täuschen, indem man etwas behauptet, obwohl es, wie man weiß, gar nicht so ist und obwohl man folglich auch gar nicht meint, dass es so ist. Wenn jemand sich daraufhin tatsächlich die falsche Meinung bildet, hat man ihn bewusst in die Irre geführt. Und hierbei fühlt man sich, wenn es bemerkt wird, ertappt, und hierfür wird man von den anderen kritisiert.

Wer einen anderen absichtlich – oder auch fahrlässig – in die Irre führt, tut etwas Unmoralisches. Man kann also mit einer Behauptung unmoralisch handeln. Die moralische Norm, gegen die man dann verstößt, ist etwas der Behauptung gegenüber Äußerliches, Externes. Und die moralische Verpflichtung, andere nicht in die Irre zu führen, entsteht klarerweise durch die moralische Norm, nicht dadurch, dass man etwas behauptet. Wenn man absichtlich etwas Falsches behauptet, handelt es sich dennoch um eine vollständige Behauptung, der nichts von einer Behauptung fehlt, die aber, gemessen an der externen moralischen Norm, als unmoralisch kritisiert und getadelt werden kann. – Man muss sich hier vor falschen Parallelisierungen mit dem Versprechen hüten. Searle parallelisiert ausdrücklich das „commitment to truth" des Behauptens mit dem „commitment to a future action" des Versprechens.[14] Doch wer ein Versprechen gibt, ist *dadurch, dass er* dies tut, zu etwas moralisch verpflichtet. Die moralische Verpflichtung ist, so könnte man sagen, dem Versprechen intern. Wer etwas – in dem jetzt diskutierten Sinn – behauptet, ist hingegen nicht durch die Behauptung selbst zu etwas verpflichtet. Das Behaupten und die moralische Pflicht, andere nicht in die Irre zu führen, auch nicht dadurch, dass man etwas behauptet, was man nicht für wahr hält, sind zwei verschiedene Dinge, die äußerlich aufeinander bezogen sind. So wie das Autofahren und die Straßenverkehrsregeln verschiedene Dinge sind. Wer Auto fährt, bringt durch diese Handlung nicht die Verpflichtungen hervor, denen er als Autofahrer unterliegt.

---

[14] Searle, *Rationality in Action*, 183; auch 147.

Ich kann jetzt festhalten, dass eine Behauptung, in der jetzt
erläuterten Weise verstanden, keineswegs ein Sprechakt ist, der aus
sich heraus ein moralisches Müssen schafft. Er schafft auch nicht
in der Weise, wie ein Versprechen das tut, ein moralisches Müssen.
Es besteht hier vielmehr ein sehr großer Unterschied, der zeigt, wie
verschieden die Sprechakte des Versprechens und des Behauptens in
Wahrheit sind. Searle hatte gesagt, wer eine Behauptung mache, sei
auf die Wahrheit des Behaupteten verpflichtet. Bisher ist aber noch
dunkel, welche Verpflichtung für den Sprecher mit einer Behauptung
entsteht.

Eine andere Idee, die bei Searle ebenfalls eine Rolle spielt[15] und
auf die ich deshalb kurz eingehe, besagt, dass jemand, der behauptet,
dass *p*, nicht gleichzeitig auch behaupten kann, dass *non-p*. Eine
Behauptung enthält, wie Searle sagt, eine Verpflichtung auf Konsistenz. Natürlich, wenn man etwas behauptet und damit etwas als
Tatsache hinstellt und mit einer anderen Behauptung das Gegenteil als
Tatsache hinstellt, passt das nicht zusammen. Nur eines von beiden
kann eine Tatsache sein, und nur eine der Behauptungen kann wahr
sein. Die Behauptungen heben sich gleichsam gegenseitig auf. Und
deshalb kann man mit ihnen nichts erreichen. Wenn man jemanden
mit seinen Behauptungen über einen Sachverhalt informieren (oder
auch täuschen) *will*, muss man die jeweils gegenteilige Behauptung
unterlassen. So wie man, wenn man einen Turm bauen *will* und mit
der Rechten kleine Bauklötzchen aufeinanderstellt, es unterlassen
muss, den entstehenden Turm mit der Linken einzureißen. Hier wie
dort ist ein Wollen und damit ein externes Element im Spiel, und
erst durch dieses Wollen kommt es zu dem normativen Müssen.
Die Antwort auf die Frage, warum man, wenn man behauptet, dass
p, nicht gleichzeitig auch behaupten kann, dass *non-p*, lautet also:
weil man so nicht erreichen kann, was man mit den Behauptungen
erreichen will. Man kann auf diese Weise z. B. niemanden dazu
bringen, das eine oder andere Behauptete für wahr zu halten. – Es
ist, so meine ich, offensichtlich, dass dieses Müssen (bzw. Nicht-
können) nicht aus der Behauptung selbst kommt, in irgendeiner

---

15 Vgl. ebd. 173, auch 148, 180 f.

Weise, die damit vergleichbar wäre, wie mit einem Versprechen ein (moralisches) Müssen entsteht. Wir finden auch hier kein Müssen, das dem Sprechakt des Behauptens immanent ist und deshalb mit ihm in die Welt kommt.

Ich komme jetzt zu dem engeren und anspruchsvolleren Verständnis des Behauptens. Danach stellt, wer etwas behauptet, nicht nur etwas als Tatsache hin. Es kommt als zweites Element hinzu, dass er dafür einsteht, dass es so ist, dass er eine Garantie dafür übernimmt, dass es so ist, sich dafür verbürgt oder, um es zugespitzt zu formulieren, dass er verspricht, dass es so ist.[16] Das Behaupten ist hiernach also, ganz wie es Searle gesagt hat, tatsächlich eine Art des Versprechens. Lässt sich die Vorstellung, eine Behauptung beinhalte ein „commitment to truth", auf diese Weise verständlich machen? Wie ist dieses zweite definierende Element des Behauptens zu verstehen?

Zunächst ist nach den vorangegangenen Überlegungen klar, dass zwei Interpretationsvarianten ausfallen: Zum einen kann, eine Behauptung zu machen, nicht implizieren, dass die Welt tatsächlich so ist, wie behauptet. Es gibt falsche Behauptungen, und auch das sind Behauptungen. Zum anderen kann, eine Behauptung zu machen, nicht implizieren, das Behauptete für wahr zu halten. Man kann offenkundig eine Behauptung machen, obwohl man sie für falsch hält. – Nun scheinen die Formulierungen „man steht dafür ein", „man übernimmt eine Garantie" etc. genauer betrachtet auch gar nicht in eine dieser Richtungen zu gehen. Wenn jemand eine Garantie dafür übernimmt, dass etwas so-und-so ist, dann muss es nicht tatsächlich so sein; ja, er muss, wie es scheint, nicht einmal meinen, dass es so ist. Aber er räumt dem anderen einen Anspruch gegen sich ein, falls es nicht so ist. Er übernimmt die Haftung für den Fall, dass es nicht so ist. Es fällt allerdings nicht leicht, zu sagen, worauf der andere einen Anspruch hat, wenn ich eine Behauptung mache, die sich dann als falsch herausstellt, und was ich tun muss, um diesem Anspruch zu genügen, worin also die Haftung besteht. Dies deutet

---

[16] Tugendhat hat erwogen, eine Behauptung als eine „Garantiehandlung" zu verstehen. Vgl. *Vorlesungen zur Einführung in die sprachanalytische Philosophie*, 254–257. Searle hat von einem „undertaking", also einer Zusicherung oder Garantie gesprochen. Vgl. *Speech Acts*, 66; dt. 100.

darauf hin, dass all diese Ausdrücke, bezogen auf das Behaupten, nur metaphorisch verwandt sind. Sie entstammen einem anderen Bereich und werden – in metaphorischer Verwendung – auf das Behaupten übertragen. Damit wird versucht, etwas zur Sprache zu bringen, was das Behaupten ausmacht, eben jenes zweite Element, das zu dem bloßen Sagen, dass etwas eine Tatsache ist, hinzukommen soll. Was aber ist genau gemeint?

Searle gebraucht an einigen Stellen die Formulierung, wer etwas behaupte, „übernehme die Verantwortung" („to take responsibility") für die Wahrheit des Behaupteten.[17] Diese Formulierung, die er nicht weiter erläutert, übernimmt er von Alston. Alston hat sie bereits in den 60er Jahren verwandt[18] und das „taking responsibility" dann sehr viel später in *Illocutionary Acts and Sentence Meaning* (2000) zu einem zentralen Baustein seiner Sprechakttheorie gemacht. Er nimmt an, es sei ein wesentliches Element aller oder zumindest der wichtigsten Typen von Sprechakten, dass man mit ihnen für etwas Verantwortung übernimmt. Etwas zu behaupten, enthält dieses Element, nicht anders als das Versprechen. Wer etwas behauptet, übernimmt die Verantwortung dafür, dass das Behauptete wahr ist. Das heißt, dass etwas falsch gelaufen ist, wenn das Behauptete nicht wahr ist, und dass der, der die Behauptung gemacht hat, deshalb getadelt werden kann. Es hat etwas nicht geklappt, wofür er die Verantwortung hat. Die, die davon betroffen sind, ziehen ihn zur Rechenschaft, tadeln und kritisieren ihn.[19] Mit einer Behauptung die Verantwortung für die Wahrheit des Behaupteten zu übernehmen, heißt demnach, eine bestimmte Position einzunehmen, nämlich die Position dessen, der, wenn das Behauptete nicht wahr ist, zu Recht getadelt werden kann. Dies ist, wie Alston sagt, eine normative Position.[20] Von welcher Art sie ist, tritt deutlicher hervor, wenn man sieht, dass der Tadel auf eine Regelverletzung reagiert. Wer etwas behauptet, was nicht so ist, verletzt eine Regel,

---

[17] Searle, *Rationality in Action*, 173, 176; vgl. auch 185. Der Ausdruck findet sich schon in *Speech Acts* (62; dt. 95), hier bezogen auf das Versprechen.
[18] Siehe W. P. Alston: *Philosophy of Language* (Englewood Cliffs 1964) 41 ff.
[19] Alston, *Illocutionary Acts*, 54, 55; *Philosophy of Language*, 41.
[20] Alston, *Illocutionary Acts*, 71; vgl. auch 55, 59, 84.

und deshalb wird er getadelt.[21] Indem man etwas behauptet, macht man sich also zum Adressaten einer Regel; man macht sich zum Adressaten eines Müssens und nimmt so eine normative Position ein. Die Regel lautet, dass es nur erlaubt ist, etwas zu behaupten, wenn das Behauptete wahr ist. Oder, anders gesagt, dass es verboten ist, etwas Falsches zu behaupten. Wohlgemerkt, es gehört nicht zu einer Behauptung, diese Regel zu befolgen. Dann könnte es ja keine falschen Behauptungen geben. Zu einer Behauptung gehört nur, sich zum Adressaten dieser Regel zu machen, also zu jemandem, der getadelt werden kann, wenn das Behauptete falsch ist.

Diese Konzeption, so weit entwickelt, erweist sich bei näherem Hinsehen schnell als nicht überzeugend. Man denke an einen Wissenschaftler, der nach bestem Wissen und Gewissen behauptet, etwas sei so-und-so. Nach einiger Zeit, nach neuen Untersuchungen mit neuen Verfahren, stellt sich heraus, dass seine Behauptung falsch ist, dass er sich geirrt hat. Kann man ihn tadeln dafür, dass er die Behauptung gemacht hat? Nein. Hat er irgendeine Regel oder Norm verletzt? Nein. All dies stimmt hier nicht. Er hat folglich mit seiner Behauptung auch nicht eine normative Position eingenommen, die bedeutet, dass er im Falle des Falschseins seiner Behauptung zu Recht getadelt werden kann. Und das heißt wiederum, dass er mit seiner Behauptung keineswegs in der beschriebenen Weise die Verantwortung für die Wahrheit des Behaupteten übernommen hat. Der Wissenschaftler kann, ich habe schon darauf hingewiesen, seinen Kollegen, die sich infolge seiner Behauptung eine irrige Meinung gebildet haben, sagen, dass es ihm leid tut. Nicht weil ihm etwas vorzuwerfen wäre, vielmehr einfach wegen der Kausalität. Die Idee der Verantwortung für die Wahrheit passt hier, wie sich zeigt, nicht, sie geht an dem Phänomen vorbei. Es ist aufschlussreich, dass Alston, wenn er die Reaktionsweisen aufzählt, mit denen man reagiert, wenn sich eine Behauptung als falsch erweist, neben Tadel und Beschwerde auch die Korrektur nennt.[22] Damit bringt er grundverschiedene Dinge zusammen. Dass die anderen den Wissenschaftler korrigieren,

---

[21] Ebd. 58, 191.
[22] Ebd. 55.

bedeutet nicht, dass er gegen eine Regel verstoßen hat und etwas
Tadelnswertes getan hat. Es heißt nur, dass seine Behauptung falsch
war. Deshalb wird sie korrigiert.

Diese Kritik zeigt, dass Alstons Explikation der Verantwortung
für die Wahrheit allenfalls die Fälle trifft, in denen jemand andere
mit einer Behauptung absichtlich – oder auch fahrlässig – in die Irre
führt. Ihn kann man tadeln, er hat gegen eine Regel verstoßen. Dies
läuft dann darauf hinaus, zu sagen, dass, wer eine Behauptung macht,
nicht die Verantwortung dafür übernimmt, dass das Behauptete wahr
ist, sondern dafür, dass er das Behauptete auch für wahr hält, dass er
nicht etwas als wahr hinstellt, was er selbst nicht für wahr hält. Dass
jemand diese Verantwortung übernimmt, heißt wiederum nicht, dass
er, was er behauptet, auch tatsächlich für wahr hält, es bedeutet nur,
dass er, wenn er es behauptet, ohne es für wahr zu halten, eine Regel
verletzt und deshalb mit Recht getadelt werden kann.

Die Regel, um die es hier geht, die Regel, nur das zu behaupten,
was man selbst für wahr hält, ist ohne Zweifel eine moralische
Norm. Es ist etwas Unmoralisches, mit seiner Behauptung andere
zu täuschen und in die Irre zu führen. Und dagegen wendet man sich
mit Tadel und anderen Formen der Zurückweisung. Die Regel ist also
genau die moralische Norm, auf die wir schon zuvor gestoßen sind.
Man darf hier nicht den Fehler machen, zu glauben, die Regel sei
keine moralische, sondern eine semantische Regel. Wer sie verletze,
mache keine Behauptung. Wer sie verletzt, macht sehr wohl eine
Behauptung, aber er behauptet eben etwas, was er selbst nicht für
wahr hält. Eine semantische Regel ist die ganz andere Regel, die
besagt, dass man sich dafür, etwas zu behaupten, zum Adressaten
der genannten moralischen Regel machen muss. Sonst ist das, was
man tut, keine Behauptung.

Was ist nun, wenn das Behaupten in dieser zweiten Weise verstanden wird, die Gemeinsamkeit mit dem Versprechen, von der Searle
und Alston gesprochen haben? Was ist das Versprechens-Element in
der Behauptung? Es ist wichtig, hier genau hinzusehen, weil man
sonst leicht fehlgehenden Suggestionen erliegt und zu weitgehenden,
nicht weniger fehlgehenden Folgerungen kommt. Wer eine Behauptung macht, übernimmt nach dieser Konzeption die Verantwortung
dafür, auch für wahr zu halten, was er behauptet. Er unterwirft sich

der Regel, die es verbietet, Dinge zu behaupten, die man selbst nicht für wahr hält. Wer es so sieht, wird dann vom Versprechen sagen, dass derjenige, der ein Versprechen gibt, die Verantwortung dafür übernimmt, auch die Absicht zu haben, das Versprochene zu tun. Er unterwirft sich der Regel, die es verbietet, Dinge zu versprechen, die man nicht die Absicht hat zu tun. Dies und nur dies ist die Parallele, die sich ergibt. Sie betrifft die mentalen Zustände hinter den Sprechakten. Sie betrifft nicht das Eigentliche des Versprechens: dass man mit ihm die moralische Verpflichtung übernimmt, das Versprochene zu tun. Zu diesem, das Versprechen in Wahrheit singularisierenden Element besteht beim Behaupten keinerlei Entsprechung. Wer etwas behauptet, geht damit nicht die moralische Verpflichtung ein, in Zukunft etwas zu tun. Es ist deshalb hochgradig irreführend, zu sagen, eine Behauptung enthalte ein Element des Versprechens oder sei gar eine Art von Versprechen. Die Parallele zwischen Versprechen und Behaupten betrifft auch aus der Perspektive der zweiten, reicheren Bestimmung des Behauptens nur die mentalen Zustände hinter den Sprechakten. So wie man mit einem Versprechen bluffen und den Eindruck erwecken kann, man habe die Absicht, das-und-das zu tun, so kann man mit einer Behauptung bluffen und den Eindruck erwecken, man halte das-und-das für wahr. In beiden Fällen täuscht man einen mentalen Zustand vor, in dem man tatsächlich nicht ist. Man kann auch sagen: Wie man beim Versprechen unaufrichtig sein kann (was nichts daran ändert, dass man etwas verspricht), kann man auch beim Behaupten unaufrichtig sein (was ebenfalls nichts daran ändert, dass man etwas behauptet).

Die Explikation des zweiten, anspruchsvolleren Begriffs des Behauptens stößt, wie schon gesagt, auf dieselbe moralische Norm, die auch bei der Erläuterung des ersten, einfacheren Begriffs des Behauptens eine Rolle spielte. Die Beziehung dieser Norm zur Handlung des Behauptens ist in den beiden Fällen aber eine ganz andere: Für das Behaupten im ersten Sinne ist die moralische Norm eine externe Regel, die eine bestimmte Art des Behauptens verbietet. Die Handlung des Behauptens und die moralische Norm sind verschiedene Dinge, die nur extern aufeinander bezogen sind. Deshalb ist es möglich, sich eine Welt zu denken, in der es die Handlung des Behauptens gibt, aber nicht die moralische Norm, die es verbietet, andere zu täuschen. Beim Behaupten im zweiten Sinne ist die moralische Norm hingegen eine interne Regel, die in die Definition des Behauptens eingeht. Etwas zu behaupten, heißt eben nicht nur, zu sagen, dass etwas so-und-so ist, sondern auch sich zum Adressaten der moralischen Norm zu machen. Man kann demnach nicht sagen, was eine Behauptung ist, ohne sich auf diese Norm zu beziehen. Deshalb ist es auch nicht möglich, sich eine Welt zu denken, in der es Behauptungen gibt, aber nicht die besagte moralische Norm. Das Behaupten ist hier folglich ein Sprechakt, der notwendigerweise eine bestimmte moralische Realität voraussetzt. Nur wenn es die entsprechende moralische Norm gibt, ist es möglich, etwas zu behaupten. Das Behaupten zählt hiernach – wie das Befehlen, Ernennen und auch das Versprechen – zu den Sprechakten, zu deren Existenzbedingungen eine nicht-sprachliche Institution, in diesem Fall eine moralische Norm, gehört.

Ich werde, was für und gegen die erste und zweite Konzeption des Behauptens spricht, nicht erörtern. Meines Erachtens spricht sehr viel dafür, das Behaupten in der ersten Weise zu verstehen und die Moralisierung dieses Sprechaktes (und anderer Sprechakte) zurückzuweisen. Sie führt nur in schwerwiegende Konfusionen. Ich begründe das nicht weiter, denn für die Untersuchung, um die es jetzt geht, und für ihr Ergebnis hängt von dieser Einschätzung nichts ab. Es geht hier um die These, mit fast allen Sprechakten entstehe, ganz so wie bei einem Versprechen, Normativität, und zwar eine Normativität, die nicht wollensrelativ ist. Wir haben gesehen, dass dies schon für den (vermeintlichen) Modellfall des Versprechens nicht stimmt. Und wir können jetzt sehen, dass es auch für das Behaupten nicht stimmt, und zwar unabhängig davon, ob man es in der einen oder der anderen Weise versteht.

Konzipiert man das Behaupten in der ersten Art, liegen die normativen Verhältnisse offen zutage. Das Behaupten selbst generiert keine Normativität. Normativität kommt nur von außen in Form einer moralischen Norm ins Spiel. Diese Norm ist sanktionskonstituiert und damit wollensrelativ, und sie wird natürlich nicht dadurch, dass Menschen etwas behaupten, in die Welt gebracht. Konzipiert man das Behaupten in der zweiten Art, setzt es dieselbe moralische Norm bereits voraus. Man kann sich mit einer Behauptung nur zum

Adressaten dieser Norm machen, wenn es sie bereits gibt. Aber auch hier entsteht die Norm nicht durch den Sprechakt des Behauptens, der Sprechakt setzt sie, wie gesagt, vielmehr voraus. Was die Konstitution der Norm angeht, gilt genauso, dass sie sanktionskonstituiert und damit wollensrelativ ist. Auch wenn man den komplexeren Begriff des Behauptens zugrunde legt, bleibt also nichts von der Idee, das Behaupten kreiere aus sich heraus ein normatives Müssen, und sogar ein wollensunabhängiges normatives Müssen.

3. Drei weitere Überlegungen

Nachdem dieses Ergebnis erreicht ist, möchte ich noch auf drei Einwände oder kritische Überlegungen eingehen. (i) Zunächst könnte man darauf hinweisen, dass ich die Norm, auf die eine Behauptung in der einen oder anderen Weise bezogen ist, nicht hinreichend differenziert bestimmt habe. Wer etwas behauptet, ist nicht nur verpflichtet, das, was er behauptet, für wahr zu halten, er ist auch verpflichtet, etwas für die Wahrheit des Behaupteten in der Hand zu haben. Er muss, mit anderen Worten, Gründe dafür haben, das, was er behauptet, für wahr zu halten. Sonst hängt sein Für-wahr-Halten in der Luft, und er nimmt leichtfertig in Kauf, andere in die Irre zu führen. Dieser Hinweis ist, so glaube ich, berechtigt. Wahrscheinlich ist es nötig, den Inhalt der Norm genauer zu bestimmen, und wahrscheinlich ist es nicht leicht, zu sagen, wie genau. Ich habe bewusst auf alle Verfeinerungen verzichtet. Denn auch wenn man die Norm differenzierter fasst, ändert sich im Grundsätzlichen nichts. Wenn man das Behaupten im ersten Sinn versteht, ist die Norm, ob modifiziert oder nicht, eine externe Norm. Und wenn man das Behaupten im zweiten Sinne versteht, ist die Norm, ob modifiziert oder nicht, die Voraussetzung dafür, dass man überhaupt etwas behaupten kann. Auch wenn man die Norm inhaltlich modifiziert, ändert das also nichts an dem entscheidenden Befund: Es spricht nichts dafür, dass das Behaupten aus sich heraus ein normatives Müssen generiert.

(ii) Die zweite kritische Überlegung geht von einer ähnlichen Intuition aus wie die erste. Sie zieht die Aussage in Zweifel, mit

einer Behauptung unterstelle man sich allenfalls einer Verpflichtung
hinsichtlich des mentalen Zustandes hinter dem Behaupten, aber nicht
– wie mit einem Versprechen – einer Verpflichtung, künftig etwas zu
tun. Man könne oder müsse eine Behauptung so verstehen, dass sie
nicht nur die Verpflichtung enthält, das Behauptete für wahr zu halten,
sondern auch die Verpflichtung, in Zukunft, falls jemand das verlangt,
darzulegen, warum man es für wahr hält.[23] Man übernehme mit einer
Behauptung so etwas wie eine Begründungs- oder Rechtfertigungs-
Verantwortung.[24] Und ihr korrespondiere auf der Seite der anderen das
Recht, diese Rechtfertigung zu fordern. Dieser Vorschlag modifiziert
die zweite Konzeption des Behauptens. Auch hier lasse ich offen, wie
sinnvoll es ist, das Behaupten in dieser Weise zu verstehen. Es spricht
meines Erachtens sehr viel dagegen, es in diesem Ausmaß normativ
aufzuladen und zu befrachten. Offensichtlich aber ist in jedem Fall,
dass die Differenz zum Versprechen auch bei dieser Konzeption des
Behauptens nicht verschwindet. Denn die zukünftige Handlung, die
hier ins Auge gefasst ist, betrifft den mentalen Zustand hinter dem
Sprechakt. Es geht darum, zu begründen, warum man das Behauptete
für wahr hält. Die Handlung ist rückwärtsgewandt und mit dem
Behaupten selbst beschäftigt. Beim Versprechen ist die Handlung,
die man tun muss, hingegen nicht rückwärtsgewandt, sie ist nicht
auf den mentalen Zustand hinter dem Versprechen bezogen und nicht
mit dem Versprechen selbst beschäftigt. Hier muss man das tun, was
man versprochen hat. Das ist ein wesentlicher Unterschied. – Und
im übrigen gilt natürlich auch hier, dass sich an den normativen
Gegebenheiten nichts dadurch ändert, dass man die Verpflichtung,
die man mit einer Behauptung eingeht, in der einen oder anderen
Weise inhaltlich modifiziert.

(iii) Ein dritter Einwand könnte lauten, die vorgebrachten Überlegungen zielten ausschließlich auf das Müssen, zu dessen Adressaten
man sich dadurch macht, dass man etwas behauptet. Im Umfeld
des Behauptens gebe es aber noch ein anderes Müssen. Man müsse

---

[23] Vgl. hierzu Brandom, *Making It Explicit*, 173; dt. 261 f.
[24] Brandom, ebd. 173; dt. 262, spricht von einer „justificatory responsibility".

nämlich, um überhaupt den Sprechakt des Behauptens zu vollziehen, etwas tun, was bestimmte Bedingungen erfüllt. So muss man einen Satz einer ganz bestimmten Form äußern. Und man muss sich, zumindest nach der zweiten Konzeption des Behauptens, zum Adressaten einer moralischen Norm machen. Tut man das eine oder andere nicht, ist das, was man tut, kein Behaupten. Es gibt, mit anderen Worten, Regeln, die einem sagen, was man tun muss dafür, den Sprechakt des Behauptens zu vollziehen. Und ist es nicht das Müssen dieser Regeln, das Searle, Alston und andere im Sinn haben, wenn sie sagen, mit dem Sprechakt des Behauptens entstünden Verpflichtungen und Festlegungen oder der Sprechakt des Behauptens habe wie andere Sprechakte auch einen „normativen Charakter"?

Ich habe dieses jetzt ins Gespräch gebrachte Müssen schon kurz erwähnt und von einer semantischen Regel gesprochen. Zunächst muss man hier deutlich machen, dass mit diesem Müssen von einem ganz anderen Müssen die Rede ist als bisher und dass sich die Diskussion damit auf ein ganz neues Feld verlagert. Bisher wurde über das Müssen gesprochen, dem man sich mit einer Behauptung unterwirft. Man behauptet etwas und steht damit unter dem „Muss", das, was man als wahr hinstellt, auch für wahr zu halten. Tut man dies nicht, ist das, was man getan hat, immer noch eine Behauptung, aber man verletzt die moralische Norm, die einem verbietet, andere zu täuschen. Jetzt wird hingegen von einem Müssen gesprochen, das besagt, dass man so-und-so handeln muss dafür, dass das, was man tut, überhaupt ein Behaupten ist. Man muss sich – unter anderem – zum Adressaten der besagten moralischen Norm machen. Tut man das nicht, hat man nicht gegen diese Norm verstoßen, man hat vielmehr einfach keine Behauptung gemacht. Man hat die Regeln nicht beachtet, die einem sagen, was man tun muss, um etwas zu behaupten. Dieses Müssen liegt gleichsam vor dem Behaupten, es betrifft die notwendigen Bedingungen dafür, dass überhaupt etwas eine Behauptung ist. Deshalb kann man auch nicht sagen, dass es mit dem Behaupten entsteht.

Wie dieses Müssen genauer zu bestimmen ist, ist nicht schwer zu sagen. Etwas zu behaupten, ist eine „dadurch, dass"-Handlung. Man kann nur *dadurch* etwas behaupten, *dass* man eine basalere Handlung tut, in diesem Fall dadurch, dass man einen Satz äußert. Diese Äußerung muss dafür, dass man mit ihr etwas behauptet, einem bestimmten Standard genügen. Ein Standard ist, wie wir sahen, ein Maßstab, an dem sich entscheidet, ob etwas von einer bestimmten Art ist oder nicht. So muss die Bewegung einer Schachfigur einem Standard oder Schema genügen dafür, ein Zug in einem Schachspiel zu sein. Und genau in dieser Weise muss die Äußerung eines Satzes einem Standard genügen dafür, eine Behauptung zu sein. Das Müssen, von dem hier die Rede ist, ist ein Müssen der notwendigen Bedingung, das aus der Existenz eines Standards resultiert. Es ist, um die zuvor verwandte Ausdrucksweise aufzugreifen, ein standard-gegebenes Müssen der notwendigen Bedingung. Aus ihm leitet sich ein normatives standard-bezogenes Müssen ab: Wer eine Behauptung machen will, muss dafür eine Äußerung tun, die dem Standard genügt. Der Standard ist in der Sprachgemeinschaft konventionell festgelegt, so dass für jeden gilt, dass, wer eine Behauptung machen will, den fixierten Standard beachten muss. Dieses normative, für alle geltende Müssen ist eine Regel. Sie kann durch eine inhaltsgleiche Norm ergänzt werden. Wer sich regelwidrig verhält, handelt nicht nur gegen sein eigenes Interesse, erfolgreich zu kommunizieren, er handelt auch gegen das gleiche Interesse der anderen. Und deshalb reagieren sie mit Tadel und Zurückweisung. – Wir sehen, die Analyse des jetzt thematisierten Müssens bereitet keine besonderen Schwierigkeiten. Die normativen Phänomene, auf die wir treffen, wurden in § 9 bereits untersucht. Weder mit dem standard-gegebenen Müssen noch mit der daraus abgeleiteten konventionellen Regel noch mit der inhaltsgleichen Norm rücken neuartige Phänomene ins Blickfeld.

Es versteht sich, dass jede Theorie der Sprechakte versuchen wird, die verschiedenen Standards für die einzelnen Sprechakte und die daraus abgeleiteten Regeln für ihren Vollzug zu bestimmen. Auf diese Weise klärt man, was die Sprechakte ausmacht und voneinander unterscheidet. Natürlich tun dies auch Searle und Alston. Searles exemplarische Analyse des Versprechens in *Speech Acts* versucht, die Bedingungen zu bestimmen, die erfüllt sein müssen dafür, dass die Äußerung eines Satzes das Geben eines Versprechens ist. Genau auf diese Weise werden auch die anderen Sprechakte analysiert. Und zu den notwendigen Bedingungen dafür, eine Behauptung zu machen, gehört bei Searle, sich darauf zu verpflichten, das Behauptete auch für wahr zu halten.[25] Wenn man diese Verpflichtung nicht übernimmt, ist das, was man tut, keine Behauptung. Dies erklärt Searles häufig wiederholte Aussage, diese Verpflichtung sei etwas dem Sprechakt des Behauptens Internes. Alston fasst dasselbe ganz ähnlich.

Wenn man das „commitment to truth", das, wie Searle und Alston annehmen, mit einer Behauptung einhergeht, in dieser Weise versteht, spricht man nicht von einem Müssen, das durch die Behauptung in die Welt kommt. So wie mit einem Versprechen das „Muss" in die Welt kommt, das Versprochene auch zu tun. Man spricht dann von einem Müssen „vor" der Behauptung, einem standard-gegebenen Müssen der notwendigen Bedingung, dem man entsprechen muss dafür, dass es überhaupt zu einer Behauptung kommt. Jedem Sprechakt geht ein solches Müssen voraus. Eine sprachliche Äußerung muss stets einem bestimmten Standard genügen dafür, dieser oder jener Sprechakt zu sein.

Das Gesagte macht schon deutlich, dass die Thematisierung dieses standard-gegebenen Müssens der notwendigen Bedingung die These, um die es in diesem Kapitel geht, gar nicht berührt. Die These ist, dass mit einer Behauptung – und auch mit fast allen anderen Sprechakten – Normativität in die Welt kommt, so wie dies durch ein Versprechen geschieht. Über diese These handelt man aber nicht, wenn man bestimmt, welche Bedingungen eine sprachliche Äußerung dafür erfüllen muss, eine Behauptung – oder ein anderer Sprechakt – zu sein. Der erhobene Einwand führt also nicht weiter, er bringt nichts in die Diskussion ein, was auch nur im geringsten geeignet wäre, die These über die Normativität generierende Kraft der Sprechakte zu stützen. Es ändert sich deshalb nichts an dem Befund, dass von der – ohnehin überaus überraschenden – Idee, eine Behauptung und andere Sprechakte kreierten aus sich heraus ein normatives Müssen, gar ein wollensunabhängiges Müssen, nichts bleibt. Von all dem kann, wenn man die Phänomene nüchtern analysiert, keine Rede sein. Eine Behauptung generiert keine Normativität, und auch die anderen Sprechakte verfügen nicht über die magische Kraft, aus sich heraus Normativität zu schaffen.

---

[25] Searle, *Speech Acts* 66; dt. 100.

Abschluss

Die Rede vom „Müssen" hat, man kann es nicht leugnen, einen harten Klang. Und vielleicht wird mancher das Gefühl haben, die zurückliegenden Untersuchungen zeichneten ein Bild vom menschlichen Leben, das den Menschen in ein starres Korsett des Müssens einzwängt, ihm kaum noch Luft zum Atmen lässt und ihm alle Handlungsspielräume nimmt. Man muss sich hier vor vorschnellen Konklusionen hüten. Vor allem darf man sich, wenn vom normativen Müssen die Rede ist, nicht von Assoziationen irreführen lassen, die mit dem naturgesetzlichen Müssen verbunden sind. Auszuloten, was die angestellten Überlegungen zur Normativität für das Verständnis des Menschen und seine Art zu leben bedeuten, bedarf einer eigenen, eingehenden Reflexion und wäre eine Aufgabe für ein neues Buch. Ich möchte abschließend nur noch einen Gedanken festhalten.

Das Müssen, um das es geht, ist das normative Müssen, und das heißt, es ist das Müssen der Gründe. Die Menschen sind Lebewesen, die in ihrem Verhalten nicht an ihrem Kopf vorbei determiniert sind, sie sind Lebewesen, die überlegen und aus Überlegung handeln. Zu überlegen heißt, nach Gründen zu suchen, die Gründe gegeneinander abzuwägen und herauszufinden, was der oder die ausschlaggebenden Gründe sind. Wer überlegt, will herausfinden, was er tun muss, und er will tun, was er tun muss – tun muss, um zu erreichen, was er will. Zu überlegen ist der Weg, sein Verhalten durch sein Wollen bestimmen zu lassen. Gerade deshalb versuchen die Menschen herauszufinden, was sie tun müssen. Nur so können sie ihre Ziele verwirklichen. Nur so verhalten sie sich vernünftig. Und nur so leben sie ein selbstbestimmtes Leben. Die Orientierung an Gründen und am normativen Müssen bedeutet nicht einen Verlust an Selbstbestimmung, sie ist vielmehr die menschliche Weise, selbstbestimmt zu leben: bezogen auf das eigene Wollen und geleitet vom eigenen Überlegen.

Dass wir, um unsere Ziele zu erreichen, etwas tun müssen, kann uns nicht ernsthaft stören, es sei denn, es stört uns, dass wir die Lebewesen sind, die wir sind. Wir können, was wir wollen, nicht einfach dadurch erreichen, dass wir es wollen. Wir müssen etwas dafür tun. Stören kann uns nur, *was* wir tun müssen. Was wir tun müssen, ist durch die Wirklichkeit bestimmt. Es wäre unsinnig, dagegen zu rebellieren und das als Unfreiheit zu empfinden. Die Wirklichkeit setzt uns Grenzen, aber sie unterdrückt uns nicht. Unterdrückt werden wir, wenn andere künstliche Gründe schaffen, um unser Verhalten zu steuern, und wir uns dem nicht entziehen können. Hier ist es, falls die Machtausübung keine Rechtfertigung hat, richtig, von einem Korsett und von Unfreiheit zu sprechen.

Literatur

Alston, W. P.: *Philosophy of Language* (Englewood Cliffs 1964).
Alston, W. P.: *Illocutionary Acts and Sentence Meaning* (Ithaca 2000).
Aristoteles: *Nikomachische Ethik*, wie üblich zitiert nach der Paginierung der Ausgabe Aristotelis Opera, ed. I. Bekker (Berlin 1831–70).
Austin, J.: *The Province of Jurisprudence Determined* (1832), ed. H. L. A. Hart (London 1955).
Axelrod, R.: An Evolutionary Approach to Norms. *American Political Science Review* 80 (1986) 1095–1110; dt.: Normen unter evolutionärer Perspektive, in: U. Mueller (Hg.): *Evolution und Spieltheorie* (München 1990) 105–128.

Baurmann, M.: *Der Markt der Tugend* (Tübingen 1996).
Bayertz, K.: *Warum überhaupt moralisch sein?* (München 2004).
Bentham, J.: *An Introduction to the Principles of Morals and Legislation*, ed. J. H. Burns/H. L. A. Hart (London 1970).
Bentham, J.: *Of Laws in General*, ed. H. L. A. Hart (London 1970).
Bloor, D.: *Wittgenstein, Rules and Institutions* (London 1997).
Brandom, R. B.: *Making It Explicit* (Cambridge, Mass. 1994); dt.: *Expressive Vernunft* (Frankfurt 2000).
Brennan, A.: Necessary and Sufficient Conditions (2003), in: E. N. Zalta (ed.): *Stanford Encyclopedia of Philosophy*, http://plato.stanford.edu/entries.
Brennan, G./Pettit, Ph.: Hands Invisible and Intangible. *Synthese* 94 (1993) 191–225.
Brennan, G./Pettit, Ph.: *The Economy of Esteem* (Oxford 2004).
Broad, C. D.: The Principles of Demonstrative Induction (1930), in: C. D. B.: *Induction, Probability, and Causation* (Dordrecht 1968) 127–158.
Broad, C. D.: Hr. v. Wright on the Logic of Induction (I.). *Mind* 53 (1944) 11–24.

Broome, J.: Normative Requirements. *Ratio* (n.s.) 12 (1999) 398–419.

Bruxvoort Lipscomb, B. J.: Power and Authority in Pufendorf. *History of Philosophy Quarterly* 22 (2005) 201–219.

Calvin, J.: *Institutio religionis christianae* (1559), Opera Omnia, ed. G. Baum, E. Cunitz, E. Reuss, tom. II (Braunschweig 1864).

Crusius, Chr. A.: *Anweisung vernünftig zu leben* (Leipzig 1744, ND Hildesheim 1969).

Dancy, J.: Introduction, in: J. D. (ed.): *Normativity* (Oxford 2000) vii–xv.

Dancy, J.: *Practical Reality* (Oxford 2000).

Darwall, S.: Normativity, in: *Routledge Encyclopedia of Philosophy*, Updates (2000).

Foot, Ph.: Morality as a System of Hypothetical Imperatives (1972), in: Ph. F.: *Virtues and Vices* (Oxford 1978) 157–173; dt. in: Ph. F.: *Die Wirklichkeit des Guten* (Frankfurt 1997) 89–107.

Forst, R.: Zur Aufklärung der Moral(philosophie). *Deutsche Zeitschrift für Philosophie* 53 (2005) 493–497.

Freund, P.: *Die Entwicklung des Normbegriffs von Kant bis Windelband* (Diss. Berlin 1933).

Gauthier, D.: *Morals by Agreement* (Oxford 1986).

Geiger, Th.: *Vorstudien zu einer Soziologie des Rechts* (1947) (Berlin [4]1987).

Gibbard, A.: Reasons to Reject Allowing. *Philosophy and Phenomenological Research* 66 (2003) 169–175.

Glüer, K.: Bedeutung zwischen Norm und Naturgesetz. *Deutsche Zeitschrift für Philosophie* 48 (2000) 449–468.

Habermas, J.: *Theorie des kommunikativen Handelns*, 2 Bde (Frankfurt 1981).

Habermas, J.: Richtigkeit versus Wahrheit. Zum Sinn der Sollgeltung moralischer Urteile und Normen, in: J. H.: *Wahrheit und Rechtfertigung* (Frankfurt 1999) 271–318.

Hampton, J. E.: *The Authority of Reason* (Cambridge 1998).

Hargreaves Heap, S. P./Varoufakis, Y.: *Game Theory*, 2nd ed. (London 2004).

Hart, H. L. A.: *The Concept of Law*, 2nd ed. (Oxford 1994, zuerst 1961).

Herman, B.: Bootstrapping, in: S. Buss/L. Overton (eds.): *Contours of Agency* (Cambridge, Mass. 2002) 253–274.

Hindelang, G.: *Auffordern. Die Untertypen des Aufforderns und ihre sprachlichen Realisierungsformen* (Göppingen 1978).

Hobbes, Th.: *Leviathan*, ed. R. Tuck (Cambridge 1996).

Hoche, H.-U.: *Elemente einer Anatomie der Verpflichtung* (Freiburg 1992).

Hoerster, N.: Zum Problem einer absoluten Normgeltung, in: H. Mayer (Hg.): *Staatsrecht in Theorie und Praxis* (Wien 1991) 255–269.

Hoerster, N.: *Ethik und Interesse* (Stuttgart 2003).

Honneth, A.: *Kampf um Anerkennung* (Frankfurt 1992).

Hume, D.: *A Treatise of Human Nature*, ed. L. A. Selby-Bigge, 2nd edition by P. H. Nidditch (Oxford 1978).

Joyce, R.: *The Myth of Morality* (Cambridge 2001).

Kant, I.: *Untersuchung über die Deutlichkeit der Grundsätze der natürlichen Theologie und der Moral* (1764), Akademie-Ausgabe, Bd. II.

Kant, I.: *Kritik der reinen Vernunft* (1781/1787), wie üblich zitiert nach der Paginierung der Originalausgabe, A = 1. Aufl., B = 2. Aufl.

Kant, I.: *Grundlegung zur Metaphysik der Sitten* (1785), Akademie-Ausgabe, Bd. IV.

Kant, I.: *Naturrecht Feyerabend* (Nachschrift), Akademie-Ausgabe, Bd. XXVII, 2, 2.

Kant, I.: *Moral Mrongovius* (Nachschrift), Akademie-Ausgabe, Bd. XXVII, 2, 2.

Kant, I.: *Moral Mrongovius II* (Nachschrift), Akademie-Ausgabe, Bd. XXIX.

Kant, I.: *Reflexionen*, Akademie-Ausgabe, Bd. XIX.

Kelsen, H.: *Reine Rechtslehre*, 2. Aufl. (Wien 1960).

Kelsen, H.: *Allgemeine Theorie der Normen* (Wien 1979).

Korsgaard, Chr. M.: *The Sources of Normativity* (Cambridge 1996).

Korsgaard, Chr. M.: The Normativity of Instrumental Reason, in: G. Cullity/B. Gaut (eds.): *Ethics and Practical Reason* (Oxford 1997) 215–254.

Kripke, S.: *Wittgenstein on Rules and Private Language* (Oxford 1982); dt.: *Wittgenstein über Regeln und Privatsprache* (Frankfurt 1987).

Krug, W. T.: *Handbuch der Philosophie und der philosophischen Literatur*, 2 Bde (Leipzig ³1828, ND Düsseldorf 1969).

Lahno, B.: *Versprechen. Überlegungen zu einer künstlichen Tugend* (München 1995).

Lask, E.: Rechtsphilosophie (1905), in: E. L.: *Gesammelte Schriften*, Bd. 1 (Tübingen 1923) 275–331.

Lewis, D.: *Convention* (Oxford 2002, zuerst 1969); dt.: *Konventionen* (Berlin 1975).

Locke, J.: *Essays on the Law of Nature*, ed. W. v. Leyden (Oxford 1954).

Locke, J.: *Two Treatises of Government*, ed. P. Laslett (Cambridge 1960).

Locke, J.: *An Essay Concerning Human Understanding*, ed. P. H. Nidditch (Oxford 1975).

Locke, J.: *Political Essays*, ed. M. Goldie (Cambridge 1997).

Mackie, J. L.: *The Cement of the Universe. A Study of Causation* (Oxford 1980, zuerst 1974).

Mackie, J. L.: *Ethics. Inventing Right and Wrong* (London 1977); dt.: *Ethik* (Stuttgart 1983).

Mackie, J. L.: Morality and the Retributive Emotions (1982), in: J. L. M.: *Persons and Values* (Oxford 1985) 206–219.

McAdams, R. H.: The Origin, Development, and Regulations of Norms. *Michigan Law Review* 96 (1997/98) 338–433.

Mill, J. St.: *Utilitarianism* (1861), ed. J. M. Robson, Collected Works, vol. 10 (Toronto 1969).

Nagel, Th.: *The Possibility of Altruism* (Oxford 1970).

Olivecrona, K.: The Concept of a Right according to Grotius and Pufendorf, in: P. Noll/G. Stratenwerth (Hg.): *Rechtsfindung. Festschrift für O. A. Germann* (Bern 1969) 175–197.

Oppel, H.: KANΩN. *Zur Bedeutungsgeschichte des Wortes und seiner lateinischen Entsprechungen* (Leipzig 1937).

Parfit, D.: Rationality and Reasons, in: D. Egonsson et al. (eds.): *Exploring Practical Philosophy: From Action to Values* (Aldershot 2001) 17–39.

Patzig, G.: Moralische Motivation, in: G. P./D. Birnbacher/W. Zimmerli (Hg.): *Die Rationalität der Moral* (Bamberg 1996) 39–55.

Pettit, Ph., siehe G. Brennan.

Platon: *Politeia (Staat)*, wie üblich zitiert nach der Paginierung der Stephanus-Ausgabe (Paris 1578).

Popitz, H.: *Die normative Konstruktion von Gesellschaft* (Tübingen 1980).

Pufendorf, S.: *De jure naturae et gentium*, hg. F. Böhling, 2 Bde (Berlin 1998).

Pufendorf, S.: *The Political Writings*, ed. C. L. Carr, transl. M. J. Seidler (New York 1994).

Quinn, W.: Putting Rationality in Its Place, in: W. Q.: *Morality and Action* (Cambridge 1993) 228–255.

Raz, J.: *Practical Reason and Norms* (London 1975); dt.: *Praktische Gründe und Normen* (Frankfurt 2006).

Raz, J.: Introduction, in: J. R. (ed.): *Practical Reasoning* (Oxford 1978) 1-17.

Raz, J.: Explaining Normativity: On Rationality and the Justification of Reason (1999), in: J. R.: *Engaging Reason. On the Theory of Value and Action* (Oxford 1999) 67–89.

Ricœur, P.: *Parcours de la reconnaissance* (Paris 2004); dt.: *Wege der Anerkennung* (Frankfurt 2006).

Russell, P.: Practical Reason and Motivational Scepticism, in: H. F. Klemme/M. Kühn/D. Schönecker (Hg.): *Moralische Motivation. Kant und die Alternativen* (Hamburg 2006) 287–297.

Scanlon, T. M.: *What We Owe to Each Other* (Cambridge, Mass. 1998).

Scanlon, T. M.: Reply to Gauthier and Gibbard. *Philosophy and Phenomenological Research* 66 (2003) 176–189.

Schaber, P.: Die Pflichten des Skeptikers. Eine Kritik an Peter Stemmers moralischem Kontraktualismus, in: A. Leist (Hg.): *Moral als Vertrag? Beiträge zum moralischen Kontraktualismus* (Berlin/ New York 2003) 199–212.

Schaumann, J. Chr. G.: *Kritische Abhandlungen zur philosophischen Rechtslehre* (Halle 1795, ND Brüssel 1969).

Schelling, Th. C.: *Micromotives and Macrobehaviour* (New York 1978).

Schneewind, J. B.: Kant and Natural Law Ethics. *Ethics* 104 (1993) 53–74.

Schneewind, J. B.: History of Western Ethics. Seventeenth and Eighteenth Centuries, in: L. C. Becker/Ch. B. Becker (eds.): *Encyclopedia of Ethics*, 2nd ed., vol. 2 (New York 2001) 730– 739.

Searle, J. R.: *Speech Acts* (Cambridge 1969); dt.: *Sprechakte* (Frankfurt 1971).

Searle, J. R.: A Taxonomy of Illocutionary Acts (1975), in: J. R. S.: *Expression and Meaning* (Cambridge 1979) 1–29; dt. in: J. R. S.: *Ausdruck und Bedeutung* (Frankfurt 1982) 17–50.

Searle, J. R.: *The Construction of Social Reality* (London 1995); dt.: *Die Konstruktion der gesellschaftlichen Wirklichkeit* (Reinbek 1997).

Searle, J. R.: *Mind, Language and Society* (New York 1998); dt.: *Geist, Sprache und Gesellschaft* (Frankfurt 2001).

Searle, J. R.: *Rationality in Action* (Cambridge, Mass. 2001).

Searle, J. R.: What is an Institution? *Journal of Institutional Economics* 1 (2005) 1–22.

Seebaß, G.: Die sanktionistische Theorie des Sollens, in: A. Leist (Hg.): *Moral als Vertrag? Beiträge zum moralischen Kontraktualismus* (Berlin/New York 2003) 155–198.

Stemmer, P.: Was es heißt, ein gutes Leben zu leben, in: H. Steinfath (Hg.): *Was ist ein gutes Leben?* (Frankfurt 1998) 47–72.

Stemmer, P.: *Handeln zugunsten anderer* (Berlin/New York 2000).

Stemmer, P.: Der Begriff der moralischen Pflicht (2001), in: A. Leist (Hg.): *Moral als Vertrag? Beiträge zum moralischen Kontraktualismus* (Berlin/New York 2003) 37–69.

Stemmer, P.: Moralische Rechte als soziale Artefakte. *Deutsche Zeitschrift für Philosophie* 50 (2002) 673–691.

Stemmer, P.: Die Rechtfertigung moralischer Normen. *Zeitschrift für philosophische Forschung* 58 (2004) 483–504.

Stemmer, P.: Moral, künstliche Gründe und moralische Motivation, in: H. F. Klemme/M. Kühn/D. Schönecker (Hg.): *Moralische Motivation. Kant und die Alternativen* (Hamburg 2006) 329–342.

Sugden, R.: *The Economics of Rights, Co-operation and Welfare*, 2nd edition (New York 2004, zuerst 1986).

Sugden, R.: Normative Expectations: The Simultaneous Evolution of Institutions and Norms, in: A. Ben-Ner/L. Putterman (eds.): *Economics, Values, and Organization* (Cambridge 1998) 73–100.

Tugendhat, E.: *Vorlesungen zur Einführung in die sprachanalytische Philosophie* (Frankfurt 1976).

Tugendhat, E.: *Probleme der Ethik* (Stuttgart 1984).

Tugendhat, E.: *Vorlesungen über Ethik* (Frankfurt 1993).

Tugendhat, E.: Wie sollen wir Moral verstehen? (1999), in: E. T.: *Aufsätze 1992–2000* (Frankfurt 2001) 163–184.

Vanderschraaf, P.: The Informal Game Theory in Hume's Account of Convention. *Economics and Philosophy* 14 (1998) 215–247.

Varoufakis, Y., siehe S. P. Hargreaves Heap.

Weinberger, O.: *Normentheorie als Grundlage der Jurisprudenz und Ethik* (Berlin 1981).

Wertheimer, R.: *The Significance of Sense. Meaning, Modality, and Morality* (Ithaca 1972).

Williams, B.: Internal and External Reasons (1980), in: B. W.: *Moral Luck* (Cambridge 1981) 101–113; dt. in: B. W.: *Moralischer Zufall* (Frankfurt 1984) 112–124.

Williams, B.: Internal Reasons and the Obscurity of Blame (1989), in: B. W.: *Making Sense of Humanity* (Cambridge 1995) 35–45.

Williams, B.: Some Further Notes on Internal and External Reasons, in: E. Millgram (ed.): *Varieties of Practical Reasoning* (Cambridge, Mass. 2001) 91–97.

Wolf, U.: *Das Problem des moralischen Sollens* (Berlin/New York 1984).

Wright, G. H. v.: *A Treatise on Induction and Probability* (Paterson 1960, zuerst London 1951).

Wright, G. H. v.: *Norm and Action* (London 1963); dt.: *Norm und Handlung* (Königstein 1979).

Wright, G. H. v.: On the Logic and Ontology of Norms, in: J. W. Davis/D. J. Hockney/W. K. Wilson (eds.): *Philosophical Logic* (Dordrecht 1969) 89–107.

Wright, G. H. v.: Deontic Logic and the Theory of Conditions, in: R. Hilpinen (ed.): *Deontic Logic* (Dordrecht 1971) 159–177; dt. in: G. H. v. W.: *Handlung, Norm und Intention* (Berlin/New York 1977) 19–39.

Wright, G. H. v.: On the Logic and Epistemology of the Causal Relation (1973), in: E. Sosa/M. Tooley (eds.): *Causation* (Oxford 1993) 105–124.

Wright, G. H. v.: *Causality and Determinism* (New York 1974).

Sachregister

Anerkennung, Akzeptanz 177, 306 f., 309 f., 313 f., 320, 324

autonom, heteronom, Autonomie, Heteronomie 79 ff., 84, 276 f., 316, 325 ff.

Bedingungen, hinreichende 25 ff., 30, 38 f.

Bedingungen, notwendige 25–30, 38 f., 66

Befehle 166–170, 246 f., 331, 335, 347

Befugnis, Befugtsein 4 ff., 241, 243, 245, 271, 277 ff.

Begriff 231 f., 235

behaupten, Behauptung 337–352

berechtigen, Berechtigtsein 4, 241, 261–265, 271, 274, 277, 325 s. auch Recht (im Sinne von Berechtigtsein)

dafür, dagegen sprechen 88 f., 91 ff., 97, 114, 116, 122–130, 159

Druck, Handlungsdruck, normativer Druck 3, 12, 15, 19, 33, 35 ff., 39–44, 47 f., 50, 51 f., 54, 66 f., 73 ff., 78, 81, 87, 97, 111 f., 124 ff., 143, 145 f., 148 f., 160, 170, 174, 205, 207, 240, 267 f., 274, 281, 283, 288, 291, 294, 297, 305, 310–313, 325, 327, 333

Dualismus, ontologischer 10 f., 43, 115, 156, 187 f., 192

Enteignung des Wollens 79, 83, 105

Erklärung 88 ff., 94 f., 122, 124, 127, 129, 132, 159

erlauben, Erlaubtsein 4, 159 f., 226, 241, 278

Erlaubnisnormen s. Normen, Erlaubnisnormen

ermächtigen, Ermächtigung, Ermächtigtsein 4, 224, 246, 253

Ermächtigungsnormen s. Normen, Ermächtigungsnormen

ernennen, Ernennung 248 ff., 335, 347

Eudaimonismus, eudaimonistische Ethik 22, 282, 297–302, 305, 315, 328

faktisch, normativ s. Sein-Sollen, Sein-Müssen

Folge, notwendige 25–29

fordern, Forderungen 45 f., 108, 138, 166 ff., 263, 265, 273, 283 f., 300 f.

gebieten, Gebote, Gebotensein 4, 9, 45 f., 159, 165 ff., 170 f., 226, 237, 250, 335

Gebot der Vernunft s. Vernunftgebot

Gebotsnormen s. Normen, Gebots-, Verbotsnormen

Geltung s. Norm, Geltung

Gesetz, Gesetze 21, 155 f., 158 f., 165, 169, 171, 222 f., 262 ff., 266, 270, 290

– moralische Gesetze 22, 155, 169, 262, 264, 275 f., 290

Grund, Gründe, Handlungsgründe 3, 12, 66, 80, 87–133, 135–140, 142, 148–151, 159, 178, 182, 260, 268 ff., 302 ff., 310 f., 353

– gute, schlechte Gründe 124 f.

– interne, externe, wollensabhängige, wollensunabhängige Gründe 98, 100 f., 103–113, 117–121

– künstliche Gründe 135, 138–141, 143, 147, 149, 151 f., 159, 304 f., 310, 354
– objektive, subjektive Gründe 131 ff., 151 f.
– Gewicht, Stärke 98, 104, 106, 119 ff., 178
– motivationales Potential, motivationale Effektivität 93, 95, 104, 106, 112 ff., 117 f., 120 f., 132 f.
– Normativität 96 f., 104, 106, 110–113, 121, 124 f., 127, 129, 133
– Grund, Scheingrund 95, 122, 132
– Grund, Ursache 88 f., 94 f., 103

Handlungsdruck s. Druck
heteronom s. autonom, heteronom

Imperativ, Imperative 165–169, 171 f., 174, 286 f., 289 ff., 293
– hypothetische Imperative 19, 22, 96, 286
– kategorische Imperative 96, 286
  s. auch Müssen, kategorisches
Institutionen, institutionelle Tatsachen, institutionelle Wirklichkeit 239–242, 244, 248–252, 305, 311, 329, 335, 347
Internalisierung 179 f., 207, 308 f., 312, 314, 324 f.
irrational, Irrationalität s. rational, Rationalität

Konvention, Konventionen 149, 199–216, 231, 234 ff., 237
  s. auch Regeln, konventionelle
– sprachliche Konventionen 209–212, 214, 234 f.

legitim, Legitimität, illegitim, Illegitimität 259–268, 270–277, 311, 315 f., 328

Lücke, Lücken 54 ff., 60 f., 94, 101 ff., 182 f., 203

Macht 135, 150 f., 159, 162 f., 167, 171, 245–255, 259, 261–266, 268, 272–275, 277 f., 315 f., 327, 353
– institutionelle Macht 4, 245–251, 353 ff.
Moral 270 f., 278, 281-285, 287 f., 292, 296, 301–313, 315 f., 318, 322, 324–329
Moralkonzeption, theonome 22, 109, 264, 288, 305
Müssen, „müssen", „Muss"-Sätze 12, 15, 33 f., 45, 47 f., 96, 107, 110 ff., 281, 284–289, 291–295, 317 ff., 353
Müssen der Konsistenz 17 f., 23, 44
Müssen der notwendigen Bedingung 16 f., 25, 28–34, 35–45, 47–50, 52 ff., 59 f., 67, 73, 77 f., 81, 85, 90, 96, 100 ff., 106, 113, 116, 121 f., 137, 139, 147, 150, 157, 160, 176 f., 181, 199, 201, 211, 217 ff., 224, 226, 232, 234, 240, 266 f., 294–299, 305, 315, 317, 325, 351 f.
Müssen der notwendigen Folge 16, 25, 49
Müssen, kategorisches 266, 282, 296 ff., 314 f.
Müssen, logisches 15, 17 f., 23, 29 f.
Müssen, moralisches 22 f., 105, 172, 262, 278, 281–284, 286, 290 f., 295–301, 305 f., 309 f., 314 f., 317–327, 331 ff., 336, 341 f.
Müssen, naturgesetzliches 15–18, 21, 23, 25, 29, 32, 38, 49 f., 55, 71, 88, 94, 290, 293 f., 317 f., 353
Müssen, normatives 3 f., 7 ff., 11 ff., 15–23, 32 f., 35–45, 48 ff., 51–56, 58, 60, 65, 67, 71, 73 ff., 77 f., 81, 87, 94, 96–102, 110 ff., 122,

126–130, 136–139, 142 ff., 151 f., 155, 157, 159 f., 163, 166, 172, 177, 179 f., 182, 200 f., 203, 211, 214, 218 ff., 222, 224 ff., 228, 234 ff., 252, 266 f., 281 f., 290 f., 293–296, 310, 314 f., 317 ff., 331 f., 336, 341, 348, 351 f., 353

Müssen, normgeneriertes 20–23, 155, 157 ff., 163, 177, 182, 184, 193, 196, 206, 222 f., 258, 261, 286

Müssen, rationales 20, 23, 59–65, 75 f., 130 f., 151, 319

Müssen, sanktionskonstituiertes 138 f., 144 f., 147, 149, 151 f., 155, 157 ff., 193, 197, 199, 208, 211 f., 215 ff., 220, 226, 261 ff., 266–269, 278, 304 f., 314 f., 318–321, 323, 327, 336

Müssen, standard-bezogenes 218, 222–228, 351

Müssen, verpflichtendes, erpresserisches 261 f., 266–270, 278, 300, 316

Naturgesetze 15 ff., 21, 25, 28 ff., 55, 88, 155 f., 178, 290, 292 ff.

necessitieren, necessitas, necessitatio 87, 101, 143, 286 f., 291

Norm, Normen 3, 12, 20 ff., 155–197, 199, 201–204, 206, 208 f., 211, 216, 220–224, 226, 230, 234, 237–247, 249–255, 257–261, 266, 270–279, 300 f., 305, 313, 315 ff., 327, 331, 334 ff., 344, 351
– autonome, heteronome Normen 276 f., 316, 326 f.
– Erlaubnisnormen 159, 241–244, 252
– Ermächtigungsnormen 245–251, 253
– Gebots-, Verbotsnormen 159, 241, 244 f.
– gute, schlechte Normen 191 f., 204, 209
– formelle, informelle Normen 21, 206, 208 f., 211, 216, 278, 305
– legitime, illegitime Normen 259 f., 261, 270–273, 276, 311
– moralische Normen 22, 155, 191, 194, 270 f., 276, 311 f., 315 ff., 320–328, 333, 335, 340, 345–348, 350
– Rahmennorm 333 ff.
– Rechtsnormen 20 f., 155, 186, 191, 270 f.
– verpflichtende, erpresserische Normen 261–264, 266, 270 f., 275 f., 279, 315 f., 327
– Geltung 182, 187–192
– Wirksamkeit 182–187, 189 ff.

Normkonformität, normabhängige, normunabhängige 184 f., 187, 192–197, 268 f., 321 f.

Notwendigkeit, moralische 286 f., 289, 291
s. auch Müssen, moralisches

Notwendigkeit, naturgesetzliche 287, 289 ff.
s. auch Müssen, naturgesetzliches

Notwendigkeit, praktische 96, 286 f., 289 ff.

ontologisch objektiv, ontologisch subjektiv 2 f., 9, 15 ff., 19, 28 f., 31 f., 34, 39 ff., 69 f., 78, 101 f., 106 f., 115 f., 121, 160, 188 f., 217, 238 f., 273, 296, 318

Paradox des normativen Müssens 7, 18, 49, 281, 285, 293 f., 317

Pflicht, Verpflichtetsein 4, 6, 9, 172, 257 f., 260–275, 277 ff., 283, 286 ff., 300 f., 315, 322 f., 328, 331 f., 334 f., 337 f., 340, 346, 348–352

pflichtgemäß handeln, Motive 268 f.

Position, normative s. Status, normativer

rational choice-Theorien der Moral
    298–303, 305, 315, 328
rational, Rationalität, irrational,
    Irrationalität   56–66, 69, 71, 76,
    87, 101 f., 105, 130–133, 144, 151,
    319, 328
– deliberative Rationalität   57 ff.,
    68, 102
– exekutive Rationalität   57 ff.,
    102
Recht, Rechtsordnung   270 f., 304,
    306
Recht (im Sinne von Berechtigung)
    263–266, 271 f., 277 f., 312
Rechte   9, 257 ff., 271–274, 277 ff.,
    300 f., 315 f., 328 f.
– natürliche Rechte   273 f.
rechtfertigen, Rechtfertigung   259 f.,
    272, 311 ff., 353
    s. auch legitim, Legitimität
Regeln, konventionelle   200–212,
    214 ff., 221, 230, 234 f., 276,
    351
Regeln, regulative, konstitutive
    226–230

Sanktionen, Sanktionsmechanis-
    mus 109 ff., 138–153, 157, 159,
    163 f., 168–172, 174–182, 184 ff.,
    191–197, 199, 202, 206, 208 f.,
    215 f., 219–226, 243, 245–255,
    257 ff., 261–264, 266 ff., 272 ff.,
    277 f., 297, 304–313, 315, 318–330,
    333 f.
– äußere, innere Sanktionen   180 f.,
    308 ff., 312 ff., 322, 324–327
– informelle, formelle Sanktionen
    177, 186, 191, 193, 208 f., 304
– institutionelle Sanktionen   247
– moralische Sanktionen   306–310,
    312 ff., 317–321, 324, 327, 333
– positive, negative Sanktionen
    139–147, 151, 163
– primäre, derivative Sanktionen
    179 ff., 193, 324 f.

– Rahmenregelungen, Rahmen-
    sanktionsregelung   108 f., 164,
    168 f., 244 f., 331–335
– strikter, poröser Sanktionsmecha-
    nismus   178–181, 186, 209,
    323 f.
Sein-Sollen, Sein-Müssen   10, 43,
    77, 79, 99 f., 156, 187 f.
Sollen, „sollen", „Soll"-Sätze   12 f.,
    46 ff., 96, 107, 188, 284 f., 287,
    317
Spielregeln   21, 23, 223–227, 230
Sprache   199, 202, 209 ff., 230 f.
Sprechakte   165–172, 174, 250 f.,
    331 f., 334–337, 341, 343, 346 ff.,
    350 ff.
Standard, Standards   155 f., 199,
    216–236, 237, 251, 351 f.
– begriffliche Standards   232 f.,
    235
Status, normativer, normative Posi-
    tion   4, 6, 237–253, 257, 272 f.,
    277 f., 334, 343 f.

überlegen, Fähigkeit zu überlegen
    57, 60, 63 ff., 102 f., 148, 311,
    353

verbieten, Verbote, Verbotensein   4,
    9, 159 f., 165, 170 f., 175, 179 ff.,
    226, 237 f., 241, 250, 257, 278,
    286, 318, 335
Verbotsnormen   s. Normen, Gebots-,
    Verbotsnormen
Vernunft   19, 60 f., 64 f., 80–84, 105,
    133, 274, 292 ff.
Vernunftgebot, Vernunftnorm, Ver-
    nunftgesetz   19, 22, 64 f., 159, 293
– kategorisches Vernunftgebot   22,
    104
Versprechen   172 f., 331–338, 340 ff.,
    345 ff., 349, 351 f.

Wollen, Wollensbezug   33 f., 35–50,
    51–55, 58, 60 f., 65, 67–85, 89–92,

96–114, 117–126, 130 f., 133,
136–139, 157, 160 f., 165, 176 ff.,
181 f., 188, 201, 211, 218, 240,
266 f., 286 f., 295–299, 309 f.,
314 f., 319, 324, 332, 336 f., 341,
347 f., 353
– faktisches, qualifiziertes Wollen
68, 72, 74 ff., 77, 79–82, 84 f.,
121 ff., 125
– fremdes Wollen, Wollen eines
anderen   46 f., 82, 107–112,
137 f., 161–164, 244–249, 262,
287 f., 290, 292, 294, 312, 326

– rationales, irrationales Wollen
68–74,76
– unbegründetes Wollen   68, 71 f.,
75, 122, 124
– zwanghaftes Wollen   68, 71 f.,
75, 84

zählen als   229, 242 f., 335 f.
zwingen, Zwang   142–146, 148, 259,
263 f., 266
– physischer, determinierender
Zwang   142–145, 147 f.
– normativer Zwang   144, 146

Personenregister

Alston, W. P. 337, 343 ff., 350 ff.
Aristoteles 67, 70, 144, 301
Austin, J. 141 f., 169 f.
Axelrod, R. 174 f.

Baurmann, M. 141
Bayertz, K. 323 f.
Bentham, J. 140, 169
Bloor, D. 252
Brandom, R. B. 156, 247, 337, 349
Brennan, A. 26
Brennan, G. 150, 306
Broad, C. D. 26
Broome, J. 45
Bruxvoort Lipscomb, B. J. 263

Calvin, J. 265
Crusius, Chr. A. 286

Dancy, J. 87, 104, 124
Darwall, S. 96

Foot, Ph. 298
Forst, R. 322
Freud, S. 180
Freund, P. 155

Gauthier, D. 298 f., 301, 303
Geiger, Th. 160
Gibbard, A. 116
Glüer, K. 156
Grotius, H. 262, 264

Habermas, J. 148, 188, 190, 339
Hampton, J. E. 100
Hargreaves Heap, S. P. 212
Hart, H. L. A. 169, 220
Herman, B. 80
Hindelang, G. 167
Hobbes, Th. 262, 265, 275

Hoche, H.-U. 285, 289
Hoerster, N. 156, 158, 167
Honneth, A. 306
Hume, D. 65, 77 ff., 100, 103, 212 f., 332 f.

Joyce, R. 131

Kant, I. 19, 22 f., 64, 71 f., 79 f., 87, 96, 103 ff., 155, 166, 262, 266, 269, 275 f., 282, 286 f., 289–294, 296, 298, 314 f., 323, 328
Kelsen, H. 141, 156, 183, 187 f.
Korsgaard, Chr. M. 72 f., 77, 80, 87, 99 f., 117
Kripke, S. 233
Krug, W. T. 291

Lahno, B. 203, 333
Lask, E. 187 f.
Lewis, D. 212
Locke, J. 109 f., 140, 262, 264 ff., 271, 274
Lotze, H. 187
Luther, M. 290

Mackie, J. L. 26, 70, 96, 153 f., 289
McAdams, R. H. 306
Mill, J. St. 141
Moore, G. E. 115

Nagel, Th. 131

Olivecrona, K. 264
Oppel, H. 216, 222
Parfit, D. 70, 97, 104, 115 f., 121
Patzig, G. 184
Pettit, Ph. 150, 306
Platon 187, 233, 301, 323 f.

Popitz, H.   174 f.
Pufendorf, S.   144, 238, 262–266, 271

Quinn, W.   125

Raz, J.   87, 96
Ricœur, P.   306
Russell, P.   117

Scanlon, T. M.   97, 103, 113–118, 120
Schaber, P.   99 f.
Schaumann, J. Chr. G.   291
Schelling, Th. C.   203
Schneewind, J. B.   262 f.
Schopenhauer, A.   283
Searle, J. R.   2, 6, 54, 105 f., 211, 226–229, 239, 242 f., 249, 252, 332, 335–338, 340–343, 345, 350 ff.
Seidler, M. J.   263
Suárez, Fr.   262, 266, 268
Sugden, R.   203, 212, 298

Thomasius, Chr.   262
Tugendhat, E.   139, 159, 166, 233, 289, 323, 342

Vanderschraaf, P.   213
Varoufakis, Y.   212

Weinberger, O.   156
Wertheimer, R.   289
Williams, B.   93, 99, 107
Wittgenstein, L.   233
Wright, G. H. v.   19, 26, 34, 47 f., 128, 158 f., 172, 237